W0313316

F. J. Robertz

R. Wickenhäuser

Der Riss in der Tafel

Amoklauf und schwere Gewalt in der Schule

Frank J. Robertz
Ruben Wickenhäuser

Der Riss in der Tafel

Amoklauf und schwere Gewalt in der Schule

Mit 43 Abbildungen und 6 Tabellen

Springer

Dr. Frank J. Robertz
Dr. Ruben Wickenhäuser
IGaK – Institut für Gewaltprävention und angewandte Kriminologie
Freies Institut für interdisziplinäre Gewaltpräventionsstrategien
E-Mail: post@igak.org
Web: www.igak.org

ISBN 978-3-540-71630-3 Springer Medizin Verlag Heidelberg

Bibliografische Information der Deutschen Nationalbibliothek
Die Deutsche Nationalbibliothek verzeichnet diese Publikation in der Deutschen Nationalbibliografie; detaillierte bibliografische Daten sind im Internet über http://dnb.d-nb.de abrufbar.

Dieses Werk ist urheberrechtlich geschützt. Die dadurch begründeten Rechte, insbesondere die der Übersetzung, des Nachdrucks, des Vortrags, der Entnahme von Abbildungen und Tabellen, der Funksendung, der Mikroverfilmung oder der Vervielfältigung auf anderen Wegen und der Speicherung in Datenverarbeitungsanlagen, bleiben, auch bei nur auszugsweiser Verwertung, vorbehalten. Eine Vervielfältigung dieses Werkes oder von Teilen dieses Werkes ist auch im Einzelfall nur in den Grenzen der gesetzlichen Bestimmungen des Urheberrechtsgesetzes der Bundesrepublik Deutschland vom 9. September 1965 in der jeweils geltenden Fassung zulässig. Sie ist grundsätzlich vergütungspflichtig. Zuwiderhandlungen unterliegen den Strafbestimmungen des Urheberrechtsgesetzes.

Springer Medizin Verlag
springer.de
© Springer Medizin Verlag Heidelberg 2007

Die Wiedergabe von Gebrauchsnamen, Warenbezeichnungen usw. in diesem Werk berechtigt auch ohne besondere Kennzeichnung nicht zu der Annahme, dass solche Namen im Sinne der Warenzeichen- und Markenschutzgesetzgebung als frei zu betrachten wären und daher von jedermann benutzt werden dürften.

Produkthaftung: Für Angaben über Dosierungsanweisungen und Applikationsformen kann vom Verlag keine Gewähr übernommen werden. Derartige Angaben müssen vom jeweiligen Anwender im Einzelfall anhand anderer Literaturstellen auf ihre Richtigkeit überprüft werden.

Planung: Dr. Svenja Wahl
Projektmanagement: Michael Barton
Copyediting: Dr. Christiane Grosser, Viernheim
Umschlagfoto: links: adio (www.photocase.com), rechts: Thomas Aigner (www.photocase.com)
Layout und Einbandgestaltung: deblik Berlin
Satz: TypoStudio Tobias Schaedla, Heidelberg

SPIN 11547259

Gedruckt auf säurefreiem Papier 2126 – 5 4 3 2 1 0

Vorwort

In den letzten Jahren hat eine neue Form von Gewalt Besorgnis ausgelöst: Ein Jugendlicher dringt in seine Schule ein und beginnt dort auf Lehrer und Schüler zu schießen. In den Wochen nach der Tat berichten die Medien über Fälle, in denen andere Jugendliche die Wiederholung des Geschehens an ihrer Schule androhen. Besonders beunruhigend an diesen als »School Shootings« bezeichneten Taten ist, dass sie scheinbar überall in Deutschland, an jeder Schule und jederzeit stattfinden können.

Oft stoßen wir im Anschluss an unsere Vorträge zu diesem Themenkomplex auf ein Gefühl der Hilflosigkeit unter den Eltern, Lehrerinnen und Lehrern: Es müssten sich so viele Umstände ändern, man habe zu wenig Mittel und Möglichkeiten, um beispielsweise auffälligen Jugendlichen die dringend benötigte Aufmerksamkeit entgegenzubringen, das Schulsystem selbst sei mit seinem Leistungsdruck doch so wenig geeignet, um soziale Kompetenz zu vermitteln. Tatsächlich kann der gern propagierte einfache Weg über Repression, Verbote und Vorschriften letzten Endes nur die Rolle einer Feuerwehr übernehmen, die kommt, wenn es bereits brennt. Übermäßige Repression schafft zudem ein Klima des gegenseitigen Misstrauens und trägt dadurch sogar zur Verschlimmerung der Verhältnisse bei.

Dennoch sind zumindest erste Verbesserungen gar nicht so schwer zu erreichen, wie gemeinhin angenommen wird: Der Königsweg gegen Jugendgewalt lautet Prävention. Prävention setzt früh an. Sie soll den Brandstifter davon abbringen, überhaupt Streichhölzer zu kaufen, oder wenn er sie gekauft hat, wenigstens nur harmlos zu verbrennen. Aber sie erfordert das, was in unserer modernen Gesellschaft immer weniger zur Verfügung zu stehen scheint: Zeit für persönlichen Austausch mit den Betroffenen, Zeit zum Zuhören, zum Ratgeben, zum Absprechen mit Kollegen und Eltern.

Dieses Buch soll ihnen Wege zum bestmöglichen Schutz erschließen. Wir möchten Ihnen nicht nur einen Einblick geben, wie es zu solchen Taten kommen kann und wo Ursachen und Gründe liegen. Wir wollen Ihnen auch praktische Tipps geben und Anleitungen liefern, wie derlei Vorfällen besser vorgebeugt werden kann – und wie man sich im Fall der Fälle am besten verhalten sollte. Eine umfassende wissenschaftliche Aufarbeitung, auf die in diesem Buch zur besseren Übersichtlichkeit verzichtet worden ist, finden Sie unter anderem in »School Shootings« von Frank Robertz, erschienen im Verlag für Polizeiwissenschaften 2004, und in der am Ende jedes Kapitels genannten Literatur.

In Bezug auf eine umfassende gesamtgesellschaftliche Umsetzung der Gewaltprävention an Schulen stehen wir vor einer großen Herausforderung. Wie es Herausforderungen zu eigen ist, beanspruchen sie das aktive Engagement des Einzelnen und das ständige zähe Überwinden von Rückschlägen. Sei es ein Lehrer, ein Elternteil oder ein Ehrenamtlicher: Jeder kann dazu beitragen, dass die Gemeinschaft auf das Problem aufmerksam gemacht wird und geschlossen dagegen vorgeht, sei es durch eigenständige Aktionen wie Elternengagement in der Schule, sei es durch Forderung nach mehr Handlungsmöglichkeiten, beispielsweise durch wiederholte und nachdrückliche Anträge an Politik und Schulministerien, um weitere Stellen in Sozialarbeit, Schulpsychologie und dem Lehrerkollegium zu schaffen, sei es durch präventiv ausgerichtete Unterrichtsinhalte an Schulen. In einer immer individualistischeren Gesellschaft ist dies zwar sicher viel verlangt. Aber das Ziel lohnt der Mühe: Schließlich geht es um das Wohl unserer Kinder.

In diesem Sinne – gehen Sie doch gleich mit gutem Beispiel voran!

Frank J. Robertz und Ruben Wickenhäuser, im März 2007

Über die Autoren

Frank J. Robertz

- Dr. phil.; Dipl.-Kriminologe; Dipl.-Sozialpädagoge
- Geboren 1970
- Studium der Sozialpädagogik und der Kriminologie, Promotion am Fachbereich Sozialwissenschaften der Universität Hamburg
- Lehraufträge am Institut für Kriminologische Sozialforschung und Forschungsarbeiten für Behörden der Hansestadt Hamburg zur Begutachtung von Einrichtungen für straffällig gewordene Jugendliche und von polizeilichen Präventionsprogrammen an Schulen
- Arbeit mit auffälligen und straffällig gewordenen Kindern und Jugendlichen; Konzeption und Durchführung von präventiven Konflikttrainings sowie von Trainings zur Opferwahrnehmung und Empathieförderung mit Gruppen inhaftierter Erwachsener; Durchführung von Fortbildungen für die Bereiche Strafvollzug, Polizei und Schule
- Publikationen u. a.:
  - School Shootings, 2004 (Frankfurt a. M.: Polizeiwissenschaft)
  - Mit Alexandra Thomas: Serienmord, 2004 (München: Belleville)
  - Mit Bernhard Villmow: Untersuchungshaftvermeidung bei Jugendlichen, 2004 (Münster: LIT)
- Wissenschaftlicher Leiter des Instituts für Gewaltprävention und angewandte Kriminologie (IGaK) in Berlin
- www.igak.org

Ruben Philipp Wickenhäuser

- Dr. phil.; Historiker M.A.
- Geboren 1973
- Studium der Geschichte und physischen Anthropologie in Erlangen, Bamberg, Huddersfield und Mainz, Promotion an der FU Berlin
- Langjährige Arbeit als Freier Schriftsteller
- Tätig in der Jugendarbeit, pädagogisch ausgerichtete Lesungen vor Klassen aller Schularten
- Publikationen u. a.:
  - Indianer-Leben. Eine Werkstatt, 2004 (Mülheim: Verlag an der Ruhr)
  - Juggern ... Der Trendsport für soziales Lernen, 2006 (Mülheim: Verlag an der Ruhr)
- Koordinator des Instituts für Gewaltprävention und angewandte Kriminologie (IGaK) in Berlin
- www.igak.org

Peter Hehne

- Dipl.-Kriminalist
- Geboren 1961
- Studium der Kriminalistik an der Humboldt-Universität Berlin, Abschluss an der Polizeiführungsakademie Münster, Abschluss der FBI National Academy, Quantico/VA, USA
- Dozent für Kriminologie und Einsatzlehre an der Verwaltungsfachhochschule Thüringen
- Betreuung und Begutachtung mehrerer Diplomarbeiten zum Thema Amok, Mitarbeit in der Projektgruppe Amoklagen der Thüringer Polizei, Organisation und Tagungsleitung des 1. Thüringer Polizeifachhochschulsymposiums zum Thema: »Die polizeiliche Bewältigung von Amoklagen – Gutenberg und die Folgen«
- Abteilungsleiter im Landeskriminalamt Thüringen

Jens Hoffmann

- Dr. phil.; Dipl.-Psychologe
- Geboren 1968
- Studium der Psychologie, Soziologie und Linguistik an der Technischen Universität Darmstadt und an der University of Surrey in Guildford, England
- Lehraufträge an Hochschulen in Berlin, Darmstadt, Gießen, Hamburg, Regensburg; Mitgeschäftsführer des »Team Psychologie & Sicherheit« (T-P-S), einem Verbund von Kriminal- und ehemaligen Polizeipsychologen, die Wirtschaft, Behörden und Personen des öffentlichen Lebens beraten und schulen
- Publikationen u. a.:
  - Mit Cornelia Musolff: Täterprofile bei Gewaltverbrechen, 2006 (Heidelberg: Springer)
  - Mit Isabel Wondrak: Amok und zielgerichtete Gewalt an Schulen, 2007 (Frankfurt a. M.: Polizeiwissenschaft)
  - Mit Reid Meloy & Lorraine Sheridan: Stalking, Threats and Attacks against Public Figures, im Druck (Oxford: Oxford University Press)
- Leiter der Fortbildungs- und Forschungseinrichtung Institut für Psychologie & Sicherheit, Wissenschaftlicher Mitarbeiter an der Arbeitsstelle für Forensische Psychologie der TU Darmstadt
- www.institut-psychologie-sicherheit.de

Aïda Lorenz

- Dipl.-Psychologin, approbierte Psychologische Psychotherapeutin
- Studium der Psychologie an den Universitäten Tübingen, Konstanz und der Freien Universität Berlin
- Schulpsychologin für Gewaltprävention und Krisenintervention in Berlin-Mitte; Notfallpsychologin; Supervisorin und Fachpsychologin für Rechtspsychologie BDP/DGPs, zertifizierte Verfahrenspflegerin; Dozentin für Psychologie und Lehraufträge; psychologische Sachverständige in Familiensachen; Verfahrenspflegerin nach § 50 FGG

- Durchführung von Lehrerfortbildungen zum Umgang mit Gewalt in der Schule und Supervision; psychologisch-pädagogische und gruppentherapeutische Arbeit mit aggressiven Kindern und mit auffälligen, straffällig gewordenen Jugendlichen mit begleitender Lehrerberatung und Elternarbeit
- Publikationen u. a.:
  - Ein Gruppentherapiekonzept für aggressive Schüler – das autogene Training in der therapeutischen Kindergruppe, in: Lisckke-Naumann, G., Lorenz, A., Sandock, B.: Praxis der Kinderpsychologie und Kinderpsychiatrie 30. Jahrgang, Heft 4, 1981
  - AIDA-Projekt – Aggressionsabbau Identitätsförderung Deeskalation Anderswerden, in: Brückler, R., Lorenz, A. Gesprächspsychotherapie und Personzentrierte Beratung, 37. Jahrgang, Heft 3, 2006
- »Hilfe bei Gewaltvorfällen auf einen Blick«
- www.berlin.de/sen/bildung/gewaltpraevention

Georg Pieper

- Dr. phil.; Dipl.-Psychologe
- Geboren 1953
- Studium der Psychologie und Soziologie an den Universitäten Bonn und Freiburg i. Br.; Promotion an der Wirtschaftswissenschaftlichen Fakultät, Psychologisches Institut der Universität Freiburg
- Stationäre Drogentherapie, Kinder- und Jugendpsychiatrie, niedergelassener Psychotherapeut; Leiter des Instituts für Traumabewältigung; psychologische Begleitung der Betroffenen des Grubenunglücks von Borken 1988, des ICE-Unglücks von Eschede 1998, des Lehrerinnenmords in Meißen 1999, des Amoklaufs in Erfurt 2002; Projekt »BÜTS« – Bewältigung von Übergriffen und traumatischen Stress für Justizvollzugsbedienstete und Schulungen von Kriseninterventionsteams am Frankfurter Flughafen; Ausbilder und Supervisor an verschiedenen Verhaltenstherapie-Ausbildungsinstituten; Lehraufträge an den Universitäten Dresden und Freiburg
- Publikationen u. a.:
  - Posttraumatische Belastungsstörung bei Kindern und Jugendlichen. In: Mattejat, F. (Hrsg.) Lehrbuch der Psychotherapie Bd. 4 Verhaltenstherapie mit Kindern, Jugendlichen und ihren Familien, 2006 (CIP-Medien)
  - Siebenstufigen Behandlungskonzept für traumatische Störungen (SBK) – Ein Behandlungsmanual, 2007 (Huber)
- Niedergelassener psychologischer Psychotherapeut, Leiter des Instituts für Traumabewältigung ITB
- www.traumabewaeltigung.de

Inhaltsverzeichnis

Einführung

Welches Ausmaß die Tragödie wirklich hat, wurde mir erst deutlich, als ich wieder ins Gebäude kam. Dann habe ich alle Toten gesehen. Alle siebzehn, einen nach dem anderen. Das war ganz schrecklich, das hat sich tief in meinen Kopf eingebrannt. Als ob es gar kein Ende nehmen wollte. Da ist mir das volle Ausmaß bewusst geworden.
(U.P. – Hausmeister am Johann-Gutenberg-Gymnasium)

Grenzerfahrung Amoklauf

Amokläufe durch Jugendliche an Schulen, sog. School Shootings, sind einschneidende Lebensereignisse. Wer einmal mit ihnen in Berührung gekommen ist, wird dies in der Regel sein Leben lang nicht mehr vergessen.

Sei es als Hausmeister, der die Opfer identifizieren musste und immer wieder die Erinnerung durchlebt, in den Schulgängen Blutlachen von Schülern, die er schätzte und von Lehrern, mit denen er befreundet war, aufzuwischen.

Sei es als Polizist, der in eine Schule gerufen wurde, um einen jugendlichen Amoktäter zu stoppen und der ständig daran denken musste, wo sein eigener Sohn zu finden sei und ob er noch lebe. Und ob er es wirklich fertig bringen würde, auf einen Jugendlichen im Alter seines Sohnes zu schießen.

Sei es als Schulgemeinschaft, die mit dem Ungeheuerlichen konfrontiert wird, herausgerissen aus dem Gefühl einer Sicherheit, die jede Schule bieten sollte. Jener Ort, der als Schutzraum zur Vorbereitung auf ein möglichst glückliches Leben in der sozialen Gemeinschaft gilt, wird mit einem Mal zum Schauplatz einer extremen Gewalttat. Zudem handelt es sich bei den Tätern um Kinder und Jugendliche. Nicht genug, dass ein grundlegendes und für das gesunde Erwachsenwerden auch notwendiges Gefühl von Sicherheit zerstört wird, es wird auch noch von einem Mitschüler zerstört. Ein Bekannter, ein Klassenkamerad, der tagtäglich dieselben Unterrichtsstunden besucht, dieselben Schulflure durchschritten hat, tötete ohne Vorwarnung Mitschüler und Lehrer.

Das Geschehen kann nur dann zumindest in Grundzügen verarbeitet werden, wenn ihm ein Sinn oder zumindest eine inhärente Logik zugeschrieben werden kann. Dabei erscheint das Szenario eines Amoklaufs an der eigenen Schule nicht nur jenen unverständlich, die es direkt miterleben mussten. Der Erfahrungshintergrund und die Motivlage der jugendlichen Täter sind derart selbstbezüglich und von der Lebenswelt der sonstigen Bevölkerung abgekoppelt, dass es Außenstehenden schwerfällt, sie nachzuvollziehen.

Auf der Suche nach einer Erklärung richtet sich zumeist ein erster hilfesuchender Blick auf Personen, die tagtäglich dabei zu helfen scheinen, Unsicherheiten des Alltags in berechenbare Formen zu

fassen. Und allzu gerne äußern diese sich bereits zu Zeitpunkten, an denen noch nicht einmal bekannt geworden ist, *was* geschehen ist, geschweige denn *warum*.

In diesem Zusammenhang lassen sich zwei Phasen im Anschluss an schwerwiegende Vorfälle ausmachen.

In der ersten Phase stürzen sich Presseberichterstatter auf die Schulgemeinschaft und halten mit ihren Kameras menschliches Leid fest. Dies hat in Einzelfällen so weit geführt, dass die internationale Presse sämtliche Unterkünfte in der betroffenen Stadt belegt hatte. Den hilfsorientierten Psychologen und Nothelfern bleibt dagegen wenig Raum. Dies erscheint nur auf den ersten Blick erstaunlich zu sein: Wir als Konsumenten wollen Bilder sehen, möglichst schnell, möglichst umfangreich und unmittelbar. Die Auseinandersetzung mit dem Undenkbaren hilft ein wenig dabei, das Grauen zu bannen.

In der zweiten Phase machen sich in der Regel Politiker vor Ort ein Bild der Lage. Mit besorgter Miene weisen sie darauf hin, dass »alles Menschenmögliche getan werden muss«, damit sich derartige Vorfälle in Zukunft nicht wiederholen. Als gewählte Volksvertreter sehen sie dies als ihre Aufgabe an, und die Reporter nehmen ihre gefühlsbetonten Versprechungen gerne auf. Da jedoch die eigentlichen Ursachen jener Taten zu diesem Zeitpunkt noch völlig im Dunkeln liegen, wird in fast allen Fällen populistisch Zuflucht zu den »üblichen Verdächtigen« genommen. Schnell und einseitig wird einzelnen Elementen der Jugendkultur Schuld zugewiesen, zu denen Erwachsene oftmals keinen Zugang mehr finden. Stoff für diese Spekulationen findet sich häufig bei der Durchsuchung der Zimmer der jugendlichen Täter, sei es in Gestalt von CDs des mit Attitüden der »Gothic«-Szene spielenden Rockmusikers Marilyn Manson oder in Form von Videospielen wie Doom oder Counter-Strike. Die Forderung nach einem Verbot oder der Einschränkung ihrer Verbreitung wirkt beruhigend und weckt die irreführende Hoffnung, das Problem überbordender Gewalttaten einzelner Jugendlicher schnell und vergleichsweise einfach lösen zu können.

Mit dieser Hoffnung jedoch sitzen wir einem Kausalfehler auf. Nur weil diese Gegenstände bei den Jugendlichen gefunden werden, bedeutet das nicht zwingendermaßen, dass sie für eine Gewalttat verantwortlich sind. Ob solche Spiele tatsächlich die Hemmschwelle zur Tötung herabsetzen können und inwieweit Songs und Filme Ideen für Gewalttaten liefern, wird zu diskutieren sein. Das

Grundproblem ist jedoch sehr viel tiefgründiger. Wir werden sehen, dass gerade wir Erwachsene ein nicht zu unterschätzender Faktor in der Entstehung extremer Gewalttaten an Schulen sind. Dies ist zunächst erschreckend, zumal es keine ebenso leichte Lösung verspricht wie das einfache Verbot bestimmter Gegenstände.

Bei genauerem Hinsehen bietet eben diese Erkenntnis aber eine große Chance. Wenn wir das Bedingungsgefüge hinter dem Phänomen School Shootings verstehen und wenn wir uns unserer Jugend gegenüber entsprechend verantwortungsbewusst verhalten, dann können wir das grundlegende Problem schwerer zielgerichteter Gewalttaten an Schulen effektiv eindämmen. Zwar wird es nie eine absolute Sicherheit geben, derartige Vorfälle an Schulen komplett zu verhindern, doch lassen sich wirksame präventive Gegenmaßnahmen ergreifen.

Dieses Buch verschafft Ihnen einen leicht verständlichen Überblick über den aktuellen Stand des Wissens. Die komplexen Sachverhalte und Entwicklungsverläufe werden anschaulich und mit zahlreichen Beispielen geschildert, um Ihnen Werkzeuge für eine wirksame Vorsorge an die Hand zu geben. In erster Linie sollen Ihre Handlungsmöglichkeiten erweitert werden, um schwere zielgerichtete Gewalttaten an Schulen zu verhindern. Denn die Verantwortung zur Vermeidung weiterer Tragödien liegt bei uns allen.

Struktur des Buches

Um einzugrenzen, welche Art von Gewalt Thema dieses Buches ist, werden in ► Kap. 1 zunächst die Merkmale und Besonderheiten eines School Shootings beleuchtet. Schon bei dieser ersten Betrachtung zeigt sich, dass einzelne Ursachenzuschreibungen zur Erklärung von derartig schweren Taten unbrauchbar sind. Daher wird der Weg zu einer vertieften Betrachtung der Ursachenbündel und Beweggründe geebnet. Gleichzeitig werden Daten der Häufigkeit, Verteilung und internationalen Tragweite von School Shootings vorgestellt.

Im Anschluss daran thematisiert ► Kap. 2 Merkmale und Problemlagen der jugendlichen Täter. Eine Auswertung der bislang verfügbaren Studien ermöglicht es, sowohl für kritische Aspekte im Vorfeld der Taten zu sensibilisieren, als auch erste Grundlagen zu schaffen, die sich für Prävention und Intervention solcher Taten als nützlich erweisen werden.

In ► Kap. 3 wird das familiäre und schulische Umfeld der Täter als wichtiger Einfluss für die Um-

setzung der Taten beschrieben. Dabei wird deutlich, dass starke, funktionsfähige Beziehungsstrukturen Schutz gegen die Entstehung von School Shootings bieten. Ebenso zeigt sich, dass auch das subjektive Erleben von Kontrolle eine wichtige Rolle bei der Entwicklung derartiger Taten spielt.

Gerade nach School Shootings wird sehr häufig die Rolle »Neuer Medien« im Prozess der Tatentstehung diskutiert. ► Kap. 4 hinterfragt diesen Zusammenhang anhand von Wirkungsstudien und geht dabei insbesondere auf die Rolle von Filmen, Musik, Internet und Computerspielen ein. Abschließend wird der Jugendmedienschutz in Deutschland dargestellt.

Eine wesentliche Rolle bei der Entstehung von School Shootings spielt die Phantasie der jugendlichen Täter. Ihre Vorstellungswelt stellt einen wichtigen Faktor für Planung und Durchführung eines School Shootings dar. Am Beispiel von Columbine wird die Rolle der Phantasie in ► Kap. 5 mithilfe von Tagebucheinträgen, Filmen und Zeichnungen der Täter illustriert.

Eine massive Medienberichterstattung nährt dieses Phantasieerleben potenzieller Täter und kann dadurch Nachahmungen und Trittbrettfahrer fördern. In ► Kap. 6 werden fünf Grundsätze für die Berichterstattung beschrieben, die dabei helfen können, die Gefahr von Nachahmungstaten zu reduzieren. Ebenso wird skizziert, warum ein hohes Interesse der Medien an School Shootings besteht.

Mit den Möglichkeiten der Intervention und Prävention setzt sich ► Kap. 7 aus dem Blickwinkel von drei verschiedenen Experten auseinander: Kriminaldirektor Peter Hehne erläutert, welche Informationen die Polizei im Ernstfall unbedingt benötigt, um schnell eingreifen zu können. Der Experte für Bedrohungsanalysen und psychologische Täterprofile Dr. Jens Hoffmann erklärt, wie Drohungen eingeschätzt werden sollten und wie darauf reagiert werden kann. Schließlich legt die Berliner Schulpsychologin Aïda Lorenz verschiedene Wege der Prävention dar und zeigt an drei anschaulichen Beispielen aus ihrer Praxis, wie mit drohenden Schülern umgegangen werden kann.

Dr. Georg Pieper, ein führender Experte der Traumabewältigung, erläutert daraufhin in ► Kap. 8 am Fallbeispiel der Tötung einer Lehrerin in Meißen Wege zur Aufarbeitung von derart schweren Taten. Strukturiert in kurzfristige, mittelfristige und langfristige Maßnahmen vermittelt er einen anschaulichen Blick in die Vorgehensweise der modernen Traumatherapie.

► Kap. 9 bietet schließlich die Möglichkeit, die im Verlauf des Buches dargestellten Inhalte am Beispiel des School Shootings in Emsdetten zu illustrieren. Die Inhalte werden noch einmal zusammenfassend angewandt.

Kopiervorlagen, mit denen ein schulinterner Notfallordner erstellt werden kann, finden sich im ► Anhang ebenso wie umfangreiche Arbeitsblätter für Lehrerkollegien und Krisenteams, mit denen das Verständnis zur Entstehung von School Shootings vertieft und entscheidende Informationen festgehalten werden können.

Taten

Wenn ich heute an diesen Tag zurückdenke, dann beschäftigt mich die Frage, wieso habe ich das überlebt, und ist es jetzt eigentlich eine so tolle Sache, das überlebt zu haben? Wie geht das überhaupt, nach diesem Erlebnis weiterleben?
(L.P. – Lehrer am Erfurter Johann-Gutenberg-Gymnasium)

12
11

Einen anderen Menschen zu töten, gilt universell als extremste Form von Gewalt. Daher wird das Gebot, »nicht zu töten«, prinzipiell in allen Kulturen mit hohem Aufwand verteidigt. Ebenso universell bestehen aber Ausnahmen, die diese Norm außer Kraft setzen. Seit jeher werden Tötungen in großem Ausmaß zum Gewinn und Erhalt der Macht Einzelner genutzt, sei es in antiken Ritualen, mittelalterlichen Glaubensstreitigkeiten oder in neuzeitlichen Kriegen. In einigen Staaten werden Tötungen immer noch als schwerste Form der Bestrafung angewandt. Ebenso gibt es zwischen einzelnen Menschen Ausnahmeregelungen, die das Tötungsverbot außer Kraft setzen – man denke nur an Notwehrrechte oder den in einigen Bundesländern erlaubten finalen Rettungsschuss der Polizei. Ob die Tötung eines anderen Menschen als verwerflich angesehen wird, ist also auch von Kultur und Kontext abhängig, in denen sie geschieht. Durch die komplexen Definitionen und Abwägungen von Vorsatz und Motiv hängt zudem die Höhe der Strafe für eine Tötung von ihrer Bewertung ab (► Infobox). In Deutschland wird beispielsweise zwischen einer Tötung als Körperverletzung mit Todesfolge, Totschlag oder Mord unterschieden. Dies wiederum ist oft nur durch über die Analyse des Tathergangs hinausgehende Wertungs- und Zuschreibungsprozesse möglich.

Sind Tötungen nicht staatlich legitimierte und außerhalb von Kriegen auftretende, zielgerichtete Taten, so gelten sie in aller Regel als schwere Normbrüche. Kommt es zu derartigen Vorfällen, so bemüht sich eine Gesellschaft üblicherweise darum, die Ursachen dieser Tötungen schnellstmöglich festzustellen und ihnen entgegenzuwirken.

An dieser Stelle wird der Blick auf eine Tötungsform gerichtet, die seit 30 Jahren bekannt ist, aber erst in der letzten Dekade weltweit erheblich zugenommen hat: die zielgerichtete Tötung von Schülern oder Lehrern durch Jugendliche an Schulen – sog. School Shootings.

1.1 Was sind »School Shootings«?

Bei School Shootings handelt es sich ausdrücklich nicht um die Tötung eines einzelnen Menschen, die im Rahmen von heftigen Konflikten oder von überbordenden Emotionen aufgetreten ist, sich aber nur zufällig an einer Schule zugetragen hat. Wenn etwa ein 14-Jähriger in einem Wutanfall mit der Bastelschere auf einen Klassenkameraden einsticht oder der 17-Jährige auf dem Schulhof seinen Nebenbuhler erschießen will, dann handelt es sich in diesen Fällen um Taten, die auch an einem anderen Ort hätten passieren können.

Ebenso werden keine Schießereien mit einbezogen, die aus bewaffneten Gruppenstreitigkeiten hervorgegangen sind, wie sie unter dem Schlagwort »Gang-related Incident« oder »Gang Shoo-

Infobox

Im deutschen Strafgesetzbuch (StGB) werden unterschieden:

§ 211 Mord. (1) Der Mörder wird mit lebenslanger Freiheitsstrafe bestraft. (2) Mörder ist, wer aus Mordlust, zur Befriedigung des Geschlechtstriebes, aus Habgier oder sonst aus niedrigen Beweggründen, heimtückisch oder grausam oder mit gemeingefährlichen Mitteln oder um eine andere Straftat zu ermöglichen oder zu verdecken, einen Menschen tötet.
§ 212 Totschlag. (1) Wer einen Menschen tötet, ohne Mörder zu sein, wird als Totschläger mit Freiheitsstrafe nicht unter fünf Jahren bestraft. (2) In besonders schweren Fällen ist auf lebenslange Freiheitsstrafe zu erkennen.

Hiervon abgrenzbar existieren zusätzlich »Straftaten gegen das Leben« unter §§ 213–222 sowie zum Tode führende andere strafbare Handlungen, wie etwa § 226 (Körperverletzung mit Todesfolge).
Scheinbar einfache Begriffe dieser juristischen Definitionen, wie etwa »niedrige Beweggründe« oder »Heimtücke«, werden in Gerichtsverfahren durch komplexe Handlungszuschreibungen erfasst.

ting Spree« vor allem in einigen sozial schwach strukturierten Stadtteilen der USA häufiger auftreten. Diese besitzen für deutsche Verhältnisse kaum Relevanz und folgen anderen kausalen Bedingungen.

Bei School Shootings wurde die Schule bewusst als Ort der Tötungen ausgesucht. Täter waren stets Schüler oder ehemalige Schüler der als Tatort ausgewählten Schule. Dabei waren entweder mehrere Schüler bzw. Lehrer Ziel der Tötungsabsicht, oder einzelne Opfer sind vom Täter wegen ihrer Funktion an einer Schule ausgesucht worden (▶ Infobox).

Infobox

Einige Beispiele für School Shootings

4. Dezember 1986. In Lewiston, Montana, erschießt der 14-jährige Kristofer Hans die Vertretung seines Französischlehrers und verwundet den Vizerektor sowie zwei Mitschüler. Er hatte zuvor gedroht, seinen Französischlehrer zu töten.

8. Februar 1996. Der 16-jährige Douglas Bradley fährt in Palo Alto, Kalifornien, mit dem Auto auf den Basketballplatz seiner Schule und wirft Münzen aus dem Wagen, um die Schüler auf sich aufmerksam zu machen. Dann schießt er ungezielt in die Menge und verwundet drei Mitschüler, bevor er sich selbst tötet.

30. August 2006. Mit einem Gewehr und einer Schrotflinte feuert der 19-jährige Alvaro Castillo in Hillsborough, North Carolina, acht Mal auf seine Schule und verletzt dabei zwei Schüler. In seinem Wagen finden sich weitere Waffen und Sprengstoff. Kurz vor den Schüssen an seiner Schule hatte er seinen Vater umgebracht.

Eine Bezeichnung für diese Form der Tötungen zu finden, gestaltet sich im Deutschen als schwierig. Massenmedien sprechen aufgrund der tiefgreifenden Konsequenzen solcher Taten oft reißerisch von einem »Schulmassaker« oder gar von einem »Blutbad«. Gleichzeitig treffen die gemäßigteren Begriffe »Amoklauf« und »Massenmord« zumindest aus wissenschaftlicher Sicht nicht mit der notwendigen Genauigkeit zu. Allenfalls können jene schweren Gewalttaten an Schulen als ungewöhnliche Unterkategorie von »Amokläufen« oder »Massenmorden« angesehen werden, denn sie weichen in einigen wesentlichen Aspekten, wie Opferwahl, Tatort und Alter der Täter, deutlich von diesen ab.

Auf internationalen Fachtagungen und in wissenschaftlichen Veröffentlichungen ist man mittlerweile dazu übergegangen, jene schweren Gewalttaten als »School Shootings« zu bezeichnen. Nicht nur handelt es sich dabei um einen Anglizismus, der ins Deutsche übersetzt als »Schulschießereien« erneut an eine Berichterstattung der Regenbogenpresse erinnern würde; auch besitzt der Terminus eine gewisse Unschärfe. Nicht alle Taten werden mit Schusswaffen begangen, während Massenschießereien im Gruppenkontext eben gerade *keine* School Shootings darstellen. Einzelne Wissenschaftler benutzen daher sperrige Umschreibungen, darunter »vorsätzliche Massentötungen an Schulen« und »zielgerichtete, tödliche Gewalt an Schulen«. Während diese Begriffe sachlich durchaus korrekt sind, erweisen sie sich für die konstante Nutzung im Kontext eines Buches als zu unhandlich. Daher werden im Folgenden die Überbegriffe »Amoklauf« und »Massenmord« durch Jugendliche an Schulen ebenso wie die Umschreibung »schwere zielgerichtete Gewalt an Schulen« entsprechend der öffentlichen Diskussion synonym benutzt. In der Regel wird jedoch der Begriff »School Shooting« verwendet (▶ Infobox).

Infobox

School Shootings bezeichnen Tötungen oder Tötungsversuche durch Jugendliche an Schulen, die mit einem direkten und zielgerichteten Bezug zu der jeweiligen Schule begangen werden. Dieser Bezug wird entweder in der Wahl mehrerer Opfer deutlich, oder in dem demonstrativen Tötungsversuch einer einzelnen Person, insofern sie aufgrund ihrer Funktion an der Schule als potenzielles Opfer ausgewählt wurde.

»**Amokläufe** bzw. Massenmorde durch Jugendliche an Schulen« und »**schwere zielgerichtete Gewalttaten** an Schulen« stellen geläufige Umschreibungen des Begriffes dar.

1.2 Fallbeispiel: Moses Lake, Washington

It would be cool to kill people.
(Barry Loukaitis im Vorfeld seines School Shootings)

Am zweiten September 1996 betritt der damals 14-jährige Barry Loukaitis einen Klassenraum der Frontier Junior High School in Moses Lake/Washington. Der Junge erinnert mit seinen Stiefeln und dem langen, dunklen Mantel an den Helden eines Westernfilms. Seine Mitschüler üben dort bereits Algebra. Viel Zeit für Verwunderung über sein merkwürdiges Auftreten bleibt ihnen indes nicht. Der Jugendliche zieht ein Gewehr aus dem Mantel hervor, unter dem er außerdem zwei Pistolen an den Hüften trägt. Sofort beginnt er, auf seine Klassenkameraden zu feuern. Zwei Schüler werden tödlich getroffen. Er wendet sich zur Tafel und schießt seiner Lehrerin in den Rücken, die gerade eine Gleichung angeschrieben hat. Ein weiteres Mädchen wird am Arm getroffen, bevor Loukaitis das Feuer einstellt. Sodann nimmt er die verängstigte Klasse als Geisel. Erst ein Sportlehrer und ehemaliger Wrestler beendet die Situation, indem er den Raum stürmt, Loukaitis entwaffnet und ihn festhält, bis die Polizei eintrifft.

Ein Detail der Tat gibt dem Geschehen einen merkwürdigen Einschlag. Als Loukaitis seine Lehrerin erschossen hat, dreht er sich um und sagt: »This sure beats algebra, doesn't it«. Was zunächst wie eine spontane zynische Bemerkung klingt, stellt sich bei näherem Hinsehen als ein Zitat heraus. Es stammt aus dem von Stephen King unter dem Pseudonym Richard Bachmann geschriebenen Roman »Rage« (1977), der in Deutschland unter dem Titel »Amok« veröffentlicht wurde. Und die Recherche zeigt, dass sich das fiktive und das reale Geschehen auf unheimliche Weise gleichen. Kings Roman beschreibt, wie ein Schüler ebenfalls seine Schusswaffe mit in die Schule bringt und seine Algebralehrerin tötet, bevor er die Klassenkameraden als Geiseln nimmt.

Julie Webber, eine Assistenzprofessorin für Politologie an der Illinois State University, betont, dass noch eine weitere Tatsache Barry Loukaitis und Charlie Decker, den Protagonisten aus Kings Roman, verbindet. Einerseits ist Decker davon besessen, dass er die Erwartungen seines Vaters an ein männliches Verhalten nicht erfüllen kann und leidet unter der daraus resultierenden Gefühlskälte. Andererseits ist er voller Wut, dass der Vater bei anderen Menschen schlecht über Charlies Mutter spricht. Loukaitis Mutter und der Junge selbst waren kurz vor der Tat vom Vater verlassen worden, der fortan mit einer anderen Frau lebte. Kann also eine Überidentifikation von Barry Loukaitis mit Kings fiktiver Figur eine Rolle gespielt haben?

Im Strafverfahren gegen den jugendlichen Täter wurde später nicht nur festgestellt, dass er eine Ausgabe des Buches besaß, sondern auch, dass ein Song von Pearl Jam durchaus einen weiteren relevanten Einfluss ausgeübt haben kann. Das Lied ist an den realen Fall eines Jugendlichen angelehnt, der sich demonstrativ in seiner Schule getötet hat. Im Musikvideo erschießt ein Schüler zu den Worten »Jeremy spoke in class today« seine Klassenkameraden. Darüber hinaus sah der Staatsanwalt es als gegeben an, dass Loukaitis stark von Oliver Stones »Natural Born Killers« beeinflusst gewesen sei (▶ Infobox).

Sind also Kings Buch, Pearl Jams Song oder Stones Film für die Tat von Loukaitis verantwortlich zu machen? Haben sie den jungen Mann dazu gebracht, die Tötung eines anderen Menschen »cool« zu finden? Und schlimmer noch: auch selbst zu töten?

Die Sachlage stellt sich als weitaus komplexer dar. So ist herausgefunden worden, dass in Loukaitis Familiengeschichte bereits häufig depressive Störungen vorgekommen sind. Dies mag nicht nur als Hinweis zur Überprüfung möglicher psychopathologischer Störungen bei dem Jungen selbst relevant gewesen sein, sondern hatte sicherlich auch in psychosozialer Hinsicht Konsequenzen. So berichtete die Mutter etwa, dass sie Loukaitis über ihre Pläne ins Vertrauen gezogen hatte, sich vor den Augen des Vaters und dessen neuer Freundin zu erschießen. Eine Situation, die den 14-jährigen Jungen erheblich belastet haben dürfte.

Auch ist es möglicherweise kein Zufall, dass der erste getötete Schüler ausgerechnet Barry Loukaitis' Intimfeind war, mit dem er sich seit geraumer Zeit stritt und der ihn kurz zuvor heftig beleidigt hatte. So behauptete der Täter in einer Vernehmung der Polizei, dass ihn ein Reflex über-

Infobox

Oliver Stones 1994 erschienener Film »**Natural Born Killers**« entstand nach einem Drehbuch von Quentin Tarantino und beschreibt drei Wochen im Leben des Liebespaares Mallory und Mickey. Die beiden mit Kindheitstrauma vorbelasteten Liebenden töten in dieser Zeit kaltblütig 52 Menschen. Dabei werden sie von einer sensationsgierigen Öffentlichkeit begleitet, die sie zu Medienhelden aufsteigen lässt, denn bei jeder Tat lassen sie einen Zeugen am Leben, der von ihren Verbrechen berichten kann. Die Kinofassung der Groteske wurde von der Freiwilligen Selbstkontrolle (FSK) der Filmwirtschaft erst ab 18 freigegeben; eine ungeschnittene Fassung von der Juristen-Kommission der Spitzenorganisation der Filmwirtschaft (SPIO/JK) als »strafrechtlich bedenklich« bewertet. Stone wurde wegen seines Films heftig kritisiert und nach dem Auftreten mehrerer Nachahmungstaten strafrechtlich belangt. Sämtliche Verfahren endeten jedoch mit einem Freispruch. Auch mehrere jugendliche und erwachsene Amokläufer benannten den Film als wichtige Inspiration – unter ihnen die beiden jugendlichen Täter der Columbine High School und Kimveer Gill, der im September 2006 einen Amoklauf am Dawson College in Montreal beging.

wältigt habe, immer weiter zu feuern, nachdem er den ersten Jungen erschossen hatte.

Gegen eine spontane Tatrealisierung spricht freilich, dass Loukaitis sein School Shooting nach Angaben des Secret Service lange im Vorfeld geplant hatte. Er hatte demnach über den Zeitraum eines Jahres hinweg mindestens acht Freunden von seinen Plänen berichtet, diese nach Möglichkeiten befragt, an Munition zu kommen, mehrere Gedichte über den Tod geschrieben und sich von seiner Mutter zu sieben verschiedenen Geschäften fahren lassen, um den richtigen Mantel für seine Tat zu bekommen.

Als Psychiater der Verteidigung behauptete John Petrich sogar, der Junge hätte sich vor seinem Amoklauf gottähnlich gefühlt, bis seine Größenvorstellungen durch Hass und Minderwertigkeitsgefühle ersetzt worden seien. Petrich führte diese Vorstellungen auf eine Psychose zurück und begründete damit, Loukaitis hätte zur Zeit der Tötungen Recht nicht mehr von Unrecht unterscheiden können (► Infobox). Diese Strategie der Verteidigung hätte Loukaitis davor bewahren können, zu einer über 200-jährigen Gefängnisstrafe verurteilt zu werden. Im weiteren Verlauf dieses Buches werden jedoch andere Interpretationsrahmen für das von Petrich angesprochene Phänomen aufgezeigt werden. Statt einer Psychose scheinen zahlreiche School Shooter unmittelbar vor ihrer Tat eine kurzzeitige Vermischung von Realität und Irrealität zu erleben, die mit herkömmlichen Kategorien der modernen psychiatrischen Klassifikationssysteme nicht fassbar sind. Dieses Erleben wird eher einer überbordenden Phantasie als einer psychischen Störung zugeschrieben.

Infobox

Psychose ist eine übergreifende Bezeichnung für verschiedene Formen schwerer psychischer Erkrankungen, die oft mit extremen Beeinträchtigungen einhergehen, klar zu denken, situationsangemessen zu handeln und zu fühlen, effektiv zu kommunizieren sowie die Realität adäquat wahrzunehmen. Symptome sind etwa Wahnvorstellungen und Halluzinationen. Generell wird unterschieden in körperlich begründbare Psychosen, die auf eine psychotrope Substanz bzw. eine Erkrankung des Nervensystems zurückgehen, und funktionelle bzw. endogene Psychosen, deren Ursache nicht eindeutig bestimmt ist. Vermutlich bedingen Wechselwirkungen zwischen erblichen Veranlagungen und ungünstigen Umweltbedingungen ihr Entstehen.

Schon anhand dieses Fallbeispiels wird deutlich, dass übereilte und singuläre Ursachenzuschreibungen im Zusammenhang mit School Shootings nicht sinnvoll sind. Es kommt stets auf die umfassende

Betrachtung mehrerer Faktoren an. Erst im Wechselspiel können sie eine Wirkung entfalten, die unter spezifischen und eingrenzbaren Bedingungen zu todbringenden Entscheidungen einzelner Schüler führen.

Vor dem tieferen Einstieg in diese Problematik ist es jedoch sinnvoll, ein grundlegendes Verständnis für die Brisanz und Ausprägung von School Shootings zu entwickeln und damit auch die Relevanz des Themas für die tägliche Arbeit an und mit Schulen zu bestimmen.

1.3 Daten: Das Ausmaß von School Shootings

Entgegen der öffentlichen Annahme zeigt eine Analyse der Polizeilichen Kriminalstatistik (PKS), dass sowohl die generelle Tötungskriminalität, als auch die für unser Thema relevantere Tötungskriminalität durch Jugendliche und Heranwachsende in den letzten 15 Jahren in Deutschland kontinuierlich und deutlich wahrnehmbar abnimmt.

Nun mag angenommen werden, dass dies nur für Deutschland gilt, aber nicht für die USA, da dort jährlich mehrere School Shootings auftreten. Doch Vergleichsdaten der Supplementary Homicide Reports (SHR) zeigen, dass im untersuchten Zeitraum auch in den USA die allgemeine Tötungskriminalität durch Jugendliche sinkt.

Betrachtet man hingegen School Shootings, so zeigt sich ein entgegengesetztes Bild.

Zwar existieren keine offiziellen Statistiken über diese Tötungsform, doch werden School Shootings international stets von einer erheblichen Medienberichterstattung begleitet. Kerndaten aus diesem Rohmaterial wurden anhand von Zeitungs- und Onlinearchiven gesammelt, gegenrecherchiert und anhand der bislang verfügbaren wissenschaftlichen Studien und Veröffentlichungen überprüft. Soweit verfügbar wurden zudem Quellen wie Polizeiberichte, Urteile oder Interviews mit jugendlichen Schützen durch Strafverfolgungsbehörden zum Quervergleich genutzt. Diese aufwändige Form der Recherche erlaubte es, Fehlinformationen aus der Berichterstattung zu eliminieren und ein möglichst umfassendes Gesamtbild der bislang international aufgetretenen Taten zu zeichnen.

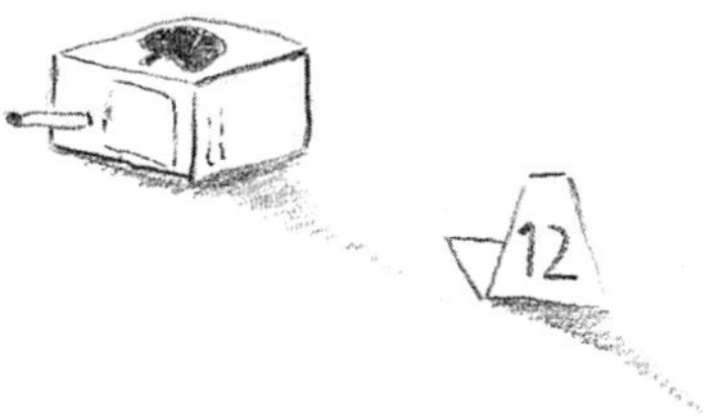

Demnach fand das erste School Shooting am 30. Dezember 1974 in Olean, New York, statt. Ein 18-jähriger Jugendlicher brachte an diesem Tag Schusswaffen und selbst gebastelte Bomben mit in die Schule. Er löste den Feueralarm aus und schoss auf die herbeieilenden Hausmeister und die Feuerwehr. Das damals noch zögerlich reagierende SWAT-Team (▶ Infobox) fand den Jungen beim Zugriff schlafend vor. Aus seinen Kopfhörern erklangen Songs aus dem Musical »Jesus Christ Superstar«.

Infobox

SWAT-Team ist das Kürzel für eine US-amerikanische Spezialeinheit der Polizei (»Special Weapons and Tactics-Team«), die mit dem SEK (Spezialeinsatzkommando) der deutschen Polizei vergleichbar ist. Eine intensive Ausbildung und hochwertige Ausrüstung ermöglicht den Beamten Gefahrensituationen, wie etwa Geiselnahmen oder Amoklagen, effektiv zu lösen.

Während in den ersten zehn Jahren seit dieser Tat »nur« insgesamt neun School Shootings auftraten, waren es in den vergangenen zehn Jahren ganze 66 (gemessen bis zum 1.1.2007). Eine Übersicht zur Zunahme dieser Tötungsform zeigt die grafische Darstellung der bislang insgesamt 99 aufgetretenen School Shootings:

Neben dem deutlichen Anstieg fällt auf, dass diese Taten ab 1999 noch einmal eine besonders starke Zunahme verzeichnen. Hierfür ist sicherlich die weltweit aufsehenerregendste Tat an der Columbine High School am 20. April 1999 verantwortlich, die eine Vielzahl von Nachahmungs- und Folgetaten nach sich zog.

Seit 2002 ist die Häufigkeit der jährlich durchgeführten Taten leicht rückläufig, jedoch immer noch auf einem sehr hohen Niveau angesiedelt. Die

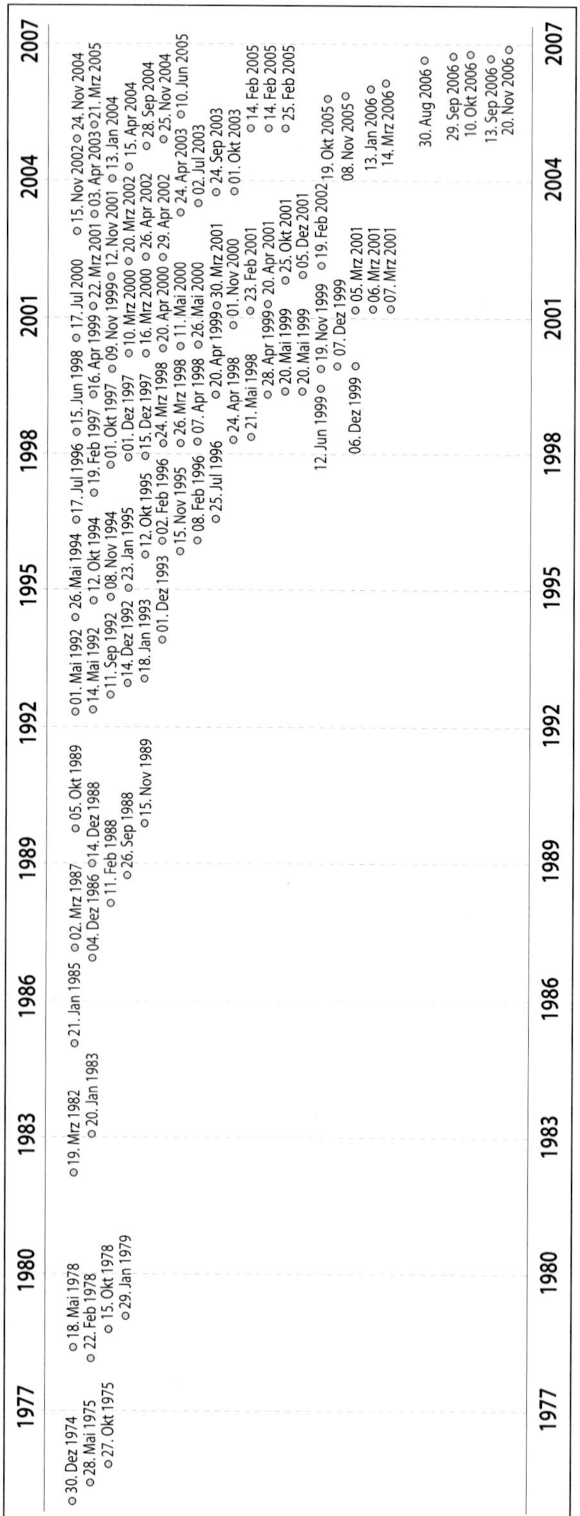

Abb. 1.1. Häufigkeit von School Shootings

leichte Abschwächung ist dabei vermutlich darauf zurückzuführen, dass es Schul- und Polizeibehörden zunehmend besser gelingt, School Shootings im Vorfeld zu erkennen und abzuwenden. Diese Annahme lässt sich durch eine Reihe von Beobachtungen stützen: So wurden in den letzten Jahren weiterhin hohe Zahlen rechtzeitig aufgedeckter und damit nicht in die Statistik eingegangener School Shootings bekannt. Alleine zum 7. Jahrestag des School Shootings an der Columbine High School am 20. April 2006 sorgten mehr als zehn rechtzeitig verhinderte Taten in den USA für Aufsehen.

Beispielsweise wurde in Riveton, Kansas, der Plan von fünf Jugendlichen zwischen 16 und 18 Jahren bekannt, einen Amoklauf nach Vorbild der Columbine High School durchzuführen. Nachdem die Schulleitung von einer Drohung über das Internetnetzwerk MySpace.com erfahren hatte, sprach sie zunächst mit einigen Freunden der Jungen, um zu prüfen, wie ernst die Hinweise zu nehmen seien. Als sich herausstellte, dass die Lage durchaus ernst war, schaltete sie daraufhin die Polizei ein. Bei einer Durchsuchung fanden die Beamten Schusswaffen, Munition, Messer und kodierte Nachrichten in den Schlafzimmern sowie Dokumente über Waffen nebst Hinweisen zum bevorstehenden »Armageddon« in den Schulspinden einiger Jugendlicher.

Andere Schüler im Alter von 13–14 Jahren wollten nur zwei Tage später in North Pole, Alaska, die Strom- und Telefonleitungen ihrer Schule kappen. Im Schutze der unterbrochenen Kommunikation planten sie, mehrere Lehrer und Mitschüler zu töten. In diesem Fall hatte ein Mitschüler seine Eltern von der Absicht der Schüler informiert. Die Eltern wandten sich an die Polizei, die Tatpläne und Waffen sicherstellen konnte.

Die leichte Rückläufigkeit der Fälle – die immer noch um ein Vielfaches höher liegt als vor Beginn der 90er Jahre – zeigt sich zudem zwar in

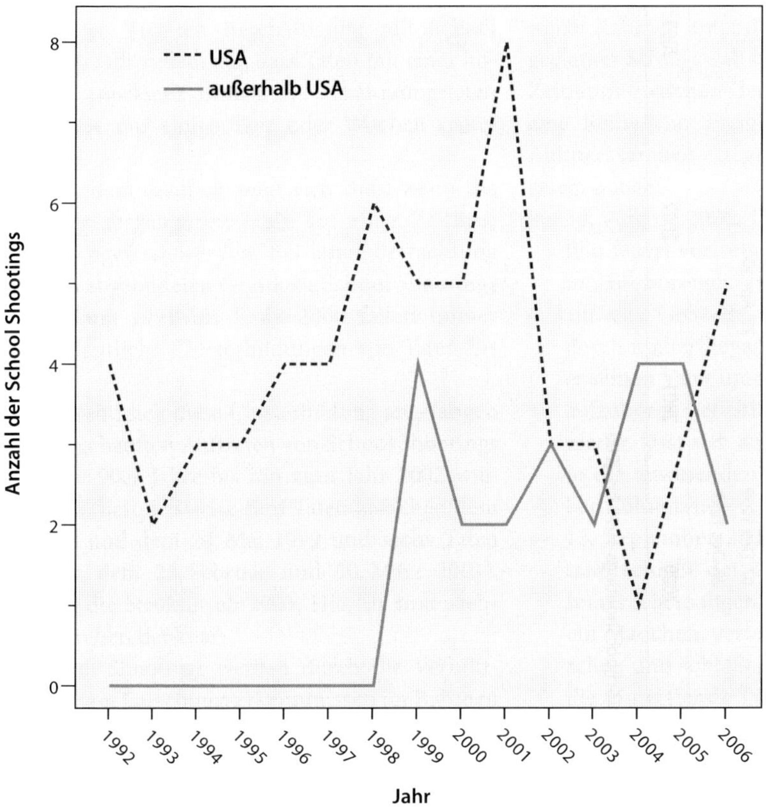

Abb. 1.2. Häufigkeit von School Shootings außerhalb der USA

dem Verdacht verhaftet, ein School Shooting an ihrer High School begehen zu wollen. Bei Hausdurchsuchungen werden zahlreiche Waffen gefunden.

- 16. September 2006: Ein Jugendlicher erscheint mit einem Gewehr an seiner Schule in St. Louis, Missouri, nachdem er einem Freund eine Mitteilung gesendet hat, dass er sich umbringen wolle. Die Polizei war bei seinem Eintreffen bereits vor Ort. Nachdem der Junge die Waffe zunächst auf sich selbst und dann auf die Beamten richtet, wird er mit drei Schüssen von den Polizisten angeschossen.
- 18. September 2006: Ein 15-jähriger kanadischer Schüler wird in Hudson, Quebec, verhaftet, nachdem er Todesdrohungen über das gleiche Internetportal geäußert hatte, wie Kimveer Gill einige Tage zuvor.
- 27. September 2006: Ein Schüler und der Täter sterben, als eine Geiselnahme an einer Schule in Bailey, Colorado nach vier Stunden durch die Polizei beendet wird. Der erwachsene Täter hatte sechs Schülerinnen bedroht.
- 29. September 2006: In Cazenovia, Wisconsin, erschießt der 15-jährige Eric Hainstock mit mehreren Schüssen seinen Schulleiter.

Dicht auf folgen drei Vorfällen, die alle am 2. Oktober 2006 stattfanden:

- In Cincinnati, Ohio, droht ein 15-jähriger Schüler per Textmitteilung, eine Schusswaffe mit zu seiner Schule zu bringen. Er wird zu Hause verhaftet und die Schule abgeriegelt.
- An der Mohave High School in Las Vegas, Nevada, bringt ein ehemaliger Schüler eine Schusswaffe mit zur Schule. Als Mitschüler ihn bemerken, informieren sie die Schulpolizei. Der Junge flieht und wirft seine Waffe weg. Mehrere Schulen werden zur Sicherheit abgeriegelt, während die Polizei ihn sucht.
- Ein 32-jähriger Mann nimmt an einer Amish-Schule in Nickels Mines, Pennsylvania, mehrere Geiseln und tötet fünf Mädchen im Alter von sieben bis dreizehn Jahren sowie sich selbst.

Warum es zu solchen internationalen Wellen von Nachahmungstaten kommt und warum es zur Prävention von schwerer Schulgewalt sinnvoll ist, auf die engere Betrachtung von School Shootings zu fokussieren, werden die folgenden Kapitel ausführlich aufzeigen.

Als sehr relevant erweisen sich auch Jahrestage von spektakulären Taten. Besonders auffällig ist da-

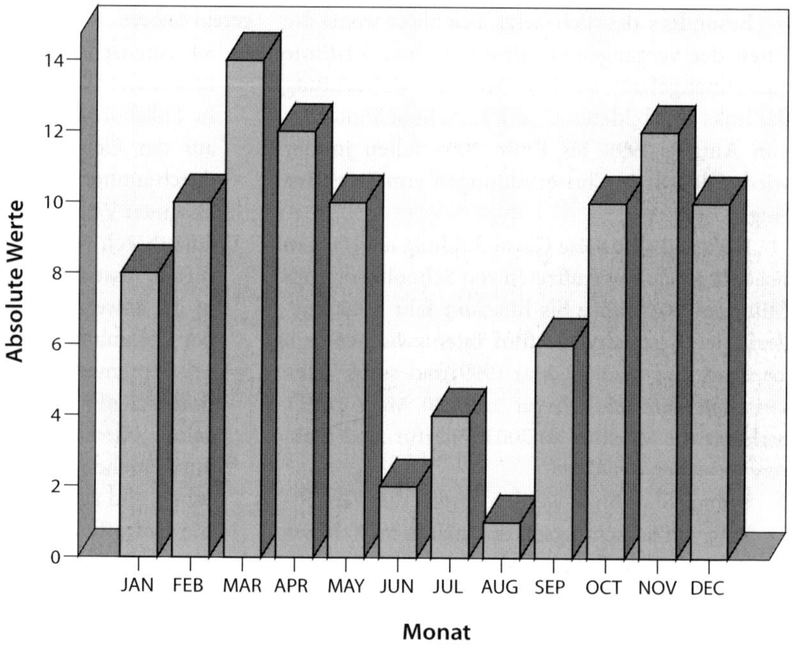

Abb. 1.4. Verteilung der School Shootings nach Monaten

bei in der Regel der Jahrestag des Amoklaufs an der Columbine High School. Duchgeführte, geplante und angedrohte Nachahmungstaten häufen sich jährlich zu diesem Zeitpunkt. So fanden beispielsweise genau einen Monat, dann ein Jahr, aber auch zwei Jahre nach diesem Amoklauf School Shootings statt, die sich explizit auf die Tat in Columbine bezogen. Gerade der April mit den kurz aufeinanderfolgenden Jahrestagen von Columbine und Erfurt, sowie der in der Regel begleitenden massenmedialen Berichterstattung erfordert in Deutschland eine erhöhte Aufmerksamkeit. Sinnvolle Handlungsoptionen zur Früherkennung solcher Fälle werden in späteren Abschnitten aufgezeigt.

Eine Betrachtung derjenigen Monate, an denen School Shootings durchgeführt werden, zeigt, dass in den Sommermonaten von Juni bis September insgesamt deutlich weniger Taten auftreten. Die Ursache dürfte hierbei in der Ferienzeit zu suchen sein: Wenn Sommerferien die Schulzeit reduzieren, findet sich rein faktisch weniger Gelegenheit, ein School Shooting durchzuführen.

Ein Fokus auf die Opfer der Taten macht deutlich, dass bei jeweils einem Drittel aller Vorfälle ausschließlich Schüler Ziel der Attacken waren, ausschließlich Schulpersonal Ziel der Angriffe war bzw. sowohl Schüler, als auch Schulpersonal zu Schaden kamen. In vier Fällen waren dies neben Schülern und Schulpersonal sogar Elternteile des Täters. Es ist allerdings zu betonen, dass hier verständlicherweise nicht die prädeliktische Absicht der Täter gemessen werden konnte, sondern der tatsächliche Tatausgang analysiert werden musste. Es kann also nicht ausgeschlossen werden, dass in einzelnen Fällen durchaus auch andere Menschen zu Schaden hätten kommen können, wenn sich der Tatverlauf anders entwickelt hätte. Für die praktische Konsequenz ist dies jedoch nur von eingeschränkter Bedeutung. Fest steht: In erster Linie sind sowohl Schulpersonal als auch Schüler von School Shootings gleichermaßen bedroht. Dies muss bei präventiven Überlegungen berücksichtigt werden.

Während bei allen Taten zusammengerechnet 130 Menschen getötet und 314 Menschen verletzt wurden, lag der Durchschnitt pro School Shooting bei 1,3 Toten und 3,2 Verletzten. Es ist keinesfalls zynisch gemeint, die Opfer dieser furchtbaren Taten in Nachkommazahlen zu verrechnen. Vielmehr lässt sich dadurch zeigen, welchen Stellenwert die schwerwiegendsten Taten in Columbine (10 Tote), Red Lake (13 Tote) und Erfurt (16 Tote) tatsächlich im Gesamtbild dieser Vorfälle aufweisen. So verwerflich und konsequenzenbehaftet jede einzelne Tötung und Verletzung im Rahmen der School Shootings ist: Columbine, Red Lake und Erfurt bilden in Bezug auf die Auswirkungen dieser School Shootings glücklicherweise bislang Ausnahmeerscheinungen. Dies hängt nicht zuletzt

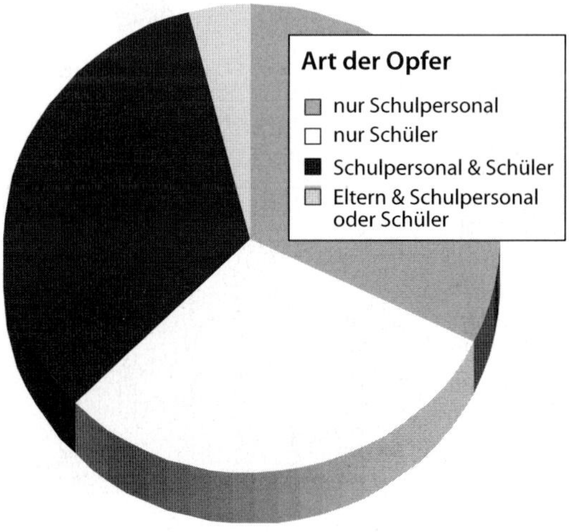

Abb. 1.5. Opfer von School Shootings

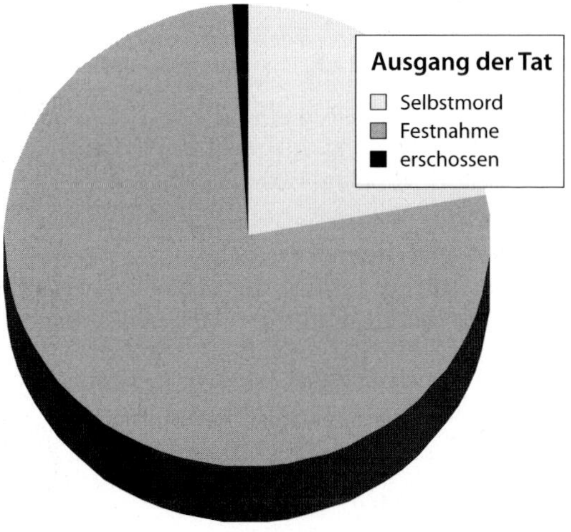

Abb. 1.6. Tatausgang von School Shootings

mit der Tatsache zusammen, dass die Jugendlichen in diesen Fällen noch mehrfach auf bereits getroffene Personen feuerten. Sie wollten offenbar sicher gehen, dass diese verstarben. Im Rahmen vieler anderer School Shootings schossen die Jugendlichern eher ungezielt in die Menge oder beendeten ihren Amoklauf, bevor noch weitere Menschen zu Schaden kamen.

Den Ausgang von School Shootings bildet zumeist die Festnahme des Täters. Dabei ist hervorzuheben, dass die Jugendlichen bislang in der Regel von Mitschülern oder Lehrern aufgehalten werden. Polizisten, selbst Wachpersonal der Schulen, waren nur in wenigen Ausnahmen involviert, da sie in der Regel erst zu spät am Tatort erscheinen konnten. Sie nahmen dann die bereits entwaffneten Jugendlichen nur noch in Gewahrsam. Bei jedem fünften jugendlichen Täter war dies jedoch nicht mehr möglich, da er sich im Anschluss an seinen Amoklauf selbst tötete. Weitere hatten den Suizid versucht, jedoch die bereits auf sich gerichtete Waffe nicht ausgelöst. Nur ein einziger Jugendlicher wurde im Tatverlauf von der Polizei erschossen.

Auch über die Täter selbst lassen sich schon aus der Statistik einige Erkenntnisse gewinnen. So waren nur vier der School Shooter Mädchen. Alle anderen Taten wurden von Jungen verübt (► Infobox).

Die Kinder und Jugendlichen handelten zumeist alleine. Nur in zwei Fällen setzten jeweils zwei jugendliche Täter gemeinsam einen Amoklauf an einer Schule um – in Columbine und Jonesboro.

Allerdings gibt es in den USA und in Deutschland zahlreiche rechtzeitig aufgedeckte Fälle, bei denen mehr als ein Jugendlicher geplant hatte, eine zielgerichtete schwere Gewalttat an seiner Schule durchzuführen. Neben den bereits erwähnten Vorfällen in Kansas und Alaska wurden in Deutschland beispielsweise in Deggendorf und auf Usedom entsprechende Tatabsichten aufgedeckt. Im niederbayrischen Deggendorf planten drei 14-jährige Schüler ein halbes Jahr nach der Tat von Columbine, die Direktorin und eine weitere Lehrerin ihrer Hauptschule zu töten. Auf Usedom hatten fünf Schüler einer 10. Klasse eine Todesliste von Lehrern und Mitschülern erstellt. Einer der Jungen hatte schon die benötigte Munition ausgerechnet und gestand die Tötungsabsicht, nachdem auch hier Schüler ihre Eltern informiert hatten, die wiederum die Schulleitung in Kenntnis setzten. Diese schaltete die Polizei ein.

Sicherlich erhöht die Zahl der Mitwisser stets die Möglichkeit, dass eine Tatabsicht entdeckt wird. Dies geht jedoch im Fall von School Shootings über die bloße Möglichkeit des versehentlichen »Verplapperns« eines der Schüler hinaus.

Infobox

Im Vergleich zu ihrem Bevölkerungsanteil von 51% werden deutlich weniger Mädchen und Frauen als Tatverdächtige registriert und abgeurteilt. Gemäß dem im November 2006 erschienenen Sicherheitsbericht der Bundesministerien des Inneren und der Justiz nimmt der ohnehin geringe Gesamtanteil von weiblichen **Tatverdächtigen** (23,7%) sogar mit jeder Stufe des Strafverfahrens weiter ab. So beträgt der Anteil weiblicher **Strafgefangener** in Deutschland nur noch 5,2%.
Die unterschiedliche Geschlechtsverteilung trifft noch stärker für Kinder und Jugendliche zu. Der Anteil weiblicher Tatverdächtiger für **Tötungsdelikte** lautet nach Altersgruppen unterschieden wie folgt:

- 8 bis unter 14 Jahre: 0,24%
- 14 bis unter 18 Jahre: 4,78%
- 18 bis unter 21 Jahre: 9,82%
- 21 bis unter 25 Jahre: 8,70%

Demzufolge stellt der prozentuale Anteil von 4% der School Shooter für Mädchen keine besondere Anomalie dar, sondern ein bekanntes Merkmal für (Gewalt-)Kriminalität: Der Altersdurchschnitt der School Shooter liegt bei etwa 16½ Jahren. In dieser Altersgruppe beträgt der Anteil an der generellen Tötungsdelinquenz für Mädchen ebenfalls gut 4%.

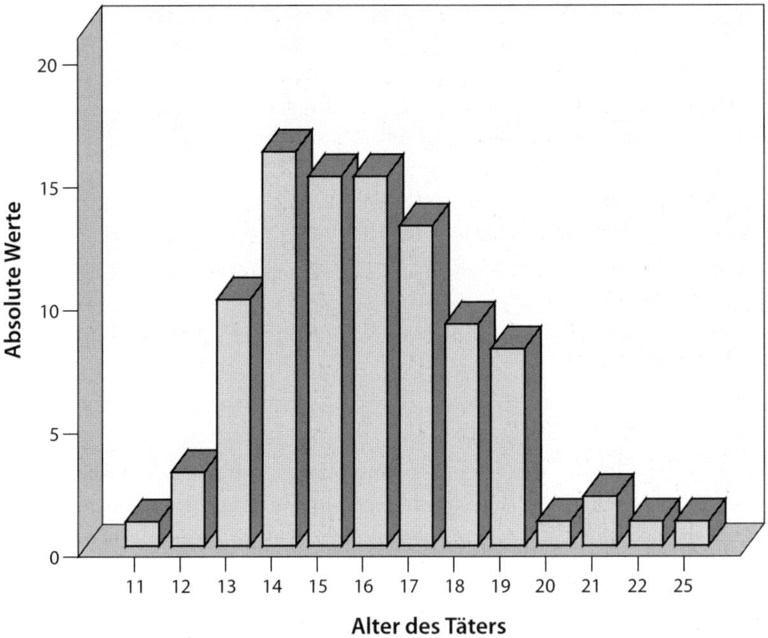

Abb. 1.7. Alter der School Shooter

Zur gemeinschaftlichen Durchführung eines derart folgenschweren Planes müssen gleich mehrere Individuen zu einem spezifischen Zeitpunkt in der Lage sein, ihre Tötungshemmung außer Kraft zu setzen und diese auch außer Kraft setzen zu wollen. Wie noch gezeigt werden wird, müssen dabei sehr spezifische Gegebenheiten vorliegen, die äußerst selten auf mehrere Jugendliche gleichzeitig zutreffen. Stimmen diese nicht überein, werden einige Beteiligte die Tatpläne in der Regel rechtzeitig Dritten mitteilen. Es kommt jedoch darauf an, dass die ins Vertrauen gezogenen Personen dem jeweiligen Schüler auch glauben und rechtzeitig reagieren.

Im Fall von **Jonesboro** (▶ Infobox) waren die beiden Jungen erst 11 bzw. 13 Jahre alt. Neben der Tat als solcher sorgte auch das junge Alter der beiden School Shooter für einen öffentlichen Aufschrei in den USA. Galten derart junge Kinder zuvor noch per se als besonders schützenswert, fand in der Nachfolge ihrer Tat ein Umdenken statt. Es wurde allerdings nicht das Erziehungssystem verbessert, sondern das Strafmaß für kindliche Täter verschärft. Während Golden und Mitchell noch als Erwachsene aus einer Erziehungsanstalt entlassen werden, droht späteren kindlichen Mördern in Arkansas eine lebenslängliche Haftstrafe, da sie wie Erwachsene behandelt werden können.

Infobox

In **Jonesboro**, Arkansas, lockten die in Tarnanzüge gekleideten Mitchell Johnson und Andrew Golden am 24. März 1998 ihre Mitschüler und Lehrer durch einen falschen Feueralarm aus dem Schulgebäude. Die mit sieben verschiedenen Schusswaffen ausgerüsteten Jungen feuerten daraufhin in die Menschenmenge und töteten dabei vier Schülerinnen und eine Lehrerin. Neun weitere Schüler und ein Lehrer wurden verletzt.

Abgesehen von solchen Ausnahmen liegt das Durchschnittsalter eines School Shooters bei etwa 16 Jahren. Knapp zwei Drittel aller Taten finden im Alter von 14–17 Jahren statt.

In den meisten Fällen von School Shootings wurden bei der Tatdurchführung tatsächlich Schusswaffen benutzt. Manchmal verwendeten die jugendlichen Täter zusätzlich Sprengstoffe, Schlagwaffen oder Benzin. Von einiger Bedeutung sind zudem auch Klingenwaffen als alleiniges Tatwerkzeug. In immerhin zehn Fällen wurden Messer oder andere Klingenwaffen als ausschließliches Tatwerkzeug für ein School Shooting benutzt. Sechs dieser Fälle lagen außerhalb der USA.

Trotz der überwiegenden Nutzung von Schusswaffen darf jedoch nicht voreilig der Schluss gezogen werden, dass ein schärferes Waffengesetz in Deutschland School Shootings mit akzeptabler Sicherheitswirkung verhindern könne. In nahezu allen bekannten Fällen hatten die Jugendlichen ihre Tatwaffen auf nicht legalem Weg erworben oder aus dem aufgebrochenen Waffenschrank eines Familienmitgliedes gestohlen. Erfurt bildete hier eine Ausnahme – doch die als Konsequenz politisch als Lösung präsentierte Verschärfung des Waffengesetzes bringt real nur wenig Sicherheit. Schon ein einfaches Küchenmesser kann als todbringendes Werkzeug eingesetzt werden, wenn ein Schüler wirklich töten will. Um School Shootings tatsächlich wirkungsvoll und frühzeitig begegnen zu können, braucht es umfassende erzieherische Mittel und ein Umdenken in deutschen Schulen.

Zusammenfassung

Bei School Shootings handelt es sich um Tötungen oder Tötungsversuche durch Jugendliche an Schulen, die mit einem direkten und zielgerichteten Bezug zu der jeweiligen Schule durchgeführt werden. Im Gegensatz zur allgemeinen Tötungskriminalität durch Jugendliche nahmen School Shootings in der letzten Dekade deutlich zu. Dabei sind sie zunehmend nicht mehr nur als US-amerikanisches, sondern als weltweit auftretendes Phänomen anzusehen, von dem insbesondere auch Kanada und Deutschland betroffen sind. Eine Analyse der bekannt gewordenen 99 Taten zeigt, dass diese vorwiegend von einzelnen männlichen Jugendlichen im Alter von durchschnittlich knapp 16 Jahren mit Schusswaffen begangen werden.

Weiterführende Literatur

Zu Aggression und Gewalt

Baron, R.A./ Richardson, D.R. (2004): »Human Aggression. Second Edition«, Dordrecht: Kluwer Academic Publishers

Nolting, H.-P. (2005): »Lernfall Aggression. Wie sie entsteht – wie sie zu vermindern ist«, Reinbek bei Hamburg: Rowohlt

Zur Gewalt durch Jugendliche

Lösel, F./ Bliesener, T.(2003): »Aggression und Delinquenz unter Jugendlichen. Untersuchungen von kognitiven und sozialen Bedingungen«, München: Luchterhand

Muncie, J. (2004): »Youth and Crime. A Critical Introduction«, zweite Auflage, London: Sage

Zur Tötungskriminalität

Egg, R. (Hrsg.) (2002): »Tötungsdelikte. Mediale Wahrnehmung, kriminologische Erkenntnisse, juristische Aufarbeitung« Wiesbaden: Kriminologische Zentralstelle

Heide, K.M. (1999): »Young Killers. The Challenge of Juvenile Homicide«, Thousand Oaks: Sage

Zu School Shootings

Newman, K.S./ Fox C./ Harding, D.J./ Mehta, J./ Roth, W. (2004): »Rampage. The social roots of school shootings«, New York: Basic Books

Robertz, F.J. (2004): »School Shootings. Über die Relevanz der Phantasie für die Begehung von Mehrfachtötungen durch Jugendliche«, Frankfurt: Verlag für Polizeiwissenschaft

Webber, J.A. (2003): »Failure to Hold. The Politics of School Violence«, Lanham: Rowman & Littlefield

Täter

Ich habe Robert ja selbst drei Jahre im Unterricht gehabt. Er war ein Außenseiter, einfach ein leeres Blatt.
(A.F. – Lehrer am Erfurter Johann-Gutenberg-Gymnasium)

Eine zentrale Frage aus Sicht der Gewaltprävention lautet nicht nur, *welche* Taten begangen werden, sondern auch, *von wem* sie begangen werden. Könnten potenzielle Täter nämlich schon im Vorfeld eines Amoklaufs zweifelsfrei erkannt und in der Folge von ihrer Tatabsicht abgebracht werden, dann wäre ein effektiver Schutz für alle Schulen umsetzbar. Diese Idee erweist sich jedoch in der Praxis als nicht durchführbar. Es lassen sich keine Eigenschaften oder Merkmale festmachen, die einen Menschen eindeutig als zukünftigen School Shooter ausweisen. Weder geben sein Äußeres oder einzelne Charakterzüge *unmissverständliche* Hinweise auf das Gefährdungspotenzial, welches von einem Schüler ausgeht, noch haben School Shooter stets identische Eigenschaften oder Merkmale.

Eine präzise »Profilerstellung« jugendlicher School Shooter wird zwar allenthalben in Presse, Strafverfolgung und in Einzelfällen auch in der Kriminologie versucht, doch sind die hierbei benutzten Eingrenzungen bislang nicht trennscharf genug, da sie lediglich typische Eigenschaften abbilden, die sich bei School Shootern zumindest häufig finden. So haben die Psychologen Michaela Mendelsohn und Kenneth Sewell zu Recht hervorgehoben, dass der Druck, Profile oder Warnsignale identifizieren zu müssen, in den USA mitunter zur Erstellung von Listen geführt hat, die durch den bestehenden Kenntnisstand nicht einmal annähernd gerechtfertigt werden können. Werden sie dennoch angewandt, besteht einerseits die Gefahr einer Scheinsicherheit, gegen alle Gefahren gewappnet zu sein, wenn man einzig auf die jeweils hervorgehobenen Charakteristika achtet. Andererseits können eigentlich harmlose Schüler vorschnell als gefährlich angesehen und behandelt werden. Durch die öffentliche Etikettierung als potenzieller Gewalttäter werden das soziale Leben und das Selbstbild solcher zu Unrecht verdächtigter Jugendlicher erheblich geschädigt.

Dabei muss auch berücksichtigt werden, dass gewalttätiges Verhalten generell nicht auf isolierten Persönlichkeitsmerkmalen beruht, sondern das Ergebnis zahlreicher zusammenwirkender Faktoren ist. Kommen genug problematische Komponenten im Lebenslauf eines Menschen zusammen und gerät er dann in bestimmte Situationen, die für ihn eine besondere Bedeutung besitzen, so kann nach Ansicht der amerikanischen Psychiaterin Dorothy Lewis prinzipiell jeder Mensch zu einem Gewalttäter werden.

Auch wenn keine Blaupause zur Verfügung steht, um School Shooter zu identifizieren, lassen sich auf dem heutigen Forschungsstand Risikofaktoren und Problemlagen feststellen, die im Rahmen einer Bedrohungsanalyse auf potenzielle Probleme hindeuten. Auf diese Weise können schützende Rahmenbedingungen für diese Menschen gestärkt und Unterstützung bei der Lösung ihrer Probleme ermöglicht werden, bevor sie sich in Gewalttaten Ausdruck verschaffen. Während die Vorgehensweise einer solchen Bedrohungsanalyse im Rahmen der Intervention noch ausführlich thematisiert wird, können vorab bereits einige häufig auftretende Merkmale jugendlicher School Shooter skizziert werden.

Der in diesem Rahmen am leichtesten zu bestimmende Faktor ist zugleich auch der Faktor, welcher am wenigsten zur Abgrenzung beiträgt: das Alter. Alle Täter sind per definitionem Jugendliche. Trotzdem ist es sinnvoll, im Zusammenhang mit School Shootings einen genaueren Blick auf diese Lebensphase zu werfen, denn gerade die in der Jugend ablaufenden Prozesse können einen wichtigen Einfluss auf die Entstehung von schweren Gewalttaten ausüben.

2.1 Lebensphase Jugend

Ob angenommen wird, dass ein Mensch sich in der Lebensphase Jugend befindet, hängt nicht nur von seinem Lebensalter ab. Auch kulturelle Sichtweisen spielen dabei eine wichtige Rolle. So können die Grenzen der Jugend anhand spezifischer Lebensjahre, aber auch anhand von Initiationsriten oder biologischen Entwicklungen festgelegt werden. Hinzu kommt ein Wandel dieser Ansichten in verschiedenen Epochen. Eine allgemeingültige und trennscharfe Einteilung der Jugend erweist sich daher als nahezu unmöglich. Jedoch werden Kinder unter 10 Jahren und junge Erwachsene über 24 Jahren in den seltensten Fällen als jugendlich bewertet.

Gerade bei jungen Kindern ist für die Betrachtung von Tötungen an Schulen nicht nur wesentlich, dass sie selbst bei einer durch Umwelteinflüsse zunehmend früher einsetzenden Pubertät noch nicht in die biologischen oder psychologischen Entwicklungsphasen der Jugend eingetreten sind – sie haben auch oftmals noch kein klares Konzept vom Tod. Für sie ist es schwierig, die Endgültigkeit des Todes zu erfassen. Mitunter sehen sie Tötungen als umkehrbare Handlungen mit zeitlich begrenzten Konsequenzen an. Bei Tötungen durch junge Kindern kann daher in der Regel eher von unbeabsichtigten Tötungshandlungen ausgegangen werden, als von einer Tötungsabsicht.

Wertvolle Hinweise zu Besonderheiten der Lebensphase Jugend bietet vor allem die Entwicklungspsychologie. Sie stellt heraus, dass Jugendliche zumeist ein besonders hohes Bedürfnis haben, verstanden zu werden. Besondere Bedeutung erhalten bei einer beginnenden Loslösung von der Familie vor allem Beziehungen zu Gleichaltrigen. Sie können erheblich zur Orientierung, Stabilisierung und emotionalen Geborgenheit beitragen. Die hohe Bedeutung der Gleichaltrigengruppe hat jedoch auch Schattenseiten. Manchmal wird die hier erhoffte Anerkennung als derart wichtig erachtet, dass die Jugendlichen wenig unversucht lassen, um diese Bestätigung zu erringen. So kann die Motivation zur Begehung von Straftaten durchaus in dem Versuch begründet sein, die Gleichaltrigengruppe zu beeindrucken.

Der Wunsch nach Anerkennung ist oft eng mit der Suche nach einer eigenen Geschlechterrolle und Identität verbunden. In ihren sozialen Gefügen können Jugendliche verschiedene Rollenmuster erproben. Mit der Zeit werden zumeist auf Basis der damit errungenen Anerkennung funktionsfähige Rollen beibehalten, während andere verworfen werden. Dieses Probierverhalten führt fast zwangsläufig zu vielfältigen Konflikten im sozialen Umfeld und wird von den Jugendlichen oft als sehr belastend erlebt.

Erschwerend kommen Wachstumssprünge hinzu, bei denen sich Geschlechtscharakteristika, motorische und intellektuelle Fähigkeiten entwickeln, was wiederum Auswirkungen auf das Selbstvertrauen, das Selbstbild und die Stimmungen Jugendlicher hat und zu einem veränderten Erleben von Beziehungen führt. Das Ergebnis der vielen Veränderungen sind zumeist hochemotionale Ansichten, die mit einer übersteigerten Bewertung von Ereignissen oder Umständen einhergehen. Eine starke Freundschaft zu einem Klassenkameraden kann beispielsweise die Frage nach einer eigenen Homosexualität zur Folge haben. Dies kann sich gerade bei Jungen als dramatisch erweisen, da die noch nicht bewiesene Geschlechtsidentität sie meist zu einem demonstrativ männlichen Verhalten antreibt. Da Männerrollen in modernen Industriegesellschaften jedoch bestenfalls diffus sind, nehmen sie oft Zuflucht zu den althergebrachten Kernelementen der Nachwuchserzeugung, des Beschützens und des Versorgens. Subjektive Bedrohungen der eigenen Sexualität, Familie oder Fähigkeiten werden daher nicht selten mit demonstrativ gewaltbereitem Verhalten beantwortet.

Charakteristisch sind ebenso Neigungen zu impulsiven und gefährlichen Verhaltensweisen. Während Kosten-Nutzen-Überlegungen aufgrund fehlender Fähigkeiten und Erfahrungen zugunsten der Spontaneität vernachlässigt werden, versuchen Jugendliche oft ihre Ziele auf ungewöhnliche Weise zu erreichen. Dies kann auch die Inkaufnahme von körperlichen und psychischen Gefahren beinhalten. Die neu entdeckten Kräfte führen zu einem intensiven Glauben an die eigene Stärke und Unverwundbarkeit. Negative Konsequenzen dieser Einstellungen sind oft noch nicht durchlebt worden, ebenso wenig wie die Notwendigkeit des Hinarbeitens auf langfristige Ziele. Daher kann sich ein Diktat der unmittelbaren Wunschbefriedigung entwickeln. Gerade Jugendliche mit einer geringen Auswahl an erprobten Problemlösungsstrategien geraten so mitunter in schwierige Situationen, in denen sie Gewalt als einzigen Ausweg ansehen.

Diese Problematik kann sich durch die Wechselwirkung der skizzierten Verhaltensweisen noch verschärfen. Will ein Jugendlicher etwa dringend die Beachtung einer Gruppe Gleichaltriger gewinnen, weil er sich von seinen Eltern unverstanden fühlt, dann können fehlende Problemlösungsstrategien und eine Neigung zu impulsiv-gefährlichen Handlungsweisen zu einem Verhalten führen, das Erwachsene bestenfalls als sehr irrational bezeichnen würden.

Selbstverständlich wurden neben dem Faktor der Jugendlichkeit in ersten Studien weitere Erkenntnisse über School Shooter gesammelt. Ein Fallbeispiel hilft, diese zu verdeutlichen.

2.2 Fallbeispiel: West Paducah, Kentucky

Nachdem er mit seiner Familie das Erntedankfest gefeiert hat, fährt der 14-jährige Michael Carneal mit seinem Fahrrad zu einem Freund. Dort entwendet er eine Pistole von dessen Vater. Carneal packt sie mit Munition und Ohrenschützern in eine Tasche und versteckt sie unter seinem Bett. Einer Jugendpsychiaterin wird er später verraten:

> I was feeling proud, strong, good, and more respected. I had accomplished something.

Einem guten Freund und dessen älterem Bruder zeigt er am folgenden Samstag die Waffe. Die Jungen schießen damit auf einen rosafarbenen Gummiball. Doch das berauschende Gefühl der Macht genügt Carneal noch nicht. Am Sonntag stiehlt er mehrere Gewehre aus dem Schrank seines Vaters. Die Psychiaterin wird berichten, dass Carneal glaubt, er sei umso mächtiger, je mehr Waffen er besitze:

> You look better if you have a lot of guns. A kid would say one gun is good, but that Michael had a lot of guns.

Am nächsten Tag, dem ersten Dezember des Jahres 1997, steckt er eine Pistole und Munition in seinen Rucksack, während er die langläufigen Waffen mit Klebeband bündelt und mit Decken umwickelt. Er legt sie in den Kofferraum des Wagens seiner Schwester und fährt wie jeden Schultag mit ihr zur Heath High School in den Außenbezirken von West Paducah, Kentucky. Einem verwunderten Lehrer gegenüber erwidert Carneal, bei dem Paket handele es sich um ein Projekt für seine Englischstunde und macht sich auf den Weg zu einigen älteren Schülern, mit denen er sich anzufreunden versuchte. Die dunkel gekleideten Jungen sind Anhänger der **Gothic-Szene** (► Infobox). Als er sie findet, machen sie nur eine flapsige Bemerkung zu seinem in Decken geschlungenen Bündel und ignorieren Carneal.

Der Junge öffnet daraufhin seinen Rucksack und entnimmt zwei orangefarbene Ohrstöpsel und die mitgebrachte Pistole. Er beginnt die Waffe zu laden, während keiner der Jungen in seine Richtung blickt. Dann geht Carneal leicht in die Hocke, streckt die Arme aus, entsichert die Waffe und beginnt auf den Gebetszirkel seiner Schule zu feuern, der gerade im selben Raum sein Morgengebet beginnt. Ein Schü-

Infobox

Während der Begriff **Gothic** ursprünglich Ende des 18. Jahrhunderts als Romangenre für schaurige Erzählungen verwendet wurde, beschreibt er heute auch eine vielfältig geprägte Subkultur. Sie entwickelte sich Anfang der 1980er Jahre aus der Punk- und der New-Wave-Szene. Ihre Anhänger wurden zunächst in Deutschland als »Grufties«, mittlerweile auch vermehrt als »Goths« bezeichnet. Oft behalten sie den typischen dunklen Kleidungs- und Lebensstil im Erwachsenenalter bei, sodass aus der ursprünglichen Jugendkultur seit Ende der 1990er Jahre auch zunehmend ein kommerziell genutztes, altersübergreifendes Breitenphänomen wird. Dabei gelten Goths als friedliche, wenngleich wirklichkeitsfremd-unnahbare Menschen. Sie selbst sehen die Durchschnittsbevölkerung als konservativ und intolerant an. Nicht zuletzt daraus ergibt sich eine Betonung von Melancholie und Individualität innerhalb der Gothic-Szene, die oft mit der Sehnsucht nach einem romantisierten Bild des Mittelalters und vereinzelt auch nach okkulten Lebensbezügen verbunden wird.

Goths tragen eine demonstrative Akzeptanz des Todes als Bestandteil des Lebens nach außen, die oftmals als Todessehnsucht interpretiert und vereinzelt auch als solche erlebt wird. Ihre Kleidung ist oft schwarz, während die Gesichter blass geschminkt bzw. Augen und Mund durch dunkle Schminkelemente betont werden. Piercings, Tätowierungen, Nieten und Glöckchen sind häufig anzutreffende Accessoirs. Entsprechend ihren Wurzeln erinnern die Frisuren von Goths oft an die Punk- oder Wave-Kulturen. Auch absichtlich zerrissene Netzhemden oder Strumpfhosen werden in das Kleidungsbild integriert – im Gegensatz zum Punk legen die meisten Goths jedoch Wert auf ein sauber-gepflegtes Äußeres.

ler nach dem anderen bricht getroffen zusammen, bis der Leiter der Gruppe Carneal konfrontiert. Der Junge legt daraufhin die Waffe nieder und bittet ihn: »Please, just shoot me!« Stattdessen wird Carneal vom herbeieilenden Schulleiter in dessen Büro gebracht, während Lehrer die Verwundeten versorgen. Drei der Schüler sterben. Fünf weitere tragen zum Teil gefährliche Verletzungen davon.

Carneal war vor seiner Tat als intelligenter Junge ohne auffällige psychische oder disziplinäre Probleme bekannt, der noch dazu aus einem stabil erscheinenden Elternhaus kam und regelmäßig den Gottesdienst besuchte. Kein Schulbediensteter hätte vor diesem School Shooting damit gerechnet, dass er scheinbar unvermittelt damit beginnen könnte, Mitschüler zu töten. Und doch hätte seine Tat verhindert werden können, wenn es im Vorfeld einem Erwachsenen gelungen wäre, statt des externen Sichtwinkels *auf* Carneal dessen eigene *innere* Weltsicht zu verstehen.

Michael Carneal stand als kleiner, unsicherer und schwächlicher Junge stets im Schatten seiner großen Schwester, der auf musischen und intellektuellen Feldern gelang, was sich andere Schüler nur erträumen konnten. Seine Eltern waren fest in das soziale Gefüge der Kleinstadt eingebunden und engagierten sich in sozialen, ebenso wie in schulischen Feldern. Sie hießen sogar die Freunde ihrer Kinder stets in ihrem Haus willkommen und versuchten tragfähige soziale Bande zu knüpfen. Doch ihre Bemühungen fruchteten bei Carneal nicht. Er blieb ein Einzelgänger, dem es nicht gelang, Freundschaften aufrechtzuerhalten. Einer Psychologin, die den Jungen nach seiner Tat in einer Jugendstrafanstalt betreute, berichtete Carneal, dass er schon im Alter von etwa 7 Jahren das Gefühl hatte, seiner Schwester nicht nachfolgen zu können. Deshalb versuchte er einen komplett anderen Weg für sich zu finden. Es gelang ihm jedoch nicht, ein solches Feld für die so dringend benötigte Anerkennung zu finden. Trotz hoher Intelligenz bekam er schulische Probleme. Vom Schulorchester, in dem seine Schwester brillierte, wurde er beurlaubt.

Mit der Zeit führte der innere Druck dazu, dass er Ängste entwickelte. Carneal fürchtete sich so sehr vor fiktiven Fremden oder Monstern, die sich unter seinem Bett befinden oder zum Fenster hereinklettern könnten, dass er oft nicht alleine in seinem Zimmer schlafen wollte. Er begann sogar Küchenmesser unter seiner Matratze zu verstecken, um sich verteidigen zu können. Nach und nach nahmen seine Ängste ein solches Ausmaß an, dass er von Möbelstück zu Möbelstück sprang, damit ihn die Monster nicht ergreifen konnten. In der Dusche deckte er die Abluftöffnungen zu, damit keine Schlangen hereinkriechen konnten. Diese Ängste veränderten sich nach Einschätzung der Psychologin, als Carneal älter wurde. Sie wurden nun stärker nach außen gerichtet. Stets fühlte er sich unsicher und begann seiner Mutter bald von Situationen an seiner Schule zu berichten, bei denen Klassenkameraden seine Schulsachen aus dem Fenster warfen oder ihn gegen Spinde stießen. Ein subjektiv besonders schwerwiegendes Ereignis war eine öffentliche Demütigung in der Schulzeitung. Dort wurde ihm in der Gerüchteecke eine homosexuelle Beziehung zugeschrieben, woraufhin ihn einige Mitschüler als »Schwuler« und »Schwuchtel« bezeichneten.

Nach außen versuchte Carneal nach Kräften, die innere Aufruhr nicht zu zeigen. Dies gelang ihm immerhin so gut, dass er ein soziales Leben mit oberflächlichen Freundschaften und einer ersten Freundin aufrechterhalten konnte. In seinem Inneren forderte dieser Druck jedoch seinen Tribut. Einerseits wurde Carneal zunehmend depressiver. Andererseits enthalten seine Computerdateien aus dieser Zeit aggressive Geschichten, in denen Cartoonfiguren erschossen, verbrannt und in die Mikrowelle gesteckt werden, sowie Instruktionen, wie man eine Leiche schändet.

Nachdem seine Versuche, der Unterdrückung durch andere Schüler auszuweichen, nicht funktionierten, begann Carneal den Klassenclown zu spielen. Er klebte Mädchen Kaugummi in die Haare, platzierte Stinkbomben oder trank Korrekturflüssigkeit. Doch auch diese Versuche verhalfen ihm nicht zu der gesuchten Anerkennung im Schulgefüge. Schließlich gab er es auf, zu jenen populären und schulisch außergewöhnlich leistungsstark erscheinenden Jugendlichen gehören zu wollen, die seine Schwester so perfekt versinnbildlichte. Stattdessen suchte er die Aufmerksamkeit der Goths, die Carneal als Gruppe mit einer faszinierend-gefährlichen Aura ansah. Sie bildeten das genaue Gegenteil von seinen bisherigen Erfahrungen. Und vielleicht noch wichtiger: Die Goths lehnten jene konservativ-angepassten Jugendlichen ab, die Carneal das Leben in der Schule so schwer machten.

Seine Bewunderung für die Goths war jedoch recht einseitig, und er wurde als Jüngerer im Gruppengefüge bestenfalls geduldet. Um seine Stellung zu verbessern, begann er Geld und Gegenstände zu stehlen, die er den Mitgliedern der Gruppe schenkte. In dem Versuch, seiner Auffassung der Gruppenethik zu entsprechen, ging Carneal sogar so weit, dass er seine eigenen CDs als Diebesbeute ausgab und der Gruppe überreichte.

Die Goths begannen im Herbst 1997, über School Shootings zu sprechen. Dewey Cornell, Professor für Erziehungswissenschaft an der Curry School of Education und ausgewiesener Spezialist für Schulgewalt, schrieb in seinem gerichtlichen Gutachten, dass die Jungen Wege diskutierten, mit Waffengewalt das Schulbüro zu übernehmen oder auf Schüler zu feuern. Während davon ausgegangen werden kann, dass es sich bei den älteren Jugendlichen um reine Gedankenspiele handelte, nahm Carneal das Thema ernst. Er erklärte sich bereit, Waffen zu besorgen.

Der Diebstahl einer Pistole aus dem Waffenschrank des Vaters wurde von den Goths abgelehnt. Sie wollten lieber eine Schrotflinte. Und Carneal nahm auch diese Bemerkung ernst. Durch die Ablehnung der Pistole verletzt und in dem Versuch, es besser zu machen, nahm der eingangs berichtete Diebstahl der Gewehre seinen Verlauf.

Doch nicht nur die Goths hatten Carneals Absicht zu einer tatsächlichen Umsetzung der gemeinsamen Phantasien falsch interpretiert. Eine Reihe von Schülern hatte gehört, wie Carneal davon sprach, dass Montag der große Tag werden würde. Zudem hatte er andere Schüler davor gewarnt, in die Lobby zu kommen, wo er seine Tat durchführen würde. Mehreren Freunden hatte er nahegelegt, an diesem Tag nicht zur Schule zu kommen. Darunter befanden sich auch einige Mitglieder des Gebetszirkels.

Doch warum schoss Carneal ausgerechnet auf diesen Gebetszirkel? Während das Bibelstudium und der regelmäßige Kirchgang in West Paducah zum guten Ton gehörten, wurde genau jenes Verhalten von der Subkultur der Goths abgelehnt. Die regelmäßig und demonstrativ betenden Schüler wurden von den Goths als Heuchler angesehen, weil sie sich den Jungen zufolge selbst nicht an die nach außen propagierten Werte, wie z. B. die jungfräuliche Ehe, hielten. Sie waren die direkten Antagonisten. Ihre Verletzung musste in Carneals Sicht ein Tor zur Anerkennung der Goths bedeuten. So findet sich im psychiatrischen Gutachten der Staatsanwaltschaft Carneals Aussage:

> I don't know why I wasn't bluffing this time. I guess it was because they ignored me. I had guns, I brought them to school. I showed them to (the Goths), and they were still ignoring me. (...) I thought maybe they would be scared and then no one would mess with Michael.

2.3 Auswertung: Ergebnisse US-amerikanischer Studienergebnisse

Kurz nach Carneals School Shooting kam es zu einer massiven Zunahme solcher Taten an US-amerikanischen Schulen. Während Carneal selbst befürchtete, diese Taten inspiriert zu haben und daraufhin zwei Selbstmordversuche beging, starteten amerikanische Behörden und wissenschaftliche Einrichtungen erste Forschungsprojekte. Die Ergebnisse sind oft sehr vorsichtig formuliert, decken sich jedoch inhaltlich in den meisten Bereichen.

Wie schon aus den Daten der bekannten School Shootings im letzten Kapitel hervorgegangen ist, belegen auch jene US-amerikanischen Studien, dass es sich bei School Shootings um ein eigenständiges, von anderen Tötungsdelikten und Gewalttaten abgrenzbares Phänomen mit eigenständigen Merkmalen handelt. So identifizierten etwa der forensische Psychologe Reid Meloy und seine Kollegen School Shooter als spezifischen Typus jugendlicher Massenmörder, während ihre Kollegen James McGee und Caren DeBernardo School Shooter von »traditionellen Schießereien an Schulen« abgrenzten.

Die Studien stellen fest, dass School Shootings zumeist mit Schusswaffen und durchweg von männlichen Jugendlichen begangen werden. Die Soziologieprofessorin Katherine Newman und ihr Team problematisierten hier insbesondere die für Jugendliche allzu einfache Zugänglichkeit von Schusswaffen in den USA. In den meisten Fällen hatten die Jugendlichen ihre Tatwaffen von einem Familienmitglied erhalten oder sie entwendet. Auch wenn Waffen in Deutschland deutlich schwerer als in den USA zu bekommen sind, so sind die Möglichkeiten für einen Waffenbesitz auch hierzulande nicht unwesentlich. Der Berliner Psychologe Herbert Scheithauer und sein Bremer Kollege Dietmar Heubrock weisen darauf hin, dass »auch in Deutschland ein nicht zu unterschätzender Anteil von Schülern mit potenziell gefährlichen **Waffen** zur **Schule** geht, ohne jedoch regelmäßig von ihnen Gebrauch zu machen« (▶ Infobox).

Auch wenn es sich zumeist um Stichwaffen handelt, birgt die relativ hohe Bereitschaft, auch in Deutschland gefährliche Waffen mit an die Schule zu nehmen, einige Gefahren. Dabei sind nicht einmal die Jugendlichen berücksichtigt, die zu Hause einen Zugang zu gefährlichen Waffen haben oder diesen leicht realisieren können – die also ohne großen Aufwand eine tödliche Waffe mit zur Schule nehmen können, wenn sie wollen. Ebenso hat die Erfahrung mit schweren Gewalttaten durch Jugendliche in Deutschland gezeigt, dass selbst Schusswaffen relativ leicht über Geschäftsverkauf, Internethandel und -auktionen, Straßenkauf oder Diebstahl zugänglich sind, wenn Jugendliche nur die nötige Geduld aufwenden. Selbst durch eine weitere Verschärfung der Waffengesetzgebung wäre diese Problematik kaum zu lösen. Wer wirklich töten will, bekommt dazu auch die notwendigen Hilfsmittel. Dementsprechend wurden auch fünf der bislang sechs School Shootings in Deutschland mit Schusswaffen durchgeführt.

Abgesehen von den beiden bereits in Grundzügen skizzierten Aspekten haben die Studien jedoch auch weitere Erkenntnisse ergeben, die im Folgen-

Infobox

Erhebungsergebnisse zur Nutzung von Waffen an deutschen Schulen

- Leithäuser und Meng 2003: 4% aller rund 4.000 befragten Bremer Schüler der Sekundarstufe gaben an, Erfahrungen als Opfer von Waffengewalt an Schulen gemacht zu haben. 8% trugen gelegentlich oder ständig Waffen mit sich herum. Dabei handelte es sich meist um Messer. Immerhin besaßen 8% dieser Jugendlichen aber auch »echte Handfeuerwaffen«.
- Wilmers et al. 2002: Von knapp 10.500 befragten Neuntklässlern in fünf Städten gaben 2% an, im letzten Halbjahr mindestens einmal mit einer Waffe auf dem Schulgelände bedroht worden zu sein. Mit 4% war die Gruppe der Hauptschüler innerhalb der Gesamtgruppe am stärksten betroffen.
- Tillmann et al. 2000: 17% der über 3.500 befragten männlichen hessischen Schüler (Sekundarstufe 1) berichteten in den letzten zwölf Monaten Waffen (Schreckschusspistolen, Reizgas) mit in die Schule gebracht zu haben.
- Schwind et al. 1997: 9% der Bochumer Schüler (Klassen 7–13) haben mindestens einmal wöchentlich beobachtet, dass Schlagringe, Messer, Wurfsterne, Gaspistolen, Gasspraydosen oder Schlagstöcke an Schulen benutzt bzw. mit ihnen gedroht wurden. 41% der befragten männlichen Schüler bejahten das mindestens einmalige Mitbringen von Waffen an Schulen (meist Messer).

den vorgestellt werden. So handelt es sich bei den Tätern um Jugendliche, die

1. keine schwerwiegenden psychischen Störungen haben, wohl aber in der Regel depressive Symptome zeigen, die bis hin zu Selbstmordversuchen führen können,
2. introvertierte Einzelgänger sind oder zumindest in ihrer subjektiven Sichtweise keine funktionsfähigen sozialen Strukturen aufweisen,
3. lange vor der Durchführung ihre Tat planen,
4. kurz vor Umsetzung ihrer Pläne Andeutungen oder Drohungen zur Umsetzung ihrer Tat machen,
5. direkt vor der Tat oft schwere persönliche Niederlagen erleben, die als Auslöser zur Realisierung ihrer Tatplanung betrachtet werden können.

2.3.1 Psychopathologische Auffälligkeit

Bei den schwerwiegenden Handlungen, die jugendliche Amokläufer an Schulen begehen, liegt es nahe zu prüfen, ob psychische Erkrankungen bei ihrer Tat eine Rolle gespielt haben. Dabei wird oft von der Überlegung ausgegangen, dass die psychopathologischen Störungen (► Infobox) so schwerwiegend sein müssten, dass das Handeln der Jugendlichen durch sie erklärbar wird.

Infobox

Die **Psychopathologie** beschäftigt sich mit krankhaft veränderten Formen des Denkens, Fühlens und Verhaltens. Was als »psychische Krankheit« bezeichnet wird, hängt dabei von der Einordnung in bestehende psychiatrische Klassifikationssysteme ab. Mithilfe dieser Systeme wird versucht, mit größtmöglicher Exaktheit schwerwiegende Störungen im Erleben und Handeln von »normalem« bzw. nur »leicht abweichendem« Erleben und Handeln zu unterscheiden. Meist wird hierzu von den Klassifikationssystemen eine Auflistung der Symptome benutzt, die mindestens vorhanden sein müssen, um eine spezifische Störung zu diagnostizieren. Die notwendigen Symptome auf solchen Listen werden durch Übereinkünfte von Experten festgelegt.

Zu Krankheitsbildern, die das Erleben und Verhalten besonders stark verändern, zählen vor allem psychische Störungen, die mit einem psychotischen Erleben einhergehen, also etwa mit Denkstörungen, dem Wahrnehmen nicht realer Stimmen oder mit Wahnvorstellungen. Derart gravierende psychische Krankheiten entstammen oft dem **schizophrenen Formenkreis** oder **affektiven Psychosen** (► Infobox), weshalb gerade Gutachten der Strafverteidigung in den USA immer wieder versuchen, die Taten ihrer Klienten auf solche Störungen zurückzuführen und damit strafmildernde Entschuldigungsgründe geltend zu machen.

Der Mehrzahl bislang durchgeführter Studien zufolge ist die psychische Verfassung der jugendlichen School Shooter jedoch in aller Regel nicht von derart schwerwiegenden psychischen Erkrankungen bestimmt. Die in Fallbeispielen zu findenden Symptome genügen entsprechend den Klassifikationsschemata fast nie zur Diagnose einer so gravierenden psychischen Störung. Dies bedeutet jedoch nicht gleichzeitig, dass die Jugendlichen psychisch unauffällig seien. Die moderne Psychiatrie zwingt durch die Nutzung von Klassifikationsschemata zu einer sich nicht überschneidenden und keine Grauwerte zulassenden Einteilung psychischer Stö-

Infobox

Bei **Erkrankungen aus dem schizophrenen Formenkreis** steht oft eine Störung des Realitätsbezugs im Vordergrund, die sich in Halluzinationen und Wahn äußert. Zudem werden sie meist von Störungen des Denkablaufs, der Gefühle und auch des Bezugs zur eigenen Person begleitet. Erkrankte Patienten sind zeitweise nicht in der Lage, zwischen der Wirklichkeit und ihren eigenen Vorstellungen zu unterscheiden. Der landläufige Glaube, eine Schizophrenie gehe mit einer Persönlichkeitsspaltung einher, ist jedoch falsch.
Als **affektive Psychosen** wird eine Gruppe psychischer Störungen bezeichnet, bei denen die Betroffenen unter willentlich kaum kontrollierbaren Stimmungsextremen oder -schwankungen leiden. Mit ihnen können auch irreale Vorstellungen und eine mangelnde Realitätseinschätzung einhergehen.

rungen in »vorhanden« oder »nicht vorhanden«. Um dennoch bestehende Auffälligkeiten bei jugendlichen School Shootern zu beschreiben, nutzen einige Forscher Hilfsmittel.

Katherine Newman und ihr Team sprechen von »individuellen Verwundbarkeiten«. Damit weisen sie darauf hin, dass die Jugendlichen in ihrem Lebensverlauf unterschiedliche psychopathologisch relevante Erlebnisse oder Bedingungen angesammelt haben, die es ihnen erschweren, ihren Platz im sozialen Gefüge zu finden. Die Forscher wollen damit ausdrücken, dass die Auswirkungen von individuellen Missbrauchs- oder Misshandlungsfaktoren, organischen Krankheiten, psychischen Störungen oder fehlenden emotionalen Ressourcen Verhaltensauffälligkeiten zur Folge haben, die sich in den beobachteten Symptomen äußern. Ein Ansatz, der ähnlich auch in der Forschung zu anderen Formen der Tötungsdelinquenz in den USA benutzt wird.

Der Tübinger Kinder- und Jugendpsychiater Reinhart Lempp geht einen anderen Weg. Er beschreibt, dass die jugendlichen Amokläufer zu bestimmten Zeiten ihrer Tat große Probleme damit zu haben scheinen, Realität und Phantasie auseinanderzuhalten. Diese Auffälligkeit kann nicht als Psychose gewertet werden, da sie nur kurz auftritt und nicht von weiteren Merkmalen eine Psychose begleitet wird. Das Erleben der Jugendlichen ist in diesen Situationen hingegen ähnlich, wie bei einer nur extrem kurz auftretenden Schizophrenie. Lempp benutzt daher den psychiatrisch nicht festgelegten Begriff der »10-Minuten-Schizophrenie«. Die Phantasie, aus welcher die Jugendlichen kurzzeitig nicht in die Realität zurückfinden, ist ihm zufolge sehr realitätsnah strukturiert sowie im Vorfeld über eine lange Zeit von den Jugendlichen gepflegt und weiterentwickelt worden. Bei einer solchen Vermischung von Realität und Phantasie werden also letztlich keine bestehenden psychopathologischen Kategorien erfüllt. Vielmehr unternimmt Lempp den Versuch, die nur in einzelnen Situationen auftretende übermächtige Wirkung der Phantasie bei diesen Jugendlichen in möglichst passenden psychiatrischen Schemata zu erklären.

Die Bedeutung destruktiver Phantasien belegen auch die US-amerikanischen Studien immer wieder. So berichten beispielsweise Meloy und seine Kollegen, dass sechs der acht untersuchten School Shooter sich nachweislich große Teile ihres Tages mit gewalthaltigen Phantasien auseinandersetzten. Die klinischen Psychologen Scott Kidd und Cheryl Meyer stellen fest, dass die Inhalte dieser Phantasien oft gewalthaltigen Medien entnommen und in den Aufzeichnungen der Täter festgehalten wurden sowie in die Tatplanung einflossen. Die Bedeutung einer solchen gewalthaltigen Phantasie wird in ► Kap. 5 ausführlich weiterentwickelt und belegt.

Ein weiterer vielversprechender Umschreibungsversuch für die psychischen Auffälligkeiten der jugendlichen School Shooter konzentriert sich auf depressive Symptome. Auch wenn sich keine schweren Depressionen belegen lassen, so haben McGee und DeBernardo bei allen, Kidd und Meyer in sechs der acht von ihnen analysierten Fällen suizidale Tendenzen entdeckt.

Zu einem analogen Schluss kam auch eine Studie, die durch Bryan Vossecuil als Leiter des Nationalen Gewaltpräventions- und Studienzentrums für den US-amerikanischen **Secret Service** (► Infobox) in Zusammenarbeit mit dem Erziehungsministerium durchgeführt wurde. 2002 wurde seine Erforschung von 37 Amokläufen von Jugendlichen an Schulen abgeschlossen. Sie beinhaltet unter anderem die Analyse von Schul-, Polizei- und Gerichtsakten sowie Interviews mit zehn jugendlichen Tätern. Ein Schwerpunkt der Studie liegt auf prädeliktischem Verhalten, um Wege zur frühzeitigen Entdeckung und Vermeidung von School Shootings zu finden. In 93% der untersuchten Fälle hatten Jugendliche im Vorfeld ihrer Tat bei Dritten durch ihr Handeln Besorgnis ausgelöst oder sogar direkt Hilfe eingefordert und 73% hatten bereits einmal einen Suizidversuch unternommen oder zumindest geplant.

Zusammenfassend kann bei School Shootern also nicht von schweren psychischen Krankheiten ausgegangen werden, jedoch zeigen sich Verhaltensauffälligkeiten, die etwa mit depressiven Symptomen und einer intensiven Phantasietätigkeit umschrieben werden können. Die Entwicklung von immer schwerwiegenderen Ängsten, von abweichenden Vorstellungen der Realität und letztlich von depressiven Symptomen bei Michael Carneal hat eine vergleichsweise schwere Ausprägung dieser Tendenzen illustriert.

Infobox

Der **Secret Service** ist eine US-amerikanische Strafverfolgungsbehörde, die seit 2002 der Kontrolle des Heimatschutzministeriums untersteht. Ihre Kernaufgabe ist neben der Bekämpfung von Finanzkriminalität vor allem die Gewährleistung der Sicherheit von US-Präsidenten und ihrer Familien. In diesem Rahmen konnte ein umfangreiches Wissen zum Umgang mit Gewaltdrohungen angesammelt werden. Für die Erforschung der Gefährdung durch School Shootings wurde dieses Wissen durch Vossecuils Studie genutzt.

2.3.2 Einzelgängertum

Die von Katherine Newman hervorgehobenen »individuellen Verwundbarkeiten« bedingen oft einen Rückzug aus der sozialen Gemeinschaft. Bei den späteren School Shootern wird diese Tendenz in der Regel nicht von Freunden oder von der eigenen Familie aufgefangen. Unstabile Familienverhältnisse und fehlende feste Freundschaften lassen den Jugendlichen zu einem introvertierten Einzelgänger werden. Oberflächlich betrachtet erscheinen Beziehungen zu anderen Menschen zwar mitunter als normal, sie erweisen sich jedoch zumindest aus Sicht des betroffenen Jugendlichen als nicht belastbar oder nicht funktionsfähig. Gelingt es doch, Freundschaften aufzubauen, so sind die Bezugspersonen in der Regel selbst soziale Außenseiter und verstärken so noch das Gefühl, keinen sozial angepassten Platz in der Gesellschaft finden zu können. Als Konsequenz verstärkt sich die subjektiv gefühlte Isolation. Die Reaktion der Gleichaltrigengruppe auf solche »Eigenbrödler« kann als Interesselosigkeit oder Verachtung ausfallen, manchmal geht die Ablehnung aber auch mit Elementen der Sanktion oder Machtausübung einher. Die ohnehin isolierten Jugendlichen werden dann auch zu Opfern von Hänseleien aller Art.

So wundert es nicht, dass Vossecuil in seiner Studie bei 71% der School Shooter das Gefühl vorfand, von anderen verletzt oder schikaniert zu werden. Meloy stellte in 70% der Fälle aufgrund biografischer Daten und Selbstzuschreibungen fest, dass es sich um Einzelgänger handelte, die sich von anderen Menschen entfremdet hatten. Verschiedene andere Autoren belegen in Bezug auf das Merkmal des Einzelgängertums bzw. der sozialen Isolierung sogar Daten bis zu 100% der untersuchten School Shooter. Vieles deutet darauf hin, dass die großen Unterschiede in den Prozentangaben weitgehend daraus zu erklären ist, dass bei den geringeren Zahlen die objektive Isolierung gemessen worden ist, während bei der 100%-Bewertung auch die subjektive Sichtweise der jugendlichen Täter berücksichtigt wurde. Tatsächlich wird es sich als entscheidend herausstellen, wie sich das Erleben des Jugendlichen darstellt, denn daraus leitet sich am Ende die Handlungskonsequenz ab.

Michael Carneal wollte offenbar bei seinen Mitschülern Anerkennung erlangen, indem er den Klassenclown spielte. Als ihm dies nicht gelang, versuchte er sich wenigstens die Akzeptanz der Außenseitergruppe von Goths durch Diebstähle und Geschenke zu erkaufen. Letztlich ist die von ihm begangene Gewalttat offenbar nicht unerheblich von dem Versuch beeinflusst gewesen, mit dem höchstmöglichen Einsatz die Bewunderung der Gruppe zu erringen.

2.3.3 Tatplanung

Ebenso wie Vossecuil und McGee und DeBernardo stellte auch die US-amerikanische Schulpsychologin Stephanie Verlinden mit ihren Mitarbeitern bei einer Studie an School Shootern fest, dass die Jugendlichen detaillierte Tatpläne besaßen, welche einen Tag bis hin zu einem Jahr vor ihrer Tatumsetzung angefertigt worden waren. Andere Fälle zeigen sogar noch längere Entwicklungen. So fanden sich beispielsweise bei den beiden Schützen an der Columbine High School bereits mehr als zwei Jahre vor ihrer Tat Überlegungen, die in ihre spätere Tatumsetzung eingingen. Meloy zufolge ziehen sie sich in dieser Zeit in ihre Phantasie zurück, um der für sie unerträglich erscheinenden Realität auszuweichen, und entwickeln dort erste Tatideen.

Sicherlich ist es im Einzelfall schwierig, eine trennscharfe Abgrenzung zu ziehen, wann es sich noch um eine reine Vorstellung handelt und ab wann von einem tatsächlich umsetzungsorientierten Plan gesprochen werden kann. Dies ist auch im Fall Carneal nicht leicht auszumachen. Der Ursprung seiner Vorstellung ist, zumindest in der Ausprägung eines School Shootings, wahrscheinlich im Herbst 1997 zu finden, als die Goths begannen, relativ detailliert über School Shootings zu sprechen und er sich dazu bereit erklärte, Waffen zu beschaffen. Ob nun der erste Diebstahl einer Pistole, die Entwendung der Gewehre, die Schussübungen oder erst seine Warnung an einige Schüler, am kommenden Montag nicht in die Schule zu kommen, als Beleg des Tatplanes betrachtet werden kann, mag diskutiert werden. Fest steht jedoch, dass es sich bei School Shootings nicht etwa um impulsive, plötzliche Gewalttaten handelt, sondern dass die Jugendlichen ihre Tat vor der Durchführung über einen langen Zeitraum hinweg planen.

2.3.4 Tatandeutungen und Drohungen

Besonders wichtig aus Sicht der Interventions- und Präventionsmöglichkeiten ist in diesem Zusammenhang die Tatsache, dass School Shooter ihre Taten nicht nur vorbereiten, sondern auch im Vorfeld konkrete Informationen »durchsickern« lassen. Neudeutsch bezeichnet man dieses Phänomen mittlerweile als »Leaking«.

Stephanie Verlinden fand bei neun der zehn untersuchten Jugendlichen eine teilweise mehrfach und detailliert geschilderte Tatabsicht, McGee und DeBernardo bestätigten dies bei allen 18 von ihnen untersuchten Tätern und Vossecuil wies sogar darauf hin, dass einzelne gleichaltrige Jugendliche bei 38 der 41 untersuchten Täter im Vorfeld teilweise detailliert von dem Tatvorhaben erfahren hatten.

Ein derartiges Leaking kann als schriftliche oder mündliche Drohung bzw. als direkt geäußerter Tathinweis auftreten. Es kann jedoch auch indirekt über Aufsätze, Zeichnungen, Gedichte oder Videoaufzeichnungen erfolgen. Ein starkes Interesse an Waffen und vorangegangenen schweren Gewalttaten oder ein demonstratives paramilitärisches Gebaren über das fortwährende Tragen von Tarnkleidung kann die Leaking-Hinweise in einzelnen Fällen noch unterstreichen.

Gelingt es, diese Warnsignale rechtzeitig zu erfahren und korrekt zu deuten, dann besteht eine hohe Wahrscheinlichkeit, dass schwere zielgerichtete Gewalt an Schulen rechtzeitig verhindert werden kann. In Carneals Fall hingegen hatten weder die Goths, noch die übrigen Schüler seine Warnsignale als Absicht einer realen Tatumsetzung erkannt. Obwohl er eine ganze Reihe von Schülern darauf hingewiesen hatte, dass am folgenden Montag »der große Tag« kommen würde und sie »nicht in die Lobby kommen« sollten, obwohl zahlreiche Schüler seine Waffen gesehen hatten und obwohl einige sogar ausdrücklich gewarnt worden waren, am Montag die Schule gar nicht erst zu betreten, nahm niemand die Anzeichen ernst genug, um ihnen nachzugehen. Ein tragischer Fehler, der sich bei allen umgesetzten School Shootings in der einen oder anderen Weise nachweisen lässt.

2.3.5 Schwerwiegender persönlicher Einschnitt im Vorfeld der Tat

Als ähnlich bedeutungsvoll erweist sich die Erkenntnis, dass die meisten jugendlichen Täter relativ kurz vor Umsetzung ihres School Shootings offenbar Ereignisse durchmachen, die aus ihrer Sicht eine schwerwiegende persönliche Niederlage bedeuten. Vossecuil betont, dass es sich hierbei zumeist entweder um einen Statusverlust handelt, bei dem der Jugendliche sich öffentlich blamiert bzw. gedemütigt fühlte, etwa durch einen Schulverweis, oder dass es sich um den Verlust einer wichtigen Bezugsperson handelt, beispielsweise durch die Trennung von der Freundin. Beide Vorgänge lassen sich auf einen gemeinsamen Nenner zusammenführen: die oft endgültige Schädigung bestehender sozialer Beziehungen.

Im Fall von Michael Carneal spielte sicherlich die öffentliche Demütigung in der Schülerzeitung eine zentrale Rolle. Als nach allen Hänseleien nun auch noch seine sexuelle Präferenz hinterfragt und damit seine noch nicht bewiesene Männlichkeit bedroht wurde, sah Carneal die Basis der ohnehin kaum bestehenden Beziehungen zu Schulkameraden gefährdet. Als auch sein Versuch scheiterte, den Goths mit gestohlenen Waffen zu imponieren, glaubte er offenbar, ihnen seine Männlichkeit im

althergebrachten Klischee einer machtvoll-gewalttätigen Handlung beweisen zu müssen.

Die bislang in den USA durchgeführten Studien zeigen, dass es sich bei School Shootern in aller Regel nicht etwa um diejenigen Jugendlichen handelt, welche im Unterricht gemeinhin spontan durch derbe Späße, Disziplinprobleme und Hänseleien auffallen, sondern eher um zurückgezogene Einzelgänger, die biografisch zahlreichen negativen Ereignissen ausgesetzt sind und nicht über die Möglichkeiten verfügen, diese Frustrationen, Kränkungen und Krisen aus eigener oder mithilfe fremder Kraft zu überwinden. Nach den bisherigen Erkenntnissen ist zudem davon auszugehen, dass diese US-amerikanischen Studienergebnisse weitestgehend auf Deutschland übertragen werden können. Dennoch ist die Durchführung deutscher Studien zur Überprüfung dieser Annahme dringend notwendig. Erste Schritte zur Realisierung solcher Untersuchungen werden bei Drucklegung des Buches in Berlin und in Darmstadt unternommen.

Zusammenfassung

Bei dem Versuch, die Gruppe jugendlicher School Shooter näher einzugrenzen, lassen sich auf der Grundlage von Studien keine präzisen allgemeingültigen Profile erstellen. Dennoch ist es möglich, einige Problemlagen und Merkmale zu beschreiben, welche für die Prävention und Intervention dieser Taten nützlich sind. Schon die Lebensphase Jugend als solche trägt durch ihre Besonderheiten dazu bei, problematische Situationen nicht immer angemessen lösen zu können. Noch viel spezifischer weisen Studien darauf hin, dass School Shooter in der Regel eine depressive Symptomatik und eine auffallend intensive Phantasietätigkeit zeigen. Meist handelt es sich um Einzelgänger, die ihre Taten lange im Vorfeld planen, dabei offen oder verdeckt Warnhinweise verlauten lassen und kurz vor ihrer Tatumsetzung Schädigungen ihrer sozialen Beziehungen erleiden, die sie als sehr schwerwiegend wahrnehmen.

Weiterführende Literatur

Entwicklungspsychologie

Oerter, R., Montada, L. (2002): »Entwicklungspsychologie. Ein Lehrbuch«, 5. Auflage, Weinheim: Psychologie Verlag

Orvin, G.H. (1996): »Understanding the Adolescent«, Washington DC: American Psychiatric Publishing

Ausgewählte Studien zu Waffen an deutschen Schulen

Leithäuser, T. & Meng, F. (2003). »Ergebnisse einer Bremer Schülerbefragung zum Thema Gewalterfahrungen und extremistische Deutungsmuster.« Verfügbar unter: http://www.bildung.bremen.de/sfb/bildung/gewalt.pdf [28.02.2007]

Wilmers, N., Enzmann, D., Schaefer, D., Herbers, K., Greve, W. & Wetzels, P. (2002). »Jugendliche in Deutschland zur Jahrtausendwende: Gefährlich oder gefährdet? Ergebnisse wiederholter Dunkelfelduntersuchungen zu Gewalt und Kriminalität im Leben junger Menschen 1998-2000«, Baden-Baden: Nomos

Ausgewählte Studien zu School Shootings

McGee, J.P./ DeBernardo, C.R. (1999): »The Classroom Avenger. A Behavioral Profile of School Based Shootings«, in: The Forensic Examiner 8, 5, 16-18. Im Jahre 2001 unveröffentlichte Aktualisierung des Artikels (Verbreitung über 'Sheppard Pratt Health Systems', Baltimore/MD)

Meloy, J.R./ Hempel, A.G./ Mohandie, K./ Shiva, A.A./ Gray, B.T. (2001): »Offender and Offense Characteristics of a Nonrandom Sample of Adolescent Mass Murderers«, in: Journal of the American Academy of Child and Adolescent Psychiatry 40, 6, 719-728

Moore, Mark H./ Petrie, C./ Braga, A./ McLaughlin, B. (Hrsg.) (2003): »Deadly Lessons. Understanding Lethal School Violence«, Washington, DC: National Academies Press

O'Toole, M.E. (1999): »The School Shooter: A Threat Assessment Perspective«,Quantico: FBI Academy

Stephens, R.D. (2002): »The National School Safety Center's Report on School Associated Violent Deaths«, Westlake Village: National School Safety Center

Vossekuil, B./ Fein, R.A./ Reddy, M./ Borum, R./ Modzeleski, W. (2002): »The Final Report and Findings of the Safe School Initiative: Implications for the Prevention of School Attacks in the United States«, Washington D.C.: US Secret Service und US Dept. of Education

Lebensumfeld

Komisch, wenn man einen Menschen täglich getroffen hat und diese Begegnungen so spurenlos sind. Ich war aber auch nie in der Freizeit mit ihm zusammen. Das Ereignis vom 26. April war wohl der einzige bemerkenswerte Moment, der mich mit ihm verbindet. (P.M. – Mitschüler von Robert S. am Erfurter Johann-Gutenberg-Gymnasium)

Im Anschluss an School Shootings wird oft die Frage laut, warum eine Tat gerade an diesem Ort auftreten konnte. Fälschlicherweise werden derart schwere zielgerichtete Gewalttaten eher in anderen Staaten erwartet, wo man dortige gesellschaftliche Probleme für ihr Entstehen verantwortlich machen kann. Selbst die Struktur anderer deutscher Bundesländer wird mitunter als Vorwand benutzt, um sich nicht intensiv mit dem Phänomen auseinandersetzen zu müssen. Wenn dann eine Schule in der Nähe betroffen ist, wird oft angenommen, dass jene ganz andere Probleme gehabt haben muss als die eigene. Die dabei zugrunde liegende Einstellung »Hier kann so etwas doch nicht passieren« entlastet zwar von Gefühlen der Angst und Unsicherheit, verhindert aber auch zu erkennen, dass eine sinnvolle Vorbeugung notwendig ist, um die Folgen einer derartigen Tat zu verhindern.

Um die Bedeutung des Themas für die eigene Schule zu verstehen, ist es wichtig, sich zu vergegenwärtigen, dass die staatliche Struktur eines Landes nicht den einzigen Aspekt darstellt, aus dem heraus ein School Shooting an einem bestimmten Ort auftritt. Denn neben politisch-strukturellen Gegebenheiten sind im Rahmen des Lebensumfeldes vor allem die individuellen sozialen Beziehungen der Schüler überaus wichtig – und diese können für den Einzelnen an jeder Schule unseres Landes erheblich beeinträchtigt sein. Das Gefüge von sozialem Netz und sozialer Kontrolle soll daher im Folgenden genauer betrachtet werden. Zunächst mit Hilfe eines Fallbeispiels.

3.1 Fallbeispiel: Red Lake, Minnesota

Bereits 1996 hatte es in der Schule des **Chippewa**-Indianerreservats »Red Lake« tödliche Gewaltanwendungen im Rahmen von Gang-Schießereien gegeben (► Infobox). Mit staatlichen Geldern wurden daraufhin Sicherheitskräfte, Überwachungskameras und Metalldetektoren angeschafft. Sämtliche technischen Sicherungen konnten jedoch nicht verhindern, dass ein Jugendlicher im März 2005 an dieser Schule ein School Shooting beging.

Der Vorfall nimmt außerhalb der Schule seinen Anfang. Der 16-jährige Jeff Weise tötet zunächst seinen bei der Stammespolizei angestellten Großvater und dessen Lebensgefährtin. Dann greift er neben mehreren Schusswaffen auch eine schusssichere Weste und fährt mit dem Polizeiauto des Großvaters zur Schule. Dort angekommen, erschießt er einen unbewaffneten Sicherheitsmann und betritt das Gebäude. Als er eine Schulklasse mit deren Lehrerin sieht, feuert er in ihre Richtung, verfolgt die Flüchtenden in eine Klasse und tötet die Pädagogin. Eintreffende Polizisten werden von dem Täter ebenfalls beschossen, bevor er wieder in das Klassenzimmer zurückkehrt und erneut auf Schüler feuert. Nach 10 Minuten bringt sich der Jugendliche mit seiner eigenen Waffe um. Neben der Lehrerin, dem Sicherheitsmann, dem Großvater, seiner Lebensgefährtin und Weise selbst kommen im Verlauf der Tat weitere fünf Schüler zu Tode.

Infobox

Die **Chippewa**, auch Ojibwa genannt, sind ein u. a. im Bundesstaat Minnesota ansässiger Stamm nordamerikanischer Indianer. In der Hauptstadt des Bundesstaates, Minneapolis, wurde nach fortwährenden rassistischen Übergriffen eine indianische Gruppierung gegründet, aus der sich das zunächst stark militante, mittlerweile jedoch als nationale Bürgerrechtsbewegung etablierte American Indian Movement (AIM) entwickelte. Das AIM errang insbesondere durch verschiedene Besetzungsaktionen in den 70er Jahren weltweit Aufmerksamkeit.

Gemeinhin ist das Klischee nordamerikanischer Ureinwohner eng mit einer starken sozialen Gemeinschaft verbunden. Wie konnte es also gerade auf einer Indianerreservation zu einer solch schwerwiegenden Tat kommen?

Zunächst einmal sind die Lebensumstände in US-amerikanischen Reservationen keineswegs so angenehm, wie es der Wortklang und eine verklärte Western-Romantik glauben machen. Die historisch begründete und über Jahrzehnte aufrechterhaltene Unterdrückung und Diskriminierung der amerikanischen Ureinwohner hat schwere Folgeschäden in Form von ökonomischer und sozialer Misswirtschaft hinterlassen. So stellen die Indianer beispielsweise die ärmste ethnische Gruppe der USA, die im

Schnitt nur über die Hälfte des durchschnittlichen Einkommens anderer Ethnien verfügt, aber eine um ein Vielfaches höhere Wahrscheinlichkeit hat, an Alkoholismus zu sterben. Die Rate der Gewaltverbrechen bei Indianern ist nach Zahlen des US-amerikanischen Justizministeriums mehr als doppelt so hoch wie die der Afroamerikaner und die der Weißen. Ebenso fand die US-amerikanische Zivilrechtskommission, dass indianische Jugendliche doppelt so viele Suizide zu beklagen haben wie andere junge Menschen in den USA. Selbst wenn man berücksichtigt, dass die Zahlen einzelner Untersuchungen von Reservation zu Reservation stark schwanken und sich Studienergebnisse teilweise sehr stark voneinander unterscheiden, ist der negative Einschlag nicht zu leugnen. Gerade Red Lake trifft es in der Gruppe der sozial schlecht gestellten Reservationen noch einmal besonders schwer. Ein Drittel der Teenager geht nicht zur Schule und ist arbeitslos. Das Gesundheitsministerium hat festgestellt, dass die jungen Leute dort weit häufiger an Selbstmord denken, Drogen nehmen und anderen Jugendlichen gegenüber gewalttätig sind als andere junge Menschen in den USA. So verwundert es nicht, dass die Zahl der Jugendlichen, welche bereits an ihrer Schule mit einer Waffe bedroht oder verletzt worden sind, gemäß behördlicher Berichte mit 22% bei den amerikanischen Ureinwohnern in Red Lake deutlich höher liegt, als anderswo in den USA oder gar in Deutschland.

Doch auch wenn die 73-jährige Leiterin der lokalen Missionsschule, Schwester Sharon Sheridan, Jeff Weises Gewalttat in Red Lake mit den Worten kommentiert, »You can't condone what happened here, but you sure can understand it.«, können die sozialen Zustände alleine den Vorfall nicht erklären. Immerhin haben die bisherigen School Shootings gezeigt, dass es keineswegs sozial randständige Gegenden oder Problemschulen waren, in denen Amokläufe durch Jugendliche aufgetreten sind. Auch in Deutschland traten die School Shootings meist in höheren Schulen auf, die nicht in sozialen Brennpunkten lagen und durchweg von Jugendlichen der gehobenen Mittelschicht besucht wurden.

Es muss auf dem gegenwärtigen Stand des Wissens vielmehr davon ausgegangen werden, dass schlechte Lebensbedingungen zwar den Grad an Perspektivlosigkeit und Frustrationen erhöhen und damit mittelbar das Auftreten von School Shootings beeinflussen, dass sie aber keinen notwendigen Faktor in der Entwicklung eines School Shootings darstellen.

Wird eher das familiäre Umfeld des Jugendlichen als das gesellschaftliche Lebensgefüge betrachtet, dann rücken zahlreiche schwerwiegende Lebensereignisse in den Fokus, die Jeff Weise von anderen Jugendlichen der Gegend unterscheiden. Als der Junge 8 Jahre alt war, beging sein Vater während einer lang andauernden Auseinandersetzung mit der Polizei Selbstmord. Sein Großvater hatte damals offenbar versucht, eine friedliche Lösung des Konflikts herbeizuführen, war jedoch mit seinem Vorhaben gescheitert. Es liegt nicht fern, einen Zusammenhang zu der Tatsache zu vermuten, dass der Großvater Jahre später das erste Opfer von Jeff Weise wurde. Über die Art der Beziehung zwischen ihm und seinem Enkel liegen jedoch keine weiteren Informationen vor.

Was allerdings deutlich wird, ist ein überaus problematisches Verhältnis von Weise zu seiner Mutter. Während er bereits zuvor ihren Alkoholexzessen und verbalen Attacken immer wieder entfloh, konnte sie die mütterliche Verantwortung spätestens dann nicht mehr angemessen ausüben, als sie bei einem Autounfall schwere Gehirnschädigungen erlitt und fortan in einem Pflegeheim lebte. Der Junge war zu dieser Zeit 10 Jahre alt. Fortan befand er sich offiziell bei einer Großmutter, jedoch war es Polizeiangaben zufolge kaum zuzuordnen, wo der Junge sich jeweils aufhielt. Verwandte beschrieben seinen Zustand als ein Hin- und Hertreiben zwischen Bezugspersonen, von denen sich niemand wirklich für ihn verantwortlich fühlte.

Aus Weises Sicht waren seine Lebensumstände offenbar auf mehrdeutige Art mit seiner indianischen Herkunft verknüpft. Einerseits zeichnete er in den Monaten vor seiner Tat auf Internetseiten ein nihilistisches Portrait seiner Reservation, indem er etwa beschrieb, dass dort Alkohol der Freundschaft vorgezogen würde, und entzog sich den im Reservat propagierten Maßnahmen, die traditionellen Kulturtechniken seines Stammes zu lernen und auszuüben. Andererseits kritisierte er Gleichaltrige, weil sie Rapmusik hörten, und brachte sich eingehend im Internetforum der »Libertarian National Socialist Green Party« ein, einer rechtsextremen Organisation, die sich für strikte »**Rassen**«-Trennung engagiert (► Infobox). Dabei bezog er sich sogar noch mehrfach auf seine Bewunderung für Adolf Hitler und nannte sich selbst »Todesengel«. Unter anderem beklagte er sich im Forum darüber, dass es kaum noch »reinrassige Indianer« gäbe: »There are barely any full-blooded natives left«.

Um die Verwendung des Begriffs »full-blood« nachvollziehen zu können, ist ein Blick auf die Reservationspolitik notwendig. Denn um in den Genuss der Vorzüge von Gesundheitsversorgung und Sozialhilfe zu kommen, auf die ein Stammesmitglied Anrecht hat, muss bis heute eine ausreichende indianische Abstammung – teilweise sogar eine ausreichende Verwandtschaft mit dem betreffenden Stamm – nachgewiesen werden. Dies geschieht häufig auf Grundlage des »Blutanteils«. So gliedern sich viele indianische Reservationsgesellschaften in sog. »mixed-bloods« bzw. »full-bloods«, wobei den »mixed-bloods« von anderen Indianern oft nachgesagt wird, dass sie angepasster, wohlhabender und westlicher orientiert seien als die »full-bloods«, die sich ihrerseits gelegentlich dazu hinreißen lassen, mit dem Stolz der »Reinrassigen« auf die anderen herabzusehen. Die Kategorisierung in Abstammungsformen ist hier administrativ für viele Indianer mit sehr praktischen Folgen spürbar.

Ob Weise tatsächlich auch inhaltlich von rechtsextremen Ideen fasziniert war oder ob es ihm eher um eine von der Gesamtgesellschaft abweichende und nach außen machtvoll-kontrolliert erschei-

Infobox

»Menschenrassen«

Versuche, Menschen nach äußeren Merkmalen in verschiedene Rassen einzuteilen, haben historisch zu unwissenschaftlichen Wertungen geführt, oft in Verbindung mit menschenverachtenden Grundhaltungen. In leicht entschärftem Kontext wird eine solche Einteilung in der US-amerikanischen Gesellschaft im Alltagsgespräch, aber auch bei Fahndungsbeschreibungen immer noch genutzt. Allerdings unterscheidet sich das amerikanische Verständnis vom Gebrauch des Begriffs »Rasse« im Deutschen schon dadurch, dass in Ersterem sehr weite und heterogene Regionen pauschal unter einem Begriff zusammengefasst werden und der Begriff dadurch wenigstens zum Teil entschärft wird.

So mag manchem Lehrer das Argument eines Schülers geläufig sein, dass es doch »offensichtlich sei«, dass es Menschenrassen gäbe. Warum aber sei dann die Einteilung der Menschheit in »Rassen« strikt abzulehnen?

Nicht nur die biologische Einordnung des Menschen als Homo sapiens sapiens verdeutlicht die Nichtanwendbarkeit des Rassebegriffs, sondern auch die Natur dieses Begriffs selbst. Da eine **Art** naturwissenschaftlich als Fortpflanzungsgemeinschaft definiert ist und die **Rasse** eine Unterkategorie der Art darstellt, könnte sie höchstens dort trennscharf greifen, wo Populationen über zahlreiche Generationen hinweg isoliert von der Außenwelt leben – und selbst dann stellt sich die Frage, inwieweit eine eigene »Rasse«, die per definitionem stets ein Ideal darstellt, sich überhaupt herausbildet, und ab wann die Einteilung als separate Rasse nicht mehr willkürlich sein soll.

Aber selbst wenn man über Idealtypen einer realen oder hypothetischen isolierten menschlichen Population spricht, so ist der Schaden enorm, der durch die Benutzung des Rassebegriffs verursacht wird. Schafft man dadurch doch eine weder notwendige noch sinnvoll anwendbare Kategorie, die das willkürliche Sicherheben über andere ermöglicht und vordergründig zur Legitimation selbstgerechten Vorgehens und Unrechts dient. Der Nutzen einer solchen Einteilung kann allenfalls hypothetischer Natur sein – der Schaden hingegen ist sehr real.

Zur Unterscheidung menschlicher Gruppen hat sich daher unter anderem der Begriff der **Ethnie** etabliert. Dieser ist sowohl wissenschaftlich korrekt, als auch nach der *kulturellen* Zugehörigkeit definiert und darüber hinaus zu sperrig, um als ideologisches Hetzinstrument verwendet werden zu können.

nende Sichtweise ging, ist durch seine Selbsttötung nicht mehr endgültig zu klären. Jedoch beschäftigte er sich nicht nur mit nationalsozialistischen Inhalten, sondern auch mit anderen dunklen Themen – Waffenverherrlichung, Krieg, Zombies und dem Bösen an sich, wie Zeichnungen und Schriftstücke belegen. Er kultivierte dabei sogar ein gefährlich erscheinendes Äußeres, indem er seine Haar so modellierte, dass sie Teufelshörnern glichen. Ein Verhalten, das den eher grobschlächtig-schwergewichtigen Jungen noch stärker zum Spott seiner Mitschüler werden ließ.

Ebenso lag offensichtlich eine Faszination für School Shootings vor. Unter anderem hatte er nur 17 Tage vor seiner Tat ein Video des Films »**Elephant**« (► Infobox) zu einem Freund mitgebracht und darauf bestanden, nur die Schussszenen daraus anzusehen. Wie seine Idole trug er gerne einen schwarzen Trenchcoat und dunkle Kleidung.

Infobox

Der US-amerikanische Regisseur Gus van Sandt schildert in seinem mehrfach preisgekrönten Film »**Elephant**« kommentarlos und mit Episoden, die miteinander verzahnt sind, einen Tag an einer fiktiven amerikanischen High School. Lose an das School Shooting in Columbine angelehnt, werden im Verlauf des Films mehrere Menschen von zwei Schülern getötet. Die spekulative Beobachtung mit pseudodokumentarischem Charakter zeigt das Töten ohne Konsequenzen, und die Tötungsszenen werden mit emotional anregenden Soundfragmenten hinterlegt. Faktoren, die den Film unglücklicherweise auch für jene Jugendlichen interessant machen können, die sich gedanklich mit der Umsetzung eines School Shootings beschäftigen.

Innerlich scheint sich Weise hingegen keineswegs stark gefühlt zu haben. Aufgrund von depressiven Tendenzen und einem Selbstmordversuch nahm der Junge schon seit geraumer Zeit Antidepressiva ein. Wegen seiner depressiven Symptomatik und daraus offenbar resultierenden Verstößen gegen die Schulordnung nahm er zur Zeit der Tat bereits seit 5 Wochen an einem Heimschulprogramm teil.

3.2 Kontrolltheorien: Beziehungen, die von Taten abhalten

Generell betrachtet kann die Rolle eines School Shooters im sozialen Gefüge wohl am besten mit dem Begriff der »sozialen Randständigkeit« bezeichnet werden. Das Forscherteam um Kathrin Newman hat aufgezeigt, dass diese Jugendlichen nicht immer völlig ohne Freunde leben. Jedoch waren die untersuchten School Shooter auch bei bestehenden Anbindungen an andere Menschen nie sozial erfolgreich. Gab es zumindest lose Bezugspersonen unter den Gleichaltrigen, so entstammten diese meist selbst Außenseitergruppen.

Ebenso waren nicht alle School Shooter nach Newmans Erkenntnissen schwersten Formen von Schikanierungen ausgesetzt. Sie verfügten jedoch auch nicht über die Fähigkeit, sich gegen diverse Formen der Unterdrückung oder Entwertung zu schützen. Bedeutsamer als real bestehende Möglichkeiten ist dabei die eigene Sichtweise einer Randständigkeit.

Sowohl die Betrachtungsweise schwacher oder zumindest abweichender Beziehungsstrukturen als auch der Gesichtspunkt eigener Kontrolle werden in der Kriminologie im Rahmen der sog. Kontrolltheorien erforscht. Mit ihrer Hilfe gelingt es noch besser, die Rahmenbedingungen einer solchen sozialen Randständigkeit abzustecken:

Jene Kontrolltheorien nehmen im Gefüge der kriminologischen Theorien eine besondere Stellung ein. Statt Ursachen zu vermuten, die Menschen quasi in eine soziale Abweichung treiben, fragen ihre Vertreter umgekehrt, was Menschen von einer Normabweichung abhält. Sie gehen von der Annahme aus, dass das Verletzen von gesellschaftlich festgelegten Regeln der Normalzustand ist. Daher finden sie es besonders wichtig, herauszufinden, was die meisten Menschen dennoch von solchen Regelverletzungen abhält. Dieser Blickwinkel erlaubt es, Schutzfaktoren zu entdecken, die der Entstehung von Verbrechen und damit auch schweren Gewalttaten durch Jugendliche an Schulen entgegenwirken.

Schutzfaktoren sehen Vertreter der Kontrolltheorien in bestimmten Kontrollmechanismen. Für School Shootings sind hierbei vor allem zwei Strömungen interessant: die **soziale Kontrolltheo-**

rie von Travis Hirschi und Charles Tittles **Theorie der Kontrollbalance.**

3.2.1 Soziale Kontrolltheorie

Hirschi, Soziologieprofessor der Universität von Arizona, legte den Schwerpunkt seiner Ausrichtung der Kontrolltheorie auf soziale Bindungen. Unterstützt durch zahlreiche Studien machte er vor allem vier Faktoren für die schützende Wirkung dieser Bindungen verantwortlich. Sie bilden seiner Ansicht nach ein gemeinsames Konformitätsband bzw. ein »soziales Band«, das Menschen umso stärker an die soziale Ordnung einer Gesellschaft bindet, je intensiver jene Faktoren ausgeprägt sind:

A. Emotionale Bindungen

Den ersten Aspekt des sozialen Bandes findet Hirschi in emotionalen Anbindungen an bestimmte Menschen, aber auch an bestimmte Institutionen. Die Akzeptanz von Normen und die Entwicklung eines sozialen Gewissens hängen von der Stärke dieser Bindungen ab. Wichtig ist vor allem das Gefühl, von den Meinungen dieser Menschen oder Gruppen abhängig zu sein.

Die Verletzung von Beziehungen wird vor allem dann in Kauf genommen, wenn Bezüge zu anderen Menschen ohnehin nur schwach ausgeprägt sind. Ist hingegen eine bereits bestehende Beziehung durch eine bestimmte Handlung gefährdet, in welche viel Aufwand investiert wurde, dann hat der Handelnde etwas zu verlieren. Der bereits investierte Aufwand und erzielte Erfolg erscheint damit gefährdet. So wird die Umsetzung einer möglicherweise schädigenden Handlung stärker hinterfragt und eher unterlassen.

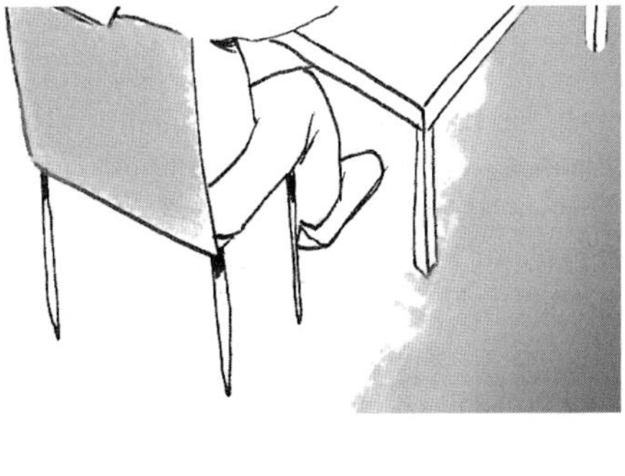

Als besonders wichtig gelten die Beziehungen zu Eltern, Freunden und der Schule. Die Sorge, Eltern oder Mitschüler könnten schlechter von einem Jugendlichen denken, setzt also Hirschi zufolge die Wahrscheinlichkeit herab, dass der Jugendliche ein Tötungsdelikt begeht.

In zwei Punkten ist Hirschis These jedoch zu präzisieren:

Zum einen muss der Jugendliche davon überzeugt sein, dass die jeweilige Bezugsperson das Tötungsdelikt ablehnen würde. Diese Überzeugung ist im Vorfeld von School Shootings nicht immer gegeben. In nahezu allen Fällen durchgeführter Taten lassen sich Menschen finden, denen der spätere School Shooter direkt oder indirekt Hinweise auf seine geplante Tat offenbart hatte. In der Regel handelte es sich dabei um Schulkameraden. Eine demonstrative Ablehnung oder die Hinzuziehung von Dritten fand in den später umgesetzten Fällen jedoch nicht statt. Die Jugendlichen hatten die späteren Täter oft schlicht nicht ernst genommen und mitunter sogar im vermeintlichen Spiel zusätzliche Namen zu bereits angefertigten Todeslisten hinzugefügt. Es kann sich jedoch neben einer falschen Einschätzung der Ernsthaftigkeit auch eine falsch verstandene Kameraderie hinter fehlenden Interventionsversuchen der informierten Jugendlichen verbergen. Ein Junge berichtete beispielsweise während einer Befragung durch den Secret Service, er hätten doch seinen Freund nicht bei Erwachsenen verraten dürfen.

Wenn Mitwisser keine Anstalten machen, eine Tatdurchführung zu verhindern, oder wenn sie die Tatplanung sogar noch durch zusätzliche Vorschläge verfeinern, dann kehrt sich die Wirkung der emotionalen Bindungen um und kann sogar einen bestätigenden Effekt auf potenzielle Todesschützen haben. Es ist also wichtig, zu bedenken, dass jene emotionalen Bindungen so intensiv sein müssen, dass eine gegenseitige Einschätzung gelingt und eine Tatabsicht damit auch als solche erkannt werden kann.

Zum anderen müssen die Bezugspersonen konventionelle Werte, wie etwa den unbedingten Schutz des Lebens, vertreten. Wenn ein Jugendlicher dagegen von einem Gleichaltrigen Anerkennung dafür bekommt, dass er ein School Shooting begehen will, wirkt sich eine intensive Beziehung negativ aus. Dass solche negativ verstärkenden Beziehungen durchaus vorkommen, zeigen immer wieder die Ikonisierungen von Tätern und die Fanseiten für jugendliche Amokläufer im Internet.

Die zweite Einschränkung zu Hirschis Sichtweise über die schützende Wirkung von emotionalen Bindungen zu Menschen und Institutionen muss also heißen, dass die Bezugspersonen selbst an konventionelle Wertesysteme glauben müssen und keine Normabweichungen positiv bewerten dürfen, damit sich intensive Beziehungen zu ihnen präventiv auswirken können. Daher gilt:

! Intensive emotionale Beziehungen zu Eltern, Freunden, Klassenkameraden und Lehrern werden die Wahrscheinlichkeit der Begehung eines School Shootings erheblich reduzieren, wenn diese Bezugspersonen konventionelle Werte in Bezug auf den Schutz des Lebens vertreten.

B. Gefühl der Verpflichtung

Einen zweiten Aspekt des sozialen Bandes sieht Hirschi in einem grundlegenden Verständnis für die eigene Verantwortlichkeit und Verpflichtung. Er geht davon aus, dass es Zeit, Entschlossenheit und Ausdauer kostet, im Leben einen bestimmten Status quo zu erreichen. Nur wenn verstanden wird, dass die eigenen Handlungen stets Konsequenzen für die eigene Würde, den eigenen Besitz oder die durch andere entgegengebrachte Achtung haben, kann deutlich werden, dass Handlungen gegen das Wohl der Allgemeinheit diese Werte erheblich schädigen können. Ein Jugendlicher darf sich also nicht wie eine Kugel auf einem Billardtisch herumgetrieben fühlen, sondern muss begreifen, dass er selbst seine Handlungen steuert und die Konsequenzen dieser Handlungen in seinem sozialen Umfeld zu vertreten hat.

! Wenn ein Jugendlicher versteht, dass er seine soziale Stellung durch schwere zielgerichtete Gewalttaten verschlechtert, wird dies die Wahrscheinlichkeit der Begehung eines School Shootings erheblich reduzieren.

C. Einbindung in Tätigkeiten

Hirschis dritter Aspekt entbehrt nicht einer gewissen Pragmatik. So stellt er fest, dass Jugendliche, die in Schule, Hobby oder Sport umfassend beschäftigt sind, weniger Gelegenheiten haben, abweichende Ideen und Interessen zu entwickeln. Wie im Sprichwort »Müßiggang ist aller Laster Anfang«, bleibt Jugendlichen bei einer guten Einbindung in derartige Verpflichtungen schlicht keine Zeit, um sich Gedanken über Normbrüche zu machen und straffällig zu werden.

Aktuelle Belege finden sich hierfür auch in neuesten Studien US-amerikanischer und schottischer Gehirnforscher. Da Ideen einer zielgerichteten Normabweichung zunächst in der Phantasie entstehen, erweist es sich als interessant zu prüfen, wann denn eine Stimulierung von Phantasien auftritt. Passend zu Hirschis These fanden die Forscher tatsächlich heraus, dass Tagträume bzw. bewusste Phantasien gerade dann auftreten, wenn Menschen mit ihrer aktuellen Tätigkeit nicht ausgelastet sind. Das kann bei mangelnder Beschäftigung der Fall sein, wie sie von Hirschi skizziert wird. Jedoch ist eine ähnliche Reaktion auch bei starken Unterforderungen oder komplettem Desinteresse denkbar, sodass beispielsweise auch eine schulische Unterforderung die Phantasietätigkeit stimulieren kann.

Auch hier ist also ein Detail von Hirschis Ansatz zu präzisieren: Jugendliche müssen nicht nur in Schule, Hobby oder Sport beschäftigt sein, sondern dabei auch so gefordert werden, dass sie sich bei ihrer Tätigkeit nicht langweilen.

Spätere Kapitel dieses Buches werden zeigen, dass die Anregung der Phantasie in Einzelfällen sogar zu einer Verstärkung von bestehenden Gewaltvorstellungen führen und damit auch eine Umsetzung von gewalthaltigen Vorstellungen in die Realität wahrscheinlicher machen kann.

! Eine ausfüllende Beschäftigung in Schule, Beruf, Hobby oder Sport bietet weniger Gelegenheiten, Vorstellungen über die Durchführung eines eigenen School Shootings zu entwickeln.

D. Glaube an Werte

Der letzte große Aspekt des sozialen Bandes ist nach Hirschis Ansicht die Akzeptanz eines Jugendlichen für ein mit dem gesellschaftlichen Umfeld geteiltes konventionelles Wertesystem. Zwar werden Menschen seiner Meinung nach prinzipiell in ein gemeinsames Wertesystem hinein erzogen, doch weicht die Intensität des Glaubens an die Verbindlichkeit und Notwendigkeit dieser Werte von Mensch zu Mensch ab und entwickelt sich zudem auch beständig weiter. Zu solchen Werten gehören u. a. der Respekt vor weltlichen und religiösen Gesetzen und vor Menschen oder Institutionen, die für die Aufrechterhaltung dieser Gesetze eintreten. Glauben Menschen dagegen, dass bestimmte Werte unfair strukturiert oder sinnlos sind, dann schwächt sich die Verbindung zur Gesamtgesellschaft und die Abweichung von Normen wird wahrscheinlicher.

! Ein Jugendlicher, der an den Wert der Unversehrtheit anderer Menschen und insbesondere an die Verbindlichkeit und Notwendigkeit des Tötungsverbotes glaubt, wird sich natürlicherweise eher an diese Normen und Werte halten.

! Je stärker die vier Aspekte
- emotionale Bindungen,
- Gefühl der Verpflichtung,
- Einbindung in Tätigkeiten,
- Glaube an Werte

bei einem Jugendlichen ausgeprägt sind, umso effektiver wirkt sein soziales Band nach Ansicht Hirschis der natürlichen Tendenz zum zielgerichteten Normbruch entgegen. Bezogen auf School Shootings bedeutet das: Die Wahrscheinlichkeit einer Tat sinkt mit zunehmender Stärke dieses Bandes.

Aufgrund der deutlichen Beschreibung seiner Konzepte und aufgrund ihrer empirischen Überprüfbarkeit wurden zahlreiche Studien durchgeführt, um Hirschis Thesen zu überprüfen. Seine Annahmen wurden dabei in der Regel bestätigt. In Bezug auf die Bedeutung der vier Aspekte wurden die Auswirkungen der emotionalen Bindungen zu Personen in Elternhaus und Schule am stärksten hervorgehoben. Zusammengefasst lässt sich daher feststellen, dass vor allem die Pflege dieser Bindungen School Shootings vorbeugt.

Die Anwendung der sozialen Kontrolltheorie ist auch in Bezug auf den skizzierten Beispielfall in Red Lake möglich. Jeff Weise verfügte nur über ein ausgesprochen schwaches soziales Band:

Ein Gefühl der Verpflichtung (im von Hirschi benannten Sinne) kann sich nur bei effektiven Lebensperspektiven einstellen. Gerade diese waren aber im Reservat außerordentlich eingeschränkt. Neben der durch Studien belegten Perspektivlosigkeit in Red Lake kritisierte auch der Junge selbst wiederholt seine Landsleute und ihre selbstzerstörerischen Lebensbedingungen. Eng verknüpft mit diesem Punkt gab es zudem kaum Möglichkeiten für ihn, in regelmäßige alltägliche Tätigkeiten eingebunden zu werden. So nahm Weise selbst ständig wahr, dass ein Drittel der Jugendlichen weder zur Schule ging, noch arbeitete und auch keine Arbeit suchte. Er selbst wurde mehrfach außerhalb der Schule in Heimschulprogrammen betreut, hatte aber angesichts geringer intellektueller Leistungen offenbar nur wenige Möglichkeiten, überhaupt Selbstwert aufbauen zu können. Somit verfügte er über einen nur sehr geringen Status quo, der durch Gewalttaten nicht erheblich verringert werden konnte. Erst die Beschäftigung mit demonstrativ gewalttätigen Inhalten half ihm, ein Alleinstellungsmerkmal im Leben zu finden – eine Beschäftigung, über die er sich definieren konnte. Allerdings wurde durch diese Thematik seine Ausrichtung hin zu Gewaltanwendungen nur noch weiter verstärkt, statt in ausfüllenden Tätigkeiten von derartigen Ideen abzulenken.

Auch ein Glaube an konventionelle Werte westlicher Industrienationen war unter diesen Lebensbedingungen höchstens eingeschränkt aufzubauen. Die Gewöhnung an Gewalt gegen sich selbst und gegen andere auf der Reservation, die nicht zuletzt durch die sehr hohe Quote von Menschen mit Alkoholproblemen bedingt ist, sorgte auch für eine höhere Akzeptanz der Gewaltanwendung. Hinzu kam eine Orientierung an nationalsozialistischen Ideen, eine Faszination für Waffen und Krieg, eine Identifikation mit dem Bösen und möglicherweise sogar eine Überidentifikation mit dem kulturell geprägten Bild des Kriegers, der in einer finalen Gewaltanwendung den eigenen Tod in Kauf nimmt.

Die an sich außerordentlich wichtigen emotionalen Bindungen an Elternhaus und Schule stellten sich letztlich offenbar als besonders negativ dar. Wie dargelegt, verlor er schon im Kindesalter seinen Vater durch Selbstmord. Seine bereits zuvor alkoholkranke Mutter konnte nach ihrer Gehirnschädigung nur noch sehr eingeschränkt für den Jungen da sein. So trieb er zwischen entfernteren

Bezugspersonen hin und her. Selbst in der Schule wurde er wegen seiner ungewöhnlichen Handlungen, Ansichten und seines Äußeren verspottet.

Insgesamt betrachtet lagen damit nur minimale Ausprägungen des schützenden Bandes sozialer Beziehungen vor. Ein Band, das nicht stark genug war, um Jeff Weise von seiner Tat abzuhalten.

Es bleibt noch anzumerken, dass Hirschi seine Ansichten einige Jahre später noch einmal mithilfe des mittlerweile an der Universität von Kalifornien tätigen Psychologen Michael Gottfredson revidierte und sich diesmal stärker auf den Faktor der Selbstkontrolle eines Jugendlichen, als auf die Rolle der Beziehung zur sozialen Ordnung konzentrierte. Seine zentrale Hypothese war es nun, dass eine hohe Selbstkontrolle die Möglichkeiten der Begehung von Straftaten effektiv herabsetzt. Während dieser spätere Ansatz in Bezug auf die Erklärung von Vermögensdelikten und impulsiven Gewalttaten durchaus hilfreiche Elemente enthält, ist die sehr mechanistische Sichtweise für Erklärungen von zielgerichtet geplanten School Shootings nicht sinnvoll.

Sehr viel interessanter ist jedoch eine noch spätere Weiterentwicklung der Kontrolltheorien durch Charles Tittle.

3.2.2 Kontrollbalancetheorie

Im Gegensatz zu Hirschi glaubt der an der Universität von Texas tätige Soziologieprofessor Charles Tittle, dass das Verhältnis zwischen der Kontrolle, die ein Mensch selbst ausüben kann, und der Kontrolle, welcher er unterworfen ist, einen entscheidenden Einfluss auf die Entstehung von Normbrüchen hat.

Wenn das Verhältnis von ausgeübter und unterworfener Kontrolle ausgewogen ist, sind prinzipiell konforme Verhaltensweisen anzunehmen. Je größer aber das Ungleichgewicht ausgeprägt ist, desto wahrscheinlicher wird die Abweichung von sozialen Normen. Dabei geht Tittle sogar so weit zu skizzieren, dass bestimmte Verhältnisse eines Ungleichgewichts im Kontrollgefüge auch bestimmte Formen des Normbruchs zur Folge haben. Die Wahrscheinlichkeit schwerer Gewalt- und Tötungsdelikte, wie etwa School Shootings, wird dabei seiner Meinung nach von einem Kontrolldefizit verursacht. Dazu muss die gefühlte Übermacht der fremdbestimmten Kontrolle so hoch sein, dass ein Gleichgewicht nicht mehr durch geringere Formen von Normbrüchen herbeigeführt werden kann. Es handelt sich um demonstrative Akte gegen jene Quelle, der die erlebte Unterdrückung zugeschrieben wird.

Ein Schüler würde sich im Beispiel von School Shootings demzufolge derart fremdkontrolliert fühlen, dass ihm etwa das absichtliche Verstopfen der Schultoilette oder auch das Zerstören von Schuleigentum keine wesentliche Linderung verschafft.

Tittles Ansatz ist ungleich komplexer, als es hier den Anschein haben mag. Er berücksichtigt in seinem Modell auch die Motivationen, Zwänge und Gelegenheiten zur Abweichung. Diese speisen sich wiederum zum Teil aus weiteren Einflüssen und interagieren auf komplexe Weise miteinander, sodass eine enorme Vielfalt von Möglichkeiten und Wahrscheinlichkeiten berücksichtigt wird.

Für den Kontext der Erklärung von School Shootings genügt es jedoch, das Zentrum seines Ansatzes für das Thema einzubeziehen:

! Ein gefühlter essenzieller Mangel an eigenen Kontrollmöglichkeiten kann zur Anwendung von schweren Formen zielgerichteter Gewalt beitragen.

Die Bedeutung von Tittles Kerngedanken konnte in Studien belegt werden. Insbesondere Alexis Piquero, ein Kriminologe an der Universität von Florida, und sein Kollege Matthew Hickman haben Tittles Ansichten intensiv überprüft und dabei u. a. belegt, dass das Kontrollungleichgewicht tatsächlich eine bedeutsame Rolle bei der Entstehung von Kriminalität spielt.

Dem renommierten Rechtsprofessor der Australischen Nationaluniversität John Braithwaite gelang darüber hinaus eine Verbindung von Tittles Theorie mit Hirschis Ansichten des sozialen Bandes: Ist das soziale Band stark genug und die Unterstützung durch die soziale Umgebung effektiv, dann kann die Wirkung eines Kontrollungleichgewichts zumindest teilweise aufgehoben werden. Seiner Ansicht nach bewirkt ein effektives soziales Band bei Menschen mit Kontrollüberschüssen eine respektvolle Machtausübung und bei Menschen mit Kontrolldefiziten eine hinreichende Akzeptanz der fremden Macht. Bestehende unausgewogene Machtverhältnisse werden also mit Unterstützung der sozialen Bindungen eher anerkannt und nicht als negatives Ungleichgewicht gewertet.

Vor dem Hintergrund von Tittles und Braithwaites Thesen erweisen sich einige strukturelle Bedingungen und Sanktionsmechanismen als bedenklich, die an Schulen genutzt werden, um den Lehrbetrieb aufrechtzuerhalten. Ein Lehrer muss zeitgleich deutlich mehr Kinder »kontrollieren« können als ein Elternteil seine eigenen Sprösslinge. Dies geht oftmals auf Kosten der persönlichen Beziehung zwischen Lehrern und Schülern. Ein Rückzug auf die faktische Vermittlung von Wissen hilft nicht nur den Lehrplan einzuhalten, sondern erlaubt scheinbar auch, Schülern keinen Angriffspunkt zu bieten und so einen hohen Grad an Kontrolle zu erhalten. Dies erweist sich jedoch oft als Fehlschluss. Die deutschsprachige Forschung zur Gewaltprävention an Schulen hat gezeigt, dass gerade ein ernst gemeintes Beziehungsangebot an Schüler effektiv zur Reduktion von Gewalt und zur Förderung des Respekts beiträgt.

Für Schulen bedeutet dies, dass ein besonders hoher Grad an Kontrolle bzw. ein besonders intensives Gefühl der Kontrolllosigkeit bei Schülern im Sinne der Prävention von schweren Gewalttaten gefährlich ist. Er darf nur dann aufrechterhalten werden, wenn er vom Angebot eines angemessenen sozialen Bandes begleitet wird. Es sollte also nicht nur auf die Vermittlung von Lehrstoff und abstrakte Sanktionsmechanismen zurückgegriffen werden, sondern auch ein persönliches und mit positiven Emotionen verknüpftes Miteinander ermöglicht werden.

Als vor Jahrzehnten noch die traditionelle Arbeitsteilung »Die Familie erzieht – die Schule belehrt« funktionierte, konnte das soziale Band durch die Familien von Jugendlichen aufrechterhalten werden. Dies galt im Übrigen auch für die Vermittlung sozialer Kompetenzen. Die Erosion stabiler kernfamiliärer Beziehungen und eine Erziehungsmüdigkeit vieler Familien bedeuten heute hingegen, dass Schüler mitunter wenig Rückhalt finden und kaum prosoziale Werte vermittelt bekommen. Jener Rückzug auf den Bildungsauftrag kann Kinder und Jugendliche daher in einem Vakuum der Beziehungslosigkeit zurücklassen. Im Fall eines angstbesetzten schulischen Leistungsversagens kann dies auch zu einer erheblichen Beeinträchtigung des Selbstwertgefühls führen.

Solche Versagenserlebnisse verstärken dann nach Tittle noch zusätzlich das Erleben eines Kontrollungleichgewichts. Nicht zufällig liegen die Zeitpunkte zahlreicher School Shootings auffallend nahe an der Zeugnisvergabe. Denn mit schulischem Druck und der Wahrnehmung eigener Handlungsunfähigkeit steigt auch die Wahrscheinlichkeit des Versuchs, ein Kontrollungleichgewicht zu den eigenen Gunsten abzuändern.

In Bezug auf den Beispielfall lässt sich ein subjektives Kontrolldefizit nur schwer aus den verfügbaren Informationen belegen. Jedoch ist aufgrund der Perspektivlosigkeit innerhalb des Reservats, die von Weise möglicherweise noch einmal verstärkt gespürt wurde, weil er keine hinreichende Unterstützung durch sein familiäres Umfeld erhielt, durchaus von einem Kontrolldefizit auszugehen. Es gab aus seiner Lebensperspektive heraus kaum Möglichkeiten, dem Teufelskreis aus Arbeitslosigkeit und Alkoholismus zu entgehen. Selbst die Beschäftigung mit gewalthaltigen Inhalten brachte ihm keinen Kontrollgewinn, sondern nur zusätzlichen Spott seiner Schulkameraden. Möglicherweise, doch das ist Spekulation, hatte sogar die Nutzung des Polizeiautos, der Polizeischutzweste und der Polizeiwaffen seines Großvaters nicht nur pragmatische Bedeutung, sondern war auch ein äußerer Ausdruck dafür, dass es nun an ihm war, die staatlichen Symbole von Macht und Kontrolle im Reservat zu benutzen.

Nicht unberücksichtigt bleiben soll der Umstand, daß sich in Red Lake noch eine ausgesprochen spannende Beobachtung in Bezug auf die Umgangsweise mit dieser schwerwiegenden Tat machen ließ:

Zum einen konnte das Reservat aufgrund von Stammesgesetzen und Abkommen kurzfristig komplett abgeschottet werden. Dies ermöglichte es den Einwohnern, ohne Störungen durch eine umfassende internationale Berichterstattung die Auswirkungen der Tat zu realisieren sowie Möglichkeiten des Umgangs und der Heilung mithilfe alter Riten zu finden. Das hatte den Nebeneffekt, dass trotz der Schwere der Tat vergleichsweise wenig darüber berichtet worden ist. Auch wenn einzelne Stammesmitglieder sich dadurch diskriminiert fühlten [»One of the things that concerns me (...) is that I noticed there wasn't (much) exposure in the media to what had happened (in Red Lake)«], half es deutlich bei der Einschränkung von Nachahmungstaten.

Zum anderen wurden die Familienmitglieder des Täters nicht demonstrativ aus der sozialen Gemeinschaft ausgestoßen, wie es oft nach Taten zu beobachten ist. Vielmehr bekamen sie sogar Geld aus einem Wiedergutmachungsfond für die Opfer der Tat. Offiziell wurde dies später als finanzielle Unterstützung für die Begräbniskosten des Jungen deklariert. Ein Vertreter der Stammesführung sprach jedoch auch eine ganz andere Motivation aus: »We don't need anything else to further divide us.« Das soziale Band der Stammesmitglieder wurde nicht weiter aufgefasert, sondern trotz allen Leids betont gestärkt.

Zusammenfassung

Am Fallbeispiel des School Shootings im Indianerreservat von Red Lake wird die Bedeutung von sozialen Bindungen und sozialer Kontrolle für das Auftreten von schweren zielgerichteten Gewalttaten an Schulen deutlich. Aus präventiver Sicht als besonders wichtig erweisen sich die gute Einbindung in die soziale Gemeinschaft sowie das ausgewogene Verhältnis von selbst ausgeübter und von außen aufgezwungener Kontrolle.

Während sich das Band an die soziale Gemeinschaft aus

- einem Gefühl der Verpflichtung,
- einer Einbindung in ausfüllende Tätigkeiten,
- dem Glaube an konventionelle Werte
- und vor allem den emotionalen Verbindungen zu anderen Menschen

zusammensetzt, bestimmt die gemeinsame Stärke dieser Faktoren die Wahrscheinlichkeit, mit welcher Schüler gegen Normen verstoßen werden. Liegt zudem ein gefühltes erhebliches Kontrolldefizit vor, so kann dies die Wahrscheinlichkeit steigern, mit der Schüler schwere Formen von Gewalt einsetzen, um Kontrolle zurückzugewinnen.

Weiterführende Literatur

Kontrolltheorien

Britt, Ch.L./ Gottfredson, M.R. (2003): »Control Theories of Crime and Delinquency. Advances in Criminological Theory Volume 12«, New Brunswick: Transaction

Gottfredson, M.R./ Hirschi, T. (1990): »A General Theory of Crime«, Stanford: Stanford University Press

Hirschi, T. (2002): »Causes of Delinquency«, New Brunswick: Transaction

Hirschi, T./ Laub, J.H (2002): »Craft of Criminology: Selected Papers«, New Brunswick: Transaction

Piquero, A.R./ Hickman, M. (1999): »An Empirical Test of Tittle's Control Balance Theory«, in: Criminology 37, 2, 319-341

Tittle, Ch.R. (1995): »Control Balance: Toward a General Theory of Deviance«, Boulder: Westview Press

Tittle, Ch.R. (1997): »Thoughts Stimulated by Braithwaite's Analysis of Control Balance Theory«, in: Theoretical Criminology 1, 99-110

Analysen der Bindungen von Jugendlichen

Hurrelmann, K./ Albert, M. (2006): »Jugend 2006. 15. Shell Jugendstudie« Frankfurt: Fischer

Schuster, B./ Kuhn H.-P./ Uhlendorff, H. (Hrsg.) (2005): »Entwicklung in sozialen Beziehungen. Heranwachsende in ihrer Auseinandersetzung mit Familie, Freunden und Gesellschaft«, Stuttgart: Lucius

Weitere Analysen von Fallstudien zum Vergleich des sozialen Bandes

Moore, M.H./ Petrie, C./ Braga, A./ McLaughlin, B. (2003): »Deadly Lessons. Understanding Lethal School Violence«, Washington, DC: National Academies Press

Neue Medien

The first few people on earth needed no books, movies, games or music to inspire cold-blooded murder.
(Marilyn Manson im Interview mit dem Musikmagazin »Rolling Stone«, 28.5.99)

4.1 Fallbeispiel: Erfurt

Am Morgen des 26. April 2002 fragt Robert S. am Gutenberg-Gymnasium in Erfurt den Hausmeister, ob die Schulleiterin im Haus sei. Daraufhin zieht er sich auf der Schülertoilette eine Maske übers Gesicht und bewaffnet sich mit einer Pistole und einer Pumpgun, die in Sporttasche und Rucksack versteckt liegen. Rucksack, Tasche und Jacke lässt er zusammen mit größeren Mengen Munition auf der Toilette zurück, begibt sich zum Sekretariat und erschießt dort die stellvertretende Schulleiterin an ihrem Schreibtisch sowie eine Sekretärin, die im Nebenraum arbeitet. Anschließend bewegt er sich systematisch durch das gesamte Gebäude. Er geht über die Treppe in den ersten Stock und erschießt drei Lehrer in verschiedenen Räumen. Auf der zweiten Etage tötet er zwei, auf der dritten Etage vier und auf dem Rückweg im zweiten Stock einen weiteren Lehrer, außerdem zwei Schüler, als er auf eine verschlossene Tür feuert; ein weiterer Schüler wird dabei leicht verletzt. Auf dem Schulhof angekommen, schießt er eine flüchtende Lehrerin nieder und liefert sich dann einen Schusswechsel mit einem eintreffenden Polizeibeamten. Bei seinem Rückzug ins Gebäude tötet er von einer Zwischenetage aus einen Polizisten, der sich dem Eingang nähert. Ab diesem Zeitpunkt ändert sich das Verhalten des Täters. Er ignoriert eine Lehrerin, nimmt bei einem kurzen Gespräch mit einem Fliesenleger seine Maske ab und lässt sich offensichtlich kurz darauf von einem Lehrer im ersten Stock in einem Zimmer einsperren. Dort richtet er sich selbst. Insgesamt hat er zwölf Lehrerinnen und Lehrer, zwei Schüler, eine Sekretärin und einen Polizeibeamten getötet.

Eine britische Boulevard-Tageszeitung setzte kurz nach der Tat das Gerücht in die Welt, ein Lied der Band Slipknot, eine US-amerikanische Nu-Metal-Band mit oft aggressiven Texten, habe Robert S. zu seinem Amoklauf inspiriert. In ihrem Song »School Wars« gäbe es eine Textzeile: »Shoot your naughty teachers with a pump gun«. Das Gerücht wurde von deutschen Zeitungen aufgegriffen und fand sogar unkritische Erwähnung in einigen schlecht recherchierten wissenschaftlichen Veröffentlichungen. Einen Song mit dieser Textzeile gibt es aber gar nicht. Ebenso wurden Ausschnitte aus dem Slipknot-Song »Eyeless« von Fernsehsendern in einen falschen Kontext gesetzt. Die Textzeile »how many times have you wanted to kill« wurde auf Lehrer bezogen, obwohl es in dem Stück gar nicht um einen schulischen Zusammenhang geht. In einer offiziellen Stellungnahme beantwortete die Band diese Vorwürfe:

> Slipknot schrieben keinen Song mit dem Titel ‚School Wars', und würden niemals Menschen dazu aufrufen, andere zu töten. Wir sind ein Hoffnungsschimmer für die Jugendlichen, kein Sündenbock für Massaker dieser Art.

In einer polizeilichen Durchsuchung des Zimmers von Robert S. fanden sich neben Aufnahmen der Lindenstraße und anderer TV-Sendungen auch einige gewalthaltige Videofilme, die der junge Mann bei Fernsehausstrahlungen aufgenommen hatte. So etwa die Filme »Predator«, »From Dusk till Dawn« und »Fight Club« – keiner der Filme war indiziert.

Indizierte, Gewalt verherrlichende Spiele befanden sich neben harmlosen Aufbaustrategiespielen allerdings auf der Festplatte seines Computers, wie etwa »Return to Castle Wolfenstein« oder »Quake III«. Die meiste Beachtung fand hingegen das Spiel »Counter-Strike«, obwohl es nicht indiziert war. Seither wird es öffentlich immer wieder als Beispiel für Gewalt in Computerspielen angeführt.

Vor diesem Hintergrund schrieb die Frankfurter Allgemeine Sonntagszeitung (FAZ) unter dem Titel »Was ging in dem Kopf des Amokläufers von Erfurt vor? Die Antwort darauf steht auf diesen Seiten«: »Das populäre und indizierte Computer-Onlinespiel Counter Strike« sei ein Spiel der »Hassindustrie«. Laut FAZ spielen ständig 500.000 Spieler »das Spiel, in dem man vom Polizisten (sogar die GSG 9) über den Passanten bis hin zum Schulmädchen jeden erschießen soll«. Wie in dem Artikel zu lesen ist, verlor der ehemalige Schüler dadurch seinen Realitätssinn. Als ein echter Fan des Spiels, so die FAZ, habe er sich selbst mit den Waffen ausgestattet, die das Computerspiel vorgab. Es soll dem Sportschützen gezeigt haben, wie er vorzugehen habe. »Ob der Massenmord für ihn Spiel oder das Spiel schon Mord war, werden Psychologen erkunden«, so die FAZ. Das Spiel trage auf jeden Fall Schuld daran, »nur die Begründung fehlt noch.«

Dass es bei diesem Spiel gar nicht um die Tötung von Zivilisten oder gar Schulmädchen geht, wurde in der darauffolgenden Diskussion ignoriert.

Ähnlich wie in diesem Zeitungsausschnitt werden Ursachen von schweren Gewalttaten durch Jugendliche fast reflexhaft unmittelbar nach der Tat in der Präsenz neuer Medien gesucht. Im Falle von School Shootings handelt es sich hierbei vor allem um die Rollen von bestimmten Musikstilen, Internetseiten und gerade in den letzten Jahren um sog. Killerspiele.

Dabei bleibt jedoch ein Kausalitätsproblem unbeachtet: Nur weil nach einer Tat bestimmte Medien in den Räumlichkeiten eines Jugendlichen gefunden werden, haben diese nicht unbedingt auch Auswirkungen auf seine Tat gehabt. Aus wissenschaftlicher Sicht muss zunächst einmal überprüft werden, ob es tatsächlich einen Zusammenhang der Medien mit einer aufgetretenen Gewalthandlung gibt. Dazu jedoch bleibt in der Presseberichterstattung keine Zeit. Und in der Politik kann mit der schnellen Zuweisung eines Schuldigen Handlungskompetenz bewiesen und von realen, sehr viel schwerer zu fassenden Problemen abgelenkt werden. Es lohnt sich also, Forschungsergebnisse zur Auswirkung von Medien auf Gewalthandlungen genauer zu betrachten.

4.2 Diskussion zur Medienwirkung

Seit Jahrzehnten ist die Medienwirkungsforschung unermüdlich mit der Prüfung beschäftigt, ob die Nutzung von gewalthaltigen Medienerzeugnissen Auswirkungen auf ihre Konsumenten hat. Ein Fokus liegt dabei auf der Frage, ob sich die Sicht- oder Handlungsweise der Zuschauer, Zuhörer, Leser und Spieler in Bezug auf die eigene Anwendung von Gewalt ändert.

Oftmals wird feststellt, es seien mehr als 5.000 wissenschaftliche Studien durchgeführt worden, die allesamt zu unterschiedlichen Ergebnissen geführt hätten. Diese Behauptung muss jedoch im Kontext der grundlegenden Problematik jeglicher Medienforschung betrachtet werden. Denn wie der Potsdamer Professor für Fernsehwissenschaft Lothar Mikos zu Recht herausstellt, liegt das Fehlen einheitlicher Ergebnisse nicht unwesentlich an unterschiedlichen Vorannahmen und Methoden bzw. an monokausalen Herangehensweisen, welche die vielfältige soziale Realität und Beeinflussungsmöglichkeiten außerhalb des Studiendesigns nicht berücksichtigen.

Ebenso können Studienergebnisse leicht falsch interpretiert werden, wenn die Richtung der Kausalzusammenhänge nicht im Studiendesign berücksichtigt wird. Es kann oft nicht zweifelsfrei geklärt werden, ob den Ergebnissen einer Studie gemäß

- Medienprodukte ein Gewaltverhalten auslösen,
- bereits gewalttätige Jugendliche sich stärker mit gewalthaltigen Medienprodukten auseinandersetzen
- oder eine Wechselwirkung vorliegt.

Für eine effektive Analyse von Wirkungsstudien müssen daher vielfältige Aspekte berücksichtigt werden. Medienart, Mediendarstellung und Art des Medienkonsums, ebenso wie Persönlichkeit, Gemütszustand und soziale Situation des Betrachters verändern die Ergebnisse hinsichtlich der Wirkung von gewalthaltigen Medien auf ihre Konsumenten. In einem aktuellen Bericht zum Thema »Medien und Gewalt« des Bundesministeriums für Familie, Senioren, Frauen und Jugend wird die Problematik wie folgt zusammengefasst:

> Forschungsbefunde (bestätigen) die schon länger gültige Aussage, dass manche Formen von Mediengewalt für manche Individuen unter manchen Bedingungen negative Folgen nach sich ziehen können.

Auf einer derart abstrakten Ebene lässt sich verständlicherweise kaum über einen Einfluss von Medieninhalten auf School Shootings diskutieren. Um sinnvollere Aussagen treffen zu können, müssen einzelne Forschungsaspekte getrennt betrachtet werden.

4.2.1 Filme

Wesentliche Anteile der Studien zur Medienwirkung beziehen sich auf Effekte der Gewaltdarstellungen in Film und Fernsehen. Die große Menge an Studien macht eine Analyse hier besonders unübersichtlich, sodass neuere Publikationen und Diskussionen dazu übergehen, unterschiedliche Sichtweisen und Hypothesen nebeneinander zu stellen und ihre jeweilige Glaubwürdigkeit separat zu erforschen. Vor allem werden dabei die in der folgenden Übersicht dargestellten Strömungen berücksichtigt.

Während die Hypothese der generellen Wirkungslosigkeit von Medien und die Katharsishypothese mittlerweile getrost als widerlegt betrachtet werden können, lassen sich die meisten der übrigen Hypothesen trotz intensiver Forschungen nicht mit der nötigen Sicherheit belegen oder verwerfen.

Vor wenigen Jahren hat jedoch der zurzeit an der Universität Wien tätige Kommunikationswissenschaftler Jürgen Grimm als Ergebnis einer Studienreihe an über 1.200 Teilnehmern ein differenziertes Erklärungsmodell vorgelegt, das die Verwirrung um die verschiedenen Ansätze entschärfen kann. In seinem kognitiv-physiologischen Ansatz verband er die Nutzungs- und Wirkungsperspektiven ebenso wie inhalts- und auch personenbezogene Aspekte. Auf Basis des lerntheoretischen Ansatzes erweiterte er dessen Annahme eines grundlegenden imitationsähnlichen Vorbildlernens um die Erkenntnisse anderer Forschungsstränge. Dabei stellte er insbesondere fest, dass die bislang vernachlässigte Opferperspektive eine herausragende Bedeutung für die Wirkung der Mediengewalt hat. Auf Grundlage dieses Faktors glaubt er bisherige Wirkungsthesen widerlegen zu können. Vor allem aber zeigen die Befunde seiner Studien, dass die Wirkung von gewalthaltigen Medien nicht mithilfe von simplen Ursache-Wirkungs-Schemata zu erklären ist. Er plädiert stattdessen für eine »prozessorientierte Analyse«, bei der umfassende Faktoren berücksichtigt werden.

Der Betrachtungsschwerpunkt von Medienwirkungsstudien sollte mithin noch stärker auf zusammenwirkende Einflussfaktoren gelegt werden, die die Medieninhalte, die Person des Betrachters und sein soziales Umfeld berücksichtigen. Einige

Hypothesen zur Medienwirkung

1. **Habitualisierungshypothese:** Durch ständigen Konsum von gewalthaltigen Medieninhalten nimmt die Sensibilität gegenüber der Gewalt auch in der Realität ab. Aggression wird dann als normales Alltagsverhalten angesehen.
2. **Erregungshypothese:** Realitätsnahe Gewaltdarstellungen führen beim Betrachter zu einer emotionalen Erregung. Je nach Umgebungsbedingungen kann dies aggressives Verhalten zur Folge haben.
3. **Stimulationshypothese:** Ähnlich der Erregungshypothese wird die Bereitschaft gefördert, bei Frustrationen selbst aggressiv und gewalttätig zu handeln. Zudem können Gewaltdarstellungen in solchen kritischen Situationen auch als Auslöser wirken.
4. **Suggestionshypothese:** Die Beobachtung von medialer Gewaltdarstellung führt zur direkten Nachahmung in der sozialen Realität.
5. **Lerntheoretische Überlegungen:** Menschen können aus dem Beobachten gewalttätiger Verhaltensweisen in Mediendarstellungen lernen und das Erlernte bei Bedarf anwenden.
6. **Medienspezifische Katharsishypothese:** Eine angeborene Aggression des Menschen wird verringert, indem an fiktiven Modellen beobachtete Gewaltakte in der Phantasie nachvollzogen werden. Das Miterleben von Gewalt führt dadurch zur »Reinigung« von Aggression.
7. **Reaktionshypothese:** Ähnlich der Katharsishypothese kann es zu einer Abfuhr aggressiven Potenzials kommen. Zudem kann Angst zu einer Vermeidung aggressiver Haltungen führen.
8. **Rechtfertigungshypothese:** Mediengewalt dient zur nachträglichen Rechtfertigung von Gewaltanwendung.
9. **Hypothese der Wirkungslosigkeit:** Gewalt in den Medien hat überhaupt keine Wirkung.

Faktoren sind beispielhaft in folgender Übersicht aufgeführt.

Zusammenwirkende Einflussfaktoren

Medieninhalte
- Ausmaß und Grad der expliziten Darstellung von Gewalt
- Attraktivität des Gewalttäters
- Rechtfertigung von Gewalt
- Konsequenzen für den Täter
- Negative Auswirkungen für das Opfer
- Realitätsgehalt der Darstellung

Person
- Alter und Geschlecht
- Sozioökonomischer Status
- Intellektuelle Fähigkeiten
- Persönlichkeitseigenschaften

Soziales Umfeld
- Einflüsse von Familie
- Einflüsse der Schule
- Einflüsse der Gleichaltrigengruppe
- Reale Gewalterfahrungen

Weder wirken also alle Medieninhalte gleich, noch ist jeder Nutzer der Medieninhalte von bestimmten Effekten betroffen. Auf dem derzeitigen Stand des Wissens muss vielmehr davon ausgegangen werden, dass sich gewalthaltige Film- und Fernsehinhalte vor allem bei jüngeren männlichen Vielnutzern aggressionssteigernd auswirken können, die in ihren Familien und in der Schule viel reale Gewalt erleben und realistisch anmutende bzw. heroisch dargebotene Medieninhalte konsumieren. Auch die

Ähnlichkeit des Filmhelden mit dem Betrachter, die filmische Belohnung für Gewalthandlungen und das Verzichten auf die Darstellungen der Gewaltkonsequenzen für Opfer spielen wichtige Rollen. Dennoch ist die Betrachtung von filmischen Gewaltinhalten stets nur einer von zahlreichen Faktoren innerhalb eines komplexen Ursachenbündels.

4.2.2 Musik

Auch wenn die Vorwürfe gegen bestimmte Musikstile in den letzten Jahren etwas in den Hintergrund getreten sind, werden Musikstile wie Gangsta-Rap, Heavy Metal oder Gothic zum Teil energisch kritisiert und als unterstützender Faktor für das Entstehen von School Shootings angesehen (► Infobox). So merkt beispielsweise der Kommentator eines Internetportals im Zusammenhang mit der im letzten Kapitel dargestellten Tat von Jeff Weise an, dass gerade aktuelle Musikströmungen regelmäßig für Amoktaten, Gang-Delikte oder Suizide verantwortlich gemacht würden:

> All I can say is here we go again. In the 80's they blamed suicide on metal. In the 90's they blamed gang violence on rap and (they blamed) Columbine on Rammstein and Marilyn Manson.

Besonders stark in die Kritik geriet die in Teilen an den Gothic-Stil angelehnte Band Marilyn Manson. Die Gruppe ist in den USA wegen ihrer düsteren Musik und Texte umstritten und hatte wiederholt mit Auftrittsverboten zu kämpfen. Insbesondere als nach einem School Shooting in Columbine bekannt wurde, dass die beiden jugendlichen Täter CDs der Band gehört hatten, wurden schnell Spekulationen über die Mitschuld ihrer Musik an der Tat laut. Der gleichnamige Sänger der Band sieht sich selbst als Opfer einer Medienkampagne und kommentierte die Vorwürfe im Musikmagazin Rolling Stone wie folgt:

> (A) scapegoat was needed. I remember hearing the initial reports from Littleton, that Harris and Klebold were wearing makeup and were dressed like Marilyn Manson, whom they obviously must worship, since they were

> dressed in black. Of course, speculation snowballed into making me the poster boy for everything that is bad in the world. These two idiots weren't wearing makeup, and they weren't dressed like me or like goths. Since Middle America has not heard of the music they did listen to (KMFDM and Rammstein, among others), the media picked something they thought was similar.

Natürlich ist Manson selbst an dieser Entwicklung nicht ganz unschuldig. Sicherlich tragen einige, zumindest zum Teil eigentlich sozialkritisch gedachte Songtexte wie die folgenden nicht dazu bei, besorgte Eltern zu beruhigen:

> The big bully try to stick his finger in my chest (…) I got my lunchbox and I'm armed real well, So no one fucks with me (…) Next motherfucker gonna get my metal, Next motherfucker, Pow pow pow, pow pow pow (…)
> (Auszug aus »Brown Bag«)
>
> I slit my teenage wrist, The most that I can learn, Is in the records that you burn, Get your gunn, get your gunn, Get your gunn, get your gunn.
> (Auszug aus »Get Your Gunn«)
>
> This is the black color, So put it in your middle finger and sing along, Use your fist and not your mouth.
> (Auszug aus »Use your fist and not your mouth«)

Ebenso treten die Bandmitglieder häufig unkonventionell oder grotesk gekleidet auf. Ihre Absicht, eine Schockwirkung durch das kokettierende Spiel mit Elementen von Satansmessen, Nazi-Uniformen und Sadomasochismus zu erzielen, erinnert an eine zeitgemäße Form von Alice Cooper oder KISS. Derart unkonventionelles Verhalten ruft naturgemäß auch Widerstand und Ablehnung in konservativeren Kreisen hervor.

Vielleicht noch stärker als seine Provokationen wiegt ein öffentliches Missverständnis. Manson wird aufgrund seiner Popularität oft fälschlich als Personifikation der Gothic-Kultur angesehen. Eine Eigenart dieser Gothic-Kultur ist ihre dunkle, zumeist schwarze Bekleidung. Eine andere ihre unnahbar melancholische Einstellung und Abkehr von bürgerlichen Werten. Aufgrund dieser Ele-

Infobox

Einige in der Medienwirkungsforschung betrachtete Musikrichtungen

Heavy Metal. E-Gitarren und Schlagzeug sind die hervorstechenden Instrumente. Gesungen wird Heavy Metal zumeist in Englisch, wobei die Inhalte von Partytexten über Gesellschaftskritik bis hin zu Hasstiraden reichen können. Oft kritisierte Ausrichtungen handeln von Tod, Einsamkeit, Gesellschaftsentfremdung und manchmal auch von Selbstmord oder Satanismus. Metal spaltet sich in viele mehr oder weniger willkürlich definierte Substile auf, wie etwa Viking-/Fantasy-/Pirate Metal, Symphonic-/Opera Metal, Death Metal, Power Metal, Progressive Metal oder auch Nu Metal.

Gangsta-Rap. Als Teil des Hip-Hop entstand der Gangsta-Rap in den Ghettos US-amerikanischer Großstädte und thematisiert u. a. einen verharmlosenden Umgang mit Problemen wie Gewalt, Drogen, Rassismus, Sexismus und Angriffe auf die Polizei. Im Mittelpunkt stehen gesprochene Liedtexte mit Reimen, Wortspielereien und zweideutigen Begriffen, die oft klischeehaft das Leben eines Gangmitglieds beschreiben. Einige Forscher heben hervor, dass Gangsta-Rap eher als Heavy Metal Gewalt gegen andere stimulieren soll.

Gothic. Der Musikstil Gothic zeichnet sich durch schwermütigen Gesang und eine melancholische Atmosphäre aus. Ursprünglich bediente man sich vorhandener Stilmittel des Punk, Hard Rock oder elektronischer Musik und arrangierte diese in besonders düsterer Weise. Mittlerweile haben sich jedoch unzählige Spielarten entwickelt, die teilweise nicht eindeutig zuzuordnen sind und mit anderen Musikstilen verschmelzen.

mente fühlen sich manche School Shooter von den Goths angezogen. Auch wenn nur wenige tatsächlich in der Gothic-Kultur involviert sind, wie etwa der kanadische School Shooter Kimveer Gill, genügt dies einer verzweifelt nach Erklärungen suchenden Öffentlichkeit bereits, von schwarzer Kleidung und depressiven Stimmungen der Täter auf eine kausale Verbindung zur Subkultur der Goths und von dort auf die vermeintliche Symbolfigur Marilyn Manson zu schließen.

Doch hat Manson Recht, dass die Presseberichterstattung Sündenböcke sucht und ohne Grundlage polarisierende Gerüchte in die Welt setzt, oder ist der ungewöhnlichen Musik dennoch eine ursächliche Wirkung zuzuschreiben?

Es ist in der Medienwirkungsforschung umstritten und wenig untersucht, ob und inwiefern gewalthaltige oder düstere Musiktexte das Verhalten von Jugendlichen negativ beeinflussen können. Erforscht wurde bislang, wenig überraschend, dass verschiedene Musikstile auch verschiedene Fanstrukturen aufweisen. So wurden etwa Zusammenhänge zwischen der Vorliebe für bestimmte Musikstile und den Ausprägungen von Risikoverhalten, Normabweichung, problematischen Verhältnissen zu den Eltern oder auch Selbstmordraten belegt. Allerdings muss hinterfragt werden, ob der jeweilige Musikstil ein bestimmtes Verhalten beeinflusst hat oder ob sich nicht umgekehrt vielmehr ein Jugendlicher zu einem bestimmten Musikstil hingezogen fühlt, weil ein Thema der Songtexte zu seiner Lebenslage passt.

Als etwas präziser erweisen sich die Ergebnisse einer Forschergruppe um den Psychologen Craig Anderson von der Iowa State University. Die Wissenschaftler stellten 2003 in einer Reihe von Experimenten mit über 500 Testpersonen fest, dass Songs mit gewalttätigen Texten aggressive Gedanken und Gefühle verstärken. Allerdings waren diese Effekte sehr kurzfristig und instabil, sodass die Studienergebnisse von dem renommierten Mainzer Publizistikprofessor Michael Kunczik insgesamt als nicht besonders ertragreich gewertet werden. Er betrachtet sogar die bisher durchgeführten Studien zur Wirkung von gewalthaltiger Musik als zumeist eher trivial und methodisch problematisch.

Einen ausgesprochen interessanten Hinweis liefert jedoch die Kriminologin Kathleen Heide von der Universität von Südkalifornien. Zwar ist auch ihr Hinweis empirisch noch nicht haltbar, da er auf nur wenigen Fällen von selbst untersuchten Jugendlichen beruht, doch lohnt sich für die Zukunft durchaus eine kritische Überprüfung ihrer Ansicht im Rahmen einer umfassenden Studie. Sie stellte fest, dass von 100 untersuchten Jugendlichen alle vier, bei denen ein Einfluss ihrer Lieblingsmusik auf ihre jeweiligen Taten unbestreitbar war, in der Persönlichkeitsentwicklung weit hinter ihren Altersgenossen zurückgeblieben waren. Den direkten Bezug der Musik zu den Taten machte sie etwa daran fest, dass Jugendliche auf ihre Fragen stets mit Phrasen aus den Texten der jeweiligen Musikrichtung antworteten. Alle vier Jugendliche bewertete sie als durch die Musik beeinflussbar, weil sie aufgrund ihrer langsameren Persönlichkeitsentwicklung dazu neigen, die Welt in Stereotypen zu sehen und Bedürfnisse bzw. Gefühle anderer Menschen nicht erkennen. Heide sieht ihre Beeinflussbarkeit, destruktive Handlungen aus Songs nachzuspielen, vor allem darin, dass sie leicht von Sprüchen beeindruckt sind, die einen schnellen Erfolg durch die Anwendung von Gewalt versprechen und dass sie das damit einhergehende Leid für ihre Opfer nicht erkennen können.

Der derzeitige Forschungsstand gibt Manson daher zumindest teilweise Recht. Musiktexte *können* zwar bei bestimmten Jugendlichen einen mindestens *kurzfristigen* Einfluss auf die Verstärkung aggressiver Gedanken und Gefühle haben, es lässt sich jedoch derzeit nicht im Mindesten belegen, dass gewalttätige Musik einen wesentlichen Einfluss auf das Entstehen von School Shootings hat.

4.2.3 Internet

Im Rahmen der öffentlichen Wahrnehmung von Gefahren durch neue Medien spielt auch zunehmend das Internet eine Rolle. Da die meisten Haushalte und Schulen mittlerweile über schnelle und kostengünstige Zugänge verfügen, sind die Nutzer des Internets in der Lage, jederzeit unkompliziert Inhalte zu erzeugen, die weltweit aufgerufen werden können. Diese Informationen können ebenso leicht verändert werden, was dem Medium eine zusätzliche Aktualität und Attraktivität sichert. So

Infobox

Webseiten (auch »Homepages« genannt) waren lange Zeit statische Internetseiten, die mit einem Programm (»Browser«) von einem Computer mit Internetzugang abgerufen werden können. Ihre Inhalte waren so konzipiert, dass sie über einen längeren Zeitraum hinweg weitgehend unverändert bestehen blieben.
Anders verhält es sich mit den vor relativ kurzer Zeit populär gewordenen flexiblen Seiten, zu denen Weblogs, Online-Communities, Streams, Wikis und andere zählen. Nutzer können mithilfe einfacher Programme Bilder, Filme und Texte öffentlich sichtbar ins Internet stellen. Charakterisiert wird diese nutzergeprägte Wandelbarkeit u. a. durch das Kunstwort »Web 2.0«.
Weblogs werden häufig fälschlicherweise als »Internet-Tagebücher« charakterisiert. Tatsächlich kann hier ein Einzelner oder eine Gruppe von Menschen beliebig oft Inhalte auf schnelle und einfache Weise in eine Vorlage einfügen und dann auf Knopfdruck als Beitrag im Internet publizieren. So liest sich ein Weblog ein wenig wie eine Internet-Illustrierte, die je nach Fleiß der Betreiber minütlich, stündlich, täglich oder in größeren Abständen aktualisiert und mit neuen Inhalten ergänzt wird. Üblicherweise können Leser über Kommentarfunktionen ihre Meinung zu einem Beitrag kundgeben.
Online-Communities, wie etwa Myspace.com, ermöglichen es Nutzern, unter Pseudonym sich selbst und ihre Hobbys, Interessen und Abneigungen ausführlich darzustellen. Einige stellen auch Charakteranalysefunktionen zur Verfügung, die dem Nutzer auf Basis einiger Fragen einen bestimmten Charakter oder auch eine fiktive bzw. historische Person zuweisen.
Streaming erlaubt es, Video-Clips und Fernsehsendungen online anzusehen, eigene Filme ins Internet zu stellen und die Filme anderer zu kommentieren. Die mittlerweile standardmäßige Integration von Videofunktionen in Handys und preiswerte Heimvideolösungen haben es ermöglicht, dass auf der Seite von YouTube täglich 65.000 neue Videos eingestellt und 100 Mio. Videoclips angesehen werden (Stand 10/2006). Inhalte können von Zuschauern als unangebracht deklariert werden, was allerdings oft nicht zu ihrer Löschung führt, sondern lediglich dazu, dass sie nur noch den registrierten Nutzern zugänglich sind.
Wikis sind Online-Enzyklopädien, deren Inhalte von den Nutzern nicht nur gelesen, sondern auch in gemeinschaftlicher Arbeit verändert werden können. Durch Korrekturen, Ergänzungen und Neueinträge wachsen sie ständig an. Als bekanntestes Wiki gilt Wikipedia.

werden Webseiten, Weblogs, Online-Communities und auch Streaming inzwischen von School Shootern im Vorfeld ihrer Taten zur intensiven Selbstdarstellung genutzt (► Infobox).

Obwohl regelmäßig versucht wird, die Selbstdarstellungen der jugendlichen Täter zu sperren oder aus dem Internet zu entfernen, erweist sich dieser Versuch im Kern ebenso regelmäßig als vergeblich. Nach wie vor kursieren zahlreiche Kopien der Webseiten von School Shootern auf Online-Communities und zahlreiche Kopien von Selbstdarstellungsvideos auf Streaming-Plattformen. Werden sie entfernt, stellt ein anderer Nutzer sie an anderer Stelle wieder online. So dienen die Materialien unglücklicherweise beständig aufs Neue potenziell gefährdeten Jugendlichen als Blaupause zur Weiterentwicklung ihrer eigenen Ideen.

Dennoch ist es oft nicht unproblematisch, die Authentizität von solchen Webseiten festzustellen. Beispielsweise stellten sich die Webseiten des Täters von Erfurt im Nachhinein als eine Fälschung heraus, da sie gar nicht von ihm stammten. Da es ein Leichtes ist, das Äußere den originären Webseiten täuschend ähnlich anzupassen und für Außenstehende die Identität von Profilen in Online-Communities kaum zu überprüfen ist, bieten sie reichlich Nahrung für Gerüchte und Fehlinformationen. Inhalte in den Kopien gelöschter Webseiten, die wieder zugänglich gemacht werden, können durchaus in mehr oder weniger wichtigen Details verändert worden sein.

Neben den auffälligen Selbstdarstellungen von Gewalttätern, birgt das Internet auch andere Problemfelder. Hierzu zählt etwa der Zugang zu Materialien, welchen Jugendliche ansonsten kaum ausgesetzt wären, z.B.:

- Anleitungen zur Umsetzung gewalttätiger Handlungen, wie Pläne zum Bau von Rohrbomben oder Hilfestellung für effektive Methoden der Selbsttötung,
- Darstellungen realer Gewalttaten oder Geschmacklosigkeiten, wie Szenen aus Hinrichtungen, Gewaltpornografie, Unfällen, Obduktionen oder im Extremfall auch Szenen, welche die bewusst gefilmte Verletzung oder Ermordung von Menschen zeigen (sog. »Snuff Movies«),
- volksverhetzende Propaganda von neonazistischen, rassistischen oder anderen extremistischen Gruppierungen und
- Möglichkeiten zur gezielten Beschaffung von indizierten oder verbotenen Materialien bis hin zu speziellen Programmen, welche die Entschärfung von Gewaltmedien rückgängig machen.

Auch wenn der Versuch sinnvoll ist, zumindest den Zugang zu jenen Materialien zu erschweren, die gegen Jugendschutzgesetze verstoßen, ist die Natur des Internets zu unkontrollierbar, um die Inhalte auch nur annähernd vollständig überwachen zu können. Beispielsweise werden extremistische Inhalte über US-amerikanische Server ins Internet gestellt, da sich die USA auf eine verfassungsrechtlich geschützte Meinungsfreiheit berufen und nicht gegen die Verfasser und Vertreiber solcher Materialien vorgehen. Ebenso können bedenkliche Spiele mitunter kostenfrei von Webseiten der Hersteller heruntergeladen werden. Ein besonders aufwändiges Spiel sogar von der Webseite einer US-amerikanischen Behörde.

Auch eine Studie, die im Auftrag von Time und CNN den Medienkonsum Jugendlicher überprüfte, fand bereits 1999, dass 44% der befragten amerikanischen Jugendlichen schon einmal Gewalt- oder Sexseiten besucht hatten, 25% Seiten rassistischer Gruppierungen besucht hatten und 14% Anleitungen zum Bombenbau im Internet gelesen hatten. Bei 62% der Befragten wussten die Eltern der Jugendlichen wenig oder nichts vom Besuch dieser Webseiten. Es ist anzunehmen, dass sich die Zahlen bei dem heute noch sehr viel leichteren und schnelleren Zugang weiter erhöht haben. Spätestens durch die öffentlich zugänglichen Hotspots können sich Jugendliche der Kontrolle durch ihre Eltern entziehen und außerhalb des Hauses im Internet surfen.

Bezüglich einer möglichen Verstärkung oder gar Verursachung von gewalttätigen Handlungen durch internetbasierte Inhalte kann leider zurzeit nur spekuliert werden. Es wird in aktuellen Publikationen zwar vermutet, dass Wirkungsmechanismen vorliegen, die denen des Fernsehkonsums ähnlich sind, aber Wirkungsstudien, die wissenschaftlichen Prinzipien genügen, liegen noch nicht vor.

Einen Schritt in die richtige Richtung unternahm zumindest der Psychologe Michael Slater von der Staatlichen Universität von Colorado. 2003 publizierte er seine Studienergebnisse, die über 3.000 Achtklässler aus 20 Schulen berücksichtigten. Die Gefahren des Internets sah er für Jugendliche, die nur versehentlich mit diesen Inhalten in Berührung kommen, als gering an. Jugendliche, die aktiv nach gewalthaltigen Inhalten suchen und sich mit ihnen identifizieren, schätzte er hingegen als gefährdet ein. Bei diesen fand Slater eine Beziehung zwischen ihrer Nutzung gewalthaltiger Seiten und ihrer Entfremdung von Familie, Schule und Gleichaltrigen. Die Jugendlichen sprechen demnach auf jene Seiten an, weil sie auf diese Weise gewalthaltige Phantasien ausdrücken und ausschmücken können. Ein überaus wichtiger Aspekt, der im nächsten Kapitel noch ausführlich behandelt werden wird.

Letztlich zeigen sämtliche Diskussionsstränge über einzelne Medien immer wieder, dass Verbote und Kontrollen sich praktisch und pädagogisch weitgehend als unwirksam erweisen. Der Königsweg ist stets die Wahrnehmung und Umsetzung der Notwendigkeit, in Familien und Schulen präventiv medienpädagogisch zu arbeiten. Wirkliche Veränderung kann vor allem über problematisierende Gespräche, Aufklärung und letztlich die Förderung eines reflektierten Verständnisses der Zusammenhänge erzielt werden.

4.2.4 »Killerspiele«

Im Zusammenhang mit der Wirkung von Mediengewalt auf School Shootings wird in Deutschland besonders intensiv der Einfluss gewalthaltiger Computerspiele diskutiert. Nicht zuletzt aufgrund der speziellen Merkmale des Mediums werden in der öffentlichen Diskussion gemeinhin negativere Auswirkungen als bei Fernsehgewalt oder gewalttätigen Internet- und Musikinhalten vermutet. Hier wird vor allem das aktive Handeln als wichtig angesehen. Während der Zuschauer von Fernsehgewalt eine passive Rolle einnimmt, benutzen Computerspieler ihr Medium aktiv. Sie greifen direkt in das Geschehen ein und freuen sich über den Erfolg eigener Leistungen, statt sich lediglich mit einem Filmhelden über dessen Erfolge zu freuen. Ebenso wird gewalttätiges Verhalten im Fernsehen allenfalls stellvertretend belohnt, während sich im Spiel direkte Verbesserungen in Form von Punkten, besseren Waffen oder höheren Spielebenen ergeben.

Hinzu kommt jedoch eine völlige Verständnislosigkeit vieler Erwachsener bezüglich der Inhalte dieser Spiele. Schon die Vorstellung, dass sich Jugendliche in einer virtuellen Welt treffen und die gegnerischen Spielfiguren dort gegenseitig so schnell und effizient wie möglich »umbringen«, erzeugt bei vielen eine starke Abwehrhaltung. Auch wenn die Kritik durchaus berechtigt und ein reflektierter Umgang mit solchen Spielen anzuraten ist, sorgt die öffentliche Empörung leider allzu oft dafür, dass einerseits wissenschaftliche Erkenntnisse zur Wirkungsweise der Spiele gar nicht erst beachtet werden und dass andererseits für die Prävention von School Shootings dringend notwendige gesellschaftliche Änderungen gar nicht erst thematisiert werden. So lassen sich die hochschlagenden Emotionen politisch gut nutzen, um von gravierenden sozialen Problemen abzulenken.

Spätestens im Anschluss an das School Shooting am Erfurter Gutenberg-Gymnasium 2002 wurde die öffentliche Kritik an Gewaltspielen unüberhörbar. Damals sorgte das Spiel »Counter-Strike« für einige Aufregung, als bekannt wurde, dass Robert S. dieses Spiel intensiv genutzt hatte.

Der realistische Darstellungsgrad des Spiels, die Simulation von realen Straßenzügen und Gebäuden, vor allem aber die Darstellung der Spieler als realitätsnahe militärische Spezialeinheiten oder Terroristen bot reichlich Ansatzpunkte für Politik und Medien, dem Spiel eine Mitschuld an Robert S. so irrational erscheinenden Handlung zuzusprechen. Tatsächlich bot die Vorgehensweise des jungen Mannes zahlreiche Parallelen zu den Inhalten des Spiels. Wie seine Spielfiguren nutzte er eine Sturmmaske, Schusswaffen und dunkle Kleidung, wie seine Spielfiguren bewegte er sich sehr gezielt durch das Gebäude und tötete dabei Lehrer (Zielpersonen), während er Schüler (Zivilisten) verschonte. Dennoch wurde das Spiel trotz politischer Aufforderung nicht von der Bundesprüfstelle für jugendgefährdende Schriften indiziert, was den damaligen Bundeskanzler Gerhard Schröder zu scharfer Kritik veranlasste.

In der Folge gab es zum 1. April 2004 einige relativ geringfügige Änderungen im Jugendschutzgesetz, mit denen Kindern und Jugendlichen der Zugang zu gewalthaltigen Spielen erschwert und die Befugnisse der Bundesprüfstelle gesteigert wurden. Erst die neu gewählte Große Koalition vereinbarte das politische Ziel, ein Verbot von Produktion und Vertrieb der Spiele zu prüfen. Mittlerweile wurde hierfür die Sprachneuschöpfung »Killerspiele« verwendet, um polemisch die These zu unterstreichen, dass in diesen Spielen das Verhalten eines Mörders simuliert werde. Allerdings wurde der Inhalt des Begriffs lange Zeit recht unterschiedlich interpretiert. Er beinhaltete neben den sog. »Ego-Shootern« (auch »First-Person-Shooter« – FPS) mitunter auch das Spiel »Gotcha« bzw. »Paintball«, bei dem Jugendliche sich völlig ohne Nutzung von Computern mit bunten Farbkugeln beschießen.

Inzwischen scheint sich die Diskussion jedoch auf jene Ego-Shooter zu konzentrieren. Dieser Begriff bezeichnet eine Gruppe von Video- und PC-Spielen, in denen der Blickwinkel des Spielenden dem Blickwinkel der Spielfigur entspricht. Es wird also in einer Art Ich-Perspektive gespielt. In der Regel kämpft sich der Protagonist durch ein feindliches Gelände. In Räumen und Nischen verborgen lauern ihm Gegner auf, die mit einer Auswahl an Schusswaffen getötet werden müssen. Ego-Shooter erfordern von ihren Spielern schnelles Reaktionsvermögen und zielgenaues »Schießen« mit Tastatur und Maus (◘ Abb. 4.1).

Die Ziele, welche ein Spieler bei Ego-Shootern erreichen muss, haben sich im Laufe der Spieleentwicklung verändert (► Infobox). In »Doom«, einem der ersten Ego-Shooter überhaupt, kam es im Wesentlichen darauf an, mithilfe von Kettensäge, Schrotgewehr und Plasmawerfer feindliche Monster abzuschießen und Zugangsschlüssel aufzufinden, um schließlich einem mächtigen »Endgegner«

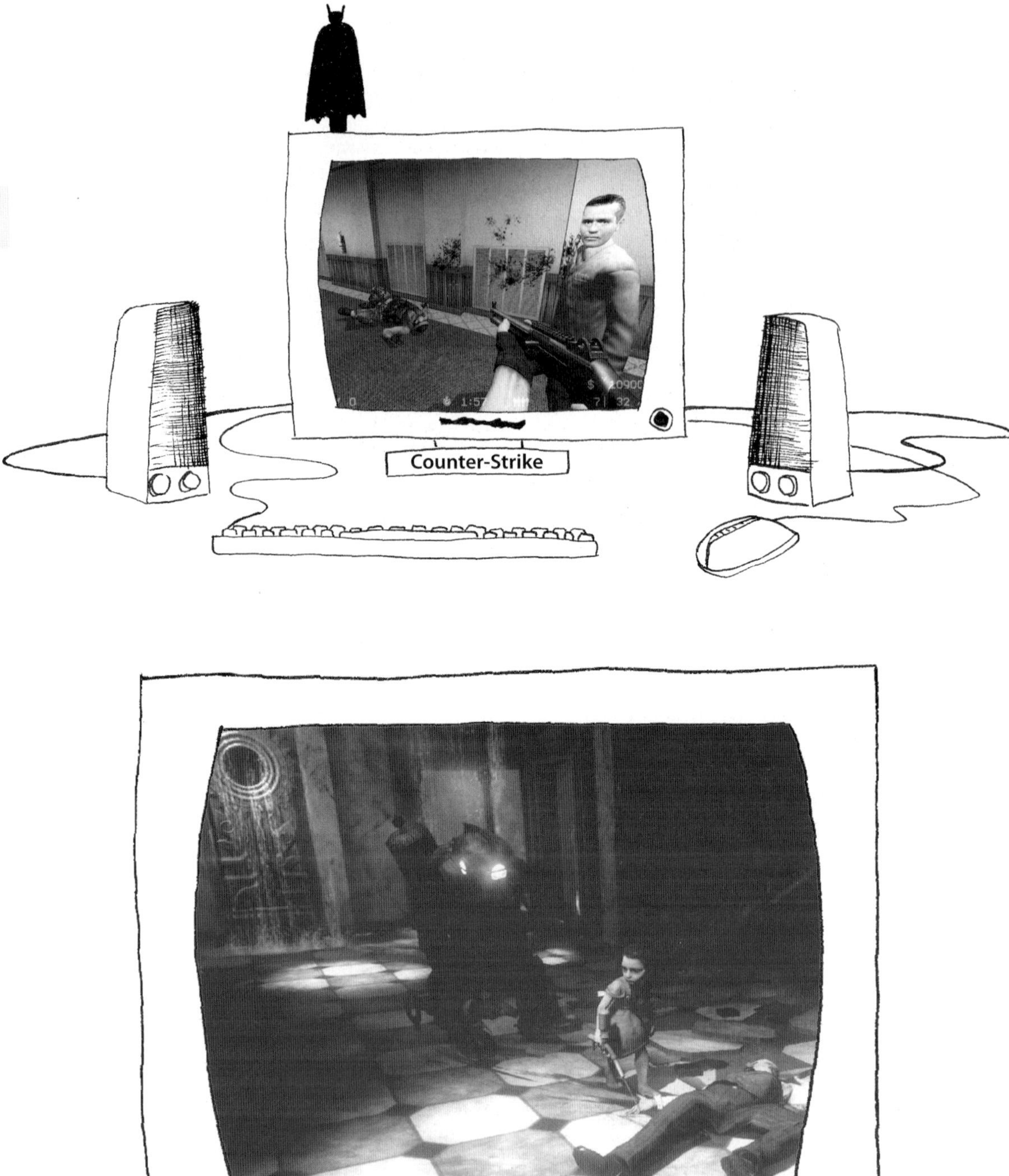

Abb. 4.1. Screenshots verschiedener Computerspiele: Counterstrike, Doom, Doom 3, Bioshock

Doom 1

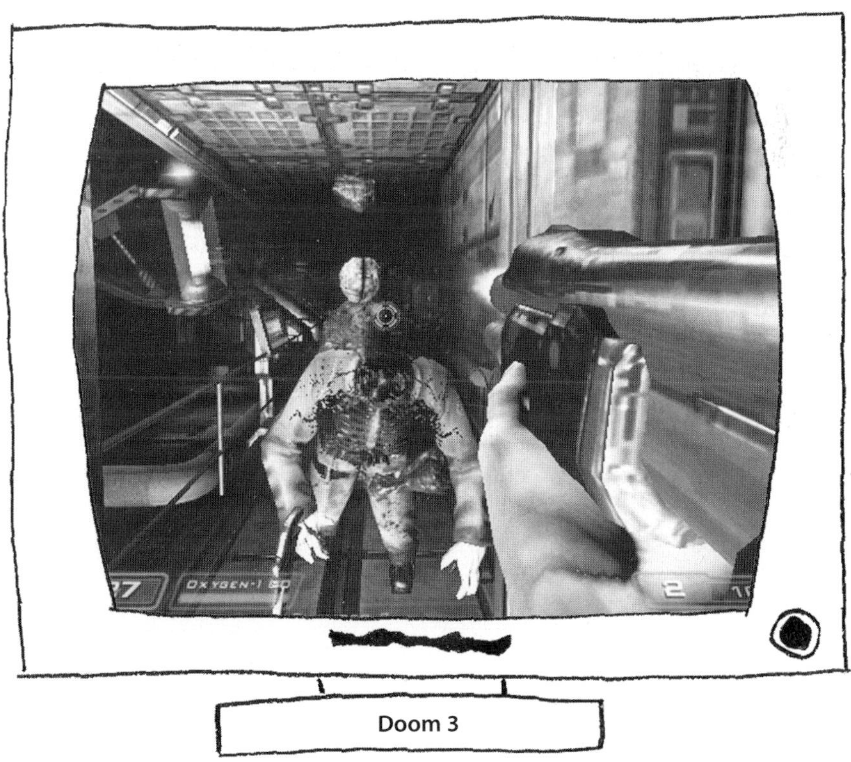

Doom 3

Infobox

Wesentliche Entwicklungsschritte von Ego-Shootern

- 1993: »Doom« erregt zum ersten Mal größeres Aufsehen über einen Ego-Shooter. Der Spieler versucht als Science-Fiction-Soldat Dämonen zu töten, die einem Tor zur Hölle entkommen sind. Die Grafik ist noch sehr grobkörnig. Schon jetzt stehen Kettensäge, Schrotgewehr u. a. als Waffen zur Verfügung.
- 1996: »Duke Nukem 3D« kommt mit verbesserter Grafik, Flug- und Tauchmöglichkeiten der Spielfigur. Gegner sind nichtmenschliche Aliens. Kultstatus erreichte das Spiel durch die Kommentare der Spielfigur und neue Funktionen wie Überwachungskameras, Spiegelreflektionen und ungewöhnliche Waffen.
- 1997: In »Grand Theft Auto« muss der Spieler in einer heutigen Städten nachempfundenen Umgebung Straftaten begehen. Neuere Versionen sind noch realistischer gestaltet und enthalten Drogenhandel, Schutzgelderpressung, Auftragsmord usw.
- 1999: »Unreal Tournament« ist ein reines LAN/Internet-Mehrspieler-Spiel. Auf unterschiedlichen, Science-Fiction-artig abstrahierten, aber sehr realistisch dargestellten Szenarien bekämpfen sich Spieler untereinander mit einer Vielzahl von Waffen. In späteren Versionen stehen Geschütztürme, Fahr- und Flugzeuge zur Verfügung.
- 2001: Mit »Counter-Strike« erscheint der wohl bekannteste Mehrspieler-Ego-Shooter. Spieler bilden Terroristen- bzw. Antiterror-Teams und bekämpfen sich mit realitätsnaher Armeeausrüstung.
- 2001: Mit den Möglichkeiten optischer und akustischer Effekte spielt »Undying.« Hier wird der Schwerpunkt auf eine packende, unheimliche Atmosphäre in einem englischen Herrenhaus, einem Kloster und in surrealen Dimensionen gelegt.
- 2003: »Postal^2« ermöglicht in einer sehr realitätsnahen Stadtumgebung das Erschießen von schreiend fliehenden Passanten und um Gnade flehenden Personen sowie das Enthaupten mit einer Schaufel.
- 2004: »Doom3« verbindet eine anschauliche Horroratmosphäre mit Dauerfeuergefechten und realistisch wirkender 3D-Grafik.
- 2006: »Prey« ähnelt »Doom3«, die Umgebung ist teilweise surrealistischer. In bestimmten Abschnitten erscheinen Geistermädchen mit leuchtenden Augen als Gegner.
- 2007: In »Bioshock« kämpft sich der Spieler durch unter Wasser erbaute Städte im Stil der 20er Jahre. Realistische Darstellung von zivilen Personen als Leichen treten ebenso auf wie kleine Mädchen, die mit großen Spritzen versehen sind. Der Spieler kann selbst entscheiden, ob er sie zum leichteren Erreichen des Spielziels töten möchte.

gegenüberzutreten. Mit fortschreitender Technisierung kamen jedoch weitere Spielelemente hinzu: Das Bekämpfen gegnerischer Spieler über Netzwerke, das Lösen komplexer Rätsel und Aufgaben, dann das Antreten von Spielermannschaften gegeneinander im Kampf um den Besitz einer Fahne, um eine Festung oder einfach um die meisten »Frags«, wie das Töten virtueller Spielfiguren auch genannt wird. Die Technik ermöglichte zudem die Umsetzung erzählerischer Aspekte, die Erzeugung einer unheimlichen Atmosphäre durch Licht- und Schatteneffekte und Klangeinspielungen oder faszinierende und packende Umgebungen wie Unterwasserszenarien und phantastische Welten. Weitgehend gleich geblieben ist dagegen beispielsweise die mehr oder weniger umfangreiche Ausstattung mit einem mal höchst realistischen, mal Science-Fiction-artig abstrahierten Waffenarsenal, mit dem der Spieler auf den Feind schießen, schlagen und bomben kann. Ob er dazu nun eine Pistole, eine Schrotflinte oder einen Schleimwerfer führt, in jedem Fall kommt es darauf an, den Gegner möglichst effektiv und möglichst schnell auszuschalten.

Die rasant fortschreitende Computertechnik ermöglichte nicht nur ein Ausfeilen der grafischen und akustischen Elemente – mittlerweile fühlt man sich bei vielen Ego-Shootern geradezu in einen real gedrehten Film hineinversetzt –, sondern auch zur Verbesserung der Mehrspielerfunktion, sodass Spiele auch ausschließlich für das Kämpfen Spieler gegen Spieler, bzw. Team gegen Team entwickelt wurden. Auf sog. **LAN-Partys** vernetzen Spieler ihre Computer und treten virtuell gegeneinander an (► Infobox). Mittlerweile ist dies auch problemlos übers Internet aus dem heimischen Wohnzimmer heraus möglich.

Infobox

LAN-Party ist mittlerweile ein feststehender Begriff. Die Bezeichnung stammt von der Technik, mit der Computer miteinander vernetzt werden, dem Lokal Area Network. Hierbei werden die Rechner mit Kabelverbindungen von Computer zu Computer miteinander verbunden; so können Spieler vor ihrem eigenen Rechner sitzen und gegen andere Mitspieler im virtuellen Raum antreten. In unzähligen kleineren und größeren Veranstaltungen werden sie seit den 90er Jahren durchgeführt, u. a. auch von Schulen. Während Ego-Shooter wohl zu den beliebtesten Spielen auf solchen Partys gehören, sind sie keineswegs das einzige Genre, das dort zum Einsatz kommt.

Nachdem die Pläne der Großen Koalition zum Verbot von »Killerspielen« bereits nicht mehr intensiv weiterverfolgt wurden, brandete die Diskussion nach dem School Shooting von Emsdetten im Herbst 2006 mit neuer Vehemenz auf.

Doch ist die oft allzu emotional vorgebrachte Kritik wissenschaftlich gerechtfertigt? Als hilfreich zur Einschätzung der Wirkung erweisen sich vor allem Metaanalysen, wie sie etwa die Sozialforscher Brad Bushman und Craig Anderson von der Universität des Staates Iowa erstellt haben. So wird in Studien versucht, die Variablen der Erhöhung eines Erregungsniveaus, der Förderung aggressiver Kognitionen, Emotionen und Verhaltensweisen sowie der Herabsetzung prosozialen Verhaltens zu belegen:

Bei Spielern gewalthaltiger Spiele kann tatsächlich eine Erhöhung der Erregung im Vergleich zu Spielern von nicht gewalthaltigen Spielen festgestellt werden. Gemessen wurde dies an der Pulsbeschleunigung und Blutdruckerhöhung. Höhere Erregung muss jedoch keineswegs zu einem aggressiveren Verhalten führen. Viel wichtiger erscheinen also Ergebnisse zur Steigerung aggressiver Gedanken, Gefühle und Verhaltensweisen.

Auch in Bezug auf die mögliche **Steigerung aggressiver Gedanken** durch das Spielen von gewalthaltigen Videospielen finden mehrere Studien positive Ergebnisse. Im Einzelnen sollten beispielsweise nach dem Spielen aggressiv oder nicht aggressiv erscheinende Worte so schnell wie möglich vorgelesen oder Wortergänzungen vorgenommen werden, die sowohl friedliche als auch gewalthaltige Bedeutungen erlangen konnten. Die Befunde wurden jeweils als Beleg für eine erhöhte Zugänglichkeit gewalttätiger Gedanken bei den Nutzern gewalttätiger Spiele interpretiert. Als bedeutsamer erweisen sich einige Studien, die bei den Spielern gewalthaltiger Spiele häufiger die Erwartung eines aggressiven Verhaltens Dritter feststellten, als bei den jeweiligen Kontrollgruppen.

Steigerungen feindseliger eigener Gefühle durch das Spielen von gewalthaltigen Spielen konnten hingegen nicht gefunden werden. Studien in Australien und Deutschland entdeckten zwar Frustrationsgefühle bei mangelndem Spielerfolg. Als Resultat des Spiels selbst überwogen aber positive Gefühle, wie Entspannung, Vergnügen oder Glück.

Die Frage nach einer **Förderung aggressiver Verhaltensweisen** wird von Studien unterschiedlich beantwortet. Während etwa eine aktuelle Untersuchung der Kommunikationswissenschaftler Marko Skoric und Ann Williams keinen Bezug zwischen gewalthaltigen Spielen und der Förderung aggressiver Verhaltensweisen finden konnte, entdeckten Craig Anderson und Karen Dill, dass sich in einer aggressiven Handlung – gemessen anhand des Auslösens eines unangenehmen Geräusches – geringe Unterschiede in der Länge des ausgelösten Geräusches zwischen den Spielern gewalthaltiger Spiele und ihrer Kontrollgruppe ergaben.

Interessanterweise fand John Sherry von der Universität des Staates Michigan zudem heraus, dass eine sehr kurze Spieldauer von etwa 10 Minuten zu einer stärkeren Steigerung der Aggression führt als eine lange Spieldauer von etwa 75 Minuten.

Deutlichere Ergebnisse finden sich bei Untersuchungen, die einen Zusammenhang zwischen gewalthaltigen Computerspielen und einer Reduzierung prosozialer Verhaltensweisen gemessen haben. Hier zeigte sich beispielsweise, dass Spieler von Gewaltspielen Opfern von Gewalttaten zögerlicher halfen als die Kontrollgruppen und dass Mitspieler eines Merkspiels von ihnen in geringerem Maße belohnt wurden, wenn zuvor gewalthaltige Videospiele genutzt worden waren.

Insgesamt zeigen die Studienergebnisse in Bezug auf eine generelle Beeinflussung von Probanden durch gewalthaltige Computerspiele relativ schwache Ausprägungen, die der Kommunikationswissenschaftler John Sherry sogar im Vergleich zu Befunden der Gewaltwirkungsforschung im Bereich Fernsehen als gering ansieht. Allerdings ist auch bei Computerspielen sehr deutlich darauf hinzuweisen, dass zahlreiche Einflussfaktoren die Wirkung der Spiele verstärken können. So sprechen etwa einige Befunde dafür, dass feindselige oder aggressive Persönlichkeitsmerkmale und ein geringes Selbstwertgefühl negative Effekte begünstigen können und dass umgekehrt ein intaktes soziales Umfeld als Schutzfaktor vor negativen Auswirkungen betrachtet werden kann.

Die Psychologin Jeanne Funk und ihre Kollegen stellten sogar das Profil eines »Hoch-Risiko-Spielers« zusammen. Demnach sind vor allem unter 12-jährige Kinder gefährdet, da ein fehlendes stabiles Wertesystem sie für die Rechtfertigung von Gewalttaten besonders beeinflussbar macht. Dies träfe vor allem auf jene Kinder zu, die häufig mehr als zwei Stunden täglich spielen, gewalthaltige Spiele bevorzugen, wenig Problemlösungskompetenz aufweisen, ihre Gefühle schlecht regulieren können und in einer gewalttätigen Umgebung aufwachsen.

Infobox

Unter Computerspielern hat sich eine eigene »Fachsprache« herausgebildet. Neben »**Leet**«, bei dem Buchstaben durch ähnlich aussehende Zahlen ersetzt werden (beispielsweise »3905h0073r« statt »Ego-Shooter«) werden spezielle Kürzel und **Begriffe** auch für den Austausch im laufenden Spiel verwendet. Etwa:

- Bot: computergeführter Gegenspieler
- Campen: unfairer längerer Aufenthalt in strategisch überlegener Spielposition
- Cheater: Spieler, der durch Codes bei Spielen mogelt
- Clan: feste Teams aus mehreren Spielern
- CTF: Spielmodus »Eroberung einer gegnerischen Flagge«
- Deathmatch: Spielmodus »Spieler gegen Spieler«
- Fraggen: Zerstören eines Gegners
- GOD-Modus: Mogelcode, der zur virtuellen Unsterblichkeit verhilft
- Items: in Spielen gesammelte Gegenstände
- Kills: Anzahl der Gegner, die ein Spieler besiegt hat
- Mod: Modifikation eines Spiels
- Multiplayer: mehrere Spieler treten gegeneinander oder gemeinsam an
- Respawn: Wiederbelebung einer Spielfigur

Kürzel lauten beispielsweise wb (»welcome back«), plz (»please«), k (O.K.), thx (»thanks«), np (»no problem«), brb (»be right back«), lol (»laughing out loud«), rofl (»rolling on the floor laughing«), wtf (»what the fuck«), pwned (unerwartet lächerlich gemacht), 0wned (in etwa »touché«), gn8 (gute Nacht), cy (»see you«)

Ebenso werden **Emoticons** verwendet. Hierbei handelt es sich um kleine Piktogramme, die sich aus Buchstaben bzw. Satzzeichen zusammensetzen und die Stimmung des Schreibenden oder die Absicht einer Aussage darstellen. Neben dem klassischen Smiley, das sich aus Doppelpunkt, ggf. Bindestrich und Klammer zusammensetzt **:) :-)** und auch negative Emotionen **:-(** oder Überraschung **:O** sowie Zuzwinkern **;)** und Weiteres darstellen kann, sind auch abstraktere Emoticons vertreten:

- **O.o** oder **Oo** (»irre« Glupschaugen): Verwunderung oder Erstaunen über etwas Unerwartetes
- -.- (zusammengekniffene Augen und Mund): schmerzhafte oder bitterböse Aussage
- ^^ (hochgezogene Augenlider): Amüsiertheit über eine eigene oder fremde Aussage

Außerdem sind gerade in Bezug auf Ego-Shooter zwei Entwicklungen wesentlich, die kaum von der Forschung berücksichtigt werden. Zum einen hat seit 1993 eine enorme technische Entwicklung stattgefunden, die von einer groben »Klötzchengrafik«, welche hohe Abstraktionsfähigkeit verlangte, zu den heutigen fotorealistischen Spielen geführt hat (◘ Abb. 4.1). Da bei wissenschaftlichen Studien über die Schritte der Finanzierungssicherung, Durchführung, Auswertung und anschließenden Publikation in der Regel einige Jahre ins Land gehen, hinkt die Forschung stets hinter der rasanten Spielefortentwicklung her. Studien, die sich noch auf ursprüngliche Ego-Shooter beziehen, können womöglich über die heute vorherrschende Vorgehens- und Darstellungsweise kaum sinnvolle Wirkungsaussagen treffen.

Zum anderen verletzt die Spielegattung zunehmend ethische Werte. So ist aktuell zu beobachten, dass nicht nur die Gewaltdarstellungen als solche eskalieren, sondern auch vermehrt Kinder als potenzielle Gegner auftauchen, die mit Waffengewalt bezwungen werden können oder müssen. Ebenso erscheint es beunruhigend, dass Spieler im Gegensatz zu den frühen Ego-Shootern in einigen Spielen gezielt für Straftaten oder gar Auftragsmorde belohnt werden. Während es im klassischen Ego-Shooter in erster Linie um das Abschießen digitaler Monster geht, müssen hier mit den gesellschaftlichen Werten unvereinbare realistisch anmutende Straftaten sorgsam geplant und umgesetzt werden. Die Industrie profitiert im Kampf um Käufer von Tabubrüchen, die eine hohe mediale Aufmerksamkeit erzielen und so kostenlose Werbung für das jeweilige Produkt sichern. Es bleibt abzuwarten, inwiefern diese Entwicklungen Wahrnehmungsverschiebungen bei Spielern bewirken werden.

4.3 Jugendmedienschutz

Von Gegnern einer Verschärfung der Medienkontrolle wird gerne darauf hingewiesen, dass in keinem anderen Land derart viele gesetzliche Regulierungen zur Beschränkung und Regelung der Mediennutzung existieren, wie in Deutschland. Ebenso gäbe es nirgendwo sonst derart viele verschiedene Institutionen, die diese Regelungen umsetzten. Grund genug, die Praxis dieses Jugendmedienschutzes näher zu betrachten:

Bei der Vorgehensweise der beteiligten Institutionen müssen durchaus verschiedene Ansprüche miteinander vereinbart werden. Auf der einen Seite werden zunehmend Stimmen laut, die eine noch schärfere und konsequentere Kontrolle bzw. das pauschale Verbot bestimmter Medienerzeugnisse fordern. Auf der anderen Seite gilt es ebenso innerhalb unserer freiheitlichen Demokratie die Rechte auf Meinungsäußerung, Pressefreiheit, Freiheit der Berichterstattung und Freiheit der Kunst zu schützen. Diese im Artikel 5 des Grundgesetzes verankerten Rechte dürfen in der Regel nur dann eingeschränkt werden, wenn sie gegen das Strafgesetz oder Jugendschutzbestimmungen verstoßen. Entsprechende Entscheidungen müssen also genau abgewogen werden.

Der **Jugendmedienschutz im Bereich von Film, Video und Fernsehen** wird zunächst von der Freiwilligen Selbstkontrolle der Filmwirtschaft (FSK) gewährleistet. Bevor ein Film Kindern und Jugendlichen öffentlich gezeigt oder zugänglich gemacht werden darf, muss ihm durch die FSK im Auftrag der Obersten Landesjugendbehörden (OLJB) eine Altersfreigabe erteilt werden. Gegebenenfalls können Firmen einen Film daraufhin kürzen und erneut zur Prüfung vorlegen, um eine bestimmte Altersfreigabe zu erzielen.

Ihr zur Seite steht die Bundesprüfstelle für jugendgefährdende Medien (BPjM). Bei der BPjM handelt es sich um eine selbstständige Bundesbehörde, die dem Bundesministerium für Familie, Senioren, Frauen und Jugend nachgeordnet ist. Auf Antrag oder Anregung anderer Behörden entscheidet sie über die Jugendgefährdung einzelner Medien. Eine Gefährdung ist gegeben, wenn die Entwicklung von Kindern oder Jugendlichen oder ihre Erziehung zu einer eigenverantwortlichen und gemeinschaftsfähigen Persönlichkeit bedroht wird. Hierzu zählen etwa unsittliche, verrohend wirkende sowie zu Gewalttätigkeit, Verbrechen oder Rassenhass anstachelnde Medien. Wird eine solche Jugendgefährdung festgestellt, dann wird das entsprechende Medium in eine Liste eingetragen und unterliegt von diesem Zeitpunkt an bestimmten Vertriebs-, Verbreitungs- und Werbebeschränkungen. Es darf nur noch Erwachsenen zugänglich gemacht werden.

Zudem wird auf Basis des Rundfunkstaatsvertrags noch regulierend in die Ausstrahlung und Ausstrahlungszeiten des Fernsehens eingegriffen. Die Freiwillige Selbstkontrolle Fernsehen (FSF) überprüft für die privaten Mitgliedssender Programme auf eine Jugendbeeinträchtigung hin. Die Prüfer entstammen Kreisen der Medienpädagogik, Medienwissenschaft, Psychologie oder Jugendschutzpraxis und dürfen nicht im Umfeld eines Senders beschäftigt sein.

Seit dem 1.4.2003 gibt es auch für **Computer- und Videospiele** eine rechtlich verbindliche Kennzeichnung der Altersfreigabe. Diese wird von der Unterhaltungssoftware Selbstkontrolle (USK) gemeinsam mit den OLJB vergeben. Die gestaffelten Altersfreigaben sind für Händler gemäß § 14 Jugendschutzgesetz bindend. Neben der Bewertung der USK kann die BPjM in Bezug auf Spiele mit strafrechtlich relevanten Inhalten auch ein Verbot aussprechen.

Die meisten Ego-Shooter besitzen schon jetzt entweder keine Jugendfreigabe oder eine Freigabe ab 16 Jahren. Mittels Raubkopien, Internet-Downloads und problemlosem Import aus dem Ausland können aber auch Jüngere Zugang zu den Spielen bekommen. Gemäß einer Umfrage des Kriminologischen Forschungsinstituts Niedersachsen (KFN) von 2005, bei der 23.000 Kinder und Jugendliche befragt wurden, hat jeder zweite 10-Jährige Erfahrung mit Computerspielen, die aufgrund ihrer Gewaltdarstellungen erst ab 16 Jahren freigegeben sind. Bei den 14- bis 15-Jährigen spielen laut Aussage

Infobox

Altersfreigabe der USK

Die Altersfreigabe steht auf einem viereckigen, farbigen Aufkleber auf jeder Computerspielschachtel. Die USK staffelt die Freigabe der Spiele in:

Freigegeben ...

- ohne Altersbeschränkung (weiß): Diese Spiele sind nicht zwangsläufig schon für jüngere Kinder verständlich oder beherrschbar, jedoch unbedenklich.
- ab 6 Jahren (gelb): Abstrakt-symbolische, comicartige Spiele, die durch etwas unheimliche Spielumgebungen, durch ihre Aufgabenstellung oder Geschwindigkeit zu belastend für kleinere Kinder sind.
- ab 12 Jahren (grün): Spielaufgaben werden mit kampfbetonten Grundmustern gelöst, beispielsweise durch historische Militärgerätschaft, Science-Fiction-Welten oder Rollen in Sagen und Mythenwelten. Die Gewaltanwendung ist jedoch in nicht alltagsrelevante Szenarien eingebunden.
- ab 16 Jahren (blau): Rasante bewaffnete Action, die sich gegen Spielfiguren richtet, aber auch Spielkonzepte, die fiktive oder historische kriegerische Auseinandersetzungen atmosphärisch nachvollziehen lassen. Eine gewisse Reife des sozialen Urteilsvermögens und der kritischen Reflektion erscheint erforderlich.
- keine Jugendfreigabe, also ab 18 Jahren (rot): Der Inhalt kann die Entwicklung von Jugendlichen zu einer eigenverantwortlichen und gemeinschaftsfähigen Persönlichkeit beeinträchtigen. Der Tatbestand der »Jugendgefährdung« im Sinne des Jugendschutzgesetzes darf nicht erfüllt sein.

des KFN sogar rund 80% der Befragten zumindest gelegentlich Spiele, welche aufgrund ihrer Gewaltszenen die Bewertung »keine Jugendfreigabe« erhalten hatten (▶ Infobox).

Anfang 2007 hat nun die für den Jugendschutz zuständige Bundesfamilienministerin von der Leyen ein »Sofortprogramm« angekündigt, mit dem die Jugendschutzgesetze verschärft, der Vollzug der Gesetze gefördert, die Qualität von Entscheidungen gesichert und die Kommunikation zwischen den Behörden verbessert werden soll. Der wohl wichtigste Eckpunkt des beabsichtigten Programms ist die Idee, »extrem gewalttätige Trägermedien«, zu denen beispielsweise Video- und DVD-Filme sowie Computerspiele gezählt werden, künftig »automatisch« für Kinder und Jugendliche zu verbieten. Dies soll bereits im Vorfeld eines Prüfungsverfahrens durch die BPjM geschehen, wobei als Richtlinie vorgegeben wird, dass »das ganze Spiel von Gewalt beherrscht wird, auch ohne dass Gewalt verherrlicht wird«. Zudem werden die Indizierungskriterien der BPjM richtungsweisend erweitert. Indiziert werden dann auch Spiele, »in denen deutlich visualisierte Gewaltanwendungen mit ‚Leben sammeln' oder Erreichen eines weiteren Levels belohnt wird, oder in denen Mord- und Metzelszenen detailliert dargestellt werden«. Es bleibt abzuwarten, wie sich das Sofortprogramm der Ministerin in der Praxis niederschlagen wird.

Dennoch wird von einigen Politikern weiterhin gefordert, die Herstellung und Verbreitung der Spiele über einen Zusatz im Strafgesetzbuch (StGB) unter Strafe zu stellen. Beispielsweise kam im Februar 2007 ein Vorstoß aus Bayern, einen neuen Straftatbestand in § 131a des StGB einzufügen, der das bereits vorhandene Verbot exzessiver Gewaltdarstellungen des § 131 StGB ergänzen soll (▶ Infobox). Es geht dabei um »Spielprogramme, die grausame oder sonst unmenschliche Gewalttätigkeiten gegen Menschen oder menschenähnliche Wesen darstellen und dem Spieler die Beteiligung an dargestellten Gewalttätigkeiten solcher Art ermöglichen.«

Jedoch lässt sich an Sinn und Praktikabilität solcher Vorschläge durchaus zweifeln. Nicht nur hat Bundesjustizministerin Zypries darauf hingewiesen, dass spätestens nach den Gesetzesänderungen im Jahr 2004 auf der Grundlage des bereits bestehenden § 131 StGB effektiv gegen »Killerspiele« vorgegangen werden kann. Es werden auch die noch recht klaren Begriffe des § 131 StGB durch den Entwurf mit dem »Ermöglichen« einer »Beteiligung« unpräzise ausgeweitet. Darüber hinaus erschwert natürlich auch die Komplexität und Schnelllebigkeit der Spiele eine praktikable und schnelle Einschätzung ihrer Strafbarkeit erheblich.

Selbst wenn es sich um einen präzisen und praktisch umsetzbaren Verbotsentwurf handeln würde und die verschiedentlich infrage gestellte Verfassungsmäßigkeit tatsächlich gegeben wäre, ergeben sich zahlreiche weitere Probleme. Angesichts der technischen Möglichkeiten des Internets und der international gewordenen Beschaffungsmöglichkeiten bleibt der Zugang zu Killerspielen für versierte Nutzer problemlos möglich. Die Kinder und Jugendlichen brauchen nicht einmal die Hilfe von älteren Geschwistern oder Freunden, einen Internethandel bzw. ein internetbasiertes Auktionskaufhaus oder eine kostenpflichtige Möglichkeit des Downloads aus dem Ausland zu nutzen. Teilweise finden

Infobox

§ 131 StGB (Gewaltdarstellung)

(1) Wer Schriften (...) die grausam oder sonst unmenschliche Gewalttätigkeiten gegen Menschen oder menschenähnliche Wesen in einer Art schildern, die eine Verherrlichung oder Verharmlosung solcher Gewalttaten ausdrückt oder die das Grausame oder Unmenschliche des Vorgangs in einer die Menschenwürde verletzenden Weise darstellt,
1. verbreitet
2. öffentlich ausstellt, anschlägt, vorführt oder sonst zugänglich macht,
3. einer Person unter achtzehn Jahren anbietet, überlässt oder zugänglich macht oder
4. herstellt, bezieht, liefert, vorrätig hält, anbietet, ankündigt, anpreist, einzuführen oder auszuführen unternimmt (...) wird mit Freiheitsstrafe bis zu einem Jahr oder mit Geldstrafe bestraft.'

(2) Ebenso wird bestraft, wer eine Darbietung des in Absatz 1 bezeichneten Inhalts durch Rundfunk, Medien- oder Teledienste verbreitet.

sich Spiele, die den Kriterien eines »Killerspiels« durchaus entsprechen, auch zum kostenlosen und freien Herunterladen auf offiziellen Seiten. So bietet etwa die US-amerikanische Armee ein aus dem Staatshaushalt finanziertes und für die Benutzer kostenfreies Online-Programm auf ihrer frei zugänglichen Webseite an. Der Hintergedanke eines kostengünstigen Rekrutierungswerkzeugs scheint dabei zu greifen, denn die Rekrutierungszahlen der Armee steigen seit Bereitstellung des Spiels. International haben bereits mehrere Millionen Menschen das Spiel heruntergeladen und ausprobiert.

Vielversprechender erscheint es da, den Thesen des Kriminologischen Forschungsinstituts Niedersachsen (KFN) zu folgen. Unter anderem fordern die Forscher, statt eines praktisch kaum durchsetzbaren strafrechtlichen Verbotes einen rechtlich leichter umsetzbaren Weg zu wählen, indem die Kompetenzen der BPjM gestärkt werden. Somit wird eine effektivere Indizierung kritischer Spiele möglich. Einer ihrer Studien zufolge bewirkt eine Indizierung auch tatsächlich eine recht wirksame Beschränkung, da das Spiel nicht offen beworben werden kann. Während von 6.000 10-Jährigen immerhin 1.700 Kinder Spiele ab 16 bzw. ab 18 spielten, gaben nur sieben an, ein von der BPjM indiziertes Spiel gespielt zu haben. Auch unter den 14- und 15-Jährigen machten nur 2,5% diese Angabe; 82% gaben dagegen an, ein für 16 bzw. 18 Jahre freigegebenes Spiel gelegentlich zu spielen. Problematisch bleibt jedoch zunächst der Zeitraum zwischen der Bewertung der USK, dem Verkaufsstart des Spieles und einer möglichen Indizierung. Beispielsweise erhielt das Spiel »Quake IV« am 21. September 2005 ausdrücklich keine Kennzeichnung, wodurch es für die BPjM indizierbar wurde. Am 18. Oktober des Jahres erschien das Spiel, ein Indizierungsantrag wurde zehn Tage später gestellt. Zu einer vorläufigen Listeneintragung kam es dann bereits am 2. November und zum Jahreswechsel wurde der Listenverbleib als »indiziert« bekannt gegeben. In dieser Zeit gab es ausreichend Möglichkeiten das Spiel zu erwerben.

Gegebenenfalls kann es darüber hinaus sinnvoll sein, den bestehenden § 131 StGB auszuschöpfen. Die Marktchancen kritischer Spiele können auf diese Weise eingedämmt werden, da die Umsatzmöglichkeiten geringer werden.

Noch viel wichtiger ist es hingegen, die Kinder und Jugendlichen zu mündigen Mediennutzern zu erziehen. Es ist eine Illusion, kritische Medieninhalte oder gar die Medien selbst effektiv von Kindern und Jugendlichen fernhalten zu können. Es wäre vielleicht sogar fahrlässig, da die Jugendlichen mit neuen Medien aufwachsen, sie auch außerhalb der gesellschaftlichen Kontrolle nutzen können und in ihrem späteren Leben in der Lage sein müssen, die Medien trotz all ihrer Gefahren effektiv und reif zu verwenden. Anstelle einfacher Verbote ist es daher unumgänglich, zumindest *auch* medienpädagogisch mit Kindern und Jugendlichen zu arbeiten. Sie müssen *verstehen*, warum diese Spiele negative Auswirkungen haben können und worin sie liegen. Jugendliche müssen bewusste Entscheidungen treffen können, verantwortungsvoll mit Medien und Medieninhalten umzugehen oder sie zu meiden. Und dabei brauchen sie die Unterstützung von uns Erwachsenen.

Zusammenfassung

Da neuen Medien im Anschluss an School Shootings regelmäßig eine Mitverantwortung zugeschrieben wird, müssen wissenschaftliche Erkenntnisse in den Bereichen Filme, Musik, Internet und Computerspiele genauer betrachtet werden. Gemeinsames Ergebnis ist, dass der Konsum von Mediengewalt nie unweigerlich zu gewalttätigem Verhalten führt, denn in den komplexen Entstehungsbedingungen von Gewalttaten kann Mediengewalt nur einen von vielen Faktoren bilden. Zudem müssen Einflussfaktoren der Person des Nutzers, des Medieninhaltes und der Konsumierungssituation hinzugezogen werden, um eine mögliche Wirkung eingrenzen zu können. Daher sollte als Kernfrage gelten, wie hoch das Risiko bestimmter Gruppen ist, durch den intensiven Konsum bestimmter Medieninhalte gewaltbereit zu reagieren und wie dieses Risiko gesenkt werden kann. Statt simplen und oft nicht real durchsetzbaren Verboten ist hier zumindest unterstützend auch an eine Stärkung der Medienkompetenz und -verantwortung zu denken.

Weiterführende Literatur

Bergmann, W./ Hüther, G. (2006): »Computersüchtig. Kinder im Sog der modernen Medien«, Düsseldorf: Walter

Feibel, Th. (2004): »Killerspiele im Kinderzimmer. Was wir über Computer und Gewalt wissen müssen«, Düsseldorf: Walter

Grossmann, D./ DeGaetano, G. (1999): »Stop teaching our kids to kill. A call to action against TV, movie & video game violence«, New York: Crown

Hausmanninger, Th./ Bohrmann, Th. (Hrsg.) (2002): »Mediale Gewalt. Interdisziplinäre und ethische Perspektiven«, München: Wilhelm Fink

Jones, G. (2005): »Kinder brauchen Monster. Vom Umgang mit Gewaltphantasien«, Berlin: Ullstein

Kirsh, St. (2006) »Children, adolescents, and media violence: A critical look at the research«, Thousand Oaks: Sage

Kunczik, M./ Zipfel, A. (2006): »Gewalt und Medien. Ein Studienhandbuch«, Köln: Böhlau

Mikos, L. (2003): »Amok in der Mediengesellschaft«, in: Archiv der Jugendkulturen (Hrsg.) 'Der Amoklauf von Erfurt', Berlin: Tilsner, 46-74

Reddick, B./ Beresin, E. (2002): »Rebellious rhapsody. Metal, rap, community, and individuation«, in: Academic Psychiatry 26, 51-59

Weaver, C.K./ Carter, C. (2006): »Critical Readings: Violence and the Media«, Columbus: McGraw-Hill

Phantasiewelten

The concept of ‚phantasy' is a tool which allows for subtle and complex understanding of behaviour and feelings, even though many of its ideas might initially seem ridiculous. (Julia Segal – Therapeutin im britischen National Health Service)

Eine Forschergruppe um den forensischen Psychologen Reid Meloy analysierte 2001 anhand von Gerichtsakten, Publikationen, Interviews mit Tätern und Zeugenaussagen demografische, klinische und forensische Merkmale von 34 jugendlichen Massenmördern. Eine Subgruppe bildeten acht Jugendliche, die School Shootings begangen hatten. Dabei stellten die Forscher fest, dass mindestens sechs dieser acht Jugendlichen sich intensiv mit gewalthaltigen Phantasien beschäftigt hatten. Weitere Forschungen bestätigten diese These und entdeckten darüber hinaus, dass sich Belege für solche intensiven Gewaltphantasien der Jugendlichen auch in ihren vor der Tat angefertigten Notizen und Materialien wiederfanden.

Ein erhöhtes Interesse fast aller in der Folge untersuchten jugendlichen Täter galt daher gewalthaltigen Phantasieausprägungen. Ideen aus Büchern, Filmen, Musik, Spielen und der Berichterstattung über Tagesereignisse flossen in die Gewaltphantasien der Jugendlichen ein. Sie gaben Anregungen für neue Inhalte und entwickelten bestehende Ideen weiter. Letztlich flossen die Medien auf diese Weise auch in die Tatplanung der Jugendlichen ein. Ein besonders gut belegtes Beispiel für die Entwicklung solcher Phantasien ist das bislang schwerwiegendste School Shooting an der Columbine High School in Littleton.

5.1 Fallbeispiel: Littleton, Colorado

Littleton, Colorado. In der beschaulichen Kleinstadt am Fuße der Rocky Mountains genießen die Schüler der Columbine High School am Vormittag des 20. April 1999 das frühlingshafte Wetter. Die höheren Semester bereiten sich in der Schulbibliothek auf ihre Abschlussprüfungen vor, als Eric Harris und sein Freund Dylan Klebold gegen 11 Uhr das Schulgelände betreten, um die bis dahin schwerwiegendste Gewalttat durch Jugendliche an einer Schule zu begehen.

Bekleidet mit schwarzen Ledertrenchcoats und ausgerüstet mit blauen Taschen, in denen sich Propanbomben befinden, machen sich die Jugendlichen auf den Weg zur Cafeteria der Schule. Mitten in dem zu diesem Zeitpunkt überfüllten Raum legen sie ihre Taschen ab und verlassen das Gebäude wieder. Sie haben die Bomben mit einem Zeitzünder versehen und planen in die Menschenmenge zu schießen, sobald Schüler und Lehrer nach der Explosion panisch aus der Schule laufen. Als Detonationszeit haben sie 11.17 Uhr gewählt, da sich ihren Berechnungen zufolge zu diesem Zeitpunkt die meisten Menschen in der Cafeteria befinden. Die Sprengkraft reicht, um auch die darüber liegende Bibliothek zum Einsturz zu bringen. Mehr als 500 Opfer wollen sie auf diese Weise töten. Doch trotz gründlicher Vorbereitung sind die Zündmechanismen fehlerhaft. Als die Jungen bemerken, dass die Bomben nicht explodieren, begeben sie sich mit abgesägten Schrotflinten, Rohrbomben und halbautomatischen Schusswaffen unter ihren Trenchcoats auf eine Anhöhe des Campus. Auf Harris Kommando »Go, Go!« hin, ziehen sie ihre Waffen und eröffnen das Feuer auf ihre Mitschüler. Bereits verwundete Jugendliche werden aus unmittelbarer Nähe durch einen Schuss in den Kopf getötet. Zeugen berichten später, dass einer der beiden schrie:

> This is what we always wanted to do. This is awesome!

Nach dem Schusswechsel mit einem eintreffenden Polizeibeamten betreten Harris und Klebold die Schule und nutzen ihr Arsenal an halbautomatischen Waffen, Schrotflinten und Sprengstoffen, um Menschen, die ihnen begegnen, offenbar wahllos zu töten. Die meisten Opfer sterben in der Bibliothek. Immer wieder fragen die Schützen dort einzelne Schüler, ob sie an Gott glauben oder ob sie sterben wollen. Die Antworten scheinen jedoch keinen Einfluss darauf zu haben, welche Schüler sie töten und welche sie überleben lassen.

Auf dem Rückweg zur Cafeteria werfen Harris und Klebold Blicke in diverse Klassen, bevor sie versuchen, die nicht detonierten Propanbomben mit kleineren Rohrbomben oder Schüssen zu zünden. Erneut gelingt es ihnen nicht, die Explosion auszulösen. Sie bewegen sich daraufhin durch verschieden Räume der Schule, feuern auf Polizisten und Rettungskräfte, die Schüler evakuieren wollen, legen noch einige Bomben und töten sich schließlich einige Minuten nach 12 Uhr durch Schüsse in den Kopf selbst.

Die erst kurz zuvor eingetroffenen SWAT-Teams der Polizei durchkämmen das Gebäude nun systematisch. Noch Stunden später verblutet ein Lehrer, obwohl seine Schüler über Handys und ein an das Fenster geklebtes Hinweisschild Hilfe forderten. Um 16.30 Uhr werden schließlich die Leichen der beiden Täter gefunden.

Sie hatten an diesem Tag 13 Menschen getötet und 24 weitere verletzt. Die Mutter eines Opfers und ein Schüler begingen im Folgejahr Selbstmord. Zahlreiche Menschen wurden schwer traumatisiert, unzählige Nachahmungstaten weltweit angedroht und zum Teil umgesetzt.

5.2 Phantasie als Schlüssel zur Wahrnehmung

Um die Entwicklung der Phantasien von Harris und Klebold verstehen zu können, muss zunächst einmal das Konzept der Phantasie verdeutlicht werden. Hierzu lohnt sich ein Blick in die Anfänge seiner individualpsychologischen Anwendbarkeit. Der im Vorfeld in erster Linie philosophisch genutzte Begriff wurde seit der Antike sowohl für Vorstellungsbilder genutzt, die in der Wirklichkeit begründet sind (»phantasiai kataleptikai«), als auch für Vorstellungen, die der Wirklichkeit nicht oder nur vage entsprechen (»phantasiai analeptikai«). Damit waren die beiden Grundfähigkeiten der Phantasie bereits frühzeitig bekannt: zu reproduzieren und neu zu entwerfen.

Einen zusätzlichen Aspekt der Phantasie entdeckte Sigmund Freud in Form der »unbewussten Phantasien«.

»Bewusste Phantasien« (Tagträume) begriff er als Reaktion auf eine frustrierende Realität. Mithilfe der Erschaffung einer imaginären wunscherfüllenden Phantasie konnte aus seiner Sicht ein unangenehmer Außeneinfluss zeitweilig gemildert werden. Als »unbewusste Phantasien« begriff er hingegen solche, »die wegen ihres Inhalts und ihrer Abkunft vom verdrängten Material unbewusst bleiben müssen«. Dabei stellte die **Verdrängung** einer Phantasie ins Unbewusste für ihn nicht etwa einen endgültigen Vorgang dar:

> Man darf sich den Verdrängungsvorgang nicht wie ein einmaliges Geschehen mit Dauererfolg vorstellen, etwa wie wenn man etwas Lebendiges erschlagen hat, was von da an tot ist; sondern die Verdrängung erfordert einen anhaltenden Kraftaufwand.

Zur Erhaltung einer Verdrängung ist ein Kraftaufwand notwendig, der etwa im Nachttraum gelockert werden kann (► Infobox). Auf diese Weise ist es möglich, ähnlich dem Tagtraum eine wunscherfüllende Situation herzustellen, welche die Außenwelt nicht direkt beeinflusst. Unbewusste Inhalte, und damit auch unbewusste Phantasien, können in Träume einfließen, bis beim Aufwachen der alte Zustand wiederhergestellt wird.

Infobox

Der psychoanalytische Begriff **Verdrängung** bezeichnet einen wichtigen psychischen Abwehrmechanismus. Triebwünsche, Vorstellungen oder Gedanken eines Menschen, die als bedrohlich empfunden und daher nicht befriedigt werden dürfen, werden bei einer Verdrängung aus dem Bewusstsein eines Menschen ausgeblendet und im Unbewussten abgelegt. Ihre Inhalte können jedoch in Träumen, Fehlleistungen oder Krankheitssymptomen wieder zum Vorschein kommen und die Lebensführung eines Menschen erheblich beeinträchtigen. Die Psychoanalyse sieht eine ihrer Aufgaben darin, derartige verdrängte Inhalte wieder bewusst zu machen, um sie verarbeiten zu können. Negative Symptome einer Verdrängung bleiben dann im Erfolgsfall aus.

Die Verdrängung hindert eine unbewusste Phantasie nicht daran, sich im Unbewussten »weiter zu organisieren, Abkömmlinge zu bilden und Verbindungen zu knüpfen«. Weil sie dem Einfluss des Bewussten entzogen ist, kann sie sich sogar entfalten und in Freuds Worten »im Dunkeln wuchern«. So können unbewusste Phantasien dann in veränderter Form wieder zutage treten – etwa als neuerliche bewusste oder vorbewusste Phantasie, als pathologisches Symptom oder auch in Form eines künstlerischen Ausdrucks. Nicht umsonst beschäftigte Freud sich ausgiebig mit ihren Einflüssen auf die bildende Kunst und Literatur. So bilden auch kreative Ausdrucksmöglichkeiten späterer Amokläufer in Aufsätzen, Gedichten, Filmen oder Zeichnungen im Übrigen eine exzellente Möglichkeit, Anhaltspunkte über die Ausgestaltung ihrer unbewussten Phantasien zum Zeitpunkt der künstlerischen Gestaltung zu erhalten.

Jahre später verdeutlichte die Psychoanalytikerin Melanie Klein, dass die Phantasie eines Menschen durch eine ständige Wechselwirkung mit realen Erfahrungen sogar sämtliche Aktivitäten eines Menschen beeinflusst. Unbewusste Phantasien modifizieren die Wahrnehmung und Deutung der Wirklichkeit, während die **Realität** gleichzeitig auf unbewusste Phantasien einwirkt. Die Realität wird erfahren, einverleibt und beeinflusst die unbewussten Phantasien fortan (► Infobox).

Infobox

Seit längerem wird in der Erkenntnistheorie – insbesondere im Konstruktivismus – lebhaft diskutiert, ob die **Realität** als feste Größe vom Menschen gemeinsam erfahrbar ist, oder ob sie vielmehr von jedem einzelnen Individuum unterschiedlich als Produkt seines subjektiven Erkenntnisprozesses konstruiert wird. So kennt etwa Heinz von Foerster als wohl herausragendster Vertreter des radikalen Konstruktivismus keine gemeinsam geteilte Wirklichkeit, sondern nur individuelle »Erfahrungswirklichkeiten«. Derlei Diskurse erlauben zwar faszinierende wissenschaftliche Zugänge, erweisen sich jedoch in der Handhabung als derart komplex, dass sie weitgehend nur theoretische Relevanz besitzen. Einen praktikableren Zugang schlägt der Stuttgarter Kinder- und Jugendpsychiater Reinhart Lempp vor. Er definiert Realität als »die jedem gesunden Menschen auf Grund seiner Sinnesfunktionen und seiner daraus gewonnenen Erfahrungen mögliche und für ihn notwendige Vorstellung seiner Umwelt, wie er sie erlebt«. Lempp stellt fest, dass psychisch gesunde Menschen über alltägliche Wahrnehmungen der Realität relativ problemlos kommunizieren können.

Ein spannendes Beispiel für die Vermischung von Phantasie und Realität bieten Analysen, die der Londoner Lehranalytiker Ronald Britton in Bezug auf die Schriftstellerin Mary Shelley anstellte. Der von ihr erdachte »Frankenstein«-Roman beruht Shelleys Aussage zufolge auf einem Albtraum. Dieser Nachttraum ängstigte Shelley derart, dass sie sich mit seinen Inhalten in einem Tagtraum beschäftigte und ihn später in ein literarisches Werk umsetzte.

Im Tagtraum versuchte sie, die verspürte Angst abzulegen und fand die Lösung in einer projektiven Identifizierung. Sie wollte ihre eigene Angst in anderen Menschen wachrufen und beruhigte sich selbst durch den kreativen Einfall, aus der nächtlichen Angst ein literarisches Kunstwerk zu formen. Was Shelley selbst nicht bewusst war oder von ihr zumindest verschwiegen wurde, sind jedoch Hinweise auf reale Erlebnisse und Erinnerungen. So verweist Britton u. a. auf Anklänge an ihre eigene Geburt, bei der ihre Mutter verstarb, und an den Tod ihres eigenen Kindes, ebenso wie an die bevorstehende Niederkunft ihrer Stiefschwester. Noch konkreter ist der Hinweis Shelleys, sich am Vortag über Erasmus Darwins Experimente und Ideen unterhalten zu haben, Leichname mittels galvanischer Ströme wiederbeleben zu können.

Tagträume erlauben also die Auseinandersetzung mit aktuellen Problemen und Wünschen. Nicht nur zur Verarbeitung von Traumata, sondern auch, wenn zu wenige Außenreize zur Fesselung der Aufmerksamkeit auftreten, unternehmen Menschen gerne Ausflüge in ihre individuell entwickelte Phantasiewelt. Allenfalls gibt ein kaum wahrnehmbares Mienenspiel Aufschluss darüber, dass eine Person gerade in Tagträumen wandelt und die Realität weitgehend ausgeblendet hat. Bei ins Leere gerichtetem Blick zeugen dann nur ein gelegentliches Lächeln, ein leichtes Stirnrunzeln oder eine kaum merkliche Lippenbewegung von in der Vorstellungswelt durchlebten Erinnerungen an ein besonderes Konzert, von der Sehnsucht nach einem Spaziergang oder von der gedanklich durchgespielten Rache an einem mobbenden Kollegen.

Im Gegensatz zur Realität kann die Phantasie nicht mithilfe von greifbaren Gegenständen und gemeinsam erlebten Situationen zwischen Individuen abgeglichen werden. Der konkrete Inhalt einer Phantasie kann daher normalerweise nur über Äußerungen oder Handlungen eines Menschen rückwirkend erschlossen werden.

Diese fehlende Kontrollierbarkeit von Phantasien bietet einen großen Schutz, der positive wie negative Auswirkungen haben kann. Einerseits erlaubt er, sprichwörtliche Traumschlösser zu errichten und aus einer bedrückenden Realität in die Sicherheit der eigenen Vorstellungen zu entfliehen. Andererseits kann er auch zum Selbstbetrug genutzt werden und zu einer derart übertriebenen Realitätsflucht führen, dass ein Mensch die Fähigkeit verliert, angemessen in der Realität zu handeln.

5.3 Phantasie im Kontext jugendlicher Amokläufer

Als außerordentlich wichtig für das Verständnis der Phantasien von Amokläufen an Schulen erweist sich ein sehr spezifisches Phantasieerleben dieser jugendlichen Täter. Ihre Vorstellungswelt ist in der Regel von besonders gewalthaltigen Inhalten erfüllt und sehr intensiv ausgeprägt. In Extremsituationen kann die Wahrnehmung ihrer Phantasie sogar so intensiv werden, dass sie zum kurzzeitigen Verlust der Kontrolle über die eigene Vorstellungswelt führt. In einem solchen Fall verschwimmt die Grenze zwischen Realität und Phantasie. Die Jugendlichen sind kurzzeitig nicht in der Lage festzustellen, ob sie gerade in ihrer Phantasie oder in der Realität handeln. Ebenso kann diese Grenze auch willentlich durchbrochen werden, indem eine destruktive Phantasie erst teilweise und in Einzelfällen später gänzlich in der Realität umgesetzt wird. Ursprünglich nur vage negativ ausgerichtete Ideen Jugendlicher können in ihrer Intensität und Gewalttätigkeit unter bestimmten Voraussetzungen derart stark werden, dass sie sich zu einer tödlich endenden Handlung entwickeln.

Da Handlungen ihren individuellen Sinn in der persönlichen Vorstellungswelt erhalten, ist die von Denken und Fühlen beeinflusste Phantasie ein Schlüssel zur Handlungsmotivation eines Individuums. Genauso wie Türen zumeist nicht ohne einen passenden Schlüssel geöffnet werden können, wird das Wissen über konkrete Phantasien anderer Menschen benötigt, um den Sinn ihrer Handlungen nachvollziehen zu können. Das kann recht gut antizipiert werden, wenn der Erfahrungsbereich der betreffenden Person dem des Betrachters nahe ist. Ein Rachewunsch gegenüber dem Mörder des eigenen Kindes etwa dürfte zumindest ansatzweise verstehbar sein. Liegen jedoch die einzuschätzende Phantasie und die gemeinsam geteilte Realität zu weit voneinander entfernt, so können die eigenen Wertmaßstäbe und Erfahrungen nicht in ausreichendem Maße genutzt werden, um sinnvoll Handlungsmotivationen zuzuschreiben. Handlungen, die auf allzu abwegigen Phantasien beruhen, sind zwar für den Handelnden selbst sinnvoll, dieser Sinn ist jedoch in der Regel für Dritte nicht mehr ohne Weiteres verstehbar. Die Analyse solcher Phantasien gestaltet sich als überaus schwierig, eben weil ihre Inhalte höchst persönlich sind – und sie daher von den Tätern auch zumeist nicht mitgeteilt werden wollen. Hinzu kommt, dass sich zahlreiche der jugendlichen Amokläufer im Anschluss an ihre Tat suizidieren. Phantasien bleiben eine höchst individuelle, vor Außenstehenden zumeist abgeschottete Erfahrung.

Um dennoch intensiv-destruktive Phantasien bestmöglich nachvollziehen zu können, muss sich daher ihrer kreativen Ausdrucksmöglichkeiten bedient werden. Tagebucheinträge, Zeichnungen, Aufsätze und Ähnliches ermöglichen einen Einblick in die Innenwelt der Täter. So schrieb Eric Harris in einer Aufzählung am 24. August 1998 darüber, was ihn von anderen Jugendlichen unterscheide:

> My dreams. Dreams are one of the most personal things for a person, and I know my dreams separate me from others.

5.3.1 Eric Harris' Phantasien: »We will be in all black«

Dreizehn Monate vor seiner Tat nahm Eric Harris an einem Training zum besseren Umgang mit seiner Wut teil. Zu diesem Programm war er verpflichtet worden, nachdem er mit seinem Freund Dylan Klebold in ein Auto eingebrochen war. Seinem Therapeuten beschrieb er in diesem Rahmen auf einem Selbsteinschätzungsbogen, dass er Gemütsschwankungen, Ärger, Depressionen, Angst, Einsamkeit und auch Mordphantasien erlebe. Der einzig bekannte Versuch, diese Gefühle unter Kontrolle zu bekommen, war, ihm das **Antidepressivum** Luvox (Fluvoxamine maleate) zu verschreiben (► Infobox). Über einen möglichen Zusammenhang von Nebenwirkungen des Medikaments auf seine Tat ist später diskutiert worden, ohne dass sich jedoch überzeugende Anhaltspunkte ergeben hätten.

Infobox

Antidepressiva können stimmungsaufhellend, beruhigend oder antriebssteigernd wirken. Sie greifen in die synaptische Erregungsübertragung des Gehirns ein und hemmen dort die Wiederaufnahme von Neurotransmittern aus dem synaptischen Spalt ins Nervenende. Luvox zählt dabei zur Gruppe der selektiven Serotoninwiederaufnahmehemmer (SSRI). Diese blockieren nur Rezeptoren, welche für die Wiederaufnahme des Botenstoffes Serotonin zuständig sind. Sie werden vor allem benutzt, um obsessiv-zwanghafte Störungen zu behandeln, wirken aber auch bei Symptomen der Depression, Essstörungen, Panikattacken oder chronischen Kopfschmerzen erleichternd.

Zumindest auf Harris Gewaltphantasien hatte das Medikament offenbar keinen lindernden Einfluss. Einen Monat nach Ausfüllen des Bogens notierte er einen Eintrag in sein Tagebuch, der bereits viele Aspekte seiner 12 Monate später umgesetzten Tat vorwegnahm. Nach einigen wirren Aussagen zu seiner Vorstellung einer »natürlichen Selektion«, schreibt er am 26. April 1998, dass er mit Dylan Klebold im April des nächsten Jahres seine Sicht dieser natürlichen Auslese beschleunigen wolle:

> It would be great if God removed all vaccines and warning labels from everything in the world and let natural selection take its course. All the fat ugly retarded crippled dumbass stupid fuckheads in the world would die.

Er schildert dabei bereits Einzelheiten der geplanten Bewaffnung [»terrorist bag full of noisy crickets (…) pipe bombs with a shitload of shrapnel«] und äußert die Hoffnung auf bestimmte Schusswaffen, die sie zu dieser Zeit noch nicht besitzen. Selbst von der späteren Tatkleidung hat er schon klare Vorstellungen, als er schreibt:

> We will be in all black. Dusters, black army pants (…) knifes and blades and backup weaponry all over our bodies.

In zahlreichen Zeichnungen skizziert er wiederholt Kleidung und Anordnung der Waffen (◘ Abb. 5.1); viele, für sich genommen nicht jugenduntypische Zeichnungen zeigen auch einen Bewaffneten, der eine Reihe von Opfern erschießt.

Es bleibt aber nicht bei rein fiktiven Geschichten. Denn ebenso legt er die Vorgehensweise der real durchgeführten Tat bereits in Teilen fest. Er beschreibt, wie er mit Dylan Klebold zur Mittagszeit die Propanbomben platziert, die kleineren Rohrbomben wirft und in die panische Menge schießt. Im Anschluss werden seine Phantasien noch abgehobener, wenn er darüber nachdenkt, nach dem Massaker an seiner Schule ein besonderes Auto zu stehlen, Häuser in der Nachbarschaft anzuzünden und eingreifende Polizisten zu töten. Für den Fall einer ausweglosen Situation will er kleine Sprengkörper mit tödlichem Gas schlucken, um möglichst viele Menschen mit ins Grab zu nehmen. Gelänge dagegen eine Flucht, so plant er, zu einer entlegenen Insel zu fliehen oder ein Flugzeug zu entführen und es mit Bomben bestückt in New York City abstürzen zu lassen.

Zugleich spielt er mit dem Gedanken, den Umgang mit Zeitzündern zu erlernen, um hunderte von Gebäuden zu zerstören und ein Maximum an Verwüstung und Chaos zu schaffen.

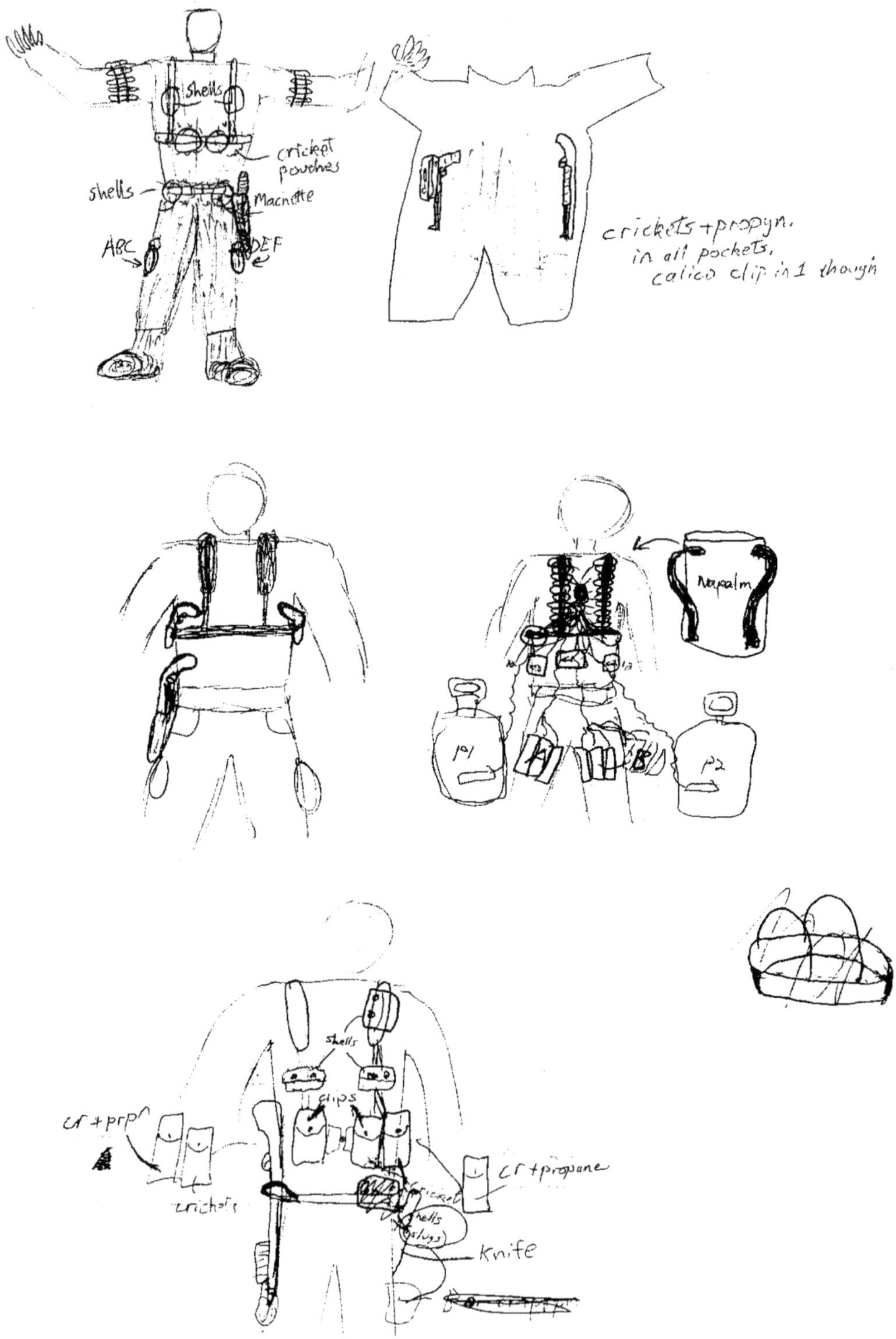

■ **Abb. 5.1.** Tagebuchskizzen der beiden Täter von Columbine

> If you have ever seen the first few clips of violence in INVASION USA you'll know what I'm talking about. It'll be like the LA riots, the Oklahoma bombing, WWII, Vietnam, Duke and Doom all mixed together. (...) I want to leave a lasting impression on the world.

Ende 1998 werden Eric Harris Phantasien dann ein weiteres Stück realer. Gemeinsam mit Dylan Klebold dreht er ein Video für seine Filmklasse, das die beiden »Hitmen for Hire« nennen. Darin spielen sie Auftragskiller, die für 20 Dollar am Tag einen gehänselten Mitschüler »beschützen«. Als ein Junge sie damit beauftragt, einen der ihn hänselnden Schüler in die Luft zu sprengen, kommentiert Klebold, »I don't know about that. It's a pretty messy thing (...) guts all over the place.« Der Mitschüler wird von ihnen an einer späteren Stelle im Film auf offener Straße erschossen.

Schon in diesem fiktiven Video tragen sie – wie bei ihrer späteren Tat – lange Trenchcoats, echte Waffen und eine umgekehrt aufgesetzte Basecap. Gegen Ende des Films sprengen sie die Schule in die Luft und nehmen damit erneut ihren späteren Versuch vorweg, in der Cafeteria Propanbomben zu zünden. Das vom Attorney General in Colorado freigegebene Video wurde vom US-Fernsehsender FOX News in Auszügen landesweit übertragen. Monate vor der Tat schreibt Eric Harris in seinem Tagebuch:

> This is a bitch trying to keep up on homework while working on my guns, bombs, and lying.

Eric Harris und Dylan Klebold drehten am 6. März 1999 ein weiteres Video, das unter der Bezeichnung »Rampart Range« bekannt geworden ist. Darin machen Harris und Klebold gemeinsam mit zwei Freunden Zielübungen mit ihren mittlerweile beschafften Schusswaffen. Aus dem Film wird deutlich, dass es den beiden nicht nur um das Erlernen des richtigen Umgangs mit den Waffen geht. Sie betrachten auch den Schaden, den die Kugeln an Bäumen anrichten. Dass Eric Harris in diesem Zusammenhang staunend ausruft: »Imagine that in someone's fucking brain!« deutet erneut darauf hin, dass sie die Schießübungen auch als Vorwegnahme ihrer späteren Tat und zur Anregung ihrer Phantasien benutzen. In der Realität schießen sie auf Bäume, aber in ihrer Phantasie stellen die Bäume für sie Menschen dar. Damit reduzieren sie gleichzeitig ihre **Tötungshemmung** (► Infobox).

Infobox

Nach Konrad Lorenz nimmt die **Tötungshemmung** in dem Maße zu, in dem das Opfer einem Menschen ähnelt, sodass eine Mücke sehr viel eher erschlagen werden kann, als eine Katze oder ein Schimpanse. Die besondere Gefahr liegt nach Irenäus Eibl-Eibesfeld darin, dass Menschen die Fähigkeit besitzen, sich durch Selbst- oder Fremdindoktrination über diesen Hemmmechanismus hinwegzusetzen.
Als Techniken zur Überwindung der Tötungshemmung lassen sich folgende Faktoren bestimmen:

- Reduzierung von Opfern auf ein lebloses Objekt,
- physische Distanzierung zum Opfer,
- soziale Distanzierung zum Opfer,
- Technifizierung der Tötungshandlung,
- Professionalisierung durch gesellschaftliche Legitimation,
- Rationalisierung und Rechtfertigung.

Die Quelle der Tötungshemmung ist weitgehend ungeklärt. Der amerikanische Militärpsychologe Dave Grossman sieht sie in einer unbekannten Kombination instinktiver, rationaler, umweltbedingter, ererbter, kultureller und sozialer Faktoren.

Dieses bislang noch wenig erforschte Merkmal hindert den Menschen gewöhnlich daran, einen anderen Menschen zu töten. Daher muss es etwa durch psychische Ausnahmesituationen, durch gezielte Übung oder durch die im Vorfeld immer wieder durchdachte Vorwegnahme der Handlung überwunden werden, bevor Morde begangen werden können. Im Falle dieser Schießübung von Harris und Klebold wird die Tötung nicht nur in der Phantasie eingeübt, die Vorstellungen der beiden Jungen können in diesem Rahmen auch verfeinert, verdeutlicht und ergänzt werden.

Einige Wochen vor ihrer Tat filmen Harris und Klebold dann fünf als »Basement Tapes« bekannt gewordene Videobänder. Die Aufnahmen selbst sind bis heute nicht amtlich freigegeben worden. Es gab jedoch mehrere offizielle Termine, an denen ausgewählte Personen sich die Bänder ansehen konnten. Die präzisesten Beschreibungen finden sich in einem Spezialbericht der »Time«:

In einem der Videos gehen die Jugendlichen am 15. März 1999 noch einmal auf ihre Tatabsichten und Vorgehensweisen ein. Sie prahlen nun damit, dass sich die ganze Welt einst um diese Bänder reißen wird. Dylan Klebold macht klar:

> I know we're gonna have followers because we're so fucking God-like. We're not exactly human – we have human bodies but we've evolved into one step above you.

Eric Harris ist es offensichtlich wichtig klarzustellen, dass sie sich als die »Erfinder« der School Shootings betrachten: »Do not think we're trying to copy anyone«, stellt er heraus und behauptet sich selbst überhöhend, die Idee zur Tat schon lange gehabt zu haben, bevor die ersten Taten begannen. Diese traten jedoch real bereits 30 Jahren zuvor auf – lange vor der Geburt der beiden Jugendlichen.

Die letzten drei Tage vor ihrer Tat verbringen die Jungen nach Angaben eines Nachbarn von Eric Harris vor allem in der Garage. Sie zerbrechen Glas und zerschneiden andere Materialien. Nach Annahme der Polizei fertigen sie in dieser Zeit Schrapnell für die Rohrbomben an.

Am Morgen ihres School Shootings drehen sie ein letztes Videoband. Darauf verabschieden sie sich von ihren Eltern und nennen einige Lieblings-CDs, die sie bestimmten Menschen überlassen wollen. Dylan Klebold stellt heraus »I didn't like life very much« und äußert seine Erwartung, zu einem besseren Ort zu kommen, wo er glücklich sein wird, bevor Harris die Aufnahme mit den Worten beendet: »That's it. Sorry. Goodbye.«

5.3.2 Dylan Klebolds Phantasien: »The lonely man strikes with absolute rage«

Ähnlich verlief offenbar auch die Entwicklung von Dylan Klebolds Phantasien. Neben den gemeinsam gefilmten Videobändern führte Dylan Klebold genau wie Eric Harris eine Art Tagebuch.

Schon im Frühjahr 1997 beschreibt er sich als einen schwermütigen Außenseiter in »a weird time, weird life, weird existence«. Auch wenn sich der Ton der Einträge für eine Weile ändert, wenn er sich verliebt (ohne den Mädchen seine Liebe einzugestehen), ist seine Stimmung doch das ganze Jahr über zumeist durchsetzt von depressiven und auch einmal leicht paranoiden Tendenzen:

> I swear – like I'm an outcast, & everyone is conspiring against me ...

Ab November 1997 schreibt er dann nicht mehr nur darüber, dass er jemanden finden muss, der ihm ein Gewehr verkauft, damit er sich selbst umbringen kann. Erstmals äußert er auch aggressive Phantasien. So schildert Klebold den Wunsch, eine Waffe zu bekommen und einen planlosen Amoklauf zu beginnen. Ein späterer Eintrag lautet:

> The lonely man strikes with absolute rage.

Ebenso wie bei Harris werden seine Vorstellungen im April 1998 konkreter. Dylan Klebold schreibt mehrere Einträge in Eric Harris Schuljahrbuch. Einer bezieht sich auf »the holy April morning of NBK« (Natural Born Killers). Ein anderer beschreibt »killing enemies, blowing up stuff, killing cops!! My wrath for January's incident will be godlike. Not to mention our revenge in the commons.« Der Begriff »commons« bezieht sich dabei auf die Cafeteria der High School, in der die beiden Jugendlichen ihr School Shooting begannen. Mit dem »Vorfall im Januar« ist offenbar die vorangegangene Entdeckung von Harris und ihm beim Einbruch in einen Wagen gemeint.

Im September desselben Jahres setzt er sich in einer Schularbeit mit den Motiven des Massenmörders **Charles Manson** auseinander (► Infobox). Kurz darauf verfasst Dylan Klebold einen weiteren Schulaufsatz, den seine damalige Lehrerin nach der Tatumsetzung wie folgt charakterisierte:

> Several weeks ago during a short story writing unit, Dylan wrote the most vicious story I have ever read.

Seine Geschichte dreht sich um einen einsamen Unbekannten, der in einen Trenchcoat gekleidet

Infobox

Charles Manson führte in den späten 1960er Jahren eine Gruppe an, die unter dem Namen »The Family« bekannt wurde. Durch seine Beeinflussung begingen die Mitglieder mehrere Morde, darunter auch die Tötung der schwangeren Sharon Tate, Ehefrau von Regisseur Roman Polanski. Selbst nach seiner Inhaftierung agitierte und rebellierte Manson derart, dass er weite Teile seiner Inhaftierung in disziplinierender Einzelhaft verbrachte. Inzwischen ist er als Ikone für das Böse in die US-amerikanische Popkultur eingegangen.

einige Schüler zu Tode prügelt, sticht und schießt sowie Bomben zündet, um die Polizei abzulenken.

Seine Lehrerin informiert Klebolds Eltern und spricht mit dem Jungen über seinen Aufsatz. Der bemerkt jedoch nach ihren Angaben nur schlicht: »It's just a story«.

Im Dezember 1998 kauft Dylan Klebold dann über eine Freundin zwei Schrotflinten und ein Gewehr auf einer Waffenschau in Colorado. Dort ist es legal, wenn ein bislang nicht straffällig gewordener Erwachsener Minderjährigen Waffen kauft. Anfang 1999 erstehen Klebold und Harris zudem eine halbautomatische Handfeuerwaffe, die Dylan Klebold später während der Tat benutzen wird.

Nur einen Tag vor dem Massaker findet sich schließlich in Dylan Klebolds Schulnotizbuch die Bemerkung:

> About 26.5 hours from now the judgement will begin. (…) It's interesting, when I'm in my human form, knowing I'm going to die. Everything has a touch of triviality to it.

Sein allerletzter Eintrag lautet:

> Walk in, set bombs at 11:09, for 11:17 / Leave / Drive to Clemete Park. Gear up./ Get back by 11:15 /
> Park cars, set car bombs for 11:18 /
> get out, go to outside hill, wait. /
> When first bombs go off, attack. /
> have fun.

5.3.3 Gesamtschau von Eric Harris' und Dylan Klebolds Phantasieentwicklung

Zusammenfassend lässt sich klar erkennen, dass die Jugendlichen nicht nur über ein Jahr vor ihrem School Shooting schon ausdrücklich über den späteren Tathergang phantasiert, sondern diese Phantasien mit der Zeit auch immer stärker in die Realität eingebettet haben. Aus bloßen Gedankengängen und Gesprächen wurden schrittweise

- persönliche explizite Schriftstücke (Tagebücher),
- öffentliche getarnte Schriftstücke (Aufsätze für die Schule),
- öffentliche explizite Darstellungen (»Hitmen for Hire«-Video),
- erfolgreiche Bemühungen, sich Waffen zu beschaffen,
- explizite Videos über Schießübungen mit diesen Waffen (»Rampart Range«-Video) und schließlich
- Vorbereitungen für ihren Nachlass (»Basement Tapes«-Videos).

Nicht übersehen werden darf allerdings, dass es immer auch andere, parallele Phantasien von unterschiedlicher Intensität gegeben hat – negative wie positive.

Einerseits hat Eric Harris sich etwa im November 1998 sehr explizit in seinem Tagebuch darüber ausgelassen, wie er brutalen, animalischen Sex mit einer Frau haben will und ist dann dazu übergegangen, kannibalistische Phantasien zu beschreiben, die schließlich von einer Frau zu einem männlichen Schulanfänger wechseln. Dabei gibt es jedoch keine weiteren Hinweise auf entsprechende Neigungen oder Wünsche.

Andererseits hegte er auch sozial angepasstere Wunschvorstellungen. Harris hatte sich bei den Marines beworben und war abgelehnt worden, weil er das beschriebene Medikament Luvox einnahm. Im Dezember 1998 schrieb er in sein Tagebuch, dass er einen guten Marine abgegeben hätte, denn »it would have given me a reason to be good«. Es ist natürlich zu hinterfragen, ob er in die Armee wollte, weil sein Vater dort Karriere gemacht hatte, weil er das positive Image der Marines bewunderte oder weil er dort legal andere Menschen hätte töten können. Dennoch gab es damit eine Zeitlang eine wirkliche Alternative für ihn. Erst nachdem auch diese Hoffnung scheiterte, erlangte seine Tötungsphantasie einen noch stärkeren Realitätsbezug.

Nur drei Tage vor ihrer Tat gingen Harris und Klebold noch zur Feier des Schulabschlussballs. Ihr Freund Nate beschrieb den Abend als »perfekt«. Dylan Klebold sei durch nichts aufgefallen und hätte fröhlich von seinen Plänen über eine positive Zukunft an einem College in Arizona berichtet. Der Vorfall gibt durchaus Anlass dazu, die Qualität seiner Phantasien zu hinterfragen. War er nur ein sehr guter Schauspieler oder war die Umsetzung seiner Gewaltphantasien selbst so kurz vor ihrer Realisierung noch lediglich eine von mehreren Möglichkeiten für den Jungen?

5.4 Kontrollierte Phantasien und Phantasien über Kontrolle

In den veröffentlichten Aussagen jugendlicher Täter finden sich ständig wiederkehrende Grundbestandteile derartiger Phantasien. Der amerikanische Soziologe Jack Katz hilft, den Kern solcher Gewaltphantasien zu veranschaulichen.

Ende der 80er Jahre hat sich der an der University of California in Los Angeles lehrende Katz von bis dahin vorherrschenden kriminologischen Diskursen gelöst und Handlungsmotivationen sowie Bedeutungszuschreibungen von Straftätern neu hinterfragt. Statt nur **positivistisch** die Ursachen einer Straftat in äußeren Bezügen zu suchen (▶ Infobox), analysierte er sensuelle und individuell motivierende Faktoren von abweichenden Handlungen. Dabei fand er heraus, dass in konkreten Tatsituationen eine »Verführung« zur Tat wirksam wird, die auf den individuellen inneren Einstellungen einer Person beruht.

Während Jack Katz das Konzept der Phantasie nicht explizit aufgreift, berührt es doch seine gesamte Diskussion der »Verführungen zum Verbrechen«. Zur Entschlüsselung der von ihm als »perspective« bezeichneten Täterphantasien interessieren ihn im Zusammenhang mit Tötungsdelikten vor allem

- was der Täter durch die Tötung beabsichtigt,
- wie er sich selbst, die Opfer und die Tatsituation auffasst sowie
- welche sinnliche Erfahrung die Verführung zur Tat hervorruft.

Für den Zusammenhang von School Shootings ist in erster Linie die von ihm als »primordial evil« bezeichnete Tötungsdynamik relevant. Die Täter entwickeln dabei seiner Ansicht nach narzisstische Allmachtsphantasien, in denen sie sich quasi gottgleich als Herrscher über Leben und Tod sehen. Durch ihre Kleidung, Tätowierung und Sprache tragen sie zur Schau, dass es negative Konsequenzen haben könnte, wenn sich ihnen jemand in den Weg stellt. Mit ihrem normabweichenden Verhalten versuchen sie Selbstachtung zurückzugewinnen, die sie zuvor verloren hatten. Sie stellen sich über die Gesellschaft, von der sie sich »unterdrückt« fühlen und zeigen demonstrativ, dass sie nicht kontrolliert werden können.

Durch die Verletzung der höchsten zivilgesellschaftlichen Norm nicht zu töten, erheben sie sich subjektiv endgültig über die Massen. Dabei geht es ihnen nicht um die Erreichung eines tatinhä-

Infobox

Der **Positivismus** ist eine wissenschaftliche Ausrichtung, die sich im frühen 19. Jahrhundert entwickelt hat. Ihre Anhänger gehen davon aus, dass sich soziale Beziehungen und Ereignisse mit Methoden untersuchen lassen, die den Naturwissenschaften entliehen wurden. Ziel der Positivisten ist es in diesem Zusammenhang, Verhaltensmuster durch die Identifikation von Kernursachen zu erklären und vorherzusagen. Hierbei interessieren sie vor allem genetische, psychosoziale und ökonomische Ursachen, die außerhalb der individuellen Kontrolle eines Menschen liegen.
Trotz deutlicher Kritik an dieser Denkrichtung seit den 1960er Jahren spielt der Positivismus bis in die Gegenwart eine wichtige Rolle. Es wird allerdings mittlerweile eher von »Korrelationen« zwischen Verbrechen und äußeren Bedingungen gesprochen, als von direkten »Ursachen«.

renten Ziels, wie der Verdeckung einer anderweitigen Straftat oder der Entledigung eines Zeugen. Vielmehr demonstrieren sie ihre Macht und konstruieren die selbstüberhöhende Phantasie einer Gottgleichheit.

Auch wenn Katz Konzept des »primordial evil« sich in erster Linie auf generelle kaltblütig-sinnlos erscheinende Tötungsdelikte bezieht und mithin nicht speziell auf School Shootings fokussiert, findet sich die beschriebene Phantasieausprägung gerade bei besonders intensiven und langfristig weiterentwickelten Gewaltphantasien dieser jugendlichen Täter. Beispiele sind Dylan Klebolds Aussagen »My wrath (...) will be godlike« in seinem Schuljahrbuch oder auch auf einem Videoband einen Monat vor dem Amoklauf in Columbine:

> I know we're gonna have followers because we're so fucking God-like. We're not exactly human – we have human bodies but we've evolved into one step above you.

Eine Tötung zur Stärkung des Selbstbildes findet nicht in beliebigen Situationen statt. Vielmehr muss die Tatsituation den Vorstellungen des Täters entsprechen. Die individuelle Relevanz der jeweiligen Situation hängt dabei von persönlichen Bewertungen ab. Diese wiederum fußen, wie das psychoanalytische Phantasiebild gezeigt hat, nicht zuletzt auf weiteren individuellen Phantasievorstellungen.

Daraus ist für den diskutierten Kontext zweierlei ersichtlich. Zum einen hat der Ort des Tötungsdeliktes eine bewusste oder unbewusste Bedeutung für den Täter – Schulen werden also, wie auch schon die Kontrolltheorien gezeigt haben, keineswegs zufällig als Ort von Amokläufen gewählt. Zum anderen bedingt die Individualität einer von gesellschaftlichen Zuschreibungen weit abweichenden Phantasie, dass die Taten von außen nicht mit Sinngehalt versehen werden können und konsequenterweise von der Gesamtbevölkerung als »zufällig« oder »irrational« angesehen werden.

Werden die Kerngedanken von Katz noch stärker auf jugendliche Amokläufer an Schulen übertragen, dann ist festzustellen, dass die Rückgewinnung von Kontrolle ein inhaltliches Hauptelement der Phantasien von School Shootern darzustellen scheint. Wie bereits dargestellt ist aus amerikanischen Studien bekannt, dass sich die jugendlichen Täter oftmals ungerecht behandelt fühlten und an ihren Schulen nicht selten Opfer von belastenden Schikanierungen waren.

Vor dem Hintergrund einer spezifischen Sozialisation lässt der subjektiv wahrgenommene soziale Statusverlust des Erniedrigten die Tötungen also auch aus Katz' Sicht als verzweifelte Versuche erscheinen, Kontrolle über die eigene soziale Identität wiederzugewinnen. Der Wille des Täters wird der Situation, dem Opfer und dem Umfeld mit Gewalt aufgezwungen.

Ein zuvor erlebtes Kontrolldefizit des Täters soll dem Gefühl absoluter Kontrolle weichen. Auch bei Harris und Klebold finden sich Aussagen, die vor diesem Hintergrund durchaus als beispielhafte Belege für den Versuch einer Wiederherstellung von Kontrolle gedeutet werden können:

> You all better fucking hide in your houses because I'm coming for EVERYONE soon, and I WILL be armed to the fucking teeth and I WILL shoot to kill and I WILL fucking KILL EVERYTHING.
> (Drohung von Eric Harris)
>
> I'll go on my killing spree against anyone I want.
> (Aufzeichnung von Dylan Klebold)

Verbunden mit der in Studien belegten depressiven Symptomatik bei jugendlichen Tätern ergeben sich daraus mitunter suizidal-homizidale Vermischungen, wie im vom Secret Service zitierten Gedicht eines nicht namentlich ausgewiesenen School Shooters:

> Suicide and homicide
> Homicide and suicide
> Into sleep I'm sinking
> Why me I'm thinking
> Homicidal and suicidal thoughts, intermixing
> My life's not worth fixing.

Die subjektive Verletzung und auch Hoffnungs- sowie Perspektivlosigkeit führt allzu oft zu dem Versuch, die eigene Misere getreu dem amerikanischen Sprichwort »go down with your guns blazing« mit einem bleibenden Eindruck zu beenden. So wird die Tat von den Jugendlichen regelrecht inszeniert. Ihr Wunsch nach Medienpräsenz wird dabei in der Regel auch von der Presse erfüllt. Aus dem Tief ihres Lebens heraus erreichen sie durch ihre Tötungsversuche eine Bekanntheit, die ihnen ansonsten wohl nie vergönnt gewesen wäre. Zwar wird dieser Status von der Mehrheit der Gesellschaft negativ konnotiert, doch bedient er die Phantasien einzelner Schüler in ähnlichen Lebenslagen und die Täter erreichen bei diesen eine subkulturelle Anerkennung, die bereits im Vorfeld der Tat in ihrer Phantasie antizipiert und genossen werden kann.

Die jugendlichen Tötungsdelinquenten werden dabei Akteure eines medieninszenierten Fortsetzungsschauspiels. Obwohl es vor ihnen analoge Taten gegeben hat und auch nach ihrem eigenen Amoklauf weitere analoge Taten geben wird, können sie für immer ein recherchierbarer Teil dieser »großen Geschichte« werden. Um den Anschluss an die Serialität der School Shootings zu gewährleisten, gleichen sie ihre Kleidung, Waffen und Tatdaten an vorangegangene Vorfälle an. Sie treten sogar in Konkurrenz miteinander, *mehr* Opfer zu erzielen als bei anderen Vorfällen. Eric Harris etwa will sich bewusst von anderen »stümperhaften« Taten absetzen, »... not like those fuckers in Kentucky with camouflage and .22s«.

Bezüglich der von Katz hervorgehobenen Relevanz der sensuellen Wahrnehmung sei zumindest noch auf die Bedeutung der Waffe selbst hingewiesen. Vordergründig stellt sie ein technisches Machtmittel dar. Doch schon vom Geruch und der Berührung einer Schusswaffe geht für Jugendliche eine nicht unerhebliche Faszination aus. Ihr Besitz und ihre Beherrschung verheißt Macht und die Möglichkeit, den eigenen Willen durchsetzen zu können. Gewaltphantasien werden angeregt und verfeinert, denn es lässt sich dank der beim Schießen gesammelten Eindrücke leichter phantasieren, wie es wäre, eine Waffe tatsächlich gegen Menschen einzusetzen.

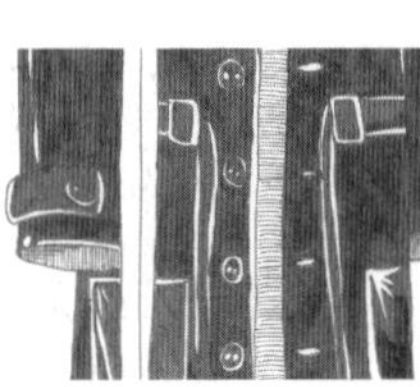

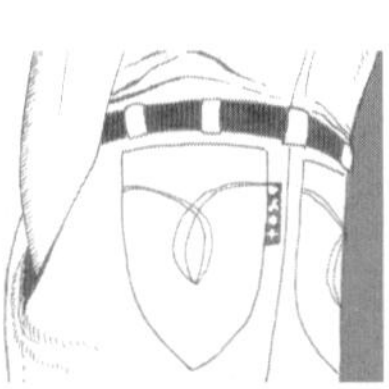

5.4.1 Phantasieintensität und -inhalte

Das alles sagt jedoch nur etwas über die möglichen subjektiven Bedeutungen und Inhalte von Gewaltphantasien aus. Um etwas über die Auslösung und Umsetzung zu erfahren, muss ein weiterer Forscher zu Rate gezogen werden:

Robert K. Ressler und seine Kollegen publizierten im Rahmen einer FBI-Studie an 36 erwachsenen ein- und mehrfachen Sexualmördern den am weitesten verbreiteten Ansatz zur Rolle von Phantasien bei Tötungsdelikten. Die Forscher stellten als Kernaspekt der Tätermotivation ein extrem intensives und durch gewalttätig-sexualisierte Inhalte bestimmtes Phantasieerleben fest und differenzierten die Entwicklung und Ausgestaltung dieser spezifischen Form des Phantasieerlebens aus. Die von ihnen modellhaft dargestellte Entwicklung einer obsessiven und letztlich von den Tätern kaum kontrollierbaren Phantasie der untersuchten Sexualmörder gilt bis heute als revolutionäre Sichtweise.

Ressler zufolge entstehen auf der Basis von schwerwiegenden psychosozialen Schädigungen in Kindheit und Jugend (wie dem Miterleben oder Erleiden von sexuellem Missbrauch), verbunden mit einem unzureichend funktionierenden und kontraproduktiv handelnden sozialen Umfeld, bestimmte Reaktionsmuster. Diese Reaktionsmuster können die Ausformung einer destruktiven Phantasie begünstigen. Besonders relevant sind in diesem Zusammenhang Wechselwirkungen von sog. »problematischen« Charakterzügen (u. a. chronisches Lügen, Aufsässigkeit, Anspruchshaltung) mit negativ besetzten Aufzeichnungs- und Verarbeitungsprozessen des Kindes. Bei den späteren Sexualmördern führt dies zu einer Phantasiewelt, die von Schmerz, Tod und Rachewünschen erfüllt ist. Sie dient der Befriedigung von Wünschen, die in der Realität nicht umsetzbar erscheinen und wird vor anderen Menschen verborgen.

Mit der Zeit entsteht eine zunehmende Abhängigkeit von der phantasierten Bedürfnisbefriedigung und es werden immer intensivere Befriedigungsmöglichkeiten benötigt. Beim Versuch, die Befriedigung zu intensivieren, kommt es im weiteren Verlauf zu ersten Erprobungen der Phantasien in der Realität. So genannte »Rückkopplungsfilter«, wie etwa die Entwicklung von Rechtfertigungsstrategien oder die Entdeckung einer stärkeren Erregung durch die Einbeziehung neuer Elemente in die Phantasie, führen zu einer weiteren Verstärkung der Selbstbezüglichkeit. Wird die Entwicklung nicht unterbrochen, so weiten sich die Stimulationsgrenzen immer weiter aus und können schließlich zur ersten Tötung führen. Auch diese Erfahrung wird in die wunscherfüllenden Phantasievorstellungen eingebaut. Trophäen von Opfer oder Tatort helfen bei der Intensivierung der Erinnerung. Wenn auch diese Stimulierung nicht mehr ausreicht, kommt es zu Folgetaten und einem beständigen Verfeinern der Vorstellungen und Vorgehensweisen.

Als besonders interessant erweist sich die Betonung der individuellen Ausprägung der **Phantasieintensität** durch Ressler und seine Kollegen. Ihrer Meinung nach basiert das Intensitätserleben auf den Fähigkeiten, bestimmte Gedanken als Tagtraum – oder nach Freud als bewusste Phantasie – zu erkennen, ihren Inhalt zu strukturieren und diesen Inhalt im Nachhinein erinnern zu können. Wenn die Phantasie in Ausnahmefällen eine derart hohe Intensität erreicht, dass der von ihr ausgehende innere Druck nicht mehr aushaltbar ist, kann es zum Kontrollverlust kommen, dessen Extremfall die ungesteuerte Realisierung der Phantasie darstellt. Ob dies nur für sexuelle Mehrfachmörder oder sehr eingeschränkt auch für School Shooter gilt, ist umstritten. Es existieren jedoch aufschlussreiche Theorien, die eine Steuerungsfähigkeit zum Tatzeitpunkt auch bei einigen jugendlichen Amokläufern als eingeschränkt ansehen. Für die Zukunft sind tiefenpsychologische Studien wünschenswert, um den Grad des möglichen Kontrollverlustes zu erforschen.

Währenddessen sind die konkreten **Phantasieinhalte** keineswegs festgeschriebene und konstante Ausprägungen einer individuellen Vorstellungswelt. Die jeweiligen Themen entwickeln sich in dynamisch formbaren Verläufen fort. Zur Beibehaltung oder Erhöhung der Erregungsstufe müssen die Phantasievorstellungen ständig erweitert werden und an Ideenreichtum und Intensität zunehmen. Entsprechende Anregungen finden sich in Erfahrungen mit der sozialen Umwelt, aber auch in virtuell oder medial wahrgenommenen Inhalten. Dabei gilt: Eine destruktive Phantasie wird sich umso eher in gewalttätigen Denk- und Spielmustern manifestieren und umso eher nach Realisierung von Teilaspekten der Phantasie in der Realität drängen, je intensiver ihre Inhalte sind. Dies kann so weit führen, dass sich die Erlebnispriorität verschiebt. Die Phantasie wird dann nicht mehr zur Verbesserung der Realität benutzt, sondern die Realität zur Verbesserung der Phantasie.

Zweifellos ist die Erkenntnis wichtig, dass die Phantasie eine große Bandbreite verschiedener Intensitäten entwickeln kann. Während sie vom harmlosen und jederzeit kontrollierten Zeitvertreib bis hin zu einer obsessiv-zwanghaften Ausprägung reichen kann, bestimmt sie bei den späteren Mehrfachsexualmördern nach Ressler dauerhaft das Denken und Verhalten – so sehr, dass sie sich über höchste normative Tabus hinwegsetzen und den freien Willen einschränken kann. Ebenso erweist sich der Fokus auf typische Inhalte als wichtige Betrachtungsweise. Während die Phantasie von Sexualmördern jedoch aufgrund ihrer spezifischen Entwicklung zu weiten Teilen von Sexualität, Tod und Dominanz bestimmt ist, finden sich bei School Shootern eher Schwerpunktsetzungen auf die Aspekte Kontrolle, Macht und Gewalt.

5.4.2 Geteilte Phantasien

Der amerikanische Psychologe Al Carlisle stimmt weitgehend den bislang skizzierten Ansichten zur Phantasie zu. Jedoch sind die Ursprünge einer intensiv-destruktiven Phantasie bei School Shootern seiner Ansicht nach nicht wie bei Serienmördern primär in Misshandlungs- und Missbrauchserfahrungen zu suchen, sondern es genügt bereits das bloße, wenn auch einschneidende, Erleben des eigenen Unglücklichseins.

Als anfällig für die Entwicklung einer destruktiven Phantasie sieht er vor allem Jugendliche, die nicht in ihr soziales Umfeld eingebunden sind, die keine Möglichkeit sehen, auf herkömmlichem Wege soziale Anerkennung zu gewinnen, die psychosoziale Schädigungen erlitten haben und die sich bereits in ihrer Kindheit für Gewalt und Tod interessiert haben. Das soziale Band erweist sich dabei als zentraler Schutzfaktor. Erst wenn es nicht in ausreichend funktionsfähigem Maße vorliegt, kann sich eine destruktive Phantasieausprägung festsetzen und intensivieren.

Dabei ist Carlisles Verständnis von Phantasien breiter angelegt und umfasst auch die bloße Antizipation von Handlungen. Interessanterweise betont er in diesem Zusammenhang, dass parallel zueinander stets verschiedene Phantasiebereiche vorliegen. So verfügt ein Jugendlicher beispielsweise gleichzeitig über Phantasien zu seiner schulischen Laufbahn, zu seiner sexuellen Orientierung und auch zu dem, was unter sozial angemessenem Verhalten zu verstehen ist. In jedem unterschiedlichen Teilbereich versucht er sein Leben nach diesen Vorstellungen zu orientieren, während die jeweiligen Inhalte durchaus unterschiedlich ausgeprägt sein können. Eine prosoziale Phantasie zu familiären Zielen kann durchaus gleichzeitig mit einer gewaltorientierten Phantasie zu schulischen Zielen existieren.

Außerdem kann sich die eigentlich in hohem Maße individuelle Ausprägung einer Phantasie auch in einzelnen Aspekten an der Phantasie eines anderen Menschen oder einer Menschengruppe orientieren. Eine solche Kopplung von destruktiven Phantasien lässt sich beispielsweise bei Eric Harris und Dylan Klebold aufzeigen, die ihre Vorstellungen immer weiter angeglichen und schließlich in der Realität umgesetzt haben.

Carlisle beschreibt, dass eine gewalttätige Phantasie zunächst aus Angst vor der Ablehnung durch andere Menschen verborgen wird. Als konstante Möglichkeit der Selbstbestätigung wird sie stattdessen zunächst im Stillen weiterentwickelt. Dabei kann es jedoch zu einem Teufelskreis kommen. Während die Phantasien fehlende soziale Kontakte ersetzen, führt die intensive Beschäftigung mit den Phantasieinhalten gleichzeitig zu einer weiteren Vernachlässigung des Versuchs, im realen Leben soziale Kontakte aufrechtzuerhalten oder aufzubauen. Das wiederum lässt die Wirkung der Phantasie umso bedeutender erscheinen. Auch das Ansammeln weiterer Frustrationen stärkt die subjektive Bedeutung der phantasierten Bedürfnisbefriedigung.

Mit beständig zunehmender Bedeutung der eigenen Phantasie muss einer Gewöhnung entgegengewirkt und das Phantasieerleben intensiviert werden. Um dies zu erreichen, beginnen die Jugendlichen Materialien zu sammeln, die ihre ureigenste Phantasieausrichtung anregen. Einen leichten Zugang zu gewalthaltigen Inhalten liefern dabei Filme, Spiele oder Internetseiten. In diesem Zusammenhang werden nun auch gewalthaltige Medien überaus relevant.

! Während bislang vor allem geringfügige Steigerungen der Aggression unter bestimmten Rahmenbedingungen in der Kontroverse um gewalttätige Medieninhalte erforscht und belegt wurden, liegt ihre wirkliche Bedeutung für School Shootings vielmehr darin, bereits gewalthaltige Phantasien gefährdeter Jugendlicher anzuregen und Inhalte für ihre weitere Ausgestaltung zu liefern.

Eine besonders intensive Stärkung der Phantasien kann zudem durch eine zunächst nur teilweise stattfindende Vermischung von Phantasie und Realität gelingen. Indem Aspekte der Phantasie in den Alltag integriert werden, wird sie realer und mächtiger. So kann ein Jugendlicher sich beispielsweise vorstellen, seine Phantasieinhalte in der Klasse umzusetzen, während er im Unterricht sitzt, oder Bilder an die Schultoilette zeichnen, die Inhalte seiner Phantasien enthalten.

Nachdem sie Ausprägungen der Phantasien eine Weile verdeckt in Zeichnungen oder Schriftstücken auftauchen lassen, wird es für die Jugendlichen zunehmend interessanter, auch die expliziten Inhalte versuchsweise offenzulegen oder ihre Phantasien gar mit anderen Menschen zu teilen. Lehnen jene Menschen, denen die Jugendlichen sich offenbaren, solche destruktiven Phantasieinhalte nicht deutlich ab, sondern stützen oder übernehmen diese sogar, dann gewinnt die Phantasie erneut erheblich an Qualität und Intensität.

Die Motivation, eine abweichende Phantasie zu teilen und gemeinsam weiterzuentwickeln, kann dabei durchaus unterschiedlich begründet sein. Zwar existieren in der Regel verbindende Enttäuschungen über erlittene Frustrationen, doch kann es der Wunsch eines Jugendlichen sein, Rachephantasien auszuleben, während sein Freund mit der Ausgestaltung einer inhaltlich analogen Gewaltphantasie in erster Linie die Gunst des erstgenannten Jugendlichen gewinnen will.

Das nach außen geheim gehaltene Wissen über die geteilten Phantasien kann zu einem überhöhten Selbstbild und einer elitären Gruppenhaltung führen. Die phantasierenden Jugendlichen wissen mächtige Geheimnisse und glauben über Leben und Tod entscheiden zu können. Die genannten Zitate von Eric Harris und Dylan Klebold stellen anschaulich Beispiele für diese Haltung dar.

5.4.3 Realisierung einer Gewaltphantasie

Zunächst sind diese Gedankenspiele nicht notwendigerweise umsetzungsorientiert. Die Phantasie eines Urlaubs auf einer malerischen Südseeinsel während einer langweiligen Geschäftssitzung führt ja auch nicht automatisch dazu, sofort die Sitzung zu verlassen und einen Urlaub in der Südsee zu buchen. Sind jedoch alle Geschäftssitzungen derart langweilig und sieht jemand weder Sinn noch Perspektive, dann kann es durchaus dazu kommen, den Beruf zu kündigen oder auch tatsächlich einen Urlaub zu buchen. Ähnlich verhält es sich mit Gewaltphantasien. Zunächst bilden sie lustvoll unterhaltende »Was wäre wenn …«-Szenarien. in der Folge kann sich dann ein Umsetzungswille entwickeln.

Im Fall einer von mehreren Personen geteilten Phantasie ist es oft der Gruppenführer, der sehr starke Phantasien pflegt. Durch gruppendynamische Verstärkungen und zusätzliche Frustrationen in der Realität kann die Intensität seiner Phantasien noch weiter ansteigen und sich immer stärker hin zu einer Realisierungsabsicht entwickeln. Carlisle zufolge sind die Jugendlichen in dieser Zeit innerlich sehr zerrissen und unentschlossen. Nicht zuletzt müssen sie einige grundlegende Aspekte klären, die auf einer oberflächlicheren Ebene nicht beachtet werden mussten. Elemente wie die Möglichkeit des eigenen Todes, die endgültige Aufgabe aller prosozialen Zukunftspläne und auch die Auswirkungen der Phantasieumsetzung auf das soziale Umfeld müssen ebenso in die Phantasie integriert und real überwunden werden, wie die allen Menschen eigene Tötungshemmung.

Während es einfach sein mag, ein gewalthaltiges Gedankenspiel zu teilen, wird dies immer schwieriger werden, je umsetzungsorientierter die Phantasie sich entwickelt. Reine Gedankenspiele frustrierter Schüler führen zu keinen direkten Schädigungen des Umfelds und können wie ein gemeinsames Abenteuer wirken. Je weiter die Phantasie eines anderen Menschen jedoch von den gesellschaftlichen Normen abweicht und je umsetzungsorientierter sie sich entwickelt, desto seltener wird es gelingen, diese Phantasie aus ganzem Herzen mit ihm zu teilen. Spätestens dann, wenn noch eigene Perspektiven gesehen werden, wenn die eigene Tötungshemmung nicht überwunden werden kann oder wenn ein soziales Band existiert, das die Jugendlichen davon abhält, andere Menschen zu töten, wird ein Bruch auftreten. Wenn bewusst wird, dass der Freund, mit dem bislang lediglich spannende Gewaltphantasien geteilt wurden, nun tatsächlich Waffen beschafft und Vorkehrungen für seinen Nachlass trifft, wird die Tat bewusst oder unbewusst anderen mitgeteilt werden, um keine Mitschuld am Tod anderer Menschen zu tragen.

Schließlich zeigt sich in den meisten Fällen, dass einer tatsächlichen Tatumsetzung der in US-Studien hervorgehobene konkrete Auslöser vorangeht. Hierbei handelt es sich oftmals um Versagungen wichtiger Wünsche oder neuerliche gravierende Kränkungen. Besonders relevant ist dabei das Zusammenbrechen oder die ernste Bedrohung der letzten sozialen Bande. Das kann der Beziehungsabbruch einer Freundin sein, fehlende Achtung von Klassenkameraden oder auch nur die Erwartung einer solchen Situation. **Luke Woodham** (▶ Infobox) beispielsweise erklärte im Interview mit einem Beamten des Secret Service:

> I actually had somebody I loved and somebody that loved me for the first time in my life, the only time in my life. And then she just, all of a sudden one day she broke up with me (…). I didn't really see my life go any further. I thought it was all over with (…) I couldn't find a reason not to do it.

Infobox

Luke Woodham erstach im Alter von 16 Jahren am ersten Oktober 1997 in Pearl, Mississippi, seine schlafende Mutter und fuhr dann zur Schule. Dort zog er ein Gewehr unter seinem Trenchcoat hervor und eröffnete das Feuer auf die Mitschüler, wobei er neun Menschen anschoss, von denen zwei ihren Verletzungen erlagen.

Auch an deutschen Fällen kann ein solcher Auslöser gut belegt werden. Der im letzten Kapitel dargestellte Robert S. verfügte über ein weitgehend funktionsunfähiges soziales Umfeld. Einzig zu seiner Familie hielt er den Kontakt, erzählte jedoch auch ihnen nicht, dass er bereits seit Wochen nicht mehr zur Schule ging. Am Tag seiner Abiturprüfung wäre sein monatelanges Lügen und seine subjektive Perspektivlosigkeit nicht mehr zu verbergen gewesen. Er hätte sich verantworten müssen, dass er Eltern und Bruder verschiedene Lügen erzählt hatte. Eine Frustration, die er offenbar nicht mehr hinnehmen konnte. Seine letzten, wenn auch schwachen, sozialen Bindungen wären vermutlich gebrochen. Also setzte er am Tag der Abiturprüfung seine Gewaltphantasien um.

Ähnlich verhält es sich mit dem jugendlichen Amokläufer von Emsdetten. Er zog seine Befriedigung aus dem Umgang mit Waffen aller Art, war geradezu fanatisch darauf versessen, sich als waffenstarrender starker Mann zu präsentieren. Waffen waren für ihn nicht nur Hobby, sondern Obsession. Sein School Shooting beging er einen Tag, bevor ihm in einer Gerichtsverhandlung vermutlich sein Waffenschein aberkannt worden wäre. Sein Selbstbild, aber auch sein anderen Menschen gegenüber gezeichnetes Bild wäre wohl nicht aufrechtzuerhalten gewesen. Beide Jugendlichen töteten sich im Übrigen nach der Umsetzung ihrer Gewalttaten. Sie sahen in der realen Welt keine Perspektive mehr.

5.5 Überreaktionen

Die Phantasie Jugendlicher stellt im Rahmen der Erklärung und Erkennung von School Shootings ein überaus mächtiges Werkzeug dar. Kann eine umsetzungsorientierte und intensive Gewaltphantasie rechtzeitig entdeckt werden, so ist es möglich, Gegenmaßnahmen zu ergreifen und Amokläufe an Schulen zu verhindern. Auf die derzeit bestehenden Möglichkeiten wird in den Kapiteln zur Intervention und Prävention solcher Taten ausführlich eingegangen werden. Bereits hier muss allerdings nachdrücklich auf die Gefahr der Überinterpretation hingewiesen werden.

Gewaltphantasien, selbst Tötungsphantasien, sind nicht per se schädlich. Nicht umsonst wird der angesehene Psychoanalytiker **Theodor Reik** (► Infobox) mit dem Satz zitiert »A thought murder a day, keeps the psychiatrist away«. Nahezu jeder Mensch wird zu einem bestimmten Zeitpunkt in seinem Leben schon aus psychohygienischen Gründen mit aggressiven Phantasien auf Versagungen und Frustrationen reagiert haben. Es kommt darauf an, den Stellenwert solcher Phantasien zu erkennen.

Infobox

Der 1888 in Wien geborene Psychoanalytiker **Theodor Reik** verfasste zahlreiche Monografien mit dem Schwerpunkt religionspsychologischer, kriminal- und kunstpsychologischer Schriften. Bis 1928 arbeitete er als Sekretär der Wiener Psychoanalytischen Vereinigung. Anschließend wurde Reik Mitarbeiter am Psychoanalytischen Institut Berlin, bis er 1933 aufgrund der nationalsozialistischen Machtübernahme zur Emigration gezwungen war. Ab 1938 bis zu seinem Tod 1969 lebte er in den USA.

Aus den bisherigen Ausführungen dürfte deutlich geworden sein, dass jene umsetzungsorientierten schweren Formen intensiver Gewaltphantasien dann bedrohlich werden können, wenn sie das gesamte Leben durchdringen. Die Variablen Intensität, Ausprägung und Umsetzungswillen bestimmen letztlich gemeinsam, ob überhaupt eine gewisse Wahrscheinlichkeit besteht, dass ein Jugendlicher destruktive Phantasien in der Realität umsetzen könnte. Selbst dann kommen, wie gezeigt, noch zahlreiche weitere Faktoren hinzu – so etwa intensiv erlebte Versagungen, ein funktionsunfähiges soziales Umfeld und ein relevanter Auslöser.

Gerade in den USA kommt es jedoch immer wieder zu folgenschweren Überreaktionen durch Erwachsene. Als Beispiel mag der Fall des damals 18-jährigen Brian Robertson aus Oklahoma dienen. Der Junge hatte im April 2002 aus Langeweile im Webdesignunterricht Dateien des Schulcomputers durchgesehen und dabei eine Datei gefunden, die er für den Beginn einer Geschichte hielt. Wie sich später herausstellen sollte, handelte es sich bei dem Text um eine Dokumentvorlage namens »Evacuation Plans« aus der Anleitung eines populären Grafikprogramms. Die Schreibprobe des

Programms enthielt Anleitungen, sich vor einer Gefahr in Sicherheit zu bringen. Der Junge kopierte den Text unter dem Namen »Evacuation Orders« auf einen anderen Rechner und begann zusätzliche frei erfundene Absätze hinzuzufügen. Seine erweiterte Geschichte enthielt u. a. einen Abschnitt mit Vorbereitungen für die Invasion seiner Schule, bei der auch der Schulleiter getötet und Plastiksprengstoff deponiert werden sollte.

Sicherlich erschien es angebracht, beim Auffinden dieser Geschichte Nachforschungen anzustellen. Jedoch wurden in Gesprächen und selbst bei der Durchsuchung seines Autos und der Wohnung seiner Eltern keinerlei Hinweise auf Waffen, Pläne oder auch nur weitere Gewaltphantasien entdeckt. Sein Text entsprang tatsächlich schlicht einer spontanen Laune. Dennoch erließ die Staatsanwaltschaft eine Strafandrohung von 10 Jahren Haft und es kostete die Eltern des Jungen mehrere zehntausend Dollar und anderthalb Jahre Streit in Gerichtsverfahren, um die Unschuld ihres Sohnes ausweisen zu lassen.

Und noch drastischere Fälle sind bekannt. So gab eine Mutter in Colorado ihrem 10-jährigen Kind ein kleines Küchenmesser mit, um einen Apfel schälen zu können. Das Mädchen bemerkte, dass dies gegen die Schulpolitik verstoßen würde und gab das Messer gehorsam ihrem Lehrer. Dieser sorgte dennoch für einen Schulverweis des Mädchens. Ebenfalls in Colorado wurden drei Oberschüler vom Unterricht ausgeschlossen, weil sie eine Wasserspritzpistole besaßen. In New Jersey wurden gar zwei Kindergartenkinder von der Einrichtung verwiesen, weil sie miteinander »Räuber und Gendarm« gespielt und dabei mit ihren Fingern Pistolen geformt hatten.

Es darf nie vernachlässigt werden, dass Gewaltphantasien zwar aufhorchen lassen müssen, dass aber ein zu harsches und zu öffentliches Eingreifen unschuldige Kinder und Jugendliche zutiefst schädigen kann. Die Kriminologie kennt seit mehreren Jahrzehnten sog. Etikettierungsphänomene. Demnach wird Abweichung von Normen auch durch Definitions- und Zuschreibungsprozesse von Instanzen sozialer Kontrolle ausgelöst. Das bedeutet beispielsweise, dass Jugendliche, die öffentlich von Schule oder Polizei einer Straftat verdächtigt werden, das Selbstbild eines Delinquenten entwickeln und sich dementsprechend verhalten können, auch wenn sie die Tat, derer sie angeschuldigt wurden, gar nicht begangen haben. Die öffentliche Brandmarkung eines Schülers hat für diesen stets Folgen und es ist genau abzuwägen, ob und wie intensiv auf eine Phantasie reagiert werden soll. Jener Schüler aus Oklahoma hat nicht nur seine Schule abbrechen und über mehr als ein Jahr unter der Androhung einer langen Haftstrafe leben müssen. Er muss auch sein Leben lang mit dem öffentlichen Bild eines möglichen Mehrfachmörders zurechtkommen, das von staatlicher Seite über Monate hinweg aufrechterhalten worden ist. Selbst das bloße Bekanntwerden einer Nachfrage bezüglich eines Amokverdachts kann genügen, um das Bild eines Schülers in der Öffentlichkeit zu verändern und damit den Lebensweg eines Schülers erheblich zu beschädigen – und schlimmstenfalls neue Täter erst zu erschaffen.

Zusammenfassung

Die Phantasie jugendlicher School Shooter ist in der Regel von intensiven und destruktiven Inhalten erfüllt, die sich vor Umsetzung ihrer Taten in Aufzeichnungen, Aussagen oder kreativen Ausdrucksmöglichkeiten niederschlägt. Am Beispiel des Amoklaufs an der Columbine High School werden derartige Phantasien und Belege ihrer langfristigen Entwicklung beschrieben. Obgleich das Phänomen noch wenig erforscht ist, werden die bislang bekannten wissenschaftlichen Ansätze zu Intensität, Inhalt und Entwicklung derartiger Phantasien aufgezeigt. Ebenso wird die Möglichkeit dargestellt, dass Menschen unterschiedlich ausgestaltete Phantasien zu verschiedenen Aspekten ihrer Wünsche und Vorstellungen aufweisen können und dass eine spezifische Gewaltphantasie in Einzelfällen und bis zu einem gewissen Grad von mehreren Menschen geteilt werden kann. Besondere Beachtung finden zudem Überlegungen zur möglichen Umsetzung einer Gewaltphantasie in der Realität und zur Gefahr von Überreaktionen auf das Bemerken von im Kern harmlosen, da nicht umsetzungsorientierten Gewaltphantasien.

b/w
REC
19.06.57

Genau einen Monat, nachdem das School Shooting an der Columbine High School ein erhebliches internationales Aufsehen erregt hatte, feuerte der 15-jährige Thomas Solomon in der Heritage High School in Conyers fünfzehn Schüsse ab und verwundete dabei sechs Schüler. Seine Tat kann, wie bei nahezu allen anderen vergleichbaren Vorfällen nach Columbine, nicht losgelöst von jenen School Shootings betrachtet werden, die zuvor stattgefunden haben. Die Jugendlichen nehmen vorangegangene Taten wahr und beziehen sich darauf. Sie gleichen Tatdaten, Waffen, Kleidungsstücke und sogar Äußerungen mit vorangegangenen Gewaltvorfällen ab und nehmen explizit auf diese Bezug. Eine solche Vorgehensweise zeigte sich auch in Conyers.

6.1 Fallbeispiel: Conyers, Georgia

Als Vorort von Atlanta zählt Conyers zu den wohlhabenden und aufstrebenden Wohnorten mit sehr gut ausgestatteten Schulen und einer geringer Kriminalitätsrate. Die von Thomas Solomon besuchte Heritage High School gehört sogar zu den besten Schulen des Bundesstaates Georgia.

Der Junge selbst entstammt einer christlich orientierten Mittelklassefamilie, die sich offenbar sehr um seine Erziehung kümmerte. In der frühen Jugend bestritt er erfolgreich Fischereiwettbewerbe, war ein engagierter Baseballspieler und machte gemeinsame Ausflüge mit seiner Familie. Sein Verhalten gegenüber Erwachsenen wurde als korrekt und freundlich beschrieben. Doch in der Fassade einer Vorzeigefamilie bildeten sich immer stärkere Risse. Die Eltern des Jungen trennten sich, als er 4 Jahre alt war. Nachdem seine Familie in der Folge mehrfach berufsbedingt umgezogen war und seine Mutter einen neuen Mann geheiratet hatte, begann Thomas Solomon erste Verhaltensauffälligkeiten zu zeigen. Die ärztliche Diagnose lautete »**Aufmerksamkeitsdefizitsyndrom**« (ADS). Ab dem 10. Lebensjahr nahm er daher regelmäßig das Medikament **Ritalin** ein, über dessen korrekte Dosierung die Mutter streng wachte (▶ Infobox).

Nach einigen Umzügen gelang es Solomon nicht mehr, feste Freundschaften zu entwickeln und er begann sich immer stärker in sich selbst zurückzuziehen. In seinen Phantasien fand er eine Befriedigung, die nicht durch einen weiteren Wohnortwechsel zerstört werden konnte. Hatte er im Vorfeld des letzten Umzugs nach Georgia noch vielfältige

Infobox

Beim **Aufmerksamkeitsdefizitsyndrom** (ADS) handelt es sich um eine im Kindesalter beginnende Störung, die bei einem Großteil der Kinder bis ins Erwachsenenalter bestehen bleibt. Kennzeichen sind beispielsweise eine leichte Ablenkbarkeit, geringes Durchhaltevermögen und ein leicht aufbrausendes Wesen mit gleichzeitiger impulsiver Handlungsweise. ADS wird oft von einer Hyperaktivität begleitet. In solchen Fällen wird es als ADHS bezeichnet.

Da ADS und ADHS sehr individuelle Schweregrade aufweisen, richtet sich die Behandlung nach den jeweiligen Symptomen und dem Alter der Betroffenen. In der Regel erfolgt nach der fundierten Diagnose eines mit der Materie vertrauten Arztes ein multimodaler Behandlungsansatz, d. h., parallel werden mehrere Schritte durchgeführt, die Psychotherapie, Coaching und bei mittel und schwer Betroffenen auch eine medikamentöse Behandlung beinhalten können. Hierbei werden vor allem Stimulanzien verwendet, die den Dopaminstoffwechsel im Gehirn beeinflussen. Einer dieser Wirkstoffe ist Methylphenidat. In Deutschland wird er mit unterschiedlichen Füll- und Zusatzstoffen unter Handelsnamen wie **Ritalin**, Medikinet oder Concerta vertrieben.

Prinzipiell kann ADS und ADHS als eine Form veränderter Wahrnehmungs- und Denkweisen begriffen werden, die negative, aber auch positive Wirkungen haben. Behandlungsziel ist, individuelle Potenziale auszuschöpfen, soziale Fähigkeiten zu festigen und die Selbststeuerungsfähigkeit des Betroffenen zu verbessern.

Interessen und eine große Begeisterungsfähigkeit gezeigt, behielt er nun weder seine Vorliebe für die Pfadfinderei noch seine Faszination für Baseball bei. Belege einer immer destruktiver werdenden Phantasiewelt waren auch der Beginn einer exzessiven Vorliebe für Waffen und sein großes Interesse am Sterben von Tieren, was postdeliktisch in der Gerichtsverhandlung thematisiert wurde. Obwohl die Phantasien zunächst durchaus auf die Nutzung von Waffen für die Jagd ausgerichtet zu sein schienen, entwickelte er auch klare depressive Symptome und phantasierte nach einer Weile, Waffen gegen sich selbst zu richten. 1998 sagte er Mitschülern gegenüber, dass er keine Lust mehr hätte zu leben. Einige Monate vor seiner Tat unternahm er sogar einen zunächst unentdeckt gebliebenen Suizidversuch, bei dem er sich erschießen wollte.

Seine schulischen Leistungen verschlechterten sich zunehmend. Trotz psychologischer Hilfestellungen isolierte er sich immer mehr von seiner Umwelt. Der Junge beging kleinere Vergehen, für die er schwer gescholten und mitunter sogar mit einem Gürtel von seinem Vater gezüchtigt wurde. So stahl er etwa im Dezember 1998 die Pistole seines Vaters und verkaufte sie an einen anderen Jugendlichen. Dadurch wurde auch das Verhältnis zur Mutter immer mehr beeinträchtigt.

In dieser für Thomas Solomon nur schwer zu bewältigenden Zeit machte das School Shooting von Eric Harris und Dylan Klebold einen tiefen Eindruck auf ihn. Ihre Handlung schien zumindest in der medialen Darstellung Stärke und Kontrolle zu demonstrieren, Attribute, die ihm selbst immer mehr entglitten. Anderen Jugendlichen gegenüber machte er merkwürdig erscheinende, aber von diesen zunächst nicht weiter beachtete Bemerkungen, wenn über Columbine gesprochen wurde. Er kritisierte beispielsweise die Täter bei seinen Freunden, weil sie sich seiner Meinung nach die Zeit genommen hätten, gezielt auf bestimmte Menschen zu schießen. Das Zielen habe sie langsamer und ihre Tat unblutiger gemacht. Sollte er jemals ein School Shooting begehen, dann wolle er auf jeden feuern, den er sehe.

In seinem Zimmer fanden sich nach seiner Tatumsetzung zudem mehrere Schriftstücke, die seine Gedankenwelt illustrieren. Beispielsweise schrieb er einen Songtext mit dem Inhalt:

> Laughin' at my victims as they drop to their knees. Beggin' for their life, screamin' 'please, dear God, don't let this crooked motherfucker murder me.

Einen noch klareren Bezug zu Columbine stellt seine folgende Notiz her:

> No one could ever know how I feel. (...) One big Question everyone's probably wondering about now is WHY?! Well, for the sake of my brothers and sisters related to the trenchcoat mafia, that will have to remain a mystery to the public eye. I have been planning this for years, but finally got pissed off enough to really do it.

Mit der Bemerkung zu seinen »Brüdern und Schwestern, die sich mit der Trenchcoat-Mafia verbunden fühlen« bezieht er sich explizit auf die einen Monat zuvor in Columbine begangene Tat, da die Jugendlichen nach Presseberichten Angehörige einer gleichnamigen Jugendclique gewesen sein sollen. Auch einem für die Staatsanwaltschaft arbeitenden Psychiater teilte er später mit, dass er am Morgen seiner Tat intensiv an das School Shooting in Columbine und die enorme Berichterstattung der Tat gedacht habe. Und daran, wie viel Aufmerksamkeit er gewinnen könne, wenn er Harris und Klebold nachfolge.

Kurz vor seinem School Shooting entwendet Thomas Solomon ein Kleinkalibergewehr und eine Pistole aus dem Waffenschrank seines Vaters. Er verbirgt die Waffen unter seiner Kleidung und im Rucksack und fährt mit dem Bus zur Schule. Dort angekommen, geht er mit dem Gewehr in der Hand zum Hintereingang des Gebäudes, erklärt zwei Jugendlichen, die ihn bemerken, sie sollen »cool« bleiben und betritt die Aula. Sofort eröffnet er das Feuer und trifft mehrere Mitschülerinnen und Mitschüler in den Rücken. Wie die Polizei später ermittelt, hat Thomas Solomon auffallend tief geschossen, sodass niemand der Getroffenen zu Tode kommt. Später beteuert Solomon, er habe niemanden verletzen, sondern nur eine Panik erzeugen wollen. Als er anschließend die Schule wieder verlässt, zieht er die Pistole und schießt auf zwei Jugendliche, die ihn verfolgen, ohne sie jedoch zu treffen. Dann fällt er auf die Knie und richtet die Pistole gegen sich selbst, drückt jedoch nicht ab. Mit zwei Schulbediensteten konfrontiert, händigt er seine Waffe aus und umarmt einen der beiden. Wie er später aussagt, habe er gespürt, dass dieser sich ehrlich um ihn sorgen würde. Später wird ihm von seiner Mutter vorgeworfen werden, er habe nicht den Mut zu einem Selbstmord gehabt.

Vor den gerichtlichen Anhörungen erklärt Solomon noch einmal ausdrücklich, dass seine Tat eindeutig auf das Vorbild Columbine zurückgehe:

> I had just gotten the idea from the shooting at Columbine High School (...) I decided to open fire May 20, one month after the Colorado shooting.

6.2 Trittbrettfahrer und Nachahmungstäter

Die Imitationen und Bezugnahmen auf vorangegangene Taten stellen genausowenig Ausnahmen bei School Shootings dar, wie die mitschwingende Motivation des Jungen, sich in den Mittelpunkt der gesellschaftlichen Aufmerksamkeit stellen zu wollen. Gerade im Anschluss an Taten mit großem Medienecho steigt die Quote von Nachahmungen und Nachahmungsversuchen ebenso an, wie die Quote der Trittbrettfahrer. So weist auch der US-amerikanische Medienforscher Loren Coleman zu Recht darauf hin, dass die Zahl von School Shootings nach dem massenmedial besonders intensiv verbreiteten Vorfall in Columbine 1999 noch einmal erheblich zugenommen hat. Er spricht von einer wahren »Epidemie« von Nachahmungstaten. Coleman vermutet, dass gerade die lautstarke Berichterstattung auch Auswirkungen auf die internationale Rezeption und Umsetzung von School Shootings hatte. Fanden Amokläufe durch Jugendliche an Schulen zuvor nur auf dem nordamerikanischen Kontinent statt, tritt dieses Phänomen seither auch international auf.

Coleman geht sogar so weit, den Wechsel der multimedialen Aufmerksamkeit in den USA nach den terroristischen Attentaten auf die New Yorker Twin Towers am 11. September 2001 für eine von ihm beobachtete Zäsur in der real auftretenden US-amerikanischen Schulgewalt verantwortlich zu machen. Er beobachtete, dass sich nach den Anschlägen die Aufmerksamkeit der Medien von Gewalttaten an Schulen wegentwickelte und eine Weile auf die neu gewichtete Bedrohung durch den Terrorismus fokussierte. Während es in dieser Zeit zu einer Häufung von Alarmfällen vermeintlicher Anthraxbriefe und terroristischer Bombendrohungen kam, blieben seiner Meinung nach schwere zielgerichtete Gewalttaten an US-amerikanischen Schulen im Schuljahr 2001/2002 komplett aus.

Eine Überprüfung seiner These zeigt allerdings, dass er in diesem Punkt irrt. Auch in jenem Schuljahr kam es zu schweren zielgerichteten Gewalttaten an US-amerikanischen Schulen. Dennoch lässt sich der von ihm berichtete Rückgang von School Shootings in dieser Zeit ebenso belegen, wie die internationale Zunahme von School Shootings nach Columbine.

Die Vielzahl der eingehenden Drohungen nach schwerwiegenden und in den Medien sehr präsenten Taten macht die Arbeit von Polizei und Schulbehörden in solchen Zeiten enorm schwierig. Einige sind sehr ernst zu nehmen, in anderen Fällen meint der Drohende, sich nur einen Scherz zu erlauben. So etwa ein Junge aus Baden-Württemberg, der lediglich seiner Freundin imponieren und ihr durch seine Drohung einen freien Schultag verschaffen wollte.

Die Mehrzahl solcher sog. **Trittbrettfahrer** sind Menschen, die sich in ihrem Leben oft ohnmächtig und frustriert fühlen. Vor dem Hintergrund spektakulärer Straftaten versuchen sie, sich wenigstens für kurze Zeit in den Mittelpunkt der öffentlichen Aufmerksamkeit zu stellen. Aus dem Schutz ihrer Anonymität heraus wollen sie in der Regel Macht ausüben, ohne tatsächlich die Gefahr eingehen zu müssen, anderen Menschen physisch zu schaden oder gar wegen Tötungsdelikten von der Polizei gefasst zu werden. Eine solche Tat wirklich umzusetzen, kommt für sie nicht in Frage. Im Kern hegen sie lediglich den Wunsch, die Schlagzeilen des Tages zu prägen und sich dabei machtvoll zu fühlen. Ihr Aufwand ist minimal, da schon eine Drohung per Internet oder Telefon genügt. Die real erzielte Wirkung jedoch ist enorm. Gerade in den Wochen nach dem Amoklauf eines Schülers in Emsdetten Ende 2006 wurde den jugendlichen Schülern wiederholt in der Presse vorgeführt, dass sie durch wenige gezielte Worte an der richtigen Stelle dafür sorgen können, dass ihre Schulen zeitweilig geschlossen und enorme Polizeikräfte mobilisiert werden.

Weniger bewusst war den Trittbrettfahrern allerdings, dass sie nach § 126 des Strafgesetzbuches mit einer Amokdrohung auch eine »Störung des öffentlichen Friedens durch Androhung von Straftaten« begehen, die mit einer Freiheitsstrafe bis zu drei Jahren oder mit Geldstrafe geahndet werden kann. Im Falle von Jugendlichen wird in Deutschland indes das Jugendstrafrecht angewandt, das individuell nach der Täterpersönlichkeit entscheidet, da hier der Erziehungsgedanke im Vordergrund steht. Aktuelle Fälle wurden etwa mit Arresten von bis zu vier Wochen Dauer bestraft. Langfristig schwerwiegender dürften für Jugendliche dagegen die privatrechtlichen finanziellen Forderungen der Einsatzkräfte sein. Bei einem Einsatz von über hundert Beamten können schnell Kosten in fünfstelliger Höhe entstehen, die nach dem Ermitteln eines Trittbrettfahrers von diesem zurückgefordert werden.

Im Gegensatz zu jenen Trittbrettfahrern ist die Gefahr, die von **Nachahmungstätern** ausgeht, sehr groß. Während es Trittbrettfahrern genügt, anderen Menschen mit ihren Machtphantasien Angst einzujagen, sind die Gewaltphantasien von Nachahmungstätern umsetzungsorientiert. Wie Thomas Solomon haben sie sich schon im Vorfeld in ihrer Phantasie mit dem Begehen ähnlich gravierender Taten beschäftigt. Das Auftauchen von Amokläufen und Amokwarnungen kann für sie wie ein Auslöser wirken, ihre Frustration gegen andere zu richten und dabei den eigenen Tod in Kauf zu nehmen. Sie verfügen über sehr viel intensivere und destruktivere Phantasien, als Trittbrettfahrer. Problematisch ist dabei, dass man den Inhalt und die Intensität der Phantasien nicht »von außen« erkennen kann. Selbst das Indiz, dass es sich bei Nachahmungstätern in der Regel um introvertierte männliche Jugendliche mit nicht funktionsfähigen sozialen Bezügen handelt, bringt praktisch nur einen eingeschränkten Handlungsgewinn. Es bleibt die Notwendigkeit bestehen, sich intensiv mit drohenden Jugendlichen zu beschäftigen sowie in Gesprächen und Analysen die Hintergründe ihrer Drohungen zu erschließen, um die von ihnen ausgehende Gefahr realistisch einschätzen und nach dieser Erkenntnis handeln zu können.

6.3 Lehren aus der Selbstmordforschung

Sicherlich ist davon auszugehen, dass Vorfälle schwerer Schulgewalt zu einer Sensibilisierung der Schulgemeinschaften beitragen und dass daher gerade kurz nach Aufsehen erregenden Taten auch die Gefahr der Überbewertung ansonsten harmloser Verhaltensweisen besteht. Neben den bereits Geschilderten sind beispielsweise aus den USA Fälle bekannt, in denen schon die Haarfarbe von Jugendlichen sie als ernste Bedrohung erscheinen ließ. Daher ist es nicht ausgeschlossen, dass die Häufungen von Nachahmungstaten im Anschluss an Amokläufe durch Jugendliche an Schulen zumindest auch durch übersensible Fehleinschätzungen bedingt werden können. Um das Phänomen der Nachahmungstaten stärker von Überreaktionen abgrenzen zu können, ist es daher sinnvoll, wissenschaftliche Studien zu Rate zu ziehen.

Schon 1890 berichtete der französische Soziologe Gabriel Tarde von der Imitation von Gewaltverbrechen, deren Kunde damals noch über den Telegrafen verbreitet worden war. Seither finden sich unzählige Fallstudien und Berichte, jedoch vergleichsweise wenige Studien oder Metastudien. Dennoch liefern die verfügbaren Forschungsergebnisse vor allem in der Medienwirkungsforschung zahlreiche aktuelle Belege für die Existenz des Nachahmungsphänomens. In der Regel werden sie unter dem Schlagwort der »Suggestionshypothese« thematisiert.

Noch intensiver als bei Gewalttaten gegen andere Menschen wurde das Phänomen der Nachahmungstaten bislang bei Selbstmorden erforscht – oftmals unter der Bezeichnung »Werther-Effekt« (▶ Infobox).

In den 1970er Jahren konnte erstmals in den USA durch Studien belegt werden, dass die Anzahl von Selbsttötungen nach Presseberichten über die Selbstmorde berühmter Personen, wie etwa von Marilyn Monroe, ansteigt. Es wurde festgestellt, dass dies vor allem dann der Fall ist, wenn ein Selbstmord zuvor intensiv publiziert wurde und die nachahmende Person Ähnlichkeit mit der in den Berichten beschriebenen Person besitzt. Interessanterweise konnte sogar nachgewiesen werden, dass in solchen Fällen nicht nur die Zahl der erkennbaren Suizide zunimmt, sondern auch die Zahl tödlicher Autounfälle, sodass hier ebenso

Infobox

Der Ausdruck **Werther-Effekt** wurde 1974 erstmals von dem US-amerikanischen Soziologen David P. Phillips benutzt. Er bezieht sich auf den 1774 durch Johann Wolfgang von Goethe veröffentlichten Roman »Die Leiden des jungen Werther«. In seinem Werk erschießt sich der Protagonist infolge einer unerfüllten Liebe. Goethe beschrieb melodramatisch und präzise, wie sich Werther in Stiefeln, einen blauen Mantel und eine gelbe Weste gekleidet an seinem Schreibtisch vor einem geöffneten Buch das Leben nahm. In den folgenden Jahren kam es zu derart vielen Selbstmorden junger Männer, die sich als Werther gekleidet an ihrem Schreibtisch vor einer geöffneten Kopie des Romans getötet hatten, dass sein Buch zeitweilig in Italien, Deutschland und Dänemark verboten wurde.

ein Zusammenhang mit verdeckten Selbstmorden vermutet wird. Relevant ist dabei auch der Ort des Suizids, da nachahmende Selbstmorde häufiger in dem Gebiet stattfinden, in dem der Bericht über einen Selbstmord intensiv veröffentlicht worden ist.

Der deutsche Mediengewaltforscher Michael Kunczik berichtet, dass in Deutschland Anfang der 1980er Jahre auch die Nachahmung von im Fernsehen gezeigten fiktiven Selbstmorden statistisch nachgewiesen werden konnte. So strahlte das ZDF 1981/82 den mehrteiligen Fernsehfilm »Tod eines Schülers« aus, in dem ein 19-jähriger Junge von einer Eisenbahn überrollt wird. Für 15- bis 19-jährige Jugendliche wurde in der Folge eine Zunahme der auf eine analoge Weise verübten Selbstmorde um 175% gemessen, denn in den 70 Tagen nach Ausstrahlung der Sendung stieg der Wert in dieser Gruppe von vorher durchschnittlich 7,6 auf 21 Fälle. Für Männer über 40 waren dagegen gar keine Veränderungen messbar.

Einen weiteren Beleg lieferte 1987 der bis heute umstrittene Selbstmord des damaligen Ministerpräsidenten von Schleswig-Holstein, Uwe Barschel, der nach Einnahme von Medikamenten in der Badewanne verstarb. Hier vermerkte das Institut für Rechtsmedizin der Universität Hamburg in den drei Folgemonaten eine drei- bis vierfache Häufung von Todesfällen in der Badewanne, teilweise unter Verwendung von Alkohol oder Medikamenten. Eine gewisse Rolle mag auch gespielt haben, dass die Gesellschaft für humanes Sterben Barschels Tod zu Werbezwecken ausnutzte und verlauten ließ, die Einnahme von Schlafmitteln in einer gefüllten Badewanne führe zum Eintritt der Bewusstlosigkeit, in dessen Folge der Kopf unter Wasser gleite und man schmerzlos ertrinke – daher werde diese Methode zum Selbstmord empfohlen. Statistisch erfasst wurden indes nur die tatsächlich verstorbenen Nachahmer. Über rechtzeitig gerettete Menschen liegen keine Angaben vor.

Analoge internationale Studien liefern bis heute weiterhin Belege des Werther-Effektes nach Darstellungen aus Presse und Fernsehen. Zusätzlich werden nach neuesten Erkenntnissen auch Nachahmungseffekte durch bestimmte Musikstile und durch Thematisierungen im Internet bekannt. Als besonders bedeutsam erweisen sich hier sog. **Suizid-Foren** (▶ Infobox).

Infobox

Suizid-Foren sind Diskussionsplattformen im Internet, in denen sich vor allem Menschen mit Selbstmordgedanken austauschen können. Grundsätzlich wird das Potenzial dieses Mediums zur Prävention von Suiziden von Experten als positiv eingeschätzt. Eine entlastende Enttabuisierung wird ebenso hervorgehoben, wie die Erleichterung des Zugangs zu professioneller Unterstützung.

Dennoch gehen auch hohe Gefahren von solchen Selbsthilfeforen aus. So weisen einige Wissenschaftler darauf hin, dass gerade Jugendliche durch eine Neigung zu gegenseitigem Hineinsteigern und Imitationsverhalten über die Diskussion in diesen Foren geradezu in den Tod getrieben werden könnten, da sich ihre Einstellungen zum Suizid negativ verändern kann. Kritisch ist dabei auch die Verbreitung von zum Selbstmord geeigneten Methoden und von Hinweisen auf Beschaffungsmöglichkeiten von Suizidmitteln zu werten.

Wünschenswert ist daher für die Zukunft eine stärkere Vernetzung der Selbsthilfeaktivität mit professioneller Hilfe.

Metastudien, die Ergebnisse von Einzelstudien auswerten und verknüpfen, kommen weitgehend zu dem Schluss, dass Berichte über reale Selbstmorde eine höhere Relevanz für die Nachahmung von Suiziden haben, als Darstellungen fiktionaler Selbstmorde. Eine aktuelle Metaanalyse des Soziologen Steven Stack kommt beispielsweise zu dem Schluss, dass der Effekt realer Modelle viermal so stark sei, wie der einer fiktiven Darstellung. Während die Stärke des Zusammenhangs derzeit mitunter noch kontrovers diskutiert wird, herrscht nach Kunczik über die wesentlichen kausalen Variablen weitgehende Einigkeit.

Demnach ist ein Nachahmungseffekt umso stärker,

- je intensiver berichtet wird,
- je verfügbarer die Medien sind, in denen berichtet wird,
- je höher die Anzahl der Rezipienten ist,
- je ähnlicher die Rezipienten der Person sind, die sich getötet hat,
- je jünger die Altersgruppe der Rezipienten ist,
- je positiver und prominenter der Mensch erscheint, der sich getötet hat,
- je positiver die Konsequenzen des Suizids geschildert werden,
- je heroisierender die Darstellung der Selbsttötung ist.

Amerikanische Gesundheitsbehörden haben zudem herausgestellt, dass folgende Faktoren der Berichterstattung eine besondere Bedeutung für Nachahmungstaten aufweisen:

- vereinfachte Erklärungen,
- eine Sinnzuweisung des Selbstmordes,
- die Darstellung konkreter Selbstmordmethoden,
- die Beschreibung von positiven Eigenschaften des Toten.

Nationale und internationale Erfahrungsberichte von Praktikern weisen ebenso wie erste Untersuchungsbefunde zur Vorbeugung von schädlichen Effekten durch eine veränderte Berichterstattung auf einen besonders wichtigen Umstand hin: Richtlinien für den journalistischen Umgang mit Selbstmorden sind in der Lage, Nachahmungseffekte einzuschränken oder gar zu verhindern. Beispielsweise zeigt eine Studie auf, dass die Österreichische Gesellschaft zur Suizidprävention mithilfe einer Kampagne für eine durchdachte Berichterstattung zu Selbstmorden Ende der 1980er Jahre bestimmte nachahmende Suizide deutlich senken konnte. Die österreichische Presse konnte dazu gewonnen werden, gar nicht mehr oder nur noch auf kurze Meldungen beschränkt über U-Bahn-Selbstmorde zu berichten. Während es zuvor in Wien bis zu neun U-Bahn-Selbstmorde pro Halbjahr gegeben hatte, sank die Zahl nun auf einen bis vier derartiger Selbstmorde.

Der Nachahmungseffekt von Gewalttaten gegen andere Personen ist hingegen nicht in demselben Ausmaß wissenschaftlich belegt, wie der Nachahmungseffekt bei Suiziden. Jedoch weisen auch hier nationale und internationale Indizien und Berichte von Kriminologen, Kriminalisten, sowie Jugend- und Schulbehörden deutlich auf einen analogen Zusammenhang hin. Während sich beispielsweise Nachahmungstaten und Gewaltdrohungen gemäß Unterlagen von Schulbehörden in der Nachfolge intensiv berichteter Gewalt an Schulen enorm häufen, konnte in den Niederlanden durch die Verhängung einer Nachrichtensperre vor einigen Jahren eine Welle von Morden durch Väter an ihren Kindern unterbrochen werden.

Einige Studien haben sich auch explizit mit der Nachahmung von Morden beschäftigt. So stellten der Psychologe Leonard Berkowitz und seine Koautorin Jacqueline Macaulay bereits 1971 fest, dass Morden, die in den Massenmedien intensiv berichtet werden, ein signifikanter Anstieg allgemeiner Gewaltverbrechen folgt. Als noch viel interessanter erweisen sich für den Zusammenhang dieses Buches zwei Studien zu Nachahmungseffekten bei Amokläufen.

Eine Gruppe amerikanischer Forscher um Spencer Kostinsky benutzte eine Sammlung von Daten über Schulgewalt, die innerhalb von 50 Tagen nach dem School Shooting an der Columbine High School bei der Pennsylvania Emergency Management Agency eingingen. Die in diesem Rahmen aufgefundenen 354 Fälle von Schulgewalt überstiegen bei weitem die dahin bekannt gewordenen ein oder zwei jährlich auftretenden Fälle der Agency. Von den in der Studie nachgewiesenen Gewaltvorfällen an Schulen gingen 56% innerhalb von zehn Tagen nach dem Vorfall in Columbine ein. Ein Drittel aller

Vorfälle lagen zwischen dem 8. und 10. Tag nach Columbine. Diese Zahlen klingen gewaltig, doch ist nicht auszuschließen, dass gerade die eingangs skizzierte Sensibilisierung des Umfeldes hier eine große Rolle gespielt hat. Außerdem handelte es sich bei den Folgetaten um nicht näher definierte Gewalttaten und nicht um weitere Amokläufe.

Der Würzburger Psychologe Armin Schmidke hingegen veröffentlichte 2002 eine Studie, für die er Medienberichte in der Frankfurter Allgemeinen Zeitung und der Bild-Zeitung zwischen Januar 1993 und August 2001 gesammelt und mithilfe amerikanischer Daten desselben Zeitraums analysiert hatte. Seine Forschungsgruppe entdeckte in dieser Zeit 143 Amokläufe. Jene Vorfälle verteilten sich dabei nicht etwa gleichmäßig über den gesamten beobachteten Zeitraum, sondern es traten – analog zu den bereits in diesem Buch hervorgehobenen Clustern bei School Shootings – auch in Schmidkes Studie Häufungen von Fällen auf. Die von ihm als signifikant eingestuften Ballungen von Amokläufen lagen vermehrt innerhalb der ersten zehn Tage nach einem vorangegangenen Amokereignis.

Auch wenn es wünschenswert ist, die Basis wissenschaftlicher Studien zu Nachahmungseffekten bei Tötungshandlungen auszuweiten, belegen die bereits vorliegenden Erfahrungsberichte und Studien Zusammenhänge zwischen der Medienberichterstattung von Gewaltverbrechen und nachahmenden Gewalttaten.

Obwohl die Ergebnisse noch mit Vorsicht zu interpretieren sind, wäre es fahrlässig, diesen Erkenntnissen keine Konsequenzen folgen zu lassen. Daher ist deutlich anzuraten, die Presseberichterstattung bei School Shootings zu überdenken, um keine Nachahmungseffekte auszulösen. Analog zu den Ergebnissen der Selbstmordforschung wird bis zum Vorliegen weiterer Studien daher die im folgenden Abschnitt erläuterte Vorgehensweise angeraten.

6.4 Pressearbeit zur Vermeidung von Nachahmungstaten

Theoretisch wäre ein Verzicht auf die Berichterstattung über Amokläufe an Schulen sicherlich der effektivste Weg, um Nachahmungseffekte zu

verhindern. Aufgrund des Informationsrechts der Öffentlichkeit und der Pressefreiheit kann das aber selbstverständlich nicht in dieser Form umgesetzt werden. Dennoch wird bereits die Beachtung weniger Grundsätze dabei helfen, die zur Nachahmung beitragenden Informationen einzuschränken und damit ethisch verantwortungsvoller über School Shootings zu berichten.

Generell gilt es, Informationen so wenig konkret und wenig emotional wie möglich darzustellen bzw. weiterzugeben, damit durch Pressemeldungen keine Anregung und Ausdifferenzierung gewalttätiger Phantasien bei gefährdeten Jugendlichen erfolgen kann. Die fünf wichtigsten Grundsätze können wie folgt formuliert werden:

! Richtlinien zur Presseberichterstattung bei Amokläufen

- Keine vereinfachenden Erklärungen für Handlungsmotivationen anbieten.
- Auf die Folgen der Tat fokussieren.
- Keine Romantisierungen verwenden und keine Heldengeschichten erzählen.
- Den Tathergang nicht zu konkret aufzeigen.
- Täterphantasien und emotionales Bildmaterial nicht zu anschaulich darstellen.

Man kann diese Grundsätze folgendermaßen für den Umgang von Schul- und Polizeibehörden mit Pressevertretern veranschaulichen:

1. Keine vereinfachenden Erklärungen für Handlungsmotivationen anbieten:
Vereinfachende Erklärungen, wie etwa »Er tat es aus Liebeskummer« oder »Er tat es, um sich zu rächen« sind inhaltlich falsch, da die Entstehung von Gewalt stets durch zahlreiche zusammenwirkende Ursachen bestimmt wird.

Derartige Vereinfachungen können Jugendliche mit ähnlichen Problemen zu dem Glauben verführen: »Wenn der Täter aus Rache getötet hat und damit auch noch berühmt wurde, dann kann ich das auch tun.« Dieser Mechanismus lässt sich vermeiden, indem die vielfältigen Zusammenhänge einer Tatentstehung und -motivation aufgezeigt werden. Sie sind bei jedem Jugendlichen unterschiedlich und verhindern damit eine direkte Anschlussmöglichkeit. So nehmen Jugendliche wahr: »Wir, der Täter und ich, befinden uns in unterschiedlichen Situationen. Es ergibt nicht unbedingt Sinn, so zu handeln, wie er es getan hat.«

→ **Nach Möglichkeit sollten keine Hinweise zu Vermutungen über ein mögliches Motiv weitergegeben werden.**

2. Auf die Folgen der Tat fokussieren.
   Die Wiedergabe von Selbstdarstellungsvideos, großen Bildportraits usw. erleichtert es potenziellen Nachahmern, den Täter zu idealisieren und sich mit ihm zu identifizieren. Daher sollte der Fokus einer Berichterstattung nicht auf dem Täter, sondern auf den Folgen der Tat liegen. Nach Möglichkeit sollte zudem sein Name vermieden und sein Bildportrait verfremdet werden, um weiteren Abstand vom Täter zu schaffen.
   → **Idealerweise sollten keine konkreten Bildmaterialien oder Namen preisgegeben werden und es sollte auf die Folgen der Tat, statt auf die Persönlichkeit des Täters fokussiert werden.**
3. Keine Romantisierungen verwenden und keine Heldengeschichten erzählen.
   Das Erzählen betont emotionaler Geschichten und das Erschaffen von Heldenfiguren bewirkten eine Verstärkung der Mythenbildung und der Anschlussmöglichkeit an begangene Taten. Ein Beispiel ist der Mythos um Cassie Bernall im Zusammenhang mit dem Amoklauf in Columbine. Das Mädchen soll von Eric Harris gefragt worden sein, ob sie an Gott glaube. Als sie dies bejahte, sei sie angeblich erschossen worden. Diese Begebenheit hat nachweislich *so* nie stattgefunden, führte jedoch dazu, dass Bernall als Märtyrerin verehrt und die Berichterstattung intensiviert wurde. Ein ähnlicher Fall ist die Berichterstattung über Lehrer H. nach dem Amoklauf von Erfurt. Statt eine solche Mythenbildung zuzulassen, sollte die Menschlichkeit der Täter und Opfer gezeigt und das mit der Tat einhergehende Leid auf eine nicht voyeuristische Weise dargestellt werden.
   → **Soweit umsetzbar sollten keine Vermutungen über die Rolle der beteiligten Personen am Tathergang geäußert werden. Falls das unumgänglich ist, sollte auf reale Unzulänglichkeiten hingewiesen werden, statt emotionale Geschichten zu erzählen.**
4. Den Tathergang nicht zu konkret aufzeigen.
   Die exakte Darstellung der Vorgehensweise, Bewaffnung, Kleidung usw. erlaubt es potenziellen Nachahmungstätern, die eigenen Gewaltphantasien anzuregen und vorangegangene Taten zu imitieren. Um dies zu vermeiden, sollten diese Aspekte möglichst verallgemeinert werden, indem etwa lediglich von »dunkler Kleidung« und »Schusswaffen« berichtet wird. Wird ein spezifisches Trenchcoat-Modell geschildert, unter dem sich ein festgeschnalltes Repetiergewehr nebst drei Splittergranaten befindet, so werden diese Kleidung und Waffen womöglich zum Herzenswunsch zukünftiger Amoktäter.
   → **Angaben zum Tathergang und zu Tatmerkmalen sollten abstrahiert werden, so weit es eben geht.**
5. Täterphantasien und emotionales Bildmaterial nicht zu anschaulich darstellen.
   Auch die exakte Darstellung der Phantasien von Tätern mithilfe von abgedruckten Tagebüchern oder Tätervideos bewirkt eine Anschlussmöglichkeit an die Gedankenwelt des Täters. Hier sind ebenfalls Abstrahierungen anzuraten und, falls möglich, zumindest sprachliche Mittel statt emotionaler Bilder zu verwenden.
   → **Nach Möglichkeit sollte daher vermieden werden, Tagebücher oder emotionales Bildmaterial weiterzugeben bzw. zugänglich zu machen.**

Zu berücksichtigen ist bei diesen Überlegungen natürlich auch die Zielgruppe der Berichterstattung. Handelt es sich bei einem journalistischen Beitrag um eine nicht um der Unterhaltung Willen verfasste

Analyse für ein Fachjournal oder um eine Fachpublikation, dann ist es verständlicherweise weniger wichtig bzw. unter Umständen sogar hinderlich, diese Grundsätze zu beachten – so beispielsweise im Falle dieses Buches. Ist die Zielgruppe jedoch ein jugendliches Publikum in einem TV-Beitrag oder -bericht und hat das berichtende Medium zudem eine weite Verbreitung unter Jugendlichen, so steigt die Bedeutung der skizzierten Grundsätze.

Abschließend ist noch darauf hinzuweisen, dass eine Reduzierung der Pressepräsenz aus Sicht der Angehörigen von Opfern nicht immer begrüßt wird, aber dennoch anzuraten ist. Zwar kann nicht verhindert werden, dass der Täter sich selbst im Internet darstellt und in entsprechenden Foren über ihn diskutiert wird, es wird jedoch ein wesentlicher Informationskanal eingeschränkt.

6.5 Überhöhung und Ikonisierung der Täter

6.5.1 Das öffentliche Interesse an School Shootings

Es stellt sich die Frage, warum Pressemeldungen über School Shooter überhaupt in dem vorherrschenden Ausmaß von der Gesellschaft gewünscht werden. Die Tatsache einer umfangreichen und detaillierten Berichterstattung über jugendliche Gewalttäter zeigt gleichzeitig, dass es einen Markt gibt, der mit den geschilderten Informationen befriedigt wird. Sicherlich hat Jürgen Wilke, Professor für Publizistik an der Uni Mainz, recht, wenn er hervorhebt, dass sich aus negativen Ereignissen ein viel stärkerer Handlungsbedarf ergibt als aus positiven Ereignissen, doch erklärt das kaum die oft wenig lösungsorientierte Fokussierung der Berichte auf die jugendlichen Täter. International informieren Magazine und große Zeitungen oft wochenlang über Amokläufe durch Jugendliche an Schulen und räumen den Tätern Platz auf ihren Titelseiten ein. Nur wenig Aufmerksamkeit wird dagegen einigen ähnlich schwerwiegenden Themen gewidmet, wie beispielsweise Selbstmorden durch Jugendliche an Schulen, obwohl diese selbst zu Zeiten der Taten in Columbine oder Red Lake in den USA mehr Leben forderten als School Shootings.

Die Existenz von zahlreichen Filmen, Romanen und Theaterstücken über fiktive School Shootings mag durchaus auf das Austesten der eigenen seelischen Belastbarkeitsgrenzen zurückzuführen sein. Eine solche Vorgehensweise wird auch als eine Ursache der Vorliebe einiger Menschen für Horrorfilme diskutiert. Die reale Gewalt kann in einer künstlichen und berechenbaren Fiktion gebunden werden. Dort ist gewiss, dass Film oder Buch ein endgültiges Ende finden. Notfalls kann immer noch weggesehen oder das Buch zur Seite gelegt werden. Dieser Zugang erklärt hingegen nicht die intensive Auseinandersetzung mit der Realität besonders schwerer Gewalttaten.

Noch bedenklicher wirkt die Umgangsweise einiger weniger Menschen mit realen School Shootings. So finden sich Webseiten auf denen zu lesen ist: »Eric Harris ist Gott« oder »Eric und Dylan sind die großartigsten Menschen, die jemals auf Erden gewandelt sind«. Jene jungen Männer, die in Columbine zwölf Schulkameraden und einen Lehrer umgebracht haben, erlangten in einigen Kreisen einen regelrechten Kultstatus. Es existieren sogar Fan-T-Shirts und Massenmörder-Sammelkarten mit dem Konterfei der Täter, des Weiteren ein PC-Spiel namens »Super Columbine Massacre RPG«, in dem als Eric und Dylan Jagd auf Mitschüler gemacht werden kann. Noch weniger nachvollziehbar scheint das Ergebnis einer Internetauktion von Dylan Klebolds Auto, die ein Vielfaches des realen Wertes erzielte. Sie endete am 20. April 2006, dem 7. Jahrestag der Bluttat.

Dabei sind diese Beispiele keineswegs Einzelfälle. Zwar hat das Internetauktionshaus eBay mittlerweile den Handel mit sog. **Murderabilia** (▶ Infobox) untersagt, doch lassen Devotionalien wie Spiele, Filme, Webseiten und Fanartikel von und über Mörder konstant die Kassen in einem ganzen Marktsegment klingeln.

Infobox

Der Begriff **Murderabilia** bezeichnet gezielt angeschaffte Gegenstände, die Mörder bzw. Gewaltverbrecher benutzt haben (Tatwaffen, Fahrzeuge usw.) oder von ihnen hergestellt worden sind (Bilder oder Briefe).

6.5.2 Die Hypothese der »gerechten Welt«

Hinter den vielfältigen Formen der Auseinandersetzung mit Grenzen sprengenden Tötungsdelikten verbirgt sich nicht zuletzt der Wunsch, diese Taten zu verstehen und in das eigene Weltbild einzufügen. Eine Theorie des amerikanischen Psychologen Melvin Lerner hilft diesen Umstand zu erfassen:

Lerner nimmt an, dass Menschen in der Regel unbewusst von einer »gerechten Welt« ausgehen. Dadurch können sie mit Vertrauen in die Zukunft blicken. Wagnisse und Härten der Realität können ignoriert werden, wenn alle Menschen letztlich nur das bekommen, was sie verdienen.

Allerdings ist es nicht einfach, einen solchen Glauben angesichts des täglich sichtbaren Elends in unserer Welt aufrechtzuhalten. Es müssen daher psychische Abwehrmechanismen konstruiert werden, die subjektiv erklären, warum zunächst ungerecht erscheinende Erlebnisse dennoch im Kern gerecht sind. Ein wesentlicher Mechanismus, um dies zu gewährleisten, ist die **Leugnung** des Erlebten bzw. der Rückzug an einen anderen Ort. Soziale Einrichtungen für Randgruppen werden aus den Innenstädten verbannt oder Bettler ignoriert. Eine Auseinandersetzung mit Problemlagen und Leid wird auf diese Weise umgangen.

Auch der Mechanismus der **Reinterpretation** erweist sich als hilfreich, um den eigenen Glauben an die inhärente Gerechtigkeit der Welt zu festigen. Ein Ereignis erscheint dann gerechter, wenn man sich vorstellt, dass dem Opfer in Zukunft ein Nutzen aus seiner Entbehrung entsteht – etwa indem es Schadensersatz einklagen kann oder zumindest im Jenseits belohnt werden wird. Dabei kann auch die Ursache eines Unglücks umgedeutet und rationalisiert oder dem Opfer sogar eine Verantwortung zugewiesen werden. Eine persönliche Schuld vorausgesetzt, erscheint die Lage eines Opfers gemäß des Glaubens an eine gerechte Welt wieder verständlicher. Es wird so wahrgenommen, als habe es sich in einem unbestimmten Punkt nicht korrekt verhalten – wenn der Beobachter sich hingegen selbst an grundsätzliche Werte hält, scheint ihm ein solches Schicksal erspart zu bleiben. Letztlich können auch Charakteristika des Opfers umgedeutet werden. Eine zugeschriebene persönliche Minderwertigkeit oder gar eine Gefährlichkeit für die Allgemeinheit lässt es aussehen, als »verdiente« das Opfer sein Los.

Lerners These wurde durch vielfältige Experimente überprüft und illustriert. Beispielsweise wurde in einer Studie Lerners einem von zwei Männern viel Geld gegeben, nachdem beide gemeinsam eine Aufgabe gelöst hatten. Sein Mitstreiter erhielt gar keine Belohnung. Zuschauern wurde dabei verdeutlicht, dass die Zuteilung des Geldes tatsächlich rein zufällig stattfand. Trotz dieser Erklärung glaubten die befragten Beobachter im Anschluss an die Aushändigung des Geldbetrages, dass der finanziell belohnte Mann fleißiger, kreativer und produktiver sein müsse.

William Brewer, Psychologe an der Universität von Illinois, ließ seine Probanden in einem anderen Experiment Geschichten mit zwei verschiedenen Endtexten bewerten. Eine der Geschichten beschreibt, wie eine junge Frau versucht, die Straße von Gibraltar zu durchschwimmen. Sie benötigt den Erlös dieser Aktion, um ihre Kinder ernähren zu können und hat für ihr Vorhaben hart trainiert. Während nun die eine Hälfte der Untersuchungsgruppe las, dass es Pat mit einer gewaltigen Anstrengung gelingt, bis zur anderen Seite zu schwimmen, las die andere Hälfte, dass sie aufgeben muss. Diese zweite Fassung wurde von den Lesern als »nicht zufriedenstellend« bewertet. Die Geschichte erschien ihnen als »falsch« und habe »kein richtiges Ende«. Am Ende, so die vorherrschende Meinung, siege doch das Gute.

Ein solcher Glaube an die Gerechtigkeit der Welt wird auf vielen Ebenen gestützt. Während Kinder mit Märchen aufwachsen, die eine Belohnung von positivem und eine Bestrafung von negativem Verhalten aufzeigen, stärken Religionen die Beziehung zwischen Sünde und Buße. Dass in Filmen und Büchern zumeist das Gute über das Böse siegt, erscheint nur konsequent. Selbst kriegerische Auseinandersetzungen erscheinen politisch legitimierbar und Erfolg versprechend, wenn die eigenen Feinde als »die Bösen« dargestellt werden.

Die Wurzeln dieser Annahmen reichen bis in die frühe Kindheit. Während die ersten Lebensjahre primär auf sofortige Bedürfnisbefriedigung ausgerichtet sind, bemerken Kinder ab einem bestimmten Zeitpunkt, dass die kurzfristige Rückstellung von Bedürfnissen eine größere Befriedigung in der Zukunft bedeuten kann. Folgt etwa auf das vorzeitige Naschen am eigenen Geburtstagskuchen möglicherweise eine Sanktion der Eltern, kann er bereits am nächsten Tag gefahrlos gegessen werden. Dazu muss das Kind sich allerdings beim Anblick des Kuchens gewiss sein, dass die zukünftige Befriedigung beim Kindergeburtstag auch wirklich eintreten wird. Diese Gewissheit kann erschüttert werden, wenn es beobachtet, dass Freunde oder Verwandte für eine Rückstellung ihrer Wünsche nicht belohnt werden. Daher versuchen Eltern und Lehrer das Kind gemäß Lerner mit einer wahren »Gerechte-Welt-Propaganda« in seiner Entwicklung zu unterstützen. Es beginnt, an eine innewohnende moralische Ordnung der Welt zu glauben. Die kindliche Sicht wird zwar im Bewusstsein mit der Zeit relativiert, bleibt jedoch in unseren unbewussten Vorstellungen verankert.

Diese Sichtweise einer gerechten Welt stößt hingegen bei sehr schweren Gewalttaten an ihre Grenzen. Das Verletzen und Ermorden vieler unschuldiger Opfer im Rahmen eines School Shootings verstößt derart stark gegen die Annahme einer gerechten Welt, dass ein solcher Vorfall nicht ignoriert werden kann. Hinzu kommt, dass gerade Kindern bis zu einem gewissen Alter eine immanente Unschuld zugeschrieben wird. Dennoch verletzt oder tötet bei School Shootings gerade eines dieser Kinder mehrere seiner Klassenkameraden oder Lehrer. Kaum jemand würde es wohl als »gerechte« Strafe für einen Menschen empfinden, wenn dieser im geschützten Rahmen einer Schule plötzlich kaltblütig ermordet wird – selbst wenn er sich im Vorfeld nicht immer korrekt verhalten haben sollte. Der Versuch, solche Vorfälle in das Konzept einer »gerechten Welt« einzufügen, speist sicherlich einen wesentlichen Teil der leidenschaftlichen Auseinandersetzung mit Amokläufern. Oft verschafft erst eine fortdauernde, häppchenweise Auseinandersetzung mit dem Thema Linderung. So kann das Unverständliche auf dem Umweg einer umfangreichen Berichterstattung besser psychisch bewältigt werden.

Neben sozial integrierten Menschen, die an eine immanente Gerechtigkeit in der Welt glauben, existieren jedoch auch einige Menschen, die ihre Realität kontinuierlich als ungerecht und bedrückend wahrnehmen. Sie finden keinen klaren Platz in dieser Welt und haben nur wenig Hoffnung darauf, dass sich dieser Zustand in Zukunft ändern wird. Ihre Phantasie kann einen Fluchtpunkt darstellen, wie Gedichte oder Tagebucheinträge gezeigt haben. Glücklicherweise sind jedoch bei Weitem nicht alle intensiven und destruktiven Phantasien auch umsetzungsorientiert. Menschen, die trotz einer solchen Weltsicht ausreichend gut in die Gesellschaft eingebunden sind, müssen keine Gewalt anwenden, um sich Gehör zu verschaffen. Sie können sich beispielsweise darauf beschränken, die scheinbar machtvoll agierenden Täter zu bewundern und zu ikonisieren. Möglicherweise können so eigene destruktive Wünsche durch das Miterleben der Taten befriedigt werden. Und so ergeben dann selbst Äußerungen wie »Eric Harris ist Gott« einen – wenngleich pervertierten – Sinn.

6.6 Narzissmus

Umgekehrt wird eine solche Bewunderung und Ikonisierung von einigen jugendlichen School Shootern auch aktiv gesucht. Sie wünschen sich, wie verschiedentlich im Rahmen ihrer Phantasien deutlich geworden ist, oftmals einen möglichst großen Nachhall in der Presseberichterstattung. Dadurch wollen sie möglichst öffentlich und laut darauf hinweisen, dass sie Kontrolle ausgeübt haben – über das Leben ihrer Opfer und über ihr eigenes.

Spätestens seit Herbst 2006 ist in diesem Zusammenhang ein neuartiges und besorgniserregendes Merkmal zu beobachten: Jugendliche Täter bereiten ihr School Shooting nicht mehr nur minutiös vor, sondern wollen auch sicher gehen, dass die Bevölkerung an der Entwicklung ihrer Tatabsichten Anteil nehmen kann, um ein möglichst großes Medienecho zu erzwingen. Sie machen Notizen und Filme über das Internet zugänglich, versenden ihr gescanntes Tagebuch vor der Tat an Mitschüler oder schicken Videobänder direkt an die Nachrichtenredaktionen der lokalen Presse. Genau das vereinfacht es anderen Jugendlichen, sich mit konkreten Vorstellungen von School Shootern auseinanderzusetzen und deren Vorgehensweisen exakt nachzuahmen.

Eine derart zum Ausdruck kommende übersteigerte Selbstbezogenheit wird in der Psychoanalyse als **Narzissmus** bezeichnet (► Infobox).

Infobox

Der Begriff **Narzissmus** geht auf die griechische Sage des Nárkissos zurück, in der ein schöner Jüngling von der Göttin Aphrodite damit bestraft wird, dass er sich in sein eigenes Spiegelbild verliebt. Er hatte zuvor die Nymphe Echó verschmäht, von welcher aus Gram nur ihre Stimme blieb. Da der Gegenstand seiner Liebe für ihn nicht erreichbar war, verzehrte er sich in Sehnsucht und verwandelte sich schließlich in eine Narzisse. Vor Sigmund Freud hatten bereits Havelock Ellis (1898 zur Beschreibung einer seelischen Einstellung) und Wilhelm Näcke (1899 zur Beschreibung einer sexuellen Perversion) den Nárkissos-Mythos mit psychologischen Problemstellungen verbunden.

Um die Bedeutung dieses Konzeptes für School Shootings besser verstehen zu können, muss zunächst ein kleiner Rückgriff auf Freuds Psychoanalyse erfolgen: Freud sah eine stark ausgeprägte Selbstbezüglichkeit als entwicklungsbedingt normal an. Auch im Erwachsenenalter ist der Narzissmus seiner Ansicht nach bis zu einem gewissen Grad gesund oder kann zumindest nicht per se als krankhaft gewertet werden. Allerdings, so Freud, kann der Narzissmus krankhafte Züge erreichen, wenn bei einem Menschen Empathie und Altruismus in zu geringem Umfang vorliegen.

Freud fasste dies als eine zu geringe **libidinöse Objektbesetzung** auf und vermutete, dass vor allem unter Paranoia und Schizophrenie leidende Menschen bei persönlichen Verlusten auf den sog. sekundären Narzissmus zurückfallen können (► Infobox). Ihre libidinöse Energie werde in solchen Fällen von der Außenwelt zurückgezogen und zum Selbsterhalt genutzt.

Infobox

Libidinöse Objektbesetzung. Nach Sigmund Freud beinhaltet die Triebstruktur des Menschen eine ablehnend-zerstörerische Energie und eine annehmend-liebende Energie. Der Mensch braucht beide Energieformen, denn er muss sowohl ablehnen und sich lösen, als auch annehmen können. Die bejahende Energie wird als Libido bezeichnet, die Bejahung selbst als »libidinöse Besetzung«. In Bezug auf einen geliebten Partner wird etwa von einer libidinös ausgeprägten Beziehung zu ihm gesprochen. Mit libidinöser Energie können jedoch auch Gegenstände der Umwelt besetzt werden, wie etwa Kuscheltiere oder Autos.

Seit Freud hat sich diese Sichtweise entscheidend weiterentwickelt. Einerseits betont beispielsweise Otto Kernberg den destruktiven Aspekt des Narzissmus. Ihm zufolge versucht ein Narzisst, das Objekt außerhalb seines Selbst zu zerstören. Andererseits legt etwa Heinz Kohut seinen Schwerpunkt auf einen gesunden Aspekt des Narzissmus, den er etwa in elterlicher Liebe, kindlicher Erwartung sowie Hoffnungen und Idealen sieht. Freuds sekundärer Narzissmus und ein Unvermögen, sich auf dem Pfad der Selbst-Liebe weiterzuentwickeln, entsteht dieser Ausrichtung zufolge erst durch »narzisstische Wunden«. Solche Wunden können beispielsweise durch vernachlässigende oder misshandelnde/missbrauchende Eltern verursacht werden.

Generell wird heute in Bezug auf den Narzissmus zumeist von einem Spektrum ausgegangen, das von einem normalen Persönlichkeitszug bis hin zu einer »narzisstischen Persönlichkeitsstörung« reichen kann. In diesem Extremfall ist der

Narzisst selbstgerecht, fordernd, neidisch, parasitär, überschätzt seine eigenen Fähigkeiten und kann die Gefühle anderer nicht nachvollziehen. Unter dieser Hülle verbirgt sich allerdings häufig eine eher depressive Person, die ein starkes Gefühl der Leere empfindet. Der Unterschied von einem normalen Persönlichkeitszug zu einer solchen extremen Ausprägung verläuft graduell.

Aus dem weiten Spektrum der Aspekte und Theorien zum Narzissmus ist für den Kontext jugendlicher Amokläufer an Schulen vor allem die **narzisstische Wut** interessant. Mit narzisstischer Wut wird die Reaktion einiger Narzissten auf Versagungen der Umwelt bezeichnet. Zu narzisstischen Wutausbrüche kann es dann kommen, wenn Narzissten bemerken, dass sich die Realität nicht immer nach ihrem Willen ausrichtet oder dass auch Bedürfnisse anderer Menschen mit den eigenen in Einklang gebracht werden müssen. Solche Ausbrüche scheinen ihnen ein Gefühl der Sicherheit in einem primär einsamen und unsicheren Leben zu vermitteln. Durch die Aggression können sie das Gefühl totaler Kontrolle zurückerlangen und zerstörerische Impulse gegen andere richten statt gegen sich selbst. In solchen Situationen und bei einem absoluten Fehlen von Empathie zählt für sie vor allem der Wunsch, erlebte Versagungen narzisstischer Wünsche auszutilgen. Das beinhaltet sowohl eine subjektive Notwendigkeit von Rache als auch den anhaltenden Zwang, dieser Rache nachzugehen.

Gerade in der Lebensphase Jugend kommt es zwar entwicklungsbedingt stärker zu narzisstischen Ausprägungen, das bedeutet jedoch keineswegs zwangsläufig, dass bei jugendlichen School Shootern auch narzisstische Wutausbrüche vorgelegen bzw. dass narzisstische Ausprägungen zu Tatentwicklungen oder Tatgeschehen beigetragen haben. Auf dem derzeitigen Stand des Wissens können diesbezügliche Erklärungsversuche noch nicht überzeugen.

Beispielsweise geht James McCarthy davon aus, dass sich narzisstische Wut tatsächlich in Tötungsdelikten von Kindern und Jugendlichen äußern kann. Er fasst solche Handlungen als defensive Versuche auf, eine angegriffene Selbstachtung wiederherzustellen. Seine These erscheint durchaus stimmig für jene Gewalttaten, die auf generellen Wutausbrüchen basieren. Im Falle von School Shootings, also von langer Hand vorbereiteten Gewalthandlungen, sind McCarthys Ansichten aber nicht schlüssig. Spätestens wenn der Gewaltakt einen Einzelfall in der Biografie des jugendlichen Täters darstellt, kann nicht mehr realistisch davon ausgegangen werden, dass sich die narzisstische Wut jeweils anstaut, bis dem Drang zur Rache nachgegeben wird: Es ist kaum anzunehmen, dass ein narzisstischer Wutausbruch nur ein einziges Mal auftritt und dann in allen Einzelheiten sorgfältig vorbereitet wird. Dies müsste aber bei einem School Shooting der Fall sein.

Jean Twenge und Keith Campbell konnten indes nachweisen, dass das Erleben sozialer Zurechtweisung von Narzissten als schwerwiegender erlebt wird, als von anderen Menschen. Ebenso belegten die Forscher, dass Narzissten eher dazu neigen, auf derartige Erlebnisse mit Aggression gegen die zurückweisende Gruppe zu reagieren. Es erscheint jedoch auch hier ein wenig konstruiert, dass Twenge und Campbell alleine aufgrund dieser Ergebnisse feststellen, narzisstische Rache könne bei den beiden School Shootern von Columbine eine Rolle gespielt haben.

Götz Eisenberg schließlich beschreibt, dass die Umsetzung narzisstischer Wut in einen Amoklauf raptusartig, also impulsiv, erfolge und versucht diesen Gedanken auf seine Analyse des School Shootings in Erfurt zu übertragen. Dabei berücksichtigt er nicht, dass es sich bei einem School Shooting gerade nicht um eine plötzliche, raptusartige Tatumsetzung handelt, sondern um eine von langer Hand geplante und vorbereitete Handlung. Hier erweist sich seine fehlende Differenzierung von Amokläufen Erwachsener und School Shootings als argumentative Fehlerquelle. Dennoch gelingt es ihm, den entscheidenden Hinweis für die Bedeutung des Narzissmus bei School Shootings zu liefern, als er schreibt: »Die Rachegelüste rutschen zuerst nach innen, in die Phantasie«.

Da Narzissten soziale Zurechtweisungen und Versagenserlebnisse sehr viel negativer bewerten als andere Menschen, besteht für sie auch eine deutlich stärkere Notwendigkeit, Wunscherfüllungen mithilfe ihrer Phantasie zu erreichen. Es kann daher davon ausgegangen werden, dass die häufige Anwendung und hohe Notwendigkeit auch die Intensität der erlebten Phantasie verändert. Mit

Sicherheit wird in diesem Verlauf auch die Ausgestaltung ihrer Phantasien beeinflusst. So konnten Robert Raskin und Jill Novacek kürzlich erstmals belegen, dass Narzissten mit speziellen Inhalten phantasieren. Bei ihnen treten gewalttätige Inhalte vor allem dann auf, wenn eine hohe Anspruchshaltung, eine geringe Selbstzufriedenheit und ein hoher Stressgrad zusammenkommen.

Auch wenn auf dem derzeitigen Stand der Forschung nicht mit Gewissheit behauptet werden kann, dass bei den aufgetretenen School Shootings narzisstische Wutausbrüche eine Rolle gespielt haben, so kann doch davon ausgegangen werden, dass mit einer zunehmenden narzisstischen Ausprägung auch die Wahrscheinlichkeit einer intensiveren und gewalttätigeren Phantasie zunimmt. Damit ist der Narzissmus zwar kein direkt auslösender Faktor beim Entstehen von schwerer zielgerichteter Gewalt an Schulen, jedoch kann er indirekt bedeutsame Einflüsse entfalten.

Zusammenfassung

In der Nachfolge intensiv durch Massenmedien berichteter School Shootings erschweren Trittbrettfahrer die Arbeit der Polizei und versetzen ganze Schulgemeinschaften in Angst und Schrecken. Gleichzeitig besteht eine erhöhte Gefahr für tatsächlich umsetzungsorientierte Nachahmungstaten. Ergebnisse der Medienwirkungsforschung lassen vermuten, dass die Presseberichterstattung bei der Entwicklung von Nachahmungswünschen eine wesentliche Rolle spielt. Fünf Grundsätze für die Berichterstattung helfen, die Gefahr von Nachahmungstaten zu reduzieren. Zu bedenken sind in diesem Zusammenhang auch zwei weitere Faktoren, die zu einer intensiven Berichterstattung beitragen. Einerseits besteht ein starker Wunsch der Öffentlichkeit, Informationen für die Suche nach Gerechtigkeit in der persönlichen Weltsicht zu erhalten. Andererseits trägt zunehmend auch der Drang jugendlicher Täter, öffentlich Macht und Kontrolle zu demonstrieren, zur weiten Verbreitung von Tatphantasien und Vorgehensweisen bei. Die Grundlage dieses Wunsches findet sich auch im Konstrukt des Narzissmus, der gleichzeitig zu einer Intensivierung von Gewaltphantasien beiträgt.

Weiterführende Literatur

Coleman, L. (2004): »The copycat effect. How the media and popular culture trigger the mayhem in tomorrow's headlines«, New York: Paraview

Hafer, C.L. / Bègue, L. (2005): »Experimental research on just-world theory«, Psychological Bulletin, Bd. 131/1

Jamison, K.R. (2002): »Wenn es dunkel wird. Zum Verständnis des Selbstmordes«, Berlin: BTV

Kernberg, O.F. (1983): »Borderline-Störungen und pathologischer Narzissmus«, Frankfurt am Main: Suhrkamp 1983

Kunczik, M./ Zipfel, A. (2006): »Gewalt und Medien«, Köln: Böhlau UTB

Lerner, M.J. (1980): »The Belief in a Just World. A Fundamental Delusion«, New York: Springer

McCarthy, J.B. (1978): »Narcissism and the Self in Homicidal Adolescents«, in: American Journal of Psychoanalysis 38, 19-29

Seaton, J. (2005): »Carnage and the media. The making and breaking of news about violence«, London: Allen Lane

Surette, R.: »Self-Reported Copycat Crime Among a Population of Serious and Violent Juvenile Offenders«, in: Crime & Delinquency 48, 46-69

Twenge, J.M./ Campbell, W.K. (2003): »,Isn't it Fun to Get the Respect That We're Going to Deserve?' Narcissism, Social Rejection, and Aggression«, in: Personality and Social Psychology Bulletin 29, 2, 261-272

Intervention und Prävention

I wouldn't have cared. What's it going to do? I ran in there holding the gun out. (...) By the time somebody's already gotten into school with a gun, it's usually gonna be just about too late.
(School Shooter Luke Woodham auf die Frage, ob ihn Metalldetektoren von seiner Tat abgehalten hätten)

Anstrengungen zur Vermeidung zukünftiger School Shootings können sich grundsätzlich auf eine rechtzeitige Intervention (Eingreifen) oder auf die wesentlich früher ansetzende Prävention (Vorbeugung) konzentrieren. Beide Aspekte werden in diesem Kapitel thematisiert: Zunächst wird Kriminaldirektor Peter Hehne auf Interventionsmöglichkeiten eingehen, die sich während der eigentlichen Tat aus polizeilicher Sicht ergeben. Im Anschluss daran wird der Kriminalpsychologe Dr. Jens Hoffmann Möglichkeiten der Bedrohungsanalyse im direkten Vorfeld der Tat schildern, bevor die Schulpsychologin für Gewaltprävention und Krisenintervention Aïda Lorenz zu Handlungsmöglichkeiten der Schulpsychologie und der Rolle der Prävention Stellung nimmt. Somit verschiebt sich der Fokus im Verlauf des Kapitels von notwendigen Reaktionen hin zu vorbeugenden Maßnahmen. Zunächst also zum Bereich der Notfallreaktionen.

Traditionell sind Versuche, einen fremden Konflikt mit angemessenem Gewalteinsatz zu lösen oder zumindest ungerechtfertigte Schädigungen Dritter zu verhindern, in Deutschland eine herrschaftliche Tätigkeit der Polizei. Unmittelbar vor Eintritt einer schädigenden Handlung können jedoch auch andere Fachkräfte tätig werden, um einen potenziellen Täter von seiner Absicht abzubringen. In beiden Fällen ist ein schnelles und angemessenes Eingreifen von grundlegender Wichtigkeit.

Gelingt es nicht, Drohungen oder Phantasieausprägungen rechtzeitig vor Tatbeginn wahrzunehmen, richtig zu bewerten und Gegenmaßnahmen zu ergreifen, dann bleibt nur noch die Möglichkeit einer Intervention *nach* Tatbeginn.

7.1 Intervention nach Tatbeginn

Peter Hehne

Im April 2002 änderte der schwerwiegende Amoklauf eines Schülers am Erfurter Gutenberg-Gymnasium die Sicht- und Umgangsweise der Polizei mit sog. Amoklagen. Wurde zuvor davon ausgegangen, dass Polizeibeamte bei einem Amoklauf zunächst den Tatort zu sichern und auf das Eintreffen von spezialisierten Eingriffskräften zu warten hätten, so lautet die Prämisse seither, die Täter schnellstmöglich handlungsunfähig zu machen, um weitere Verletzungen oder gar Tötungen zu verhindern.

Zu diesem Zweck wurde die Grundsatzdienstvorschrift der Polizei unter Führung von Expertenkommissionen aus allen Bundesländern angepasst. Eine Reihe von Bundesländern hat darüber hinaus Konzeptionen zur Bekämpfung von Amoklagen erarbeitet und in den Dienstalltag der Polizei eingeführt. Mithilfe dieser Unterlagen wurden nicht nur polizeiliche Taktiken auf das Täterverhalten angepasst, sondern auch Empfehlungen für die Zusammenarbeit mit Schulen und Schulbehörden gegeben. In vielen Bundesländern wurden außerdem im Rahmen der Aus- und Fortbildung für Polizeibeamte spezielle Schulungen und Trainings durchgeführt, um Polizisten auf die Bewältigung von Amoklagen vorzubereiten.

Diese Fortbildungen sind zum Schutz der Opfer, aber auch zum Wohl der beteiligten Beamten wichtig. Da Amokläufe selten länger als eine halbe Stunde dauern, bedeutet ein schneller Eingriff, dass in der Regel die ersten am Tatort eintreffenden Beamten versuchen müssen, sofort zum Täter vorzudringen und das Schadensausmaß durch ihre Intervention zu begrenzen. Dies hat ein hohes persönliches Risiko für die Beamten zur Folge. Zudem stellen Amoklagen Ausnahmesituationen dar, die meist gar nicht oder nur ein einziges Mal im Berufsleben eines Polizeibeamten vorkommen. Um nun für derart seltene Situationen die Eigensicherung und fachkundige Eingriffsmöglichkeit für den Sonderfall einer Amoklage bei Schutz-, Kriminal- und Verkehrspolizisten zu stärken, wurden je nach Bundesland unter anderem Waffenhaltung, gegenseitiges Sichern, Eindringen in Gebäude, Tätersuche und Teamarbeit durch Trainings geschult. Auch auf die mit einer solchen Situation einhergehenden psychischen Belastungen werden die Beamten vorbereitet. Erfreulicherweise hatte sich bereits im Zusammenhang mit dem Amoklauf in Emsdetten gezeigt, dass das neue Einsatzkonzept vorbildlich umgesetzt wurde. Die ersten Beamten vor Ort warteten nicht auf das Eintreffen des **Spezialeinsatzkommandos** (► Infobox), sondern betraten die Schule, drängten den Täter zurück und evakuierten das Gebäude.

Infobox

Spezialeinsatzkommandos (SEK) sind Spezialeinheiten der deutschen Länderpolizeien, die je nach Bundesland leicht unterschiedlich strukturiert sind. Die speziell ausgebildeten Beamten werden zumeist für die Festnahme gefährlicher und mutmaßlich bewaffneter Täter eingesetzt. Eine besonders trainierte Aufgabe ist dabei auch die Erstürmung eines Gebäudes, in dem sich ein Gewalttäter aufhält. Die Beamten tragen in der Regel eine spezielle Schutzkleidung und verbergen zusätzlich ihre Identität durch Sturmmasken. Dies dient dem Schutz von Angehörigen vor Racheakten, aber auch der Einschüchterung des Täters.

Es ist allerdings nicht generell vorauszusagen, inwiefern sich ein School Shooter während der Tatausführung tatsächlich zurückdrängen lässt und inwiefern er seine Tötungsabsicht aufgibt. Zahlreiche zurückliegende School Shootings haben belegt, dass Täter während der Tatausführung nur schwer beeinflusst werden können. Sie leiden während des Amoklaufes oft an einer eingeschränkten Wahrnehmungsfähigkeit. Entsprechend energisch muss eine Intervention ausfallen, damit sie vom Täter überhaupt wahrgenommen wird. Dies kann in der Regel nicht von Schülern, Lehrern oder anderen Schulbeschäftigten geleistet werden. Daher ist ausdrücklich darauf hinzuweisen, dass diese keine Interventionsversuche während der Tat wagen sollten.

Zwar könnte das Betätigen der Schulklingel oder des Feueralarms möglicherweise einen Schlüsselreiz bedeuten, der den Täter verwirrt und von seiner Handlung abbringt, doch sind dadurch gleichzeitig unvorhergesehene Reaktionen von Schülern und Lehrern zu befürchten, die dem Täter in der Folge des Alarms direkt in die Arme laufen. Daher ist allenfalls ein spezielles Klingelzeichen zu verwenden, das Lehrern und Schülern signalisiert, sofort die Türen zu den Klassenzimmern zu verschließen und Deckungsmöglichkeiten zu suchen.

Noch vorsichtiger sollten sich direkt betroffene potenzielle Opfer verhalten. Verlässliche Richtlinien für Verhaltensweisen, die einen Täter von seinem Vorhaben abbringen könnten, gibt es nicht. Daher sollte in erster Linie versucht werden, die Gefahr zumindest ansatzweise durch Weglaufen, Verstecken oder Verbergen hinter schusssicherem Material zu reduzieren. Es muss jedoch bedacht werden, dass School Shooter zum Teil mit einer enormen Geschwindigkeit vorgehen und Betroffenen dann die Zeit fehlt, überhaupt zu erkennen, was vor sich geht. Den Opfern fehlt durch bauliche Umstände dabei oft die Möglichkeit, sich sinnvoll vor dem Täter zu schützen. Zudem sind falsche Vorstellungen darüber weit verbreitet, ob und wie Materialen, wie Holz und Blech an Türen und Verschlägen, vor der Einwirkung einer Schusswaffe Schutz bieten.

! Verhalten im Ernstfall

- Deckung/Schutz suchen
- Schüler in Klassen zusammenhalten sowie Türen verschließen bzw. sichern
- Verständigung der Polizei über 110
- Fenster und Türen meiden
- Provokation des Täters unterlassen
- Ausschließlich der Polizei öffnen

Zusammengefasst ist daher noch einmal zu betonen, dass Intervention in Fällen bewaffneter Gewalt Aufgabe der Polizei ist, und sie ist eine der schwierigsten Aufgaben, die es im polizeilichen Alltag zu bewältigen gibt. Nicht zuletzt steht die Polizei bei Amoklagen häufig im Widerstreit der Pflichten. Auf der einen Seite ist der Täter so schnell wie eben möglich zu lokalisieren und handlungsunfähig zu machen. Auf der anderen Seite sind Polizeibeamte oft die ersten Retter am Tatort und könnten dabei auch Verletzte aus der Gefahrenzone bringen. In welchem Umfang das geschieht, wird aber davon abhängig sein, ob es bereits gesicherte Bereiche gibt, in denen sich Retter ungehindert bewegen können. Auch wenn es parallel zum täterorientierten Vorgehen nicht ausgeschlossen wird, Rettungsmaßnahmen für Verletzte und Gefährdete zu leisten, verfolgt die Polizei während einer noch laufenden Amokhandlung in erster Linie das Ziel, weitere Gefahren für das Leben und die körperliche Unversehrtheit Dritter abzuwenden. Der Täter soll aufgespürt, isoliert und festgenommen werden.

7.1.1 Wichtige Informationen in Amoksituationen

Gerade in der Anfangsphase von schweren Gewalttaten an Schulen ist das Vorhaben des Täters möglicherweise nicht klar erkennbar. Wie schwierig eine richtige Einschätzung selbst für unmittelbar Beteiligte ist, belegt die Aussage eines Zeugen des Amoklaufes am Erfurter Gutenberg-Gymnasium: »Plötzlich stand eine Person in komplett schwarzer Montur vor mir (…) Ich sprach diese Person an und fragte sie, ob das hier ein übler Scherz sein soll«.

Die Polizei benötigt aber für eine schnelle und angemessene Reaktion auf ein School Shooting dringend genaue Ausgangsinformationen. Hier ist sie auf die Hilfe der betroffenen Schulgemeinschaft angewiesen.

Bereits beim **Notruf 110** sollten der Polizei nach Möglichkeit alle verfügbaren Informationen zum Tatgeschehen und zur Tatörtlichkeit mitgeteilt werden. Die dringend benötigten Ausgangsinformationen lauten:

Was geschieht?
- Worin besteht die Bedrohung?
- Wurde bereits geschossen? Falls ja, wie oft?

Wer handelt?
- Um wie viele Täter handelt es sich?
- Wie sehen der oder die Täter aus (Personenbeschreibung)?
- Wie sind der oder die Täter bekleidet (Bekleidungsbeschreibung)?
- Sind der oder die Täter namentlich bekannt?
- Womit sind der oder die Täter bewaffnet?
- Welche Beziehung haben der oder die Täter zur Schule?

Was ist passiert?
- Möglichst genaue Angaben zur Feststellungszeit und Tatzeit

Wo hält sich der Täter auf?
- Welcher Gebäudeteil? Welcher Raum?
- Welche Orientierungspunkte gibt es im entsprechenden Gebäude?

Um den Täter schnell zu lokalisieren, sollte nicht nur Ort und Straße mit Hausnummer genannt werden, sondern – wenn möglich – auch Gebäudeteil, Stockwerk und Raum. Handelt der Täter im Freien, etwa auf den Schulhof oder auf einem Sportplatz, müssen auffällige Orientierungspunkte benannt werden.

Um Verwechslungen auszuschließen, fragt die Polizei nach einer Personen- und Bekleidungsbeschreibung. Selbst bei einem in der Schule bekannten Täter ist dies notwendig, da nicht davon ausgegangen werden kann, dass die eingesetzten Polizeibeamten den oder die Amokläufer kennen. Zu beantworten sind unter anderem die folgenden Fragen:
- Welches Geschlecht hat der Täter?
- Wie alt ist der Täter?
- Gibt es Hinweise zur Nationalität des Täters?
- Ist der Täter maskiert?
- Führt der Täter Gegenstände bei sich?
- Ist der Täter alkoholisiert?

Ferner ist von Bedeutung:
- Hat der Täter Kontaktpersonen in der Schule (etwa Mitschüler oder Lehrer)?
- Liegen Informationen über den Täter vor (etwa aus früheren Vorfällen)?
- Hat der Täter Zugriff auf Telefon, Radio oder Fernsehen?
- Kennt sich der Täter mit dem Schulablauf und in den Gebäuden aus?
- Wie gelangte der Täter aufs Schulgelände bzw. ins -gebäude?

Für eine angemessene polizeiliche Reaktion sind außerdem die Hinweise zu Motiven und Absichten des Täters von größter Bedeutung. Die Unterscheidung der Motivlage ist bedeutsam, weil sich die polizeilichen Taktiken bei Amoklagen gegenüber Geiselnahmen stark unterscheiden.

Geiselnehmern kommt es in erster Linie auf die Verwirklichung von Forderungen an, die sie notfalls unter Inkaufnahme von Schädigungen der Opfer durchsetzten wollen. Für die Polizei gibt es bei Geiselnahmen durch Verhandlungsmöglichkeiten grundsätzlich die Chance, das Leben und die Gesundheit der Geiseln zu retten.

School Shootern geht es hingegen eher um die direkte Tötung oder Verletzung ihrer Opfer, sodass für die Polizei an die Stelle von Verhandlungsmöglichkeiten das Anstreben der schnellstmöglichen Handlungsunfähigkeit des Täters tritt, um das Leben und die Gesundheit von potenziellen Opfern zu schützen.

Sofern weitere Angaben zum Tatablauf möglich sind, sollen sie so detailliert wie möglich angegeben werden. Zur Informationsliste hinzugefügt werden sollte daher nach Möglichkeit auch:

! Warum begeht der Täter diesen Amoklauf?
- Gibt es Erkenntnisse zum Motiv des Täters?
- Gibt es Hinweise auf weitere Täterabsichten?

Wen betrifft das School Shooting?
- Gibt es verletzte oder getötete Personen? Wenn ja, wie viele?
- Wo halten sich die verletzten Personen auf?
- Wer sind die verletzten oder getöteten Personen?

Was wurde bereits durch den Mitteiler veranlasst?
- Ist der Rettungsdienst bzw. Notarzt bereits alarmiert?
- Welche weiteren Maßnahmen wurden durch den Mitteiler bereits eingeleitet?

Es ist im Übrigen zu empfehlen, die erste telefonische Alarmierung der Polizei unter Berücksichtigung der Fragestellung zu üben, welche Informationen für die Polizei von besonderer Wichtigkeit sind. Das lässt sich leicht trainieren, indem die in der folgenden Übersicht aufgeführten W-Fragen eingeübt werden.

Zweifellos reichen diese Erstinformationen nicht aus, um den vorliegenden Sachverhalt umfassend zu klären. Sie sind aber notwendig, damit die zuerst eintreffenden Polizeibeamten sofortige und wirkungsvolle Interventionen einsetzen können.

Wichtige Angaben bei der telefonischen Alarmierung der Polizei

- **Wann:** Möglichst präzise Angaben zur Tat oder Feststellungszeit
- **Wer:** Angaben zum School Shooter, wenn er bekannt ist, bei Unbekannten: eine Personen- und Bekleidungsbeschreibung
- **Wo:** Angaben zum Ereignisort, genaue Bezeichnung von Schule, Gebäudeteil und Stockwerk; für Beschreibung des Schulgeländes markante Punkte angeben
- **Was:** Angaben darüber, was gerade passiert
- **Wie/Womit:** Verwendung von Waffen oder sonstigen gefährlichen Gegenständen angeben
- **Warum:** Angaben zum Motiv des Täters, soweit in dieser Phase bekannt
- **Wen:** Angaben zu Anzahl der Toten und Verletzten, Schwere der Verletzungen
- **Was veranlasst:** Welche Maßnahmen wurden bereits eingeleitet, wer wurde verständigt

Zu einer wirkungsvollen Zusammenarbeit zwischen Schule und Polizei gehört in der Anfangsphase auch das Aufrechterhalten des telefonischen Kontaktes. Die Telefonleitung sollte daher bis zum Eintreffen der ersten Beamten nicht unterbrochen werden, damit alle Veränderungen der Situation in der Schule direkt mitgeteilt werden können. Erst wenn der Polizeiführer vor Ort ausdrücklich darauf hinweist, dass die telefonische Verbindung nicht mehr benötigt wird, sollte aufgelegt werden.

Um das Risiko der Eigengefährdung kalkulierbar zu halten, erwartet die anrückende Polizei nicht nur die Information, wo sich der oder die Täter gerade im Schulhaus aufhalten. Es geht unter Umständen auch darum, Zugangsmöglichkeiten für Einsatzkräfte zu schaffen und dadurch eine unmittelbare Wirkung auf den oder die Täter zu ermöglichen.

Ist der Täter dann isoliert und handlungsunfähig, wird die Polizei möglicherweise mithilfe von Bezugspersonen wie etwa ehemaligen Lehrern versuchen, ihn zur Aufgabe zu bewegen. Dies kann unter Umständen einen Selbstmord des Täters verhindern.

Weitere wichtige Verhaltenshinweise
- Hilfskräften Zufahrt ermöglichen
- Mögliche Verletzte an sicherer Sammelstelle versorgen
- Ansprechpartner für Polizei benennen und ständige Erreichbarkeit garantieren
- Bereitstellung der Gebäude- und Belegungspläne des Schulobjektes für die Polizei

Aber vor allem:
- Vermeidung aller Handlungen, die das Leben und die Gesundheit gefährden!

7.1.2 Vorbereitende Zusammenarbeit von Schule und Polizei

Schulen können durch vorbereitende Maßnahmen einen erheblichen Beitrag dazu leisten, die »chaotische Phase« zu Beginn eines Amoklaufes so kurz wie möglich zu halten. Je besser potenzielle Krisensituationen administrativ vorbereitet werden, desto kontrollierter ist dann auch die Eingriffsmöglichkeit. In einigen Bundesländern sind Schulen sogar bereits dazu verpflichtet, Sicherheitskonzeptionen bzw. Krisenpläne zu erstellen, wie sie von der Schulpsychologin Aïda Lorenz im Folgenden am Beispiel von Berlin vorgestellt werden.

Zu solchen Maßnahmen gehört u. a. vorab die Gewährleistung einer problemlosen Orientierung polizeilicher Einsatzkräfte am potenziellen Einsatzort. Es wird daher beispielsweise empfohlen, dass Schulen ihren örtlich zuständigen Polizeiinspektionen und Revieren einige Grunddaten zur Verfügung stellen, die für polizeiliche Zwecke gespeichert werden. Neben Fotos des Schulgebäudes von außen und innen sowie einem Objektplan, aus dem sich sichere Zugangsmöglichkeiten zum Schulgelände und Schulgebäude ergeben, sind die Erreichbarkeiten von Ansprechpartnern wie Schulleiter und Hausmeister von entscheidender Bedeutung. Auch aktuelle Raumbelegungspläne, Stundenpläne und Mitteilungen zum Verschlusssystem der Schule sind wichtige Informationen für Ernstfälle.

Damit Kriseninterventionspläne und polizeiliche Planunterlagen im Bedarfsfall ihre volle Wirkung entfalten, sind sie natürlich immer aktuell zu halten. Bauarbeiten, Raumwechsel oder Umbauten müssen durch die Schule angezeigt werden, damit es nicht zu Missverständnissen kommt. Die Benennung fester Ansprechpartner vonseiten der Schule und der Polizei sowie ein Aktualisierungsplan können dazu beitragen, dieses wichtigen Vorhaben zu erreichen.

Auf der Basis von Sicherheitskonzeptionen für spezifische Schulen bestehen zudem gute Möglichkeiten, zwischen Schule und Polizei bereits im Vorfeld Absprachen zur Alarmauslösung, zum Anmarschweg der Einsatzkräfte und zu Ansprechpartnern zu treffen. Es ist in diesen Fällen genau festzulegen, welche Evakuierungsmöglichkeiten bestehen und wer welche Maßnahme auslösen darf. Mit der Polizei ist außerdem abzusprechen, in welcher Form Erziehungsberechtigte und Angehörige im Fall eines School Shootings benachrichtigt werden. Sammel-, Betreuungs- und Abholplätze für Schüler sind im Vorhinein nach den örtlichen Gegebenheiten zu bestimmen. Solche Maßnahmen dienen dazu, Personenströme während eines kritischen Ereignisses zielgerichtet zu leiten und Not- bzw. Rettungswege freizuhalten. Gleichzeitig verringern Sie den Druck, der nach Bekanntwerden des Amoklaufes von außerhalb auf Polizei und Schule ausgeübt wird.

Letztlich stellt die Polizei auch in Bezug auf die technische Prävention einen qualifizierten Ansprechpartner dar. Hierzu zählen etwa die Installation von Notrufeinrichtungen sowie Verschlusssystemen, die den Zugang zur Schule während der Unterrichtszeit nur beschränkt erlauben. Ob sich der Einsatz von Videoüberwachungssystemen oder Metalldetektoren, wie er in den USA an zahlreichen Schulen Normalität ist, in Deutschland ebenfalls durchsetzt, darf bezweifelt werden. Als sinnvoll erweist sich hingegen das regelhafte Mitführen von Mobilfunktelefonen durch Lehrkräfte, um für Ernstfälle Kommunikationsmöglichkeiten zu sichern.

Generell ist auf die Verbesserung von Einsehbarkeit, Übersichtlichkeit und Helligkeit sowie die Vergrößerung des subjektiven Sicherheitsgefühls und die Reduzierung von Tatgelegenheiten zu achten (s. folgende Übersicht).

Sinnvolle technische Sicherungsvorrichtungen

- Zugangsbereiche und Verbindungswege zwischen Gebäudeteilen ausreichend beleuchten
- Dunkelräume im Gebäude ausleuchten (etwa mittels Sensorschaltungen)
- Rundspiegel an schlecht einsehbaren Stellen anbringen
- Helle und transparente Bauweisen nutzen
- Sträucher und Büsche zurückschneiden, damit Gebäude und Zugänge gut zu überblicken sind
- Zu- und Ausgänge mit selbstverriegelnden Schlössern sichern (Zugang zum Gebäude wird verhindert und Fluchtwege bleiben dennoch von innen offen)
- Verschlussmöglichkeit von Unterrichtsräumen durchgängig gewährleisten

7.1.3 Zur Wertung von Drohungen aus polizeilicher Sicht

Vor Umsetzung eines School Shootings kommt es im Rahmen der Teilrealisierungen von Phantasien in der Regel zu Ankündigungen in Form von offenen oder verdeckten Drohungen. Im Fall von offenen Drohungen reicht die Palette der Ankündigungsform von anonymen und unspezifischen Drohanrufen bis hin zu detaillierten Beschreibungen beabsichtigter Tatabläufe. Welche Straftat dabei die Ankündigung eines School Shootings darstellt, hängt von ihren konkreten Umständen ab: Richtet sich eine Ankündigung gegen bestimmte Personen, etwa einen namentlich genannten Lehrer, und erreicht diese Drohung den Lehrer, dann wird in aller Regel eine Bedrohung im Sinne des § 241 Strafgesetzbuch (StGB) erfüllt sein (▶ Infobox).

Infobox

§ 241 StGB Bedrohung

(1) Wer einen Menschen mit der Begehung eines gegen ihn oder eine ihm nahe stehende Person gerichteten Verbrechens bedroht, wird mit Freiheitsstrafe bis zu einem Jahr oder mit Geldstrafe bestraft.

(2) Ebenso wird bestraft, wer wider besseres Wissen einem Menschen vortäuscht, dass die Verwirklichung eines gegen ihn oder eine ihm nahe stehende Person gerichteten Verbrechens bevorstehe.

Bei postalischen oder internetbasierten Ankündigungen dürfte dagegen in der Regel § 126 StGB erfüllt sein: Die Störung des öffentlichen Friedens durch Androhung von Straftaten. Es darf davon ausgegangen werden, dass das Rechtsgut »öffentlicher Frieden«, d. h. der Zustand allgemeiner Rechtssicherheit wie auch das Bewusstsein der Bevölkerung, in Ruhe und Frieden zu leben, durch eine solche Ankündigung erschüttert wird (▶ Infobox).

Infobox

§ 126 StGB Störung des öffentlichen Friedens durch Androhung von Straftaten

(1) wer in einer Weise, die geeignet ist, den öffentlichen Frieden zu stören, (…) einen Mord (§ 211), Totschlag (§ 212) (…) androht, wird mit Freiheitsstrafe bis zu drei Jahren oder mit Geldstrafe bestraft.

(2) Ebenso wird bestraft, wer in einer Weise, die geeignet ist, den öffentlichen Frieden zu stören, wider besseren Wissens vortäuscht, die Verwirklichung einer in Absatz 1 genannten rechtswidrigen Taten stehe unmittelbar bevor.

Ist der Bedroher bekannt, so muss schnellstens Kontakt zu ihm aufgenommen werden. Er ist unter allen Umständen zu lokalisieren. Es gilt dabei eingehend zu prüfen, ob es sich um eine ernsthafte Bedrohung handelt oder ob die Situation eher unbedeutend ist. Etwas problematischer ist die Situation, wenn der Bedroher unbekannt ist und etwa durch einen anonymen Anruf im Sekretariat der Schule eine solche Straftat ankündigt. Bevor hier Kontakt zum potenziellen Täter aufgenommen werden kann, muss er zunächst identifiziert werden. Dazu nutzt die Polizei eine breite Palette technischer Möglichkeiten. Sie wird aber auch gemeinsam mit der Schule Personen ins Visier nehmen, die aus Sicht der Pädagogen Auffälligkeiten zeigen, die eine Täterschaft wahrscheinlich werden lassen.

Aus polizeilicher Sicht ist es wichtig, die in der folgenden Übersicht aufgeführten Ratschläge zu beherzigen.

Schwieriger stellt sich die Sachlage bei indirekten Drohungen dar, die nicht explizit formuliert werden, bei denen jedoch Verhaltensweisen und Äußerungen darauf hindeuten, dass sich eine bedrohliche Situation entwickelt oder unmittelbar bevorsteht. Wenn ein Schüler etwa ankündigt, sich eine Waffe zu »besorgen« oder eine Waffe mit zur Schule zu nehmen, sind sofort Maßnahmen einzuleiten, um diese Informationen und die Absichten des Jugendlichen zu prüfen.

Die Rolle der Polizei erweist sich in solchen Fällen als problematisch. Sie unterliegt dem **Legalitätsprinzip** (§ 152 Strafprozessordnung) und muss daher strafverfolgend tätig werden, wenn ihr ein derartiger Verdacht berichtet wird (► Infobox). Ihre erste Aufmerksamkeit wird sich zwar auf die Abwehr einer drohenden Gefahr richten, danach ist aber *in jedem Fall* ein Ermittlungsverfahren gegen den Tatverdächtigen zu erwarten.

Infobox

Der Begriff **Legalitätsprinzip** bedeutet, dass die Strafverfolgungsbehörden bei dem Verdacht einer Straftat verpflichtet sind, von Amts wegen einzuschreiten. Während die Staatsanwaltschaft bei Bagatellstraftaten ein Ermittlungsverfahren z. B. wegen geringer Schuld einstellen darf, steht eine solche Ermessensentscheidung der Polizei nicht zu. Selbst bei einer sehr hohen Wahrscheinlichkeit, dass es zur späteren Einstellung des Verfahrens kommt, darf die Polizei nicht auf eine Anzeige verzichten.

Umgang mit Drohanrufen

- Eingehende Drohanrufe aufzeichnen
- Andere im Raum befindliche Personen mithören lassen
- Rufnummer, Datum und Uhrzeit notieren
- Gespräch in die Länge ziehen, um mehr über den Anrufer zu erfahren
- Rückfragen stellen (Wie heißen Sie? Wann wollen Sie das machen?)
- Sprache und Dialekt des Anrufers beachten und notieren
- Auf Nebengeräusche beim Telefonieren achten (Straßenbahnquietschen, Glockenschläge …)
- Ist keine Aufzeichnung erfolgt, Gesprächsinhalt möglichst sofort wortwörtlich aufschreiben
- Haben andere mitgehört? – Gesprächsinhalt möglichst sofort *getrennt voneinander* wortwörtlich aufschreiben
- Wenn erforderlich – erste Maßnahmen zum Schutz der Schule veranlassen (Schulgebäude abschließen bzw. Schule evakuieren)
- Polizei informieren

Umgang mit Drohschreiben

- Die Zahl derer, die mit dem Drohschreiben in Berührung kommen, so klein wie möglich halten. Es trägt möglicherweise analysierbare Spuren des Bedrohers
- Nach Erkennen der Drohung das Schreiben mit Pinzette oder Handschuhen verpacken
- Drohschreiben in einer Klarsichthülle oder einem Karton aufbewahren (Größe der Verpackung beachten) und so der Polizei übergeben
- Wer hat das Drohschreiben überbracht? Name und Uhrzeit notieren
- Das Drohschreiben darf nicht geknickt, gefaltet, gelocht oder eingeheftet werden
- Das Drohschreiben nicht beschriften (Posteingangsstempel) oder anderweitig verändern
- Das Drohschreiben nicht als Schreibunterlage benutzen
- Besteht das Drohschreiben aus mehreren Teilen (etwa Umschlag und Schreiben) ist jeder Teil getrennt zu verpacken

In den USA werden durch den US Secret Service und das Ministerium für Bildung spezielle Verfahren für Bedrohungsanalysen vorgeschlagen, um primär die Gefahr von School Shootings zu minimieren, aber gleichzeitig nicht notwendigerweise mit etikettierenden Ermittlungsverfahren auf im Kern harmlose pubertäre Phantasien reagieren zu müssen. Denn eine ungerechtfertigte Reaktion kann eigentlich harmlose Jugendliche erst zu Außenseitern werden lassen, wie Denkrichtungen und Studien innerhalb der Kriminologie gezeigt haben. Daher wird in der amerikanischen Vorgehensweise zunächst durch ein Schulteam eine interne Bedrohungsanalyse durchgeführt. Erst wenn dieses Team eine echte Bedrohung in Bezug auf zielgerichtete schulische Gewalt feststellt, schließt sich eine polizeiliche Ermittlung an. Anderenfalls wird die Untersuchung abgeschlossen und dem betroffenen Schüler gegebenenfalls professionelle Hilfe und Beratung angeboten, um seine Probleme zu bewältigen.

Die Richtung dürfte damit auch für deutsche Schulverhältnisse klar sein. Eine effiziente Bewertung von Bedrohungspotenzialen, die von Schülern in Bezug auf School Shootings ausgehen, ist in erster Linie durch die Schule selbst vorzunehmen.

Es muss zudem problematisiert werden, wie derartige Meldungen möglich werden, ohne dass gleichzeitig ein Klima des Misstrauens und der gegenseitigen Bespitzelung entsteht. Dies ist umso wichtiger, da sich bei der Mehrzahl von Amokläufen an Schulen gezeigt hat, dass zwar die Mitschüler, Geschwister oder Freunde des Täters über dessen Ideen oder Pläne Bescheid wussten, dass sie diese Informationen jedoch nicht an Erwachsene weitergaben. Bei Schülern besteht oftmals das Gefühl, eine Art Kodex zu verletzen, wenn sie Erwachsene auf Probleme eines Mitschülers hinweisen. Das führt in der Konsequenz dazu, dass die Hilfe und Unterstützung Erwachsener den problembehafteten Schüler gar nicht erreicht. An Schulen muss deshalb auch ein Klima des Vertrauens zwischen Schülern und Lehrern bestehen, ohne dass für denjenigen, der sich einer Autoritätsperson anvertraut, der Eindruck entsteht, er habe einen Freund »verpfiffen«.

Hier müssen in erster Linie die Schulen aufklären. Sie sollten deutlich machen, dass es geeignete pädagogische Möglichkeiten gibt, auffällige Schüler in die Gesellschaft (wenn auch nicht unbedingt in die betroffene Schule) zu reintegrieren.

7.2 Intervention vor Tatbeginn

Jens Hoffmann

Es gibt vor allem einen Ort, an dem die Früherkennung von School Shootings oder ähnlichen Gewaltakten am effektivsten ansetzt – die Schulen selbst. Denn die ersten Warnsignale treten in aller Regel dort in Erscheinung. Es sind vor allem Mitschüler, aber auch Lehrer, die davon etwas erfahren. Warnsignale bei vergangenen Taten waren etwa Äußerungen der Hoffnungslosigkeit gepaart mit kalter Wut, die intensive Beschäftigung mit anderen Amokläufern oder – und dies geschieht meist in der unmittelbaren Vorbereitungsphase der Tat – kryptische oder offene Andeutungen, dass ein Gewaltakt an der Schule kurz bevorstehe. Doch welche Arten von Gewalt lassen sich so erkennen? Es sind nicht nur Extremereignisse wie das Schulmassaker in Erfurt, sondern beispielsweise auch nicht tödliche Attacken mit Messern auf Lehrer und Gleichaltrige, die solche Muster im Verhalten und in der Kommunikation des Täters im Vorfeld zeigen. Für derartige Dynamiken hat sich in Folge der richtungweisenden Forschungsarbeiten des US-amerikanischen Secret Service der Begriff der zielgerichteten Gewalt an Schulen etabliert. Hierunter wird ein geplanter und intendierter Angriff auf Personen oder Personengruppen verstanden, wobei die Schule absichtlich als Tatort ausgewählt wurde.

Dass sich Experten wie Schulpsychologen oder die Polizei bereits auf solche Gewaltphänomene vorbereiten, ist wichtig und löblich, doch wenn sich nicht auch Lehrer, Direktoren und Sozialarbeiter an Schulen mit dem Phänomen systematisch auseinandersetzen und Präventionsstrategien vor Ort verankern, bleibt eine wesentliche Chance zur Verhinderung dieser Taten vertan. Bedauerlicherweise bestehen an dieser Stelle nicht selten wesentliche Vorbehalte. Da ist beispielsweise eine grundsätzliche Sorge, die eigene Institution mit Gewalt in Verbindung zu bringen. Man fürchtet, dadurch den Ruf der eigenen Einrichtung zu gefährden und so Eltern davon abzubringen, ihre Kinder auf eben diese Schule zu schicken. Ein weiterer Aspekt liegt darin begründet, dass manche Lehrer ihre Hauptaufgabe fast ausschließlich in der Vermittlung von Wissen sehen, pädagogische Fragestellungen hingegen in ihrer Arbeit als zweitrangig erachten. Dies scheint vor allem bei mittleren und höheren Schulformen wie Gymnasien der Fall zu sein. Dabei sind es gerade diese Bildungseinrichtungen, in denen ein Großteil der sog. School Shootings in Nordamerika und auch in Deutschland stattfand. Nicht zuletzt hindern Mythen über zielgerichtete Gewalt die Verantwortlichen in Schulen daran, sich präventiv zu engagieren. Solche nicht immer bewussten Abwehrstrategien sind aus psychologischer Sicht dienlich, um die Auseinandersetzung mit heiklen, schmerzlichen und unangenehmen Themen zu vermeiden. Beispielhaft für solche Fehlannahmen ist die Vorstellung, dass schwere Gewalttaten zwar woanders, aber nicht hier geschehen, oder dass Amoktäter plötzlich »ausrasten« und deshalb nicht frühzeitig erkannt werden können.

Stattdessen müssen zielgerichtete Akte der Gewalt als Endpunkt eines Prozesses verstanden werden. Es gibt also Wege, die zur Gewalt führen. Auf jedem dieser Wege lassen sich »rote Flaggen« erkennen, die auf eine krisenhafte Entwicklung mit möglicherweise gewalttätigem Ausgang hindeuten. Es findet dabei eine schrittweise Verengung von Handlungsalternativen statt. Am Ende steht aus der Sicht des jugendlichen Gewalttäters schließlich die Tötung oder Verletzung anderer als letzte Möglichkeit, um ein Ende seiner Krisensituation herbeizuführen. Dies bedeutet auch als positive Schlussfolgerung, dass eine Eröffnung von Handlungsalternativen diese fatale Entwicklung stoppen kann. In der Regel vermag also eher Krisenintervention anstelle von Repression solche verhängnisvollen Verläufe abzuwenden, wenngleich natürlich bei möglicherweise direkt bevorstehenden Taten sehr schnell und offensiv gehandelt werden muss.

Mehrere nordamerikanische Studien, allen voran die bereits erwähnte Untersuchung des Secret Service, deuten auf einige zentrale Risikomarkierer hin, die als »rote Flaggen« für die Früherkennung möglicher problematischer Entwicklungen fungieren können. Mehrere Merkmale, die den Weg zur Gewalt flankieren, sollen hier als Beispiel genannt werden: Dies ist einmal das Phänomen des sog. »Leaking«, ein englischer Begriff, den man mit »leckschlagen« übersetzen kann. Nahezu alle jugendlichen Amokläufer an Schulen haben entweder gegenüber Gleichaltrigen Andeutungen über die bevorstehende Tat gemacht oder ihre Absicht in Schulaufsätzen, Internetforen oder Ähnlichem zum Ausdruck gebracht. Des Weiteren fühlten sich viele der späteren Täter als Opfer von Mobbing. Sie zeigten depressive Verstimmungen oder sprachen von Suizid. Vielfach bemerkte auch ihr direktes Umfeld, dass sich bei ihnen etwas veränderte, ohne dieses immer genau näher benennen zu können. Etwa zwei Drittel verschafften sich Zugriff auf Waffen, die aus dem familiären Umfeld stammten. In fast allen Fällen gab es im unmittelbaren Vorfeld der Tat eine letzte Kränkung des späteren Täters, etwa in Form einer Zurückweisung seitens des anderen Geschlechts oder durch eine schulische Disziplinarmaßnahme. Auch gab es häufig einen erkennbaren Konflikt zwischen dem Täter und mindestens einem seiner Opfer. In einer Studie, die wir an unserem Institut für Psychologie und Sicherheit in Kooperation mit der Arbeitsstelle für Forensische Psychologie der Technischen Universität Darmstadt durchführten, fanden wir in einer qualitativen Auswertung deutscher Fälle in den meisten Punkten nahezu identische Strukturmerkmale wie in Nordamerika.

7.2.1 Fallbeispiel: Brannenburg

Am 16. März 2000 betritt Michael W. sein Internat in Brannenburg (Oberbayern). Der 16-jährige Schüler gibt vier gezielte Schüsse auf den Heimleiter Rainer G. ab. Der Pädagoge wird dadurch so schwer verletzt, dass er sechs Tage später im Krankenhaus den Folgen der Schusswunden erliegt. Gleich nach seinem Angriff richtet Michael W. die Tatwaffe gegen sich selbst und fügt sich einen Kopfdurchschuss zu, den er zwar überlebt. Er fällt jedoch aufgrund des schweren Schädel-Hirn-Traumas in ein Wachkoma und wird zum Pflegefall.

Als Jugendlicher war Michael W. gelegentlich von seinem Vater, einem Waffenfan, mit zu Schießständen genommen worden, wo er auch aktiv werden durfte. Nachdem der Junge 1997 mit einer Luftpistole in einem Park schoss und außerdem mit der Waffe zwei Mitschüler bedrohte, wurde die Polizei eingeschaltet. Daraufhin verbot sein Vater ihm den Umgang mit Schusswaffen. Im selben Jahr wechselte Michael W. wegen Schwierigkeiten mit seinen Noten von einer staatlichen Realschule auf das Internat in Brannenburg. Dort fiel er später immer wieder durch Drohungen, Gewalttätigkeiten und Unflätigkeiten auf. So hielt er beispielsweise 1999 einem Mitschüler eine Gaspistole an den Kopf. Er beschimpfte und provozierte Lehrer und Schulkameraden und wurde auch immer wieder handgreiflich. Dies brachte ihm einige Disziplinarmaßnahmen ein, darunter Ende 1999 eine mehrtägige Suspendierung von der Schule. Mitschülern zufolge sprach Michael W. bereits damals von einer »schwarzen Liste«, auf der missliebige Personen vermerkt seien.

Am 15. März, einen Tag vor der Tat, kam es zu einem Vorfall, durch den Michael W. endgültig des Internats verwiesen wurde. Weil in seinem Zimmer zuvor Bierflaschen und ein Messer gefunden worden waren, sollte der Schüler zur Strafe gemeinsam mit anderen »Delinquenten« eine Kammer ausräumen. Der Heimleiter Rainer G. fand ihn jedoch stattdessen auf dem Bett liegend und rauchend, was in dem Haus streng verboten war. Daraufhin brachten ihn zwei Lehrer mit dem Auto nach Hause. Während der Fahrt sagte der Junge, es täte ihm leid, dass er Rainer G. »keine mitgegeben habe«.

Sein Vater, der sich beruflich in Norddeutschland aufhielt, wurde telefonisch über den Schulverweis informiert und erteilte seinem Sohn daraufhin aus der Ferne vier Wochen Hausarrest. Michael W. hatte sich ohne Wissen seines Vaters wenige Monate vor der Tat einen Nachschlüssel zu dessen Waffenkammer anfertigen lassen. Von dort holte er schließlich die Tatwaffe, einen Colt, und zusätzlich eine weitere Pistole. Am Tattag telefonierte der Junge mit einem Freund und berichtete ihm, dass er von der Schule geflogen sei und nunmehr Hausarrest habe. Er sagte, er habe Lust dazu, in die Stadt zu gehen und ein paar Leute umzulegen. Sein Freund nahm diese Drohung nicht ernst. Am Nachmittag fuhr er schließlich mit einem Taxi in das Internat und schoss dort auf Rainer G.

In dem Fall lassen sich mehrere eindeutige Risikofaktoren erkennen: Zum einen ließen die Äußerungen von Michael W. über seine »schwarze Liste« darauf schließen, dass er möglicherweise schon längere Zeit über zielgerichtete Gewaltakte nachgedacht hatte. Dabei standen in seinem Fokus solche Personen, die er als feindlich gesonnen gegenüber ihm wahrnahm. Als letzte Kränkung ist der Schulverweis identifizierbar, der offenbar tatauslösende Qualität besaß. Als klare »Leaking«-Kommunikation im Vorfeld sind die Äußerungen gegenüber den Lehrern und seinem Freund im unmittelbaren Tatvorfeld zu werten, in denen der Junge seine aggressiven Intentionen formulierte.

Dieser Fall macht wieder einmal deutlich, was so oft bei School Shootings festzustellen ist. Viele Menschen aus dem Umfeld verfügen über einzelne Puzzelsteine des Wissens, doch es existiert niemand, der alle vorhandenen Informationen zu einem Gesamtbild zusammensetzt. Die Erkenntnis, dass es immer Warnsignale gibt, aber auch, dass es eines strukturierten Prozesses bedarf, solche Signale zu erkennen und möglichen Risikoentwicklungen gegenzusteuern, hat zu einer ganz neuen Fachdisziplin geführt – dem Bedrohungsmanagement.

7.2.2 Die neue Disziplin des Bedrohungsmanagements

In den 80er und 90er Jahren begann sich in den USA eine neue Fachdisziplin zu etablieren, die als »Threat Assessment« oder »Threat Management« bezeichnet wird. Auf Deutsch bietet es sich an, von Bedrohungsmanagement zu sprechen. Nach spektakulären Anschlägen auf Personen des öffentlichen Lebens hatten die anschließenden Ermittlungen gezeigt, dass es immer eine auffällige Vorgeschichte auf dem Weg hin zur Gewalttat gab. Mit der Intention, bereits bevor es zu einem Angriff kommt, gefährliche Dynamiken zu erkennen, machten sich daraufhin Kriminalisten, Psychiater und Psychologen daran, neue Methoden der Früherkennung und des Fallmanagements zu entwickeln. Diese Ansätze wurden rasch auf andere Deliktsfelder wie Stalking ausgeweitet und infolge des massiven Anstiegs von School Shootings ab Mitte der 90er Jahre in den USA auch zur Einschätzung auffälliger Schüler genutzt.

Ziel des Bedrohungsmanagements ist es nicht, Gewalt vorherzusagen, sondern sie zu verhindern. Deswegen wird auch nicht kategorisch eingeschätzt, ob eine Person gewalttätig ist oder nicht, denn dies würde eine zu statische Vorstellung von Gefährlichkeit bedeuten. Tatsächlich entsteht zielgerichtete Gewalt aus einem Wechselspiel zwischen dem potenziellen Angreifer, seiner momentanen Lebenssituation und der Zielperson seiner Aggression. Zielgerichtete Gewalt wird somit als Endpunkt eines krisenhaften Prozesses gesehen. Es wird analysiert, ob sich eine Person auf einem Entwicklungsweg befindet, der sie möglicherweise hin zu einem Angriff führt. Wir wissen also bis unmittelbar vor der Attacke nicht, ob der Mensch, den wir bewerten, gewalttätig gegen andere oder gegen sich selbst wird oder ob die Krise ohne weitere Eskalation vorüberzieht. Diese Sichtweise ist von großer Bedeutung. Dadurch wird der Gefahr der Überinterpretation und der Stigmatisierung »verdächtiger« Jugendlicher entgegengewirkt. Denn: Es geht immer um Intervention anstelle von Repression.

Falsch und irreführend wäre auch die Vorstellung, es gäbe Täterprofile, also quasi Checklisten, die man über alle Schüler hinweglaufen lassen kann und mit denen sich die gefährlichen Jugendlichen heraussieben ließen. So gab es etwa nach Erfurt Versuche, die sog. »Psychopathy Checklist« heranzuziehen, ein bewährtes Instrument der Einschätzung von Gewalttätern aus Nordamerika. Nach Emsdetten wurde darüber diskutiert, Einzelgänger in Klassen näher zu analysieren, da diese potenziell dem Tätertyp des Amoklaufs entsprechen würden. Sich auf solche Stereotypen zu stützen, ist gefährlich, denn Unschuldige werden stigmatisiert. Nicht wenige wirklich gefährliche Risikoentwicklungen werden sogar übersehen. Beim Bedrohungsmanagement bildet hingegen immer nur konkretes Verhalten die Grundlage der Einschätzung. Im Folgenden soll ein Ablaufplan zum Bedrohungsmanagement in Schulen vorgestellt werden.

7.2.3 Erste Bewertung

Als erster Schritt müssen Lehrer und andere Personen, die in der Schule tätig sind, überhaupt wissen, auf welche Warnsignale sie zu achten haben. Dabei ist es wichtig, in entsprechenden Schulungen für diesen Personenkreis zu verdeutlichen, dass solche Warnsignale sich nach einer ersten Untersuchung in den allermeisten Fällen als nicht bedrohlich erweisen, um eine falsche Beunruhigung und Panik zu vermeiden. Dennoch ist es zugleich bedeutsam, jedem einzelnen Warnsignal zumindest kurz Aufmerksamkeit zu schenken, da auf diese Art bedenkliche Entwicklungen hin zur Gewalt früh entdeckt werden können. Die Frühwarnsignale umfassen unterschiedlichste Bereiche wie etwa kommunikative Aspekte (z. B. Selbstmorddrohungen oder eine unangemessene Profanität) oder Verhaltensauffälligkeiten (z. B. extreme Impulsivität oder der plötzliche Verfall des äußeren Erscheinungsbildes). Als vorteilhaft hat es sich zudem erwiesen, wenn in einer Art Hausordnung der Schule oder auch Selbstverpflichtung aller Beteiligten festgelegt wird, dass bestimmte Verhaltensweisen, wie etwa Gewaltdrohungen, nicht akzeptabel sind und immer weitergemeldet werden müssen (▶ Infobox).

Infobox

Frühwarnsignale

Treten Frühwarnsignale auf, sollte untersucht werden, ob sich dahinter möglicherweise eine krisenhafte Entwicklung verbirgt, die in Gewalt münden könnte. Dies wird bei näherer Betrachtung nur manchmal der Fall sein. Die folgende Liste des früheren amerikanischen Polizeipsychologen Kris Mohandie kann nur einen Eindruck vermitteln und ist nicht vollständig:

Kommunikation:
- Gewaltdrohungen
- Äußerungen von Verzweiflung oder Selbstmord
- Ausdruck gewalttätiger Phantasien
- Konfrontative oder einschüchternde Äußerungen
- Unangemessene Profanität

Verhalten:
- Wiederholte Gewaltanwendung
- Extreme Impulsivität

- Mitbringen von Waffen an die Schule
- Rückzug und Isolation
- Verfolgen oder Auflauern von anderen Personen
- Plötzlicher Verfall des äußeren Erscheinungsbildes
- Nichtanerkennen von Autoritäten

Obsession:
- Extreme Verehrung realer oder fiktionaler Gewalttäter
- Andauerndes Gefühl Ungerechtigkeit ausgesetzt zu sein
- Übermäßige Beschäftigung mit Tod und Zerstörung

Psychische Auffälligkeiten:
- Gefühl verfolgt und bedroht zu werden
- Grandiositätsphantasien
- Wahnvorstellungen

Für eine erste Einschätzung vor Ort, die unmittelbar von geschultem Lehrpersonal durchgeführt werden kann, entwickelte der US-amerikanische Psychologe Dewey Cornell gemeinsam mit Kollegen ein spezielles Modell. Dieses Screeningverfahren ermöglicht es auf recht einfache Weise, eine erste Bewertung vorzunehmen,
- ob unmittelbare Entwarnung gegeben werden kann,
- oder ob das auffällige Verhalten des Schülers oder seine Kommunikation genauer betrachtet werden sollte.

Zu diesem Zweck wird eine fundamentale Unterscheidung zwischen sog. **flüchtigen und substanziellen Drohungen** getroffen (► Infobox). Die zugrunde liegende Definition für eine Drohung geht dabei über eine rein verbale Äußerung hinaus, denn diese wird gefasst als jegliche Äußerung einer Intention einer anderen Person Schaden zuzufügen. Drohungen können demnach ausgesprochen, geschrieben oder auf andere Weise ausgedrückt werden, wie etwa durch Gestik. Sie können direkter oder indirekter Natur sein und offen oder verdeckt kommuniziert werden.

Infobox

Flüchtige Drohungen. Diese drücken keine dauerhafte Intention aus, jemandem Schaden zuzufügen. Sie entstehen beispielsweise aus einer unmittelbaren Streitsituation zwischen zwei Schülern heraus, sie können aber auch Ausdruck eines Spiels oder eines Scherzes sein. Solche Drohungen sind aus der Situation verstehbar, sie lassen sich mit etwas Abstand leicht auflösen. Grundsätzlich ist festzustellen, dass flüchtige Drohungen bei einer näheren Untersuchung des Vorfalls zu einer Distanzierung seitens des drohenden Schülers führen, wie beispielsweise eine Entschuldigung. Eine andere Möglichkeit ist, dass eine überzeugende Erklärung gegeben wird, die deutlich macht, weshalb keine tatsächliche Bedrohung für eine andere Person vorliegt.

Substanzielle Drohungen. Hier findet die fortwährende Absicht Ausdruck, anderen zu schaden. Es gibt insgesamt fünf mutmaßliche Indikatoren, die jeder für sich auf das mögliche Vorhandensein einer substanziellen Drohung hinweisen können:
1. Es treten in der Drohung spezifische Details auf, wie etwa bestimmte Daten.
2. Die Drohung wurde wiederholt oder gegenüber unterschiedlichen Personen geäußert.
3. Die Drohung impliziert konkrete Planungshandlungen.
4. Der Schüler hat Komplizen oder versucht Zuschauer für eine Tat zu werben.
5. Es lässt sich physische Evidenz finden wie beispielsweise eine Schusswaffe oder eine Liste potenzieller Opfer.

Kann eine Drohung nicht aufgelöst werden, so ist aus Sicherheitsgründen zunächst von einer substanziellen Drohung auszugehen und eine tiefergehende Analyse durchzuführen. Wird dabei zudem mit schwerer bzw. tödlicher Gewalt gedroht, dann ist die Drohung als akut gefährlich einzuschätzen. Es muss dann sofort gehandelt werden, um eine möglicherweise bevorstehende Gewalttat zu verhindern.

Bei der Feststellung einer **flüchtigen Drohung** sind keine weiteren Maßnahmen des unmittelbaren Fallmanagements mehr notwendig, da eine akute Gefahr nicht zu erkennen ist. Dies bedeutet natürlich nicht, dass aus Sicht der Schule nicht andere Maßnahmen mit pädagogischer Zielsetzung stattfinden können. Die Diagnose einer **substanziellen Drohung** hat zur Folge, dass dem Fall noch weiter nachgegangen wird. In einer Studie untersuchte Dewey Cornell, wie häufig welche Form der Drohung auftritt. Er vermittelte an mehreren Schulen den Lehrern sein Modell und bat sie, Drohungen zu erfassen, die über den Zeitraum eines Schuljahres hinweg auftraten. Bei einer Gesamtzahl von 188 derartiger Vorfälle wurden 70% der Drohungen als flüchtig klassifiziert und 30% als substanziell. Hierbei ließ sich zusätzlich eine kleine Extremgruppe unter den substanziellen Drohungen identifizieren, die eine unmittelbare Reaktion erforderlich machen. Merkmale dieser besonders brisanten Kategorie sind Androhungen von Vergewaltigungen, schwerer Gewalt oder Mord oder der Umstand, dass eine Waffe im Spiel ist.

Erste Reaktion – Schutz, Aufklärung und offensives Vorgehen

Nach einer ersten Bewertung muss eine Entscheidung fallen, ob

1. der Fall unbedenklich ist,
2. eine tiefergehende Analyse notwendig erscheint oder
3. eine derartige Dringlichkeit besteht, dass sofort gehandelt werden muss, um eine möglicherweise direkt bevorstehende Gewalttat zu verhindern.

Als direkte Reaktion auf eine unmittelbare Gefahr sind grundsätzlich mehrere Optionen möglich, die je nach Einzelfall ausgewählt werden müssen:

Der Schutz beispielsweise der Schule oder von Personen, die im Fokus der Bedrohung stehen. Das kann Sicherheitsmaßnahmen beinhalten, wie eine schützende Präsenz von Polizei.

Aufklärung bedeutet, dass bestimmte Personen informiert werden sollten, wie etwa Eltern von betroffenen Schülern, was prinzipiell sowohl auf potenzieller Opfer- als auch Täterseite möglich ist.

Ein offensives Vorgehen zielt hingegen darauf ab, den Bedroher direkt anzugehen. Hierzu zählen beispielsweise eine direkte Ansprache seitens der Polizei zur Grenzziehung, ein Schulverweis, eine Hausdurchsuchung oder – falls vorhanden – die Beschlagnahme von Waffen.

Tiefergehende Analyse

Für eine tiefergehende Analyse ist es zunächst sinnvoll, sich Hintergrundwissen über die Geschehnisse durch eine gründliche Informationsrecherche zu verschaffen. Dabei gilt es, sich eine möglichst objektive und falls machbar durch unterschiedliche Quellen abgesicherte Rekonstruktion über die Vorgeschichte, die momentane Situation und die Handlungen der beteiligten Akteure zu verschaffen. Informationen können und sollten aus verschiedenen Bereichen gewonnen werden, wie beispielsweise durch Befragungen des Umfelds und durch die Auswertung von Schul- oder anderen Behördenakten. Mit dem so gewonnen Hintergrundwissen ist es möglich, sehr gute, verhaltensorientierte Einschätzungsmodelle des Bedrohungsmangements zum Einsatz zu bringen. Solche Instrumente lassen erkennen, ob sich der Jugendliche auf einem Weg hin zu einem möglichen Gewaltakt befindet und sofern dies der Fall ist, wie unmittelbar eine solche Tat wahrscheinlich bevorsteht. Der Secret Service stellte mehrere Kernfragen zusammen, die für eine weiterführende Einschätzung im Rahmen der Bedrohungslage wichtig sind. Einige dieser Aspekte sollen hinsichtlich des aktuellen Forschungs- und Wissensstands kurz erläutert werden:

Was sind die Motive und Ziele des Schülers?

Hinter dieser Frage verbirgt sich die Einschätzung darüber, ob eine Kränkung, ein Verlust, eine Zurückweisung oder etwas Vergleichbares vorhanden ist, was eine solche schwere Gewalttat motivieren könnte. Falls eine schwerwiegende Krise im Hintergrund steht, gilt es anschließend zu untersuchen, ob der Jugendliche aus seiner Sicht noch über Problemlösungsressourcen verfügt oder ob ihm vielleicht Gewalt als eine letzte Option erscheint, seinen brüchigen Selbstwert zu behaupten.

Gibt es gewaltbezogene Kommunikation?

Bei diesem Punkt geht es um das sog. »Leaking«, also inwiefern bei einem Schüler etwa im Internet, in Schulaufsätzen oder in Gesprächen offene oder verschlüsselte Hinweise auf die Beschäftigung mit Gewalt aufgetreten sind.

Hat der Schüler eine Bindung an einen verantwortungsvollen Erwachsenen?

Das Vorhandensein enger, vertrauensvoller Beziehungen zu anderen Menschen gilt als ein Schutzfaktor, welcher geeignet ist, einen Jugendlichen von einer solchen Tat zurückzuhalten. Umgekehrt vermag eine zunehmende soziale Entfremdung darauf hinzuweisen, dass der Schüler einen wichtigen Halt verliert und damit einem Gewaltakt näher kommt.

Sind tatvorbereitende Handlungen erkennbar?

Hierunter sind Hinweise auf konkrete Vorbereitungen zu verstehen, wie beispielsweise die Beschaffung von Waffen oder das Erstellen einer Todesliste möglicher Opfer. Lassen sich solche Verhaltensweisen identifizieren, kann dies bedeuten, dass der Jugendliche von einem reinen Nachdenken über die Möglichkeit eines School Shootings erste Schritte hin in Richtung Handlungsebene unternommen hat.

Sind andere Personen beunruhigt?

Diese Frage spiegelt einmal die Erkenntnis wider, dass Erwachsene im Vorfeld von School Shootings sehr wohl wahrnehmen, dass irgendetwas nicht stimmt, ohne dies immer genauer einordnen zu können. Näheres über die gewaltsamen Intentionen des späteren Täters wissen jedoch oftmals die Peers, sprich die Gleichaltrigen. Sie haben meist von Drohungen oder Ankündigungen gehört, nehmen diese jedoch nicht ernst oder trauen sich nicht, sich an die Lehrer zu wenden.

Gibt es eine Vorgeschichte von Depressionen?

Zielgerichtete Gewalttaten werden selten von einer Position der Stärke heraus initiiert, auch wenn dies durch die Ungeheuerlichkeit und Brutalität des Geschehens oftmals überdeckt wird. Typisch ist eine Mischung aus Verzweiflung und kalter Wut aufseiten des jugendlichen Täters, die häufig durch Äußerungen über Perspektivlosigkeit und Selbstmordabsichten nach außen dringt.

In den allermeisten Fällen wird glücklicherweise auch die tiefgehendere Analyse zu der Einschätzung führen, dass zumindest eine akute Bedrohung nicht gegeben ist. Einige Schüler erfordern jedoch dennoch ein längerfristiges Monitoring dahingehend, dass ihr Eskalationspotenzial im Zusammenhang mit ihrer jeweils aktuellen Situation periodisch immer wieder neu bewertet werden muss. Ein auf den Einzelfall ausgerichtetes Fallmanagement ist deswegen regelmäßig als das Mittel der Wahl zu sehen.

7.2.4 Fallmanagement und Krisenteams

Nicht nur die Risikoeinschätzung, auch das Fallmanagement muss in der Schule beginnen. Dabei ist es von zentraler Bedeutung, feste Strukturen und Ansprechpartner vor Ort zu schaffen. Bewährt haben sich Krisenteams, die direkt auf schulischer Ebene angesiedelt sind. Eine solche Gruppe sollte regelmäßig zusammenkommen und bei konkreten Vorfällen gemeinsam das Geschehen einschätzen, mögliche Interventionsschritte diskutieren und dann auch umsetzen. Dabei sollte als Ausgangspunkt immer zunächst das Ereignis genauer betrachtet werden, welches dazu geführt hat, dass der Schüler auffällig geworden ist. Von dort ausgehend gilt es dann, das Fallverständnis zu erweitern.

Wie bereits vorgestellt, bilden zielgerichtete Gewaltakte an Schulen den Endpunkt eines Weges, bei dem in der finalen Phase aus Sicht des Jugendlichen die Tat als letzte noch bleibende Option erscheint. Am Anfang des Pfades steht immer ein Missstand, eine Krise, die der Schüler mit seinen individuellen Lösungsstrategien nicht zu bewältigen vermag. Daher ist eine frühe Krisenintervention, die neben einer etwaigen Grenzsetzung vor allem auch stützende Ansätze beinhaltet, ein gutes Mittel, um eine solche Entwicklung zur Gewalt sich gar nicht erst vollziehen zu lassen. Wie effektiv Maßnahmen sein können, bei denen man offen den Jugendlichen anspricht und nach Problemlösungen sucht, verdeutlicht ein Interview mit einem nordamerikanischen School Shooter. Gefragt, was zur Verhinderung der Amoktat notwendig gewesen wäre, antwortete er: »Es hätte nur jemand mit mir reden müssen.« Allerdings soll hier nicht eine für alle Fälle gültige, übersimplifizierende Lösung suggeriert werden. Manche der jungen Männer lassen sich ab einem bestimmten Zeitpunkt nicht mehr nur durch eine stützende Intervention von ihren Plänen abhalten, sondern nur noch durch ein sehr massives Vorgehen.

Es ist durchaus sinnvoll, dass sich ein schulisches Krisenteam nicht nur auf die Verhinderung von schweren Gewalttaten an Schulen konzentriert, sondern sich auch anderen Themen wie beispielsweise Suizidprävention, aggressiven Jugendgangs und Ähnlichem widmet. Das hat mehrere Vorteile: Zum einen vermeidet man Parallelstrukturen und muss somit nicht mehrere Krisenteams an der Schule bereitstellen. Zum anderen verfügt dieses eine Krisenteam außerdem über Erfahrung mit dem Management unterschiedlicher Fälle. Zudem schürt man unnötig Ängste, wenn man als alleinige Zielstellung Schlagworte wie Amokprävention verwendet. In solchen Fällen werden Widerstände, etwa in Form des berechtigten Hinweises erzeugt, dass solche gewaltsamen Extremereignisse nur sehr selten vorkommen.

Ein solches Krisenteam setzt sich in den meisten Fällen aus Mitarbeitern der Schule zusammen und vielleicht zusätzlich aus Experten aus der unmittelbaren Umgebung. Eine weitere Vernetzung mit Personen und Institutionen außerhalb der Schule ist dabei von sehr großer Bedeutung. Wichtige Partner sind beispielsweise Jugendämter, Psychotherapeuten, Erziehungs- und Familienberatungsstellen und natürlich die Polizei. Für eine vertrauensvolle Kooperation sind auch persönliche Kontakte notwendig. Ebenso ist ein Verständnis für die Verpflichtungen und Möglichkeiten der anderen beteiligten Berufsgruppen erforderlich. Auch sollte besprochen werden, ab welcher Eskalationsstufe die Polizei hinzugezogen wird (▶ Infobox).

Infobox

Beispiele für mögliche Interventionen im Fallmanagement

- Gespräche mit Eltern und Schülern
- Therapie und Beratung für den auffälligen Schüler
- Verhaltenstrainings
- Längerfristiges Monitoring
- Versetzung in eine andere Klasse
- Schulverweis
- Hausdurchsuchung
- Strafanzeigen
- Zivilrechtliche Verfügungen
- Schutz bedrohter Personen
- Festnahme durch die Polizei

Noch eines muss zum Thema Fallmanagement angemerkt werden: Es gibt nicht das perfekte Vorgehen. Im Regelfall müssen die Maßnahmen immer wieder den Entwicklungen des Falles folgend neu justiert oder in Teilen revidiert werden. Es sollte eine hohe Flexibilität bei der Wahl der Mittel vorliegen. Denn grundsätzlich ist eine sehr breite Palette von Interventionsformen vorhanden, die von sehr leichten Maßnahmen wie Gesprächen bis hin zu Festnahmen und Schulverweisen reicht.

Dabei ist es extrem wichtig, sich vor Augen zu führen, dass grundlegende Unterschiede zwischen dem Mittel **Disziplinarmaßnahmen** und dem Mittel **Bedrohungsmanagement** bestehen. Bei Ersterem geht es darum, Konsequenzen für ein als problematisch erachtetes Verhalten aufzuzeigen. Bedrohungsmanagement hat hingegen allein die mögliche künftige Gefährdung von Menschen abzuwenden. Beide Ansätze müssen auseinandergehalten werden, wie das tragische Beispiel von Erfurt zeigte. Dort hatte der Schulverweis des späteren Amokläufers Robert S. – eindeutig ein disziplinarischer Schritt – die verhängnisvolle Dynamik hin zu dem späteren Massaker mit ausgelöst. Alleine den Aspekt der Disziplinierung im Auge zu behalten und das Thema Bedrohungsmanagement nicht zu beachten, wäre also ein grundlegender Fehler. Wenn ein Schulverweis erfolgt, sollte dies aus Sicht des Bedrohungsmanagements immer von begleitenden Maßnahmen und einer hohen Sensibilität für mögliche Warnsignale flankiert werden.

7.2.5 Die Zukunft des Bedrohungsmanagements

Es wird sich zeigen, ob erst noch weitere schwere Gewalttaten an Schulen stattfinden müssen, bevor sich die Philosophie des Bedrohungsmanagements im deutschsprachigen Raum durchsetzt. Praktische Erfahrungen in Nordamerika und vereinzelt auch schon in Deutschland haben gezeigt, dass solche Ansätze geeignet sind, Warnsignale zu erkennen und wahrscheinliche School Shootings abzuwehren. Solche Tatmuster sind bedauerlicherweise sozial ansteckend. Wie bereits in einem früheren Abschnitt dieses Buches dargelegt, stellt der sich zu düsterer Größe und machtvoller Bedeutung aufschwingende junge Amokläufer schon heute in Teilen der Jugendkultur eine dunkle heroische Figur dar. Eine Figur, die für einige im Selbstwert gekränkte Persönlichkeiten mit mangelnden Kompensationsmechanismen ein verlockendes Identifikationspotenzial darstellt. Die Akte zielgerichteter Gewalt in Columbine, Emsdetten und anderen Orten sind im Internet ausführlich dokumentiert und stellen eine jederzeit abrufbare Blaupause für Nachahmungstaten dar.

Schon jetzt zeichnet sich ab, dass Bedrohungsmanagement nicht nur auf die Form der zielgerichteten Gewalt an Schulen anwendbar ist, sondern auch die beiden anderen Formen jugendlicher Aggression – impulsive und psychotische Gewalt – frühzeitig zu erkennen vermag. Das erweiterte Anwendungsfeld wird sicherlich auch zu einer breiteren Akzeptanz solcher Präventionsansätze führen. Eine weitere wegweisende Entwicklung könnte in dem Einsatz von computerisierten Bedrohungsmanagementinstrumenten liegen. Solche Systeme helfen Lehrern, Schulpsychologen und Polizeibeamten, alle wichtigen Informationen eines Falles systematisch zu erfassen. Sie liefern außerdem Hintergrundinformationen zu Risikoindikatoren, stellen durch den automatisierten Abgleich mit vergangenen Mustern realer Taten einen Gefährlichkeitsmaßstab bereit und bieten insgesamt eine objektive, faktengestützte und nachvollziehbare Einschätzung der momentanen Bedrohungslage.

Man mag bedauern, dass es heute notwendig erscheint, Anstrengungen zur Abwendung schwerer Gewalttaten an Schulen zu unternehmen. Doch man kann es auch von einer anderen, positiveren Seite sehen. Der momentane Wissensstand und das Know-how des Bedrohungsmanagements machen es mittlerweile möglich, einiges an Leid und Gewalt zu verhindern – und dies mit einem vertretbaren Aufwand.

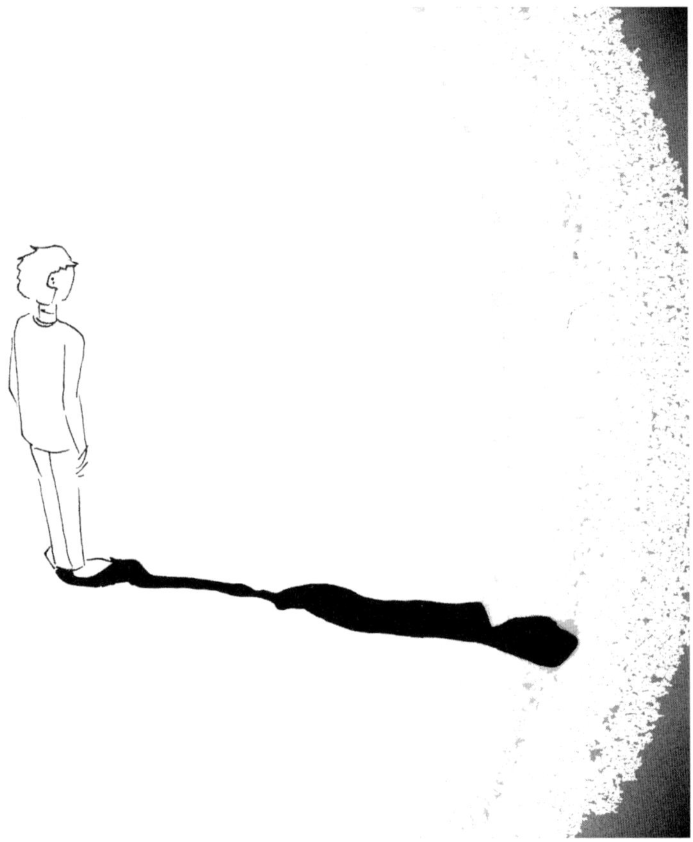

7.3 Prävention

Aïda Lorenz

Gezielte Hilfen in Notfallsituationen erfordern Krisen- und Notfallhilfe, jedoch ebenso Krisenmanagement, das als geplantes und koordiniertes »Sichkümmern« umschrieben werden kann. Im Kontext von Schule umfasst dieses Krisenmanagement die Aspekte

- **Fürsorge**, also Maßnahmen und Hilfen im Notfallgeschehen, sowie
- **Nachsorge**, also Maßnahmen und Hilfen unmittelbar nach dem Notfallgeschehen, an den ersten Tagen nach dem Notfallgeschehen und in der Folgezeit, aber auch
- **Vorsorge**, also präventive Maßnahmen zur Vorbereitung auf Notfälle in der Schule bzw. zu deren Bewältigung.

Während der Aspekt der Nachsorge von Dr. Pieper erläutert werden wird, soll an dieser Stelle der Blick auf die Fürsorge und die Vorsorge gerichtet werden.

7.3.1 Fürsorge

Krisen- und Notfälle sind nicht vorhersehbar und geschehen meist unvermittelt, sozusagen aus heiterem (Schul-) Himmel. Auch wenn ihnen nicht mit völliger Sicherheit vorgebeugt werden kann, sollte jede Schule auf solche Situationen vorbereitet sein und eine Notfallplanung vorhalten.

Schulleitungen, die als Teil des Schulsystems selbst Betroffene sind, gleichzeitig jedoch als Verantwortungs- und Entscheidungsträger Schülern, Lehrkräften und weiteren Mitgliedern der Schulgemeinschaft ordnende, stabilisierende und pädagogisch professionelle Hilfen in der Krise geben sollen, brauchen Unterstützung beim gezielten Planen und Koordinieren von Hilfsmaßnahmen.

Es sollte im Vorfeld geklärt sein, was in einer Schule von wem und wann, gegebenenfalls mit wem getan wird, um eine Krise mit möglichst wenig Verwirrung zu bewältigen. Darüber hinaus sollte sichergestellt sein, dass betroffene Schüler, Lehrkräfte, Schulpersonal und Eltern psychische Notfallhilfe – erste Hilfe für die Seele – erhalten. Für mögliche Notfallszenarien und außergewöhnliche Ereignisse sollte es an jeder Schule außerdem ein für die Koordination der Maßnahmen zuständiges Krisenteam geben, wie Dr. Hoffmann im vorangegangenen Beitrag bereits erläutert hat. Dieses stellt im Vorfeld Überlegungen zu möglichen Hilfeleistungen an.

Krisenintervention erfordert eine professionelle Balance zwischen empathischer Nähe zu den von Notfällen Betroffenen, um deren Belastungen nachvollziehen zu können, und genügend emotionaler Distanz, um Handlungsautonomie zu gewährleisten.

Die Schulpsychologie kann Schulen in Krisen vor- und versorgend und beim Krisenmanagement als Unterstützungssystem zur Seite stehen. Sie verfügt neben Beratungs- und Therapiekompetenz auch über die notwendige Feldkompetenz, da sie interne Kenntnis davon hat, wie Schule funktioniert und welche Ressourcen und Schwierigkeiten vorliegen.

Im Falle der Berliner Notfallplanung haben spezialisierte, als Notfallpsychologen ausgebildete Schulpsychologen für Gewaltprävention und Krisenintervention **»Notfallpläne für die Berliner Schulen«** als Informations- und Orientierungshilfen für die Vorbereitung auf Krisen und Notfälle entwickelt (▶ Infobox). Mit klaren Handlungsempfehlungen zielen die Notfallpläne darauf ab, die

Infobox

»Notfallpläne für die Berliner Schulen«

In einem orangefarbenen Ordner zusammengestellt, informieren 25 Notfallpläne Schulleitungen und Lehrkräfte durch genaue Vorgaben, was zu tun ist, bei wem Hilfe angefordert werden kann und welche weitere professionelle Unterstützung in akuten Krisen- und Notfällen möglich ist. Bei jedem Notfallplan folgt das Vorgehen in wiederkehrender einheitlicher Struktur einem 5-Stufen-Plan mit verbindlichen Handlungsschritten. In ihnen wird dargelegt, welche akuten Maßnahmen angezeigt sind und wie die Aufarbeitung aussehen sollte.

Die Pläne sind nach drei Gefährdungsgraden gegliedert, und entsprechend in den Ampelfarben unterlegt. So steht der »Amoklauf« im Gefährdungsgrad III (rot) an erster Stelle. Die Notfallpläne »Morddrohung (im Internet)«, und »Amokdrohung« tragen dagegen den Gefährdungsgrad II (gelb). Außerdem gibt es darin Empfehlungen und Hinweise zum Umgang mit Medien und Öffentlichkeit, zu Suizid-/Risikoindikatoren, zur Evakuierung in Gefahrensituationen und zur Einrichtung von Krisenteams, die im Notfall von benannten Experten (Polizei, Feuerwehr, Schulräte, Schulpsychologen für Gewaltprävention und Krisenintervention, Ärzte, Psychiater und Notfallseelsorger) unterstützt werden sollen.

Im Anhang dieses Buches werden darüber hinaus Vorlagen zur Verfügung gestellt, die im Sinne eines solchen Notfallordners mit dem Schwerpunkt Schulgewalt zusammengestellt worden sind. Die Materialien können kopiert und einem bereits bestehenden Notfallordner hinzugefügt werden oder auch alleine in einen Ordner geheftet werden, um als guter Grundstock für einen individuellen schuleigenen Notfallordner zu dienen.

Sind Notfallordner erstellt, sollten folgende Hinweise beachtet werden:

- Ordner an einem zentralen und bekannten Ort aufbewahren (z. B. Lehrerzimmer)
- Checklisten griffbereit und in unmittelbarer Nähe einer Fernsprecheinrichtung hinterlegen
- Ordner regelmäßig durch verantwortliche Person durchsehen und aktualisieren lassen (insbesondere bezüglich der Änderung von baulichen Maßnahmen oder dem Wechsel von Ansprechpartnern)

interventionsbezogene Handlungskompetenz der Schulen zu stärken und deren aktives Zusammenwirken mit innerschulischen und außerschulischen Kooperationspartnern, wie Schulpsychologie, Schulaufsicht, Polizei, Jugendamt, Beratungsstellen und dergleichen, zu fördern. Ergänzend zu einem Rundschreiben (»Hinsehen und Handeln«), das – bundesweit einmalig – eine Meldepflicht für Gewaltvorfälle an Berliner Schulen als Frühwarnsystem regelt, wurden verbindliche Standards festgelegt, wie mit Gewaltvorkommnissen angemessen umzugehen ist und wie sie aufzuarbeiten sind. Als meldepflichtige Gewaltvorfälle werden u. a. bezeichnet:

> Gewaltandrohungen (mit und ohne Waffen, im Internet, in Bild und Schrift), Körperverletzungen, antisemitische, fremdenfeindliche, extremistische Äußerungen jeder verfassungsfeindlichen Art, Äußerungen, die der grundgesetzlich garantierten Achtung der Menschenrechte entgegenstehen (z. B. sexistische) und der Verdacht auf organisierte Straftaten.

Krisenprävention besteht aber nicht nur in der Entwicklung von Krisen- und Notfallplänen und der Institutionalisierung von Krisenteams. Sie umfasst auch informative Maßnahmen für die Schulgemeinschaft durch fachpsychologische, auf die jeweilige Altersgruppe zugeschnittene Informationsvermittlung über mögliche Schock- und Belastungsreaktionen von Betroffenen, über die Normalität solcher Reaktionen und deren Symptome sowie Hinweise zur Selbsthilfe. Eine solche »Psychoedukation« wirkt sich erfahrungsgemäß generell angstmindernd und bewältigungsförderlich aus.

Als weiterer Baustein sind ferner Notfalltrainings in Anlehnung an Brandschutzübungen sowie die Thematisierung von Notfallsituationen im Unterricht zu nennen.

Zur Vorbereitung der Schülerschaft auf akute Gewaltvorfälle sollte die Auseinandersetzung mit dem Problem körperlicher und seelischer Gewalt, besonders auch Mobbing, sowohl aus der Täter- als auch aus der Opferperspektive und mit Gewaltprävention zum Unterrichtsgegenstand gemacht werden. Die Auswahl und der Einsatz entsprechender Unterrichtsmaterialien und -programme sollten den jeweiligen Eigenheiten und Erfordernissen der Schule, bzw. der Klasse, angepasst sein. Bei Bedarf kann dafür schulpsychologische Beratungskompetenz in Anspruch genommen werden. Insbesondere das Thema »Amoklauf an Schulen« sollte mit älteren Schülern auf der sachlich-kognitiven Ebene, unter Einbeziehung entsprechender Literatur, Medien und didaktisch-methodisch gut aufbereiteter Unterrichtsmaterialien behandelt werden, weil der Gleichaltrigengruppe, den sog. Peers, in dem multikausalen Bedingungsgefüge solcher Gewalttaten eine Schlüsselrolle zukommt. Wie schon zuvor in diesem Kapitel von Peter Hehne und Dr. Jens Hoffmann aufgezeigt worden ist, haben spätere Täter nahezu ausnahmslos Informationen über geplante Schulattentate durch ausdrückliche oder verschlüsselte Ankündigungen oder Drohungen gegenüber diesen Peers durchsickern lassen. Gleichaltrige, die ohnehin viel voneinander wissen, lassen oft die Absichten und Phantasien potenzieller Täter nach Außen dringen.

Nach allen vorliegenden Erfahrungen und Analysen haben die Täter im Vorfeld vollzogener, bestürzend grundlos wirkender Gewalttaten immer Warnzeichen über verbale oder symbolische Hinweise, Andeutungen, direkte oder verdeckte Ankündigung oder Androhungen gegeben, die sich zum Teil über einen längeren Zeitraum erstreckten. Gleichaltrige, aber auch Eltern und Lehrkräfte müssen daher sensibilisiert werden, die Warnzeichen dieser gefährdeten Schüler wahrzunehmen und zu erkennen.

Um diese so wichtige Früherkennung zu verbessern, muss ein »early warning sense« von der Schulgemeinschaft entwickelt und geübt werden. So können vorgesehene und geplante Schulattentate als Spitze eines Eisbergs aus Verzweiflung, Hoffnungslosigkeit, Kummer und Einsamkeit, die sich in Wut und Hass verkehrt haben, differenziert gedeutet und prompt angemessen beantwortet werden. Zum internalisierten Regelwerk einer Schule muss es dann auch gehören, die Schweigemauer der Gleichaltrigen zu durchbrechen. Sie müssen verstehen, dass die Informationsweitergabe an (Vertrauens-) Lehrer kein Anschwärzen oder Petzen ist, sondern ein Ausdruck von Fürsorge und Verantwortung für einen Mitschüler, der seelisch leidet, dadurch andere und sich selbst zu gefährden droht und der dringend Hilfe braucht.

7.3.2 Umgang mit gefährdeten und gefährlichen Schülern

Die folgenden Beispiele verdeutlichen die Umgangsweise der Schulpsychologie mit einigen in der Praxis aufgetretenen Fällen. Sämtliche Sachlagen waren als gefährlich bewertet worden und in sämtlichen Fällen konnten Krisenteams mit Unterstützung der Schulpsychologie effektiv zur Entspannung beitragen. Es ist besonders zu beachten, dass in allen Fällen großer Wert darauf gelegt wurde, zur Lösung der grundlegenden Probleme der betroffenen Kinder und Jugendlichen beizutragen und damit gleichzeitig das von ihnen ausgehende Gefährdungspotenzial zu neutralisieren.

Ahmed ruft um Hilfe – Warnzeichen eines Grundschülers

Unter der Vorlage einer Zeichnung und eines Aufsatzes von einem Schüler ihrer 6. Klasse bat eine Lehrerin um schulpsychologische Beratung und Hilfe. Der 12-jährige Ahmed X. hatte in seinem Aufsatz Tötungen von Gleichaltrigen beschrieben und Todesphantasien in Bezug auf seine Klassenkameraden zum Ausdruck gebracht. Im Rahmen der Aufgabenstellung »Zeichne deinen Namen« hatte er ein Bild gemalt, das seinen Namen in Blut zerfließend, begleitet von sieben mit den Namen von Mitschülern versehenen Grabsteinen, die von zwei Blitzen getroffen wurden, darstellte.

Beunruhigt war die Lehrerin zudem über Ahmeds plötzlich auftretende Lern-, Leistungs- und Konzentrationsschwierigkeiten und seine auffallende Vernachlässigung in Hygiene und Kleidung. Besorgnis erregte auch die stärkere soziale und verbale Zurückgezogenheit und sein orientierungslos-abwesend wirkendes Verhalten im Unterricht und in den Pausen.

Die Lehrerin wurde nun zunächst in ihrer Haltung bestätigt, den Aufsatz und die Zeichnung von Ahmed, die auf einen mentalen und gefühlsmäßigen Zustand von Hoffnungslosigkeit und Verzweiflung, auf selbstzerstörerische und zerstörerische Phantasien und mögliche suizidale Tendenzen hindeuteten, ernst genommen zu haben. Aus psychologischer Sicht war durchaus von Warnzeichen auszugehen.

Die schulpsychologische Problemanalyse auf der Individual-, Klassen- und Schulebene ergab aufgrund der verfügbaren Informations- bzw. Erkenntnisquellen, dass außer der noch vorhandenen Einbindung in die schulischen Strukturen keine Schutzfaktoren, aber ein hohes Ausmaß an sozialen Risikofaktoren vorhanden waren: Ahmed lebte nach der Trennung seiner Eltern in einer unklaren Betreuungs- und Versorgungssituation durch wöchentlich abwechselndes Wohnen bei den Elternteilen. Der Vater war berufsbedingt zeitweise tagelang nicht zu Hause, selbst dann, wenn Ahmed in seiner Obhut war. Ahmed fehlte es an feinfühliger Fürsorge durch die Eltern. Emotionale Sicherheit und Geborgenheit wurde ihm nicht vermittelt. Beide Eltern praktizierten vernachlässigende Fehlerziehungsformen, waren inkonsistent und wenig fördernd und schwankten zwischen autoritär und alles erlaubend. Da sich Ahmed bei beiden Eltern selbst überlassen war, fiel seine realitätsferne Freizeitgestaltung nicht auf. Sie bestand in stundenlanger exzessiver Beschäftigung mit aggressiven Computerspielen im Wechsel mit gewaltförmigen Videofilmen. Ahmed lebte seine künstlerische Begabung und seine Sportlichkeit nicht mehr aus – er war früher ein begeisterter Fußballspieler gewesen. Dafür hätten sich einige der zahlreich an der Schule angebotenen Arbeitsgemeinschaften angeboten. Im Klassenverband erlebte Ahmed Ausgrenzung und Ablehnung trotz Bemühens der engagierten Lehrerinnen, dem entgegenzuwirken. Er war in die Klasse nicht integriert.

Da unmittelbarer Handlungsbedarf bestand, war die erste Intervention darauf ausgerichtet, das Jugendamt sofort einzuschalten, damit über einen Hausbesuch zunächst geklärt werden konnte, ob möglicherweise der Tatbestand der Kindesvernachlässigung erfüllt war und das Jugendamt von seinem staatlich definierten Eingriffsrecht nach § 42 KJHG (Inobhutnahme des Kindes) Gebrauch machen musste. Die sofortige Regelung des Lebensmittelpunktes von Ahmed musste notfalls unter Anrufung des Familiengerichts getroffen werden, um Ahmed in seinem Alltag mehr Sicherheit, Stabilität und Kontinuität zu gewährleisten. Die bestehende Sorgerechtsregelung war auch im Hinblick auf die Erziehungsfähigkeit beider Eltern durch das Familiengericht mit der Fragestellung zu klären, ob und welcher Elternteil derzeit am ehesten in der Lage ist, für Ahmed eine angemessene körperliche, geistige und emotionale Betreuung und Versorgung sicherzustellen.

Nachdem es mit viel Mühe und gemeinsamem Einsatz von Schulpsychologie, Jugendamt und Schulsozialarbeit gelungen war, die Eltern für Ahmeds Probleme zu sensibilisieren und zur Kooperation mit dem Jugendamt zu motivieren, bestand der nächste Schritt darin, Ahmed aus seiner eigenen »Welt«, die vor allem von Videos und Computerspielen beherrscht wurde, wieder in die Lebensrealität zurückzuführen. Dafür bot sich die Einbindung in sportliche Aktivitäten an, die von der Schule in einer Arbeitsgemeinschaft angeboten wurde. Ahmed nahm dann bis zum Schuljahresende, d. h. bis zu seinem Wechsel auf die Oberschule, an einer Basketball-AG der Schule teil. Die sportliche Betätigung in einem Mannschaftssport war gegenüber einer künstlerischen, die bei Ahmeds Fähigkeiten eigentlich angezeigt gewesen wäre, zu bevorzugen, weil Ahmed nicht nur körperlich wieder aktiviert, sondern auch sozial wieder eingebunden werden sollte.

Ahmed wurde eine Kindertherapie vermittelt und das Angebot schulpsychologischer Unterstützung gemacht. In Absprache mit der Schulleitung wurde zudem eine Schulhilfekonferenz (Schulleitung, unterrichtende Lehrkräfte, Jugendamt, Schulaufsicht, Schulpsychologie, Eltern) zur Abklärung der schulischen (Re)integration von Ahmed und der Unterstützungsnotwendigkeiten für ihn und seine Eltern einberufen. Die Intervention war zunächst darauf ausgerichtet, Struktur und Orientierung in Ahmeds Alltagsleben zu bringen durch eine klare und eindeutige Regelung seines Wohnsitzes und Lebensmittelpunkts, was durch das Jugendamt auszuführen war. Eine dem Kindeswohl von Ahmed angemessene Regelung der elterlichen Sorge und des Umgangsrechts wurde später von dem durch das Jugendamt angerufenen Familiengericht getroffen.

In der verbleibenden Zeit an der Grundschule veränderte sich Ahmed in seinem äußeren Erscheinungsbild und stabilisierte sich psychisch deutlich. Die Aufmerksamkeit und Zuwendung, die ihm durch die Intervention zuteil geworden war, wirkte sich positiv auf seinen schulischen Status aus. Die Lehrerin bearbeitete mit zeitweiliger schulpsychologischer Unterstützung die Thematik ohne Stigmatisierungseffekte für Ahmed in der Klasse auf.

Nachdem die Eltern zunächst eine Erziehungsberatung in Anspruch genommen und dann wieder abgebrochen hatten, setzte das Jugendamt eine Familienhelferin in der mütterlichen Teilfamilie ein, in der Ahmed nach dem Beschluss des Familiengerichts nunmehr wohnt und lebt.

Kevin dreht durch – Angst in einem Gymnasium

Kevin Y., 16-jähriger Gymnasiast einer 9. Klasse, wurde über das Meldeverfahren wegen Bedrohung von Mitschülerinnen und Lehrerinnen gemeldet. Nach dem von ihm als Blamage und Demütigung empfundenen öffentlichen Vorlesen der Noten – er hatte eine 5 geschrieben – geriet Kevin in der darauf folgende Pause in einen derartigen psychischen Ausnahmezustand, dass er über den Flur rannte und eine Gruppe von Mitschülerinnen laut schreiend mit dem mehrfach wiederholten Satz bedrohte: »Ich knall euch alle ab.« Da die herbeigeeilten Lehrkräfte sich sorgten, Kevin könnte aus dem Fenster springen, hielt ihn ein Lehrer am Arm fest, wodurch Kevin noch mehr in Rage geriet, sich losriss und brüllend auf den Schulhof lief, wo er erschöpft zusammenbrach. Die Schulleitung ließ daraufhin seine zwei Jahre ältere Schwester aus ihrer Klasse holen und alarmierte die Feuerwehr, die Kevin in ein nahe gelegenes Krankenhaus brachte, noch bevor die Mutter eintraf. Die Mutter hatte sich in Verkennung der Problemlage zunächst geweigert, in die Schule zu kommen. Wie sich herausstellte, hatte Kevin in den letzten Monaten immer wieder Drohungen dieser Art gegen Mitschülerinnen, aber auch Lehrerinnen ausgesprochen, sodass sich mehrere bedrohte Mädchen bereits an die Schulleitung gewandt hatten. Nach erneuten Vorstößen einer Mädchengruppe hatte der Schulleiter zusammen mit der Klassenlehrerin ein Gespräch mit Kevin geführt, das sich zunächst positiv auf sein Sozial- und Leistungsverhalten ausgewirkt haben soll. Das öffentliche Notenvorlesen durch eine Fachlehrerin löste dann den beschriebenen Vorfall aus.

Die schulpsychologische Intervention bezog sich zunächst auf die umgehende Opferhilfe für die bedrohten Schülerinnen. Wie sich später herausstellte, hatten deren Eltern bereits einige Tage zuvor einen Brief an die Schulleitung geschrieben und gefordert, dass jener Junge der Schule verwiesen wird, der ihre Kinder ständig bedroht. Den betroffenen Lehrerinnen wurde ebenfalls psychologische erste Hilfe angeboten, die auch angenommen wurde.

Eine Intervention im Klassenverband wurde gemeinsam mit einer Kollegin aus dem Team der Schulpsychologen für Gewaltprävention und Krisenintervention im Beisein der Klassenlehrerin durchgeführt. Zunächst wurde nur mit den Mädchen und dann mit der gesamten Klasse im Hinblick auf die erlebten, Angst induzierenden Bedrohungen von Kevin gearbeitet.

Die Aktenanalyse und die Einzelgespräche mit Kevin, seinen Eltern, seinem Kinderarzt, dem behandelnden Jugendpsychiater im Krankenhaus und der Klassenlehrerin ergaben, dass Kevin ein introvertierter Einzelgänger war, der nur oberflächliche Freundschaften mit einigen Mitschülern pflegte. Er fühlte sich ausgegrenzt, abgelehnt und zurückgewiesen und war leicht und nachhaltig kränkbar. Kevin zog sich immer mehr zurück und beschäftigte sich vornehmlich mit Computerspielen und Videofilmen, die zum Teil gewalttätige Inhalte hatten. Er war versetzungsgefährdet, litt unter häufigen Kopfschmerzen und psychosomatischen Beschwerden und ließ sich des Öfteren krankschreiben. In letzter Zeit hatte er Suizidgedanken geäußert, die von seinen Eltern und seiner Schwester aber nicht ernst genommen wurden. Kevin stand unter starkem Leistungsdruck und litt unter der elterlichen Erwartungshaltung, seiner älteren Schwester nacheifern zu sollen, die im Gegensatz zu ihm hervorragende Schulleistungen vorweisen konnte und musisch sehr begabt war. Mit ihr verband ihn ein von Eifersucht und massiven Geschwisterrivalitäten getragenes Verhältnis. Kevin empfand einen Mangel an Verständnis, Nähe und Vertrautheit zu seinen Bezugspersonen. Er bemühte sich um Anerkennung durch seine Eltern, Lehrer und Freunde und um Anpassung, zeigte aber auch eine übersteigerte, mit der Wirklichkeit nicht korrespondierende Selbstüberschätzung, demnach eine narzisstische Persönlichkeitsstruktur.

In letzter Zeit trug er sich zunehmend mit dem Gedanken, insbesondere die leistungsstarken Mädchen aus seiner Klasse »abzuknallen« und sich selbst »etwas anzutun«.

Nachdem Kevin von dem Jugendpsychiater als psychiatrisch unauffällig, aber therapiebedürftig im Hinblick auf eine latente Suizidgefährdung beschrieben worden war und er sich in psychotherapeutische Behandlung begeben hatte, erklärte sich die Schule bereit, im Rahmen einer Schulhilfekonferenz über seine weitere Schullaufbahn zu befinden, ohne einen sofortigen Verweis auszusprechen. In der Schulhilfekonferenz, an der neben Kevin und seinen Eltern auch die Schulleitung, die unterrichtenden Lehrkräfte, die Schulpsychologie, die Schulaufsicht und der Jugendpsychiater teilnahmen, wurde eine Umsetzung in die Parallelklasse einvernehmlich beschlossen.

Kevins Bereitschaft, sich in einem Wiedergutmachungsgespräch bei seiner ehemaligen Klasse und vor allem bei den Mädchen zu entschuldigen, stieß bei diesen auf Ablehnung. Die Klasse wollte keine alten Wunden aufreißen. Nach einer neuerlichen schulpsychologischen Intervention konnte ein Konsens dahingehend erwirkt werden, dass die Klasse bereit war, Kevin neutral-tolerierend zu begegnen.

Der Familie wurde eine Familientherapie vermittelt und Kevin wurde eine schulpsychologische Leistungsdiagnostik als Grundlage für weiterführende schulbezogene Unterstützungsmaßnahmen wegen seiner Leistungsschwierigkeiten angeboten.

Markus bedroht seinen Lehrer – Aufregung in einer Gesamtschule

Der 14-jährige Markus Z., Schüler einer 8. Klasse an einer Gesamtschule, bedrohte seinen Sportlehrer mit einem Taschenmesser und schrie: »Ich stech Dich ab«. In einem Gespräch mit dem Schulleiter unmittelbar nach dem Vorfall war Markus uneinsichtig, bedrohte den Lehrer erneut und beleidigte ihn: »Du Hurensohn. Du kannst was erleben, Dich bring ich noch um.«

Der Schulleiter meldete den Gewaltvorfall, nahm seine Fürsorgeverantwortung gegenüber dem Lehrer durch eine Strafanzeige wahr und suspendierte Markus für einige Tage vom Unterricht.

Als erste schulpsychologische Intervention wurde dem Lehrer zur Verarbeitung der Erlebnisse massiver körperlicher Bedrohung psychologische Unterstützung und Hilfe angeboten, die er aber im Rahmen eines orientierenden Erstgesprächs als vorläufig nicht notwendig ansah. Mit dem Schulleiter wurde eine zeitnah einzuberufende Schulhilfekonferenz vereinbart, die noch vor Ablauf der Suspendierung von Markus stattfinden sollte.

In den Gesprächen mit den unterrichtenden Lehrkräften und der Schulleitung wurde deutlich, dass Markus als gefährlich eingestuft und ein Verweis von der Schule angestrebt wurde. Der betroffene Lehrer, aber auch andere Lehrkräfte weigerten sich kategorisch, Markus weiter zu unterrichten.

Die Auswertung des Schülerbogens ergab, dass Markus von der ersten Klasse an durch sozial unangepasstes und aggressives Verhalten aufgefallen war und zunehmende Leitungsschwierigkeiten gezeigt hatte. Unbeherrschtes und unkontrolliertes Verhalten, mangelnde Selbststeuerung- und Selbstkontrollfähigkeit wurden von Schule und Elternhaus als durchgängig gravierendes Problem dargestellt.

Wie sich herausstellte, wurde Markus bei der Polizei wegen Raubtaten und Diebstählen als Intensivtäter geführt. Er hatte außerdem vierzehntägige Gesprächstermine bei der Jugendgerichtshilfe wahrzunehmen. Die Eltern erklärten, dass sie sich macht- und hilflos fühlten, weil sie nicht mehr in der Lage seien, ihren dominanzorientierten, sich beliebig verhaltenden Sohn erzieherisch und emotional zu erreichen. Mit dem Jugendamt seien sie seit kurzem im Gespräch und erhofften sich von dort Hilfe.

Markus selbst gab an, dass er von dem Sportlehrer immer wieder ungerecht behandelt werde. Sein »Ausrasten« und seine »Drohereien« seien allerdings nicht in Ordnung. Markus war in dem Gespräch zur Selbstreflexion und zur erzählenden Selbstdeutung durchaus fähig und konnte auf angebotene Fremddeutungen eingehen. Nach den erhobenen Befunden handelte es sich bei ihm um einen reaktiv-aggressiven, ungesteuerten Täter, der über geringe Affekttoleranz und Affektkontrolle verfügte, sich aber empathisch einfühlen konnte und zu moralischem Urteil fähig war.

Als Ziel für die psychologisch-pädagogische Arbeit mit Markus war daher anvisiert worden, dass er lernen musste, eigene Gefühle wahrzunehmen, die Gefühle anderer zu verstehen, typische wutauslösende Situation zu erkennen, eigene Körpersignale wahrzunehmen, Kontrolle über seine eigenen Aggressionen zu erwerben, Strategien im Umgang mit wutauslösenden Situationen zu entwickeln und sein Erleben von Selbstwirksamkeit zu stärken. Dafür bot sich ein gut strukturiertes, kognitiv-verhaltensorientiertes Einzeltraining an, das ihm relativ schnell vermittelt werden konnte.

An der Schulhilfekonferenz konnte Markus nicht teilnehmen, weil er mit einem Beinbruch im Krankenhaus lag, den er sich am Wochenende zuvor zugezogen hatte, als ihn eine Polizeistreife nach einer Graffiti-Schmiererei verfolgte.

Teilnehmer der Schulhilfekonferenz waren die Eltern, die Schulleitung, der Sportlehrer und zwei weitere in der Klasse unterrichtende Lehrkräfte, die Schulpsychologie, die Schulaufsicht, die Jugendgerichtshilfe, das Jugendamt und die Polizei. In Anbetracht der delinquenten Karriere von Markus war ein komplexer Maßnahmenkatalog angezeigt: die Überweisung von Markus in eine andere Schule desselben Bildungsgangs; im Rahmen des entsprechenden Antrags der Schule die Durchführung eines normverdeutlichenden Gesprächs bei der Schulaufsicht im Beisein von Polizei und Schulpsychologie; Gefährdungsansprache durch die Polizei und Aufnahme von Markus in das kiezorientierte Mehrfachtäterprogramm der Polizei, das Markus stärker unter polizeiliche Beobachtung stellte. Zudem ein Täter-Opfer-Ausgleich über ein Diversionsgespräch zwischen Markus und dem Sportlehrer bei der Diversionsmittlerin der Polizeidirektion, die Teilnahme von Markus an dem oben genannten Einzeltraining sowie eine Erziehungsberatung für die Eltern. Über eine mögliche sozialpädagogische Einzelfallhilfe für Markus wollte das Jugendamt zu gegebener Zeit entscheiden.

Das Lehrerkollegium nahm zudem an einer angebotenen Fortbildungsveranstaltung »zum Umgang mit Gewalt in der Schule« teil, das von der Schulpsychologie in Kooperation mit dem Landeskriminalamt für alle Kollegien im Bezirk Berlin-Mitte durchgeführt wurde.

7.3.3 Vorsorge

Präventive Maßnahmen, die noch früher einsetzen als die skizzierten Vorbereitungen auf und Eingriffe bei Notfallgeschehen, werden auch als **primäre Gewaltprävention** bezeichnet (▶ Infobox). Unter primärer Prävention wird allgemein verstanden, dass Kindern und Jugendlichen im Rahmen stabiler, emotional warmer Beziehungen, sicherer Bindungen, feinfühliger Fürsorglichkeit und konsequenter Prinzipienfestigkeit der Bezugspersonen Wertschätzung, Anerkennung, Verständnis und emotionale Zuwendung entgegengebracht werden. Ebenso soll ihnen Selbstverwirklichung und Selbstbestimmung ermöglicht werden und ihre Kommunikationsfähigkeit, Handlungskompetenz und Befähigung zur Belastungsverarbeitung gestärkt werden. »Herzenswärme, Freiräume und klare Regeln« sollten in primärpräventiver Hinsicht als Maximen das erzieherische Handeln in Elternhaus und Schule bestimmen.

Infobox

Unterscheidung gewaltpräventiver Maßnahmen

- **Primäre Gewaltprävention** wird angewandt, noch bevor aggressive oder gewalttätige Verhaltensweisen auftreten. Sie wirkt der Entstehung gewalthaltiger Einstellungen und Verhaltensweisen entgegen.
- **Sekundäre Gewaltprävention** setzt dann an, wenn bereits erste leichtere Auffälligkeiten bemerkt werden, und zielt auf eine frühzeitige Änderung problematischer Einstellungen und Verhaltensweisen ab.
- **Tertiäre Gewaltprävention** greift, wenn schon verfestigte Gewaltformen auftreten, um die Anwendung weiterer Gewalt zu verhindern.

Es existieren zahlreiche schulische Präventionskonzepte und -programme, die eine solche primärpräventiv ausgerichtete Gewaltprävention umzusetzen versuchen. Mit wenigen Ausnahmen ist die tatsächliche Wirkung dieser Programme noch nicht erforscht worden. Dem Potsdamer Professor für Erziehungs- und Sozialisationstheorie Wilfried Schubarth und seinem Nürnberger Kollegen Hanns-Dietrich Dann ist es dennoch gelungen, fünf Grundprinzipien zu isolieren, die sich durch zahlreiche Forschungsergebnisse belegen lassen:

1. Entwicklung der Qualität von Lehrer-Schüler-Beziehungen
2. Ermöglichung von sozialem Lernen
3. Schaffung eines gemeinsamen Grundwerte- und Normensystems
4. Vermittlung eines positiven Leistungs- und Selbstkonzeptes
5. Ermöglichung von sozialer Identität

1. Entwicklung der Qualität von Lehrer-Schüler-Beziehungen

Ergebnisse der Erziehungsstilforschung, Schulaggressionsforschung und Kommunikationsforschung haben gezeigt, dass Interesse und Engagement der Lehrkräfte, ihre positive Wertschätzung und emotionale Wärme einen bedeutenden Beitrag zur primären Gewaltprävention leisten. Als besonders förderlich erweist sich ein partnerschaftlicher und diskursiver Interaktionsstil zwischen Lehrern und Schülern.

Im Verbund mit Verständnis, Offenheit und warmherziger Zuwendung von Seiten der Lehrkräfte gilt es auch, Orientierung zu geben und konsequente Grenzsetzung für die Schüler und Schülerinnen im Zusammenspiel mit Prinzipienfestigkeit zu gewährleisten. Als unbedingt förderlich erweist sich ein im Kollegium abgestimmter pädagogischer Konsens, sodass mit einer Schulkultur, die von einem fürsorglichem Klima bestimmt ist, gleichzeitig Verlässlichkeit sowie Nachhaltigkeit bei der Durchsetzung pädagogischer Maßnahmen einhergehen. Die Spielregeln und Grenzen sowie die Rollen der Beteiligten sollten dabei klar benannt sein.

2. Ermöglichung von sozialem Lernen

Die Forschung zu sozial-kognitivem und kooperativem Lernen hat ebenso wie die Bullying- und Aggressionsforschung gezeigt, dass soziales Lernen ganz erheblich zu einem gewaltloseren Umgang an Schulen beiträgt. Handlungsmuster für den Umgang mit Frustrationen, Gefühlen, Meinungsverschiedenheiten und Konflikten können durch eine Förderung

der Sozialkompetenz erlernt werden. Gefördert werden sollten in diesem Rahmen beispielsweise
- die Kommunikations- und Konfliktfähigkeit,
- konstruktive Konfliktbewältigungsstrategien,
- soziale Wahrnehmung,
- Empathie,
- Perspektiveübernahme und
- Impulskontrolle.

Auch die Selbstkompetenz, also das selbstständige, verantwortliche Handeln, Kennen und Akzeptieren der eigenen Grenzen, Schwächen und Stärken kann durch soziales Lernen deutlich verbessert werden. Idealerweise sollten Möglichkeiten geschaffen werden, soziales Lernen fest in den Regelunterricht einzubinden.

3. Schaffung eines gemeinsamen Grundwerte- und Normensystems

Ergebnisse der Gerechtigkeitsforschung, sozial-kognitiven Lernforschung und Bullying-Forschung haben belegt, dass ein gemeinsames Bemühen um einen schulischen Grundkonsens sozialer Werthaltungen und Verhaltensnormen sich ebenfalls als ausgesprochen wirksam erweist. Neben dem Einbinden der Schülerschaft auf verschiedenen Ebenen, beispielsweise durch eine Beteiligung an der Entwicklung und Umsetzung von Schulregeln, an der Durchführung von schulischen Veranstaltungen oder an Entscheidungsprozessen zum Einüben von demokratischen Handlungsmöglichkeiten in Schülerparlamenten, kann dies auch durch die Thematisierung der Gewaltproblematik im Unterricht und klare Richtlinien zum Umgang mit Normübertretungen oder auch deutliche Regeln der Leistungsbeurteilungen geschehen.

Es sind also innerschulische pädagogische Maßnahmenkonzepte und Handlungsvereinbarungen zu erarbeiten, die von allen am Schulleben beteiligten Akteuren anerkannt sind. Dabei ist die Einrichtung von Gremien der Schülermitverantwortung besonders hilfreich. Die Schülerschaft kann etwa bei Konfliktlotsen- oder Streitschlichterprojekten, in Sport-, Kunst-, Medien- oder Theaterprojekten eingebunden werden. Auch sog. Buddy-Projekte, bei denen Partner- und Patenschaften der Schüler untereinander auf verschiedenen Anwendungsebenen nach den Grundsätzen »aufeinander achten, füreinander da sein, miteinander lernen« eingesetzt werden, können ausgesprochen positiv sein.

4. Vermittlung eines positiven Leistungs- und Selbstkonzeptes

Die Lern- und Leistungsmotivationsforschung sowie die Selbstkonzeptforschung haben aufgezeigt, dass die Ermöglichung von Erfolgen für alle Schüler überaus wichtig ist und Schüler beim Aufbau eines positiven Selbstkonzepts, von Selbstvertrauen und Selbstachtung unterstützt. Hierzu sollten beispielsweise individuelle Lernfortschritte eines jeden Schülers besonders betont und ein entdeckendes, handlungsorientiertes Lernen gefördert werden.

5. Ermöglichung von sozialer Identität

Die sozialwissenschaftliche Forschung zur Gruppendynamik und die interkulturelle Sozialisationsforschung haben gezeigt, dass Schulen zur Vorbeugung von Gewalt auch Möglichkeiten für den Aufbau und die Pflege von Gruppenbeziehungen zur Verfügung stellen sollten. Emotionale Bindungen an Gemeinschaften und gemeinsame Ziele können dabei auch durch die Identifikation mit der eigenen Schule bzw. die Übertragung von Verantwortung erzielt werden.

Interessanterweise werden mit diesen fünf Grundprinzipien gleichzeitig genau die Aspekte gefördert, welche bei jugendlichen School Shootern zu gering ausgeprägt waren, wie dieses Buch bereits verschiedentlich aufgezeigt hat: stabile emotionale Beziehungen, Problemlösungskompetenz, verbindliche Handlungsorientierungen im konventionellen Normsystem und die Möglichkeit, Anerkennung zu erringen.

Diese primärpräventiven Zielausrichtungen können zudem durch funktionsfähige Kooperationen ganz erheblich unterstützt werden. Daher ist es sinnvoll, durch Präventionsnetzwerke und sachbezogene Handlungspartnerschaften die Gemeinsamkeit der präventiven Bemühungen zu sichern. Hierzu dienen etwa Gesprächskreise in Kollegien, um konzeptionelle Überlegungen ebenso zu ermöglichen wie einen offenen und transparenten

Austausch über unterschiedliche Erfahrungen mit gefährdeten Schülern im Unterricht. Ebenso können in diesem Rahmen Vorgehensweisen bezüglich Fallbesprechungen, Elternarbeit und Teambildung etabliert werden.

Mit außerschulischen Institutionen und Helfersystemen, wie etwa dem Jugendamt, der Schulpsychologie, freien Trägern der Jugendhilfe und gegebenenfalls auch Therapeuten und der Polizei sollten Umgangs- und Verfahrensregelungen im Hinblick auf Kooperationsnotwendigkeiten vereinbart werden. Außerdem erweist sich in Bezug auf die Kooperation mit Eltern die Erarbeitung einer engen und vertrauensvollen Zusammenarbeit über möglichst schon in der Schulordnung verbindlich festgelegte Elternsprechstunden, Elternsprechtage, Klassenlehrer- und Elternversammlungen und Schulforen als sinnvoll.

Zusammenfassung

Aus Sicht der Polizei, Bedrohungsanalyse und Schulpsychologie ergeben sich zahlreiche Möglichkeiten, School Shootings entgegenzuwirken. Neben dem Eingriff zur Tatzeit sind hier vor allem die rechtzeitige Intervention vor Tatbeginn und eine noch früher einsetzende Vorbeugung relevant. In diesem Kapitel wurden zunächst Verhaltenshinweise in Ernstfällen und Möglichkeiten der Zusammenarbeit von Schule und Polizei dargestellt. Als hilfreich erweist sich diesbezüglich eine frühzeitige Vorbereitung auf Ernstfälle und die Bildung von Krisenteams.

Da Warnsignale für School Shootings vor allem an den Schulen selbst auftreten, empfiehlt es sich zudem Konzepte zur Früherkennung zu entwickeln. Ein effektives Bedrohungsmanagement versucht in diesem Rahmen nicht nur mögliche Gewalttaten vorherzusagen, sondern sie auch gleich wirksam zu verhindern. Neben der Erkennung von Frühwarnsignalen und einem effektiven Fallmanagement gehört dazu immer auch die Bereitstellung von Hilfestellungen für gefährdete und gefährliche Schüler.

Die ideale, besonders frühzeitige Vorbereitung stellt letztlich eine primärpräventive Arbeit an Schulen dar. Ihre Kernaspekte sollten neben der Entwicklung der Qualität von Lehrer-Schüler-Beziehungen und der Ermöglichung von sozialem Lernen, die Schaffung eines gemeinsamen Grundwerte- und Normensystems, die Vermittlung eines positiven Leistungs- und Selbstkonzeptes sowie die Ermöglichung von sozialer Identität sein.

Weiterführende Literatur

Borum, R./ Fein R./ Vossekuil B./ Berglund, J. (1999): »Threat assessment: defining an approach for evaluating risk of targeted violence«, in: Behavioral Sciences & the Law, 17, 3, 323-337

Cornell, D.G./ Sheras, P.L. (2004): »Guidelines for Student Threat Assessment: Field-Test Findings«, in: School Psychology Review, 33, 4, 527-546

Faller, K./ Kneip, W. (2006): »Soziales Lernen mit System. Das Buddy Prinzip«, Vodafone Stiftung

Fein, R./ Vossekuil, B./ Pollack, W./ Borum, R./ Modzeleski, W./ Reddy, M. (2002): »Threat assessment in schools: A guide to managing threatening situations and to creating safe school climates«, Washington, DC: U.S. Secret Service and Department of Education.

Füllgrabe, U. (2003): »Akutes Risiko oder leere Drohung? Gefahreneinschätzung auf wissenschaftlicher Basis«, in: reportpsychologie 3/2003, Berufsverband Deutscher Psychologinnen und Psychologen e.V.

Melzer, W./ Schubarth, W./ Ehninger, F. (2004): »Gewaltprävention und Schulentwicklung. Analysen und Handlungskonzepte«, Bad Heilbrunn: Klinkhardt

Schubert, B./ Lorenz A./ Steininger, W./ Winter A. und das Team der Berliner Schulpsychologen für Gewaltprävention und Krisenintervention (2005): »Notfallpläne für die Berliner Schulen«, Berlin: Senatsverwaltung für Bildung, Jugend und Sport

Seifried, K./ Lorenz, A./ Uhle, R. (2004): »Gewaltprävention und Krisenintervention im Schulpsychologischen Dienst Berlins«. In: Konflikte und Krisen als Belastung und Chance, Sonderausgabe der Zeitschrift SchulVerwaltung spezial, Nr.1/2004

Senatsverwaltung für Bildung, Wissenschaft und Forschung Berlin: Rundschreiben I Nr. 41/2003 »Hinsehen und Handeln« vom 16.04.2003 und Schul-Rundschreiben Nr. 50/2006 vom 14.08.2006

Schubarth, W. (2000): »Gewaltprävention in Schule und Jugendhilfe«, Neuwied: Luchterhand

Traumabewältigung

Und wenn man nach einem langen Schultag dasitzt (…), dann kriegt man mit einem Mal Herzklopfen und total Panik und versucht natürlich, sich das nicht anmerken zu lassen. Dann denke ich: Was machst du eigentlich, wenn diese Tür aufgeht, und er kommt rein, dann sitzt du doch genau im Schussfeld!
(N.H. – zum Tatzeitpunkt Schülerin am Erfurter Johann-Gutenberg-Gymnasium)

Schwerwiegende plötzliche Eingriffe in die körperliche Unversehrtheit und in das Sicherheitserleben können belastende Traumata zur Folge haben, die das Leben der Betroffenen massiv beeinflussen und zu einer veränderten Wahrnehmung führen. Finden traumatisierte Menschen keine Unterstützung durch ihr Umfeld und keine wirkungsvollen Bewältigungsstrategien, dann entwickeln sich oft chronische Belastungsstörungen.

Der renommierte Psychotherapeut Dr. Georg Pieper, Leiter des Instituts für Traumabewältigung (ITB) in Friebertshausen, ist Spezialist für Krisenintervention und Traumabehandlung. In der Nachfolge der schweren zielgerichteten Gewalttaten in Meißen und Erfurt betreute er Opfer und deren Angehörige. Am Beispiel der Tat von Meißen schildert Dr. Pieper im Folgenden die Traumaaufarbeitung nach School Shootings.

8.1 Fallbeispiel: Meißen

Im November 1999 ereignete sich der erste Fall zielgerichteter Gewalt mit tödlichem Ausgang eines Schülers gegen eine Lehrerin an einer deutschen Schule: Ein 14-Jähriger erstach mit zwei Messern seine Lehrerin vor den Augen seiner Klassenkameraden. Die Beschreibung des Vorfalls rekrutiert sich aus Informationen des Sächsischen Staatsministeriums für Kultus.

Am 9. November 1999, um 8.05 Uhr, stürmt ein Schüler der 9. Klasse des Gymnasiums Franziskaneum in Meißen ganz in schwarz gekleidet und maskiert kurz nach Beginn der zweiten Unterrichtsstunde in seine Klasse. Mit einem Messer in jeder Hand stürzt er sich auf die Lehrerin und beginnt sofort auf sie einzustechen. Da sie mit einem der ersten Stiche an der Halsschlagader getroffen wird, blutet sie so stark, dass das Blut an die Tafel spritzt. Sie schreit laut und versucht dem Täter zu entkommen. Dieser verfolgt sie jedoch und fügt ihr insgesamt 21 Messerstiche zu. Die Lehrerin schleppt sich aus dem Klassenzimmer in den Flur, wo sie einer Kollegin in die Arme fällt und dann zusammenbricht. Innerhalb weniger Minuten verstirbt sie, die Erste-Hilfe-Versuche einiger Kollegen fruchten nichts mehr. Der Täter ist inzwischen an der sterbenden Lehrerin und der sich um sie kümmernden Kollegin vorbeigelaufen und aus dem Schulgebäude geflohen.

Wenige Stunden später kann er gefasst werden: Auf der Flucht aus der Schule hat er seine Ausweispapiere verloren. Als Motiv für sein Vorgehen gibt er an, er habe die Lehrerin gehasst.

Der Mord war vor den Augen der gesamten Klasse 9 geschehen. Die Schüler hatten wie erstarrt dagesessen, einige weinten, einige hatten sich die Augen zugehalten, andere gebannt und ungläubig das Geschehen verfolgt. Die schwere Form zielgerichteter Gewalt eines einzelnen Schülers gegen eine Lehrerin wirkte auf die betroffene Klasse, die Lehrerschaft und die Schülerschaft des Gymnasiums, wie auch auf viele andere Lehrerkollegien und Schüler in ganz Deutschland schockierend und je nach Nähe zu Opfer oder Täter traumatisierend.

Das Gymnasium Franziskaneum ist ein seit 1905 bestehendes traditionsreiches Gymnasium. Es liegt in der Kleinstadt Meißen in Sachsen, weltbekannt durch seine Porzellanmanufaktur. Im Jahre des Ereignisses, 1999, besuchten 1.097 Schüler die Schule und wurden von 66 Lehrern unterrichtet. Das Gymnasium genießt einen sehr guten Ruf und führt die Schüler mit der 12. Jahrgangsstufe zum Abitur.

Der Täter kam aus einer unauffälligen Familie. Er galt als durchschnittlicher, unproblematischer Schüler. Mitschüler wussten, dass er gerne und häufig Gewaltvideospiele spielte, insbesondere Ego-Shooter. Kurz nach dem Mord wurde die Tatsache bekannt, dass der Schüler vor Klassenkameraden die Tat angekündigt und mit ihnen gewettet hatte, diese durchzuführen. Es war in diesem Zusammenhang zu staatsanwaltschaftlichen Untersuchungen gegen die »Mitwisser« gekommen, denen man vorwarf, die Straftat nicht im Vorfeld verhindert zu haben. Diese führten jedoch nicht zu einer Anzeige. In der Öffentlichkeit in Meißen und Umgebung hielt sich dieser Vorwurf gegen die Klasse jedoch lange.

Viele der direkt und indirekt betroffenen Lehrer, Schüler und Angehörigen hatten mit psychischen Problemen zu kämpfen. Insbesondere das Sicherheitsgefühl der Betroffenen war stark erschüttert. Der normale Ablauf des Schulalltags war nicht mehr aufrechtzuerhalten, die Schule stand mit negativen Schlagzeilen in der Öffentlichkeit und die persönlichen Bewältigungsmöglichkeiten reichten nicht zur Lösung der entstandenen Probleme aus.

Eine breite Diskussion über Gewalt an deutschen Schulen, den Umgang mit schwierigen Schülern, die Stellung verunsicherter Lehrer und die Änderung pädagogischer Konzepte besonders im Osten der Republik durchzog die Medien und die Fachwelt.

An dieser Stelle soll der Blick aber nicht auf jene Diskussion, sondern auf die professionell unterstützte Aufarbeitung des Tatgeschehens gelenkt werden. Ein Glossar am Ende des Abschnitts erleichtert das Verständnis der im Text verwendeten Fachbegriffe.

8.2 Traumatische Belastung

Um der Vielschichtigkeit von Belastungsfolgen gerecht werden zu können, wird in den weiteren Ausführungen unter *traumatischen Belastungen nach Durchleben* oder Beobachten eines außergewöhnlich (lebens-) bedrohlichen Ereignisses zweierlei verstanden.

An erster Stelle steht die Symptomatik der posttraumatischen Belastungsstörung (PTBS) im Sinn der Klassifikationssysteme DSM-IV-TR und ICD-10, die folgende Hauptcharakteristika besitzt: Angst/Hilflosigkeit/Entsetzen, Intrusionen, Hyperarousal und Vermeidung traumarelevanter Reize (► Infobox).

Infobox

Eine **posttraumatische Belastungsstörung (PTBS)** bzw. »posttraumatic stress disorder« (PTSD) kann als Langzeitfolge eines Traumas oder mehrerer Traumata auftreten, die vom Organismus nicht ausreichend verarbeitet werden konnten. PTBS zeigt sich in Symptomkomplexen, deren Ausprägung je nach betroffener Person unterschiedlich sein kann. Das Ausmaß der Störung wird dabei zudem von Zeitpunkt, Dauer und Schwere der zugrunde liegenden Traumatisierung bestimmt.
Kriterien zur Feststellung einer posttraumatischen Belastungsstörung sind:
A. Konfrontation mit einem Ereignis, das folgende beiden Kriterien erfüllt:
- Tod, Todesgefahr, ernsthafte Verletzung oder Bedrohung der körperlichen Unversehrtheit
- Reaktion darauf: intensive Furcht – Hilflosigkeit – Entsetzen

B. Beharrliches Wiedererleben des Ereignisses (mindestens eins der genannten Symptome ist notwendig zur Vergabe der Diagnose):
- Belastende Erinnerungen
- Wiederkehrende Träume
- Handeln oder Fühlen, als ob das traumatische Ereignis wiederkehrt
- Bei Konfrontation mit Hinweisreizen psychische Belastung und körperliche Reaktionen

C. Vermeidung von Schlüsselreizen – Abflachung der Reagibilität (mindestens drei Symptome):
- Vermeiden von Gedanken, Gefühlen, Gesprächen ... von Aktivitäten, Orten, Menschen
- Unfähigkeit, wichtige Aspekte des Traumas zu erinnern
- Vermindertes Interesse, verminderte Teilnahme an Aktivitäten
- Gefühl der Losgelöstheit, Entfremdung
- Eingeschränkter Affekt
- Gefühl einer eingeschränkten Zukunft

D. Anhaltend erhöhtes Arousal (mindestens zwei Symptome):
- Schwierigkeiten ein- oder durchzuschlafen
- Reizbarkeit oder Wutausbrüche
- Konzentrationsschwierigkeiten
- Übermäßige Wachsamkeit (Hypervigilanz)
- Übertriebene Schreckreaktionen

E. Störungsbild besteht länger als ein Monat

F. Es handelt sich um ein klinisch bedeutsames Leiden mit Beeinträchtigungen in sozialen, beruflichen und anderen wichtigen Funktionsbereichen.
Besonderheit: Verzögerter Beginn der Symptomatik (mindestens sechs Monate nach der Belastung)

An zweiter Stelle sollen die häufigsten komorbiden Störungen berücksichtigt werden. Im Einzelnen sind dies Depressionen, Angst- und Schlafstörungen, Störungen des Sozialverhaltens (bzw. der sozialen Integration) sowie somatische Störungen und Substanzabusus.

Im Fall von Meißen weisen die betroffenen Personengruppen typische Reaktionen auf die jeweiligen traumatischen Stressoren auf. Die einzelnen Personengruppen lassen sich unterscheiden in:

1. Schüler der Klasse 9, vor deren Augen der Mord geschah,
2. Lehrer, die direkt mit der sterbenden Kollegin konfrontiert waren,
3. Schüler der Schule, die auf dem Flur mit der getöteten Lehrerin konfrontiert waren,
4. Hausmeister, die das Blut im Klassenzimmer und Flur wegwischen mussten,
5. das gesamte Lehrerkollegium des Gymnasiums Franziskaneum,
6. die Eltern der Klasse 9,
7. die Familie des Täters.

Die aufgeführte Reihenfolge der Betroffenen ist dabei gleichzeitig als Rangreihe mit absteigendem Risiko zu verstehen. Je höher die Zahl der Nummerierung, desto geringer ist die Wahrscheinlichkeit, eine PTBS zu entwickeln.

Eine Ausnahme stellt in dieser Reihenfolge die Familie des Täters dar. Ihr wurden Betreuungsangebote unterbreitet, sie lehnte diese jedoch ab. Aus diesem Grund kann auf die Traumaaufarbeitung der Familie des Täters im Rahmen dieses Abschnitts nicht weiterer eingegangen werden.

Traumatische Stressoren und typische Belastungsreaktionen der einzelnen Betroffenengruppen werden in ◘ Tab. 8.1 dargestellt.

◘ **Tab. 8.1.** Traumatische Stressoren und typische Belastungsreaktionen der Betroffenengruppen nach dem Lehrerinnenmord in Meißen

Zu 1: Schüler der Klasse 9	
Traumatische Stressoren	**Typische Reaktionen**

– Konfrontation mit der Tat:
  - Eindringen des Täters in die Klasse,
  - Maskierung des Täters,
  - Tatwaffe/ Messer,
  - An die Tafel spritzendes Blut,
  - Schreie der Lehrerin,
  - Stark blutende Lehrerin,
– Entsetzen, Panik, Todesangst, selber angegriffen zu werden,
– Konfrontation mit den Folgen der Tat:
  - Blutspur auf dem Flur,
  - zugedeckte Leiche,
  - fassungslos weinende Lehrer.
	– Angst und Verunsicherung in der Schule,
	– Wiederkehrende quälende Bildern der Tat, z. B. von der verletzten, schreienden Lehrerin,
	– Unruhe, starke Anspannung; Hypervigilanz, Konzentrations-, Ein- und Durchschlafstörungen,
	– Starke Schreckreaktionen bei plötzlichem Öffnen der Klassentür,
	– Albträume,
	– Emotionale und physiologische Reaktionen bei Konfrontation mit schwarz gekleideten Personen,
	– das Gefühl, niemandem mehr trauen zu können,
	– Leistungsabfall,
	– Schuldgefühle, nicht auf die Ankündigungen des Mitschülers reagiert und das Ereignis verhindert zu haben.

Zu 2: Lehrer, die mit der sterbenden Kollegin konfrontiert waren	
Traumatische Stressoren	**Typische Reaktionen**
– Hören von lauten Schreien, – Konfrontation mit der stark blutenden sterbenden Kollegin, – Hilflosigkeit beim Versuch, Kollegin zu retten, – Konfrontation mit dem Täter, der nah an ihnen vorbeilief, – Blutspur auf dem Flur, – Angst wieder vor die Klasse treten zu müssen.	– Ängste in die Schule zu gehen und vor der Klasse zu stehen, Ängste vor Schülern, Gefühl der Unsicherheit in der Schule, – Überlegungen, welcher Schüler könnte fähig sein zu einer solchen Tat, – Schuldgefühle, der Kollegin nicht geholfen zu haben, – Schlafstörungen, Albträume, Konzentrationsstörungen, – Hypervigilanz, dauernde Anspannung, – Infragestellen der eigenen Berufstätigkeit,

Tab. 8.1. *Fortsetzung*

	– Schreckhaftigkeit bei Schülergeschrei. – Vermeidung die Stelle im Flur zu betreten, an der die Kollegin verstarb, – Körperliche Beschwerden: Herz-Kreislaufprobleme, Magenbeschwerden, Kopfschmerzen, allgemeine Kraftlosigkeit.
Zu 3: Schüler, die auf dem Flur mit der sterbenden Lehrerin konfrontiert waren	
Traumatische Stressoren	**Typische Reaktionen**
– Hören von lauten Schreien, – Konfrontation mit der stark blutenden, sterbenden Lehrerin, – Konfrontation mit fassungslosen, weinenden, hilflosen Lehrern, – Konfrontation mit dem Täter, der nah an ihnen vorbeilief, – Blutspur auf dem Flur.	– Ängste, in die Schule zu gehen, – Misstrauen gegen Mitschüler, Fragen, wer zu einer solchen Tat fähig wäre, – Schuldgefühle und Wut auf die Schüler, die über die Tat informiert waren, – Schlafstörungen, Albträume, Konzentrationsstörungen, – Hypervigilanz, dauernde Anspannung.
Zu 4: Hausmeister	
Traumatische Stressoren	**Typische Reaktionen**
– Hören von lauten Schreien, – Konfrontation mit fassungslosen, weinenden, hilflosen Lehrern und Schülern, – Aufgabe, die Blutspur auf dem Flur wegwischen und das Klassenzimmer reinigen zu müssen.	– Gefühl der Bedrohung in der Schule, – Misstrauen gegenüber den Schülern, – Wut auf die Schüler, die über die Tat informiert waren, – Schlafstörungen, Albträume, Konzentrationsstörungen, erhöhter Alkoholkonsum, – Hypervigilanz, dauernde Anspannung.
Zu 5: Lehrerkollegium	
Traumatische Stressoren	**Typische Reaktionen**
– Indirekte Konfrontation mit dem Ereignis durch den Aufruhr in der Schule und die Medien, – Konfrontation mit erschütterten Kollegen, und verstörten Schülern, die das Ereignis direkt miterlebt hatten.	– Ängste in die Schule zu gehen, – Unsicherheitsgefühle gegenüber Schülern, – Wut auf die »Mitwisser«, – Schlafstörungen, – Konzentrationsstörungen. – Hinterfragen der eigenen Rolle als Lehrer, der von der Gesellschaft nicht genügend geschützt wird, – Hypervigilanz, dauernde Anspannung, – Angst, es könne in der Schule wieder etwas passieren.
Zu 6: Eltern der Klasse 9	
Traumatische Stressoren	**Typische Reaktionen**
– Indirekte Konfrontation mit dem Ereignis über die Medien, – Konfrontation mit ihren verstörten Kindern, die das Ereignis direkt miterlebt hatten.	– Ängste um das Wohlergehen ihrer Kinder, – Verunsicherung wegen deren Mitwisserschaft und Angst vor Konsequenzen, – Angst, es könne wieder etwas passieren in der Schule, – Verunsicherung über den richtigen Umgang mit ihren (traumatisierten) Kindern.
Zu 7: Die Familie des Täters	
Traumatische Stressoren	**Typische Reaktionen**
– Indirekte Konfrontation mit dem Ereignis über die Polizei, – Aufmerksamkeit der Medien.	– Unverständnis ihrem eigenen Sohn gegenüber, – Schuldgefühle, Verzweiflung, – Verleugnung der Verantwortlichkeit, – sozialer Rückzug, Ablehnung von Hilfsangeboten.

8.3 Möglichkeiten der Unterstützung

Im Folgenden sollen die Interventionen nach dem Mord an der betroffenen Schule auf der Systemebene, der Gruppenebene und der individuellen Ebene dargestellt werden.

8.3.1 Systemebene

Folgende **Institutionen** waren für die notfallpsychologische Bewältigung der Unglücksfolgen und in die Betreuung der Betroffenen in den ersten Tagen involviert:

1. die Schulleitung der betroffenen Schule, die unmittelbar nach der Tat dafür verantwortlich war, Rettungswagen und Polizei zu verständigen und die zuständige Schulbehörde zu informieren;
2. das Staatliche Schulamt als Aufsichtsbehörde, das Schulpsychologen abordnete, um die Schüler am Ort des Geschehens zu betreuen;
3. Schulpsychologen, die den Auftrag hatten, die notfallpsychologische Erstversorgung der Schüler und Lehrer in der Schule sicherzustellen;
4. das Kultusministerium mit der Kompetenz, die Betreuungsmaßnahmen zu implementieren und zu finanzieren;
5. die Fachaufsicht der Schulpsychologen im Kultusministerium, die für eine Qualitätssicherung der psychologischen Maßnahmen verantwortlich war;
6. ein »Debriefing-Team« der Bundeswehr, angefordert vom Kultusministerium, um ein einmaliges Debriefing mit Schülern und Lehrern durchzuführen, die direkt mit der Tat konfrontiert waren (▶ Infobox);
7. der Autor als externer Krisen- und Katastrophen-Psychologe, der vom Kultusministerium für die fachliche Leitung der Maßnahmen zur Traumabewältigung engagiert wurde.

> **Infobox**
>
> Unter dem Begriff **Debriefing** wird eine Form der Gruppentherapie verstanden, die primär für Einsatzkräfte der Feuerwehr, Polizei, Ambulanz oder des Militärs entwickelt wurde. Gewöhnlich findet ein Debriefing in zwei Sitzungen statt, von denen die eine wenige Tage nach dem kritischen Ereignis und die zweite einige Wochen später durchgeführt wird.
> Mit gezielten und strukturierten Gesprächen sollen das potenziell traumatisierende Erlebnis und die dazugehörigen Gefühle geordnet und kontrolliert wiedergegeben werden. Zudem wird Wissen über Ursachen von und Reaktionen bei Traumatisierungen vermittelt sowie zur Nutzung von Stressmanagement-Techniken angeleitet.

Zur mittel- und langfristigen Betreuung der Betroffenen wurde eine sog. **Steuerungsgruppe** ins Leben gerufen, die sich aus folgenden Vertretern bzw. Personen zusammensetzte:

- eine Vertreterin des Kultusministeriums,
- eine Fachaufsicht der Schulpsychologen,
- zwei Schulpsychologen,
- ein Vertreter des Regionalschulamts,
- der Schulleiter,
- zwei Vertreter der Lehrer,
- zwei Vertreter der Schüler (Schulsprecherin und Klassensprecherin der Klasse 9),
- ein Elternvertreter,
- ein Psychologe, der Autor dieses Kapitels.

Diese Steuerungsgruppe setzte sich zum Ziel, ein Betreuungsprogramm für die Betroffenen zu entwickeln, die Angemessenheit und Wirksamkeit der allgemeinen und der psychologischen Betreuung von Schülern und Lehrern fortlaufend zu begleiten und zu kontrollieren und die aktuellen Bedürfnisse der jeweiligen Gruppen zu ermitteln. Die Gruppe tagte vierteljährlich. Zur Konkretisierung der psychologischen Interventionen wurden folgende **Aufgaben für den Psychologen** vom Sächsischen Staatsministerium für Kultus als Auftraggeber formuliert:

1. Leitung der Steuerungsgruppe;
2. Abstimmung der weiteren Interventionen, Supervision und Fortbildung der Schulpsychologen;
3. Erarbeitung eines Betreuungsrationals für die Betroffenen auf der Grundlage theoretischer Erkenntnisse aus der posttraumatischen Stress-

forschung und praktischer Wünsche der Beteiligten (▶ Infobox);
4. Erstellung eines Zeit- und Organisationsplanes für die weitere Arbeit mit den Betroffenen.

Infobox

In einem verhaltenstherapeutisch orientierten **Betreuungsrational** wird davon ausgegangen, dass ein traumatisches Ereignis nicht vergessen werden kann. Ein Verdrängen oder Verleugnen der dadurch verursachten Verletzungen führt in eine Sackgasse von Symptomen. Betroffene müssen sich mit dem Ereignis und dem, was es ausgelöst hat, auf der kognitiven, emotionalen und physiologischen Ebene intensiv auseinandersetzen. Ziel ist es, dass der Betroffene aus der Rolle eines passiven Opfers herauskommt. Stattdessen soll er die Rolle eines aktiven Bewältigers der mit dem Ereignis zusammenhängenden Probleme übernehmen. Das traumatische Ereignis soll so in das Leben integriert werden, dass eine Erinnerung daran möglich ist, ohne von extremen Gefühls- und Körperreaktionen überflutet zu werden.

Durch die Implementierung der Steuerungsgruppe war gewährleistet, dass

- aus traumatologischer Sicht mit den Betroffenen die notwendigen Maßnahmen zur Traumabewältigung durchgeführt wurden,
- die Betreuung auf die Bedürfnisse aller Betroffener ausgerichtet war,
- die Schulaufsichtsbehörden in die Planung, Weiterentwicklung und Überprüfung der Wirksamkeit der Betreuungsmaßnahmen involviert waren,
- es permanent einen Austausch unter allen Beteiligten gab.

Das von der Steuerungsgruppe entwickelte »*Betreuungsprogramm für die Betroffenen der Ereignisse im Franziskaneum in Meißen*« orientierte sich einerseits an den von den betroffenen Lehrern und Schülern selbst geäußerten Wünschen zur Verbesserung der allgemeinen Schulsituation nach der verunsichernden Erfahrung einer zielgerichteten Gewalttat an ihrer Schule. Andererseits wurden auch die aus traumatologischer Sicht notwendigen psychologischen Maßnahmen zur Traumabewältigung mit einbezogen. In der Übersicht in ◘ Tab. 8.2 sind die wichtigsten Maßnahmen des Betreuungsprogramms auf diesen zwei Ebenen dargestellt, unterteilt in kurz-, mittel- und langfristige Maßnahmen.

Zentraler Gedanke der Betreuung war also auf der einen Seite eine Entlastung der Schule zum Beispiel durch Bereitstellung neuer Lehrer, um dadurch mehr Möglichkeit zur aktiven Auseinandersetzung mit dem Thema Gewalt an der Schule zu schaffen. Die Schulgemeinschaft sollte sich besser mit den Folgen der erlebten zielgerichteten Gewalt befassen können.

Auf der anderen Seite sollten gezielte **traumatherapeutische Maßnahmen** eingesetzt werden,

1. um die Aufarbeitung der traumatischen Erlebnisse mit allen Beteiligten zu fördern, damit sich keine Fehlverarbeitungen etablierten und
2. um denjenigen Schülern und Lehrern gezielte einzeltherapeutische Hilfen anzubieten, die schon Symptome im Sinne einer PTBS entwickelt hatten.

8.3.2 Gruppenebene

Im Folgenden sollen die Gruppeninterventionen erläutert werden, die als Reaktionen auf die oben dargestellten typischen Probleme der einzelnen Gruppen durchgeführt wurden. Dabei werden ebenfalls kurz-, mittel- und langfristige Interventionen unterschieden.

Kurzfristige Interventionen

Unter kurzfristigen Interventionen werden Maßnahmen verstanden, die innerhalb der ersten ein bis zwei Wochen nach dem Ereignis durchgeführt werden.

Betreuung der Schüler am Unglückstag

Durch das staatliche Schulamt wurden zwei Schulpsychologen zur Betreuung der betroffenen Klasse unmittelbar nach Bekanntwerden des Vorfalls abgestellt. Diese versuchten mit den Schülern über deren Erlebnisse ins Gespräch zu kommen und

Tab. 8.2. Übersicht über allgemeine Betreuungsmaßnahmen und psychologische Interventionen

Allgemeine Maßnahmen zur Verbesserung des Schulklimas	Psychologische Interventionen zur Traumabewältigung
kurzfristige Maßnahmen	
– Entlastung von den Medien durch einen Pressesprecher	– Informationsveranstaltungen für Lehrer, Schüler und Eltern zu Belastungsreaktionen nach traumatischen Stresserfahrungen
mittelfristige Maßnahmen	
– Rechtsberatung für Lehrer – Orientierungshilfen für Lehrer zum Umgang mit Gewalt – Ein Erholungstag für die Lehrer durch gemeinsame Ausflugsfahrt – Gesprächsrunden zum Thema Gewalt an der Schule für Lehrer, Schüler und Eltern – Wiedereinführung der »Klassenleiter-Stunde«, um allgemeine Probleme mit den Schülern besprechen zu können	– Psychologische Diagnostik zur Feststellung des Traumatisierungsgrades – Gruppenangebote für Lehrer und Angestellte zur Traumaverarbeitung – Gruppenangebote für Schüler zur Traumaverarbeitung – Psychologische Sprechstunde für Lehrer, Schüler, Eltern und Angestellte der Schule – Gruppen zu themenspezifischen Problemen von Schülern, wie: Schuldgefühle, Ängste, Anspannung, Umgang mit der Familie des Opfers usw.
langfristige Maßnahmen	
– Erhöhung der Lehrerzahl – Einstellung eines Schulsozialarbeiters – Schulentwicklungsmoderation: Gewinnung eines Moderators für die Schule – Maßnahmen zur Wiederherstellung der ehemals guten Außenwirkung der Schule	– Aufklärung der Lehrer und Schüler über das Tatmotiv des Täters – Einzeltherapeutische Maßnahmen für besonders schwer belastete traumatisierte Schüler und Lehrer

forderten sie auf, ihre Gefühle in Zeichnungen zum Ausdruck zu bringen. Die Schulpsychologen bemängelten später, sie seien für eine derartige Aufgabe nicht ausgebildet gewesen und sie hätten sich den Anforderungen nicht gewachsen gefühlt.

Weiterhin kam ein Notfallseelsorger der Polizei in die Schule, der über Erfahrungen mit notfallpsychologischen Interventionen im Polizeidienst verfügte. Auch er war für die Schüler der betroffenen Klasse zuständig.

Es gab keine notfallpsychologische Betreuung für die Lehrer.

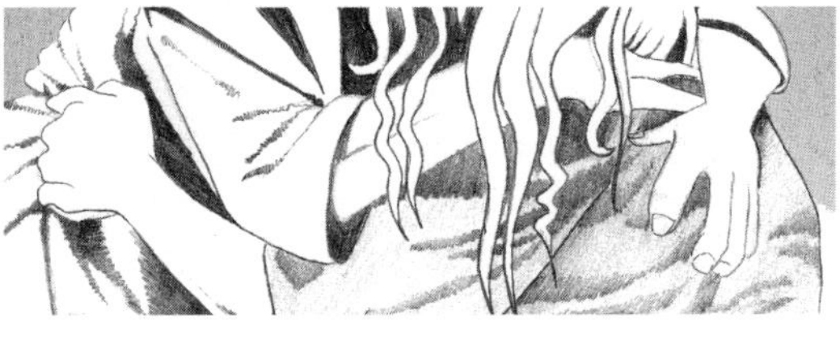

Debriefing durch ein Psychologenteam der Bundeswehr

Durch einen vom Kultusminister vermittelten Kontakt wurde zwei Tage nach dem Ereignis ein Psychologenteam der Bundeswehr per Hubschrauber eingeflogen, die ein CISD-Debriefing nach Mitchell durchführten. Mitchell hatte als Kriterien aufgestellt, dass die Durchführung maximal 72 Stunden nach dem Ereignis stattfinden soll und dass alle daran teilnehmen sollten, die vom Ereignis etwas gesehen, gehört oder anderweitig wahrgenommen hatten.

Es wurde jeweils getrennt voneinander ein Debriefing für die Schüler und ein Debriefing für die Lehrer als Einzelintervention durchgeführt. Weitere Kontakte der Psychologen der Bundeswehr mit den Betroffenen fanden nicht statt, die Psychologen flogen unmittelbar nach dem Einsatz wieder mit dem Hubschrauber zu ihrem Standort zurück.

Nachbesprechung für Verantwortungs- und Entscheidungsträger

Mit den Personen aus der sächsischen Staatskanzlei und dem Kultusministerium, die auf der administrativen Ebene mit den Ereignissen konfrontiert worden waren, wurde von Seiten des Autors eine systematische Nachbesprechung der jeweiligen Erlebnisse durchgeführt. Hierbei wurden die Teilnehmer gebeten, vor allem die faktischen Erlebnisse in den Anfangstagen zu schildern. Ebenso bestand die Möglichkeit, aber nicht der Zwang, über die dadurch ausgelösten emotionalen Beteiligungen zu sprechen.

Mittelfristige Interventionen

Unter mittelfristigen Interventionen werden Maßnahmen verstanden, die drei bis acht Wochen nach dem Ereignis durchgeführt werden.

Einmalige Gruppe mit allen betroffenen Lehrern und Schüler- und Elternvertretern

Drei Wochen nach dem Ereignis wurde eine Sitzung mit den betroffenen Lehrern, Eltern und Vertretern der Schüler durchgeführt, um deren Wünsche und Vorstellungen bezüglich der Bewältigung der Ereignisse zu sammeln. Die in der folgenden Übersicht dargestellten Wünsche wurden dabei von den Betroffenen geäußert und fanden später ihren direkten Niederschlag im Betreuungsprogramm.

Aus den Wünschen wird deutlich, dass viele Lehrer sich sowohl eine psychologische Unterstützung bei der Aufarbeitung der Geschehnisse wünschten, als auch eine grundlegende Entlastung bei der Umsetzung der Lehrpläne. Dabei wurde der Druck thematisiert, die Schüler in zwölf Jahren zum Abitur führen zu müssen und wenig Zeit zu haben, auf allgemeine Probleme der Schüler einzugehen.

Die zu DDR-Zeiten bestehende Regelung, eine sog. Klassenleiterstunde pro Woche als Klassenlehrer zur Verfügung zu haben, in der allgemeine und persönliche Probleme der Klasse oder einzelner Schüler angesprochen werden konnten, wurde hierbei wieder gewünscht.

Psychodiagnostische Untersuchung

Um die psychotherapeutischen Interventionen gezielt bei denjenigen einzusetzen, die durch das

Wünsche der Betroffenen

1. Schulorganisatorische Hilfen – Hilfen zur Verbesserung der Rahmenbedingungen
   - Zusätzliche Stelle für Leitungsaufgaben
   - Erhöhung des Stammpersonals
   - Klassenleiterstunden mit Zeit zum Besprechen von Problemen der Schüler und für Beziehungspflege
   - Mehr Zeit für die Arbeit der Beratungslehrer
   - Schulentwicklung einschließlich Gewaltprävention und Supervision
   - Mehr Arbeitsgemeinschaften für Schüler
   - Lehrplanentlastung, um mehr Zeit für die Erziehung der Schüler zu haben
2. Schaffen von Rechtssicherheit
   - Rechtssicherheit im Umgang mit gewalttätigen Schülern
   - Möglichkeiten der Absicherung der Lehrer (Versicherungsschutz)
   - Schaffung eines Gremiums für schnelle Entscheidungen zum Umgang mit gewalttätigen Schülern
   - Beratung zum Umgang mit den Medien
3. Aufklärung über das Tatmotiv
4. Unterstützung der Familie des Opfers (Schüler wollten die Familie unterstützen, z. B. durch Hilfen im Haushalt)
5. Information von Lehrern, Schülern und Eltern über PTBS
6. Schulsozialarbeit (speziell für die Klassen 7 bis 9 zur Aufarbeitung von sozialen Problemen)
7. Psychologische Angebote für die Gruppe der betroffenen Lehrer
8. Psychologische Betreuung der Klasse 9
9. Psychologischer Ansprechpartner für Lehrer und Schüler, der immer in der Schule anwesend ist
10. Gemeinsamer Arbeitskreis von Eltern, Schülern und Lehrern zum Thema Gewalt
11. Schutz vor den Medien
12. Das negative Bild der Schule in der Öffentlichkeit wieder realistisch darstellen
13. Gemeinsame Aktivität der Lehrer, z. B. eine Fahrt

Ereignis im Sinne posttraumatischer Belastungsreaktionen besonders belastet waren, wurde eine Fragebogenuntersuchung durchgeführt. Eingesetzt wurden dabei die **Impact of Event Scale** (IES; IES-R, Maercker & Schützwohl, 1998) und die **Beschwerden-Liste** (B-L; Zerssen & Koeller, 1976) (▶ Infobox)

Infobox

Die revidierte Fassung der **Impact of Event Scale** (IES-R) ist eines der am häufigsten verwendeten Selbstbeurteilungsmaße zur Erfassung von Symptomen einer posttraumatischen Belastungsstörung.
Die **Beschwerden-Liste** (B-L) erfasst das Ausmaß der persönlich wahrgenommenen Beeinträchtigungen durch körperliche und Allgemeinbeschwerden.

Aus den benutzten Fragebogen ergaben sich die in ◘ Tab. 8.3 und 8.4 aufgeführten Belastungswerte.

Insgesamt lässt sich also grob eine Drittelung der traumatischen Belastung mit Hilfe der IES erkennen: ein Drittel leicht Betroffene, ein Drittel mittelschwer Betroffene und ein Drittel schwer Betroffene.

Bei den in der Beschwerden-Liste geäußerten Symptomen lässt sich eine fast doppelt so große schwer belastete Gruppe von einer leicht belasteten Gruppe unterscheiden.

Mithilfe der Ergebnisse der IES-R und der Beschwerden-Liste wurden die betroffenen Lehrer und Schüler in drei Gruppen aufgeteilt:

- leicht Betroffene,
- mittelschwer Betroffene
- schwer Betroffene.

Auf diese Weise konnten für die drei Untergruppen spezifische Betreuungs- und Behandlungsangebote entwickelt werden. Gleichzeitig wurden von den Teilnehmern der Fragbogenuntersuchung erfasst, welche persönlichen Ziele sie in Bezug auf das Ereignis hatten und wie nah sie dem Opfer und dem Täter standen. Beispiele für diese Ziele finden sich in der folgenden Übersicht.

Beispiele für Ziele der Lehrer

- Ruhe und Gelassenheit wiederfinden
- Sich wieder entspannen können, wieder loslassen können
- Abstand zu dem Ereignis bekommen
- Wunsch nach Verständnis und Toleranz zwischen den Lehrern
- Angst überwinden, vor der Klasse zu unterrichten
- Wunsch, dass das Lehrer-Schüler-Verhältnis wieder so werde, wie es vor dem Ereignis war
- Gemeinsam mit den Kollegen Wege zur gewaltfreien Konfliktlösung finden

Beispiele für Ziele der Schüler

- Wunsch nach Normalisierung des Verhältnisses zwischen Schülern und Lehrern (wieder aufeinander eingehen können)
- Vorwürfe von Lehrern und Außenstehenden sollen aufhören, dass sie der Lehrerin nicht geholfen haben
- Die Klasse soll zusammen bleiben
- Wunsch, mit Freunden über das Ereignis reden zu können
- Wunsch, sich mit dem Täter auszutauschen, um dessen Motiv für die Tat zu verstehen
- Wunsch, dass der Täter bestraft werde
- Lernen, über das Ereignis und die eigenen Ängste reden und beides verarbeiten zu können
- Konzentrationsschwierigkeiten und Lernprobleme überwinden
- Keine Angst vor Verschlechterung der Leistung mehr haben müssen

Elternabende

Die Eltern der Schüler waren sehr beunruhigt und in Sorge um ihre Kinder. Einige waren der Ansicht, man müsse jetzt so schnell wie möglich den Kindern dabei helfen zu »vergessen«, andere forderten umfassende psychologische Betreuung.

Auf Elternabenden für die Eltern der betroffenen Schüler wurde diesen im Sinne psychoedukativer Interventionen ein Modell der Wirkung traumatischer Erfahrungen dargestellt und Möglichkeiten bei der

Tab. 8.3. Häufigkeitsverteilungen der Belastung nach der IES-R (N = 35)

IES-R – Messzeitpunkt 1		Schüler		Lehrer		gesamt
Schwere Belastung (Score >0)	6	(17,1%)	5	(14,3%)	11	(31,4%)
Mittlere Belastung (0 bis –0.99)	5	(14,3%)	5	(14,3%)	10	(28,6%)
Leichte Belastung (Score ≤–1.0)	7	(20,0%)	7	(20,0%)	14	(40,0%)

Tab. 8.4. Häufigkeitsverteilungen der Belastung nach der B-L (N = 35)

B-L – Messzeitpunkt 1		Schüler		Lehrer		gesamt
Schwer belastet (Score ≥22)	11	(31,4%)	11	(31,4%)	22	(62,9%)
Leicht belastet (Score <22)	7	(20,0%)	6	(17,1%)	13	(37,1%)

Bewältigung posttraumatischer Belastungsreaktionen aufgezeigt. Ihnen wurden Tipps und Ratschläge zum Umgang mit ihren belasteten Kindern gegeben. Als wichtigste und Erfolg versprechende Strategie wurde den Eltern empfohlen, als Ansprechpartner für ihre Kinder da zu sein und das auch kundzutun, aber nicht von ihren Kindern zu verlangen, mit ihnen über die Ereignisse zu reden.

Des Weiteren wurde die auf der Fragebogenuntersuchung fußende Aufteilung der Schüler in leicht, mittel und schwer Belastete erläutert und die geplanten Betreuungs- und Therapiemaßnahmen erklärt. Fragen der Eltern wurden beantwortet und ihr Einverständnis zu den geplanten Maßnahmen eingeholt. In Einzelgesprächen erhielten die Eltern die Möglichkeit, jeweils das Ergebnis ihres Kindes zu erfahren und dem Autor spezifische Problemsituationen aus Elternsicht näherzubringen. Im Laufe der Zeit wurden immer wieder Elternabende durchgeführt, um über bestimmte Themen zu informieren, wie z. B. komorbide Störungen bei PTBS, vor allem Depression und Angst, über den Umgang mit Vermeidungsverhalten und über adäquate Erziehungshaltungen zum Umgang mit diesen Problemen.

Langfristige Interventionen

Unter langfristigen Interventionen werden diejenigen Maßnahmen verstanden, die ab zwei Monate nach dem Ereignis begannen.

Gruppe für Lehrer und Angestellte

In einer Gruppe für die betroffenen Lehrer und Angestellten wurde mit den Teilnehmern das Ereignis nach einem in der Katastrophenbewältigung (z. B. Grubenunglück Borken 1988 oder ICE-Unglück Eschede 1989) bewährten Schema nachbearbeitet (auch Tab. 8.5 »Gruppeninterventionen in der Schülergruppe«).

Betroffen bedeutet in diesem Zusammenhang, dass die entsprechenden Personen direkt mit dem Ereignis konfrontiert waren, also die Tat bzw. die sterbende Lehrerin beobachtet oder gehört hatten, oder unmittelbar danach dem flüchtenden Täter, der getöteten Lehrerin oder den verstörten Schülern begegnet waren.

Die in der psychodiagnostischen Untersuchung am häufigsten benannten Probleme dieser Gruppe nach den traumatischen Erlebnissen waren:

- Ängste vor Schülern,
- Verunsicherung mit der Lehrerrolle (»Ein Lehrerleben scheint nichts wert zu sein …«),
- wiederkehrende quälende Bilder, z. B. von der sterbenden Kollegin,
- allgemein starke körperliche Anspannung,
- Schuldgefühle, nicht genug geholfen zu haben,
- Einschlaf- und Durchschlafschwierigkeiten,
- Trauer wegen des Verlustes einer geschätzten Kollegin,
- körperliche Beschwerden, besonders Herz-Kreislauf-Probleme, Magenbeschwerden, Kopfschmerzen, allgemeine Kraftlosigkeit.

Tab. 8.5. Gruppeninterventionen in der Schülergruppe – Abfolge und Leitthemen

	Phase	Anzahl der Sitzungen	Leitthemen der Gruppensitzungen
1.	Faktenphase	3 Sitzungen	»Was hast du beim Unglück erlebt?« »Was hast du gesehen, gehört, gerochen, wahrgenommen?« »Welche traumatischen Erlebnisse gab es?«
2.	Reaktionsphase I	1 Sitzung	»Was hast du damals gedacht?«
3.	Reaktionsphase II	1 Sitzung	»Wie hast du dich damals gefühlt?«
4.	Reaktionsphase III	1 Sitzung	»Wie waren deine Körperreaktionen?«
5.	Symptomphase	1 Sitzung	»Welche Symptome haben sich bei dir bis heute entwickelt?« »Welche Verhaltensweisen haben sich verändert?«
6.	Psychoedukative Phase	1 Sitzung	»Was ist für eine effektive Bewältigung günstig und förderlich, was ist ungünstig und hinderlich?«
7.	Voneinander lernen	Immer wieder Thema, im Verlauf der 2-jährigen Betreuung 3–4 Sitzungen	»Was kann ich anderen empfehlen, was hilft bei der Bewältigung des neuen Alltags?« »Was habe ich bei anderen an günstigen Verhaltensweisen beobachtet?«
8.	Symptombehandlung	2 Sitzungen	»Wo zeigt sich Vermeidungsverhalten?« »Wie kann ich es aktiv verändern?«
9.	Umgang mit Krisen und Belastungen	1 Sitzung	»Wie begehe ich den Jahrestag des Unglücks?«
10.	Zukunftsperspektive	Immer wieder Thema, im Verlauf der 2-jährigen Betreuung 3–4 Sitzungen	»Wie stelle ich mir meine Zukunft vor?« »Was kann ich dafür tun, meine Ziele zu erreichen?«

Im Unterschied zu den Gruppen nach Katastrophenereignissen bestanden die Lehrergruppen hier jedoch nicht über Monate hinweg, sondern lösten sich nach fünf Sitzungen wieder auf. Deutlich wurde, dass die üblicherweise nach der kognitiven Aufarbeitung beginnende Bearbeitung der emotionalen Ebene von den Lehrern und Angestellten nicht in der Gruppe angegangen werden wollte. Auch die in den Gruppen nach großen Katastrophen geleisteten Phasen der »Trauerarbeit« und des »voneinander Lernens« waren in der Lehrergruppe Meißen kein Thema mehr.

Als Erklärung für diese Reaktion ist denkbar, dass die im täglichen Berufsalltag in einem aufgabenbezogenen Kontext miteinander kommunizierenden Personen dieser Gruppe es zu riskant fanden, ihre persönlichen emotionalen und verletzten Anteile miteinander zu besprechen, aus Angst, im Schulalltag dann angreifbarer zu sein. Wie aus Einzelgesprächen deutlich wurde, war für viele die Offenlegung eines verunsicherten traumatisierten Gefühlszustandes nicht mit der von ihnen erwünschten und selbst wahrgenommenen Position eines souveränen Lehrers oder Lehrerin vereinbar. Für viele Lehrer mit DDR-Sozialisation spielte in dieser neuen Zeit nach der politischen Wende auch die Angst davor eine Rolle, von der Schulleitung, der Schulbehörde oder dem betreuenden Psychologen negativ beurteilt zu werden und den veränderten Anforderungen an die Lehrerrolle nicht gerecht zu werden.

Gruppen für Schüler

Die am stärksten betroffene Gruppe von Schülern war die Klasse, in der der Mord geschehen war. Mit dieser Klasse wurde im Klassenverband gearbeitet.

Diese Schüler hatten aus nächster Nähe die Tat beobachtet und die meisten von ihnen hatten sich selber in Todesangst befunden, da sie glaubten, der Täter werde auch auf sie losgehen.

Als typische Probleme, unter denen diejenigen Schüler litten, die direkt mit der Tat konfrontiert waren, wurden in der psychodiagnostischen Untersuchung festgestellt:
- Angst vor erneuten Vorfällen,
- Schreckhaftigkeit bei plötzlichen Geräuschen, z. B. Türenknallen,
- Verunsicherung gegenüber Mitschülern (weil ein »unauffälliger Schüler« eine so brutale Tat begangen hatte),
- allgemein starke körperliche Anspannung,
- Konzentrationsschwierigkeiten,
- Angst, wenn die Tür des Klassenzimmers geöffnet wurde,
- wiederkehrende quälende Bilder, z. B. von der verletzten, schreienden Lehrerin,
- Einschlaf- und Durchschlafschwierigkeiten,
- Schuldgefühle, das Ereignis nicht verhindert zu haben.

Für die Schüler war es leichter, über ihre Betroffenheit im Klassenverband zu reden. Die Schüler sprachen mit großer Offenheit über ihre erlebte Hilflosigkeit, ihre Ängste, während des Mordes selber auch Opfer zu werden, ihre Fassungslosigkeit, dass ein »ganz normaler Mitschüler« zu einer solch schrecklichen Tat in der Lage war, und außerdem über ihre Schuldgefühle, auf Andeutungen des Mitschülers, er werde eine Lehrerin umbringen, nicht reagiert zu haben. Deutlich wurde hierbei ein starkes Bedürfnis der Schüler über einzelne Aspekte des Ereignisses ausführlicher zu sprechen, als es im anfangs durchgeführten »Debriefing« der Fall gewesen war.

Die Mitarbeit der Schüler in diesen Gruppen war engagiert und konstruktiv, sie zeigten durchweg eine kooperative und sachbezogene Haltung. Nach einigen Sitzungen stellte sich jedoch heraus, dass die weniger belasteten Schüler an den Gesprächen kaum noch teilnahmen. Außerdem ergaben sich inhaltliche Themen, die für einen Teil der Schüler wichtiger waren, als für andere, z. B. Umgang mit Ängsten, Entspannungsmöglichkeiten, Umgang mit Intrusionen, Schlafstörungen etc. Aus diesem Grunde wurde die Gesamtgruppe zugunsten der sog. »Neigungsgruppen« eingestellt, nachdem die Erlebnisse vom Unfalltag ausführlich genug nachbesprochen waren.

Neigungsgruppen

Aufgrund der unterschiedlichen Interessenlagen bei den Jugendlichen nach der gemeinsamen Aufarbeitung der traumatischen Erlebnisse im Klassenverband wurden in Absprache mit den Schülern Themen formuliert, denen sich einzelne Untergruppen verstärkt widmen wollten (s. folgende Übersicht). Dadurch war gewährleistet, dass diejenigen, die sich mit einem Problembereich intensiv auseinandersetzen wollten, sich nicht durch unmotivierte Mitschüler behindert fühlten.

Themen, aus denen sich die Neigungsgruppen entwickelten
- Umgang mit Ängsten
- Umgang mit Schlafstörungen
- Erlernen von Entspannungsmethoden
- Umgang mit dem Prozess gegen den ehemaligen Mitschüler und der Notwendigkeit, dort als Zeugen befragt zu werden
- Vorbereitung des Jahrestages des Ereignisses
- Hilfen für die Eltern der ermordeten Lehrerin

Diese Neigungsgruppen waren von unterschiedlicher Dauer, jeweils angepasst an die Fragestellungen der Schüler und konnten bei Bedarf immer wieder neu etabliert werden. Die Gruppen, die von jeweils fünf bis zehn Schülern besucht wurden, entwickelten schnell ein hohes Maß an Intimität. Dort wurden z. B. Entspannungstechniken gelernt, Auslöser von Ängsten identifiziert und Konzepte zum erfolgreichen Umgang mit Problemen wie Panikgefühlen oder Schlafstörungen erarbeitet. Über die eigentliche Intention hinaus, nämlich Bewältigungsstrategien zum gemeinsamen Thema zu erlernen, sprachen die Schüler oft persönliche Probleme an, was sie sich im Klassenverband nicht trauten.

Die Schüler wurden immer wieder dazu aufgefordert, zwischendurch bestimmte verhaltenstherаpeutische Übungen als »Hausaufgaben« durchzuführen. Ein Beispiel dafür ist die Übung, die Angst zu überwinden, zu Hause allein zu sein. Die Ergebnisse dieser Übungen sollten die Schüler dann per Brief mitteilen. So entstand auch der nachfolgend wiedergegebene Brief einer Schülerin nach Übungen zum Selbstmanagement ihrer Angst:

> Sehr geehrter Herr Pieper,
> (...) deshalb schreibe ich Ihnen jetzt, um Ihnen zu erzählen, ob Ihre Tipps geholfen haben. Ich erzähle Ihnen noch einmal kurz, worum es ging: Mein Problem war, dass ich wahnsinnige Angst im Dunkeln und allein hatte – auch in unserer Wohnung. Wenn ich irgendwelche Geräusche in der Wohnung oder im Haus gehört habe, habe ich mir schon die schlimmsten Situationen ausgemalt. Und nun war es ja so, dass ich in den Sommerferien 10 Tage ganz allein zuhause war, nur, dass ich tagsüber noch arbeiten gegangen bin.
> Sie hatten mir gesagt, dass ich mir immer wieder Sätze wie »Ich bin hier völlig sicher« oder »Die Angst hat nichts mit dem Jetzt zu tun, sondern ist nur eine Erinnerung vom 9.11.1999« aufsagen soll, damit sich endlich wieder ein kleines Stück heile Welt um mich entwickelt und damit ich wieder Vertrauen fasse.
> Ich habe es dann im Sommer so gemacht, dass ich einen großen A4-Zettel genommen habe und ganz groß darauf geschrieben habe:
> **Ich bin hier völlig sicher, die Angst ist nur ein Überbleibsel des 9.11. und hier völlig fehl am Platz! SEI STARK!**
> Das Blatt habe ich auf meinen Nachttisch neben mein Bett gestellt und mir mindestens jeden Abend und in »brenzligen« Situationen, wo wieder Angst hochkam, durchgelesen.
> Und: Es hat geholfen! Ich will nicht behaupten, dass ich völlig angstfrei gelebt habe (vor allem nicht vorm Einschlafen), aber es ist jeden Tag etwas weniger geworden, bis ich am Ende richtig gut damit klar kam.
> Auch das Nachhausegehen, wenn es schon dunkel und spät ist, habe ich jetzt viel besser im Griff, als noch vor einigen Monaten.
> Dafür wollte ich mich auch noch einmal bedanken – ich meine dafür, dass Sie mir geholfen haben, wieder in einer halbwegs Heilen Welt zu leben, auch wenn ich genau weiß, dass sie trotzdem nie wieder so sein wird, wie vor dem 9.11.1999. Aber das ist auch gut so, ansonsten würde es ja bedeuten, dass ich nichts daraus gelernt habe (...)

Expositionsbehandlungen

In verschiedenen Problemfeldern hatten sich bei vielen Schülern Ängste und Vermeidungsverhalten entwickelt, welches mit Expositionsbehandlungen therapiert wurde (► Infobox).

> **Infobox**
>
> Bei **Expositionsbehandlungen** handelt es sich um aus der Verhaltenstherapie stammende Techniken, bei denen der Patient mit den ihm Angst machenden Reizen so lange konfrontiert wird, bis starke Furchtreaktionen nachgelassen haben und er sich dem ursprünglich Angst auslösenden Reiz ruhig und mit einem neuen Kompetenzgefühl stellen kann. Es wird unterschieden zwischen »Exposition in sensu« und »Exposition in vivo«. Bei der **In-sensu-Exposition** geht der Patient das belastende Ereignis in Gedanken immer wieder durch und konfrontiert sich mit seinen starken inneren Reaktionen wie Furcht und Anspannung. Bei der **In-vivo-Exposition** konfrontiert er sich mit einem Ort, an dem er etwas Schreckliches erlebt hat und der bei ihm Angst auslöst, in der Regel die Unfallstelle. Expositionstechniken dürfen nur angewendet werden, wenn der Patient die Wirkungsweise verstanden hat und selbst motiviert ist.

Für die Meißener Schüler waren folgende Situationen relevant:

- Aufsuchen der Stelle, an der die Lehrerin verstarb, an der heute eine Gedenkplakette hängt,
- Aufsuchen des Grabes der Lehrerin,
- im Klassenraum sitzen und damit konfrontiert werden, dass die Klassenzimmertür aufgerissen wird (für Schüler und Lehrer),
- im Klassenraum sitzen und mit lauten Geräuschen auf dem Flur konfrontiert werden (für Schüler und Lehrer).

Die Expositionsbehandlungen wurden in der Gruppe durchgeführt. Diejenigen Schüler, die mit dem jeweiligen Thema kein Problem zu haben angaben, machten in der Regel dennoch mit, weil sie es als sinnvolle Übung für sich ansahen.

Beispielhaft sei hier eine mit den Schülern durchgeführte In-vivo-Expositionsbehandlung beschrieben. Grund für die Exposition war die von vielen Schülern angegebene Angst, die sich jedes Mal einstellte, wenn während des Unterrichts jemand in die Klasse kam. Sie brachten es immer in Verbindung mit dem damaligen Erlebnis, dass der maskierte Schüler die Tür aufgerissen hatte und sich sofort mit den Messern auf die Lehrerin stürzte. Obwohl man in der Schule vereinbart hatte, dass immer an die Tür geklopft werden muss, dass man abwartet und dann erst eintritt, zeigten viele Schüler in dieser Situation immer deutliche psychophysiologische Reaktionen, wie starkes Herzklopfen, Schweißausbrüche, Zittern, Ängste und Unruhe.

Nach einer ausführlichen Besprechung des Ablaufes wurden Schüler und Klassenlehrerin aufgefordert, ganz normal Unterricht zu führen. Dann betrat der Autor in den unterschiedlichsten Variationen das Klassenzimmer, mal laut klopfend, mal nur die Tür aufreißend, mal mit kurzer Verzögerung, mal mit langen Zeitabständen, usw. Die Schüler und die Lehrerin stuften jeweils auf einer Skala ein (Skala von 0 bis 10; 0 = neutral, 10 = maximale Anspannung und Belastung), wie sehr sie Schreckreaktionen bei sich wahrnehmen konnten. Obwohl die Schüler in dieser Situation darauf vorbereitet waren, dass jemand die Klasse betreten würde, zeigten sie deutliche Schreckreaktionen während der ersten Durchgänge und erreichten hohe Werte auf der Belastungsskala. Nach mehreren Durchgängen, die ca. eine Stunde dauerten, waren die Schreckreaktionen bei allen Schülern deutlich zurückgegangen. Bei einem zweiten Termin waren schon die Ausgangswerte der Belastung deutlich geringer als beim ersten Termin. Nach wenigen Durchgängen stuften sich alle Schüler in der Belastungsskala auf 0 oder maximal 1 ein. Die erzielten Effekte bei den Meißener Schülern zeigten sich nach sechs Monaten in Nachbefragungen stabil.

Auf die gleiche Weise wurden auch die weiteren oben genannten Belastungssituationen durch Expositionsbehandlungen in der Gruppe neutralisiert.

8.3.3 Individuelle Ebene

Neben den Gruppentherapeutischen Interventionen wurden spezielle traumatherapeutische Interventionen im Einzelkontakt durchgeführt bei

- den hoch belasteten Schülern der betroffenen Klasse,
- den hoch belasteten Lehrern,
- Schülern aus anderen Klassen, die mit dem Ereignis konfrontiert worden waren und nicht gemeinsam mit der betroffenen Klasse behandelt werden konnten.

Zur Anwendung kamen:

- verhaltenstherapeutisch orientierte Einzelgespräche,
- narrative Traumabewältigung,
- Expositionsbehandlungen,
- EMDR,
- offene Sprechstunde.

Einzelgespräche

Vor allem die Lehrer nutzten die Möglichkeit zu Einzelgesprächen und favorisierten sie gegenüber Gruppengesprächen. In den Einzelgesprächen wurden vor allen Dingen die Auswirkungen der Traumatisierung auf den familiären und privaten Bereich problematisiert. Viele Lehrer zweifelten daran, ob sie weiter in der Lage seien, in ihrem Beruf leistungsfähig zu sein und gleichzeitig die eigenen Kinder und die Familie zu versorgen. Diese Probleme wollten sie in der Regel nicht in der Gruppe behandeln. Einige Lehrer thematisierten, ob sie überhaupt noch den Beruf weiter ausführen könnten. Innerhalb der Einzelbehandlungen wurden auch regelmäßig Expositionsbehandlungen durchgeführt.

Narrative Traumabewältigung

Die Aufforderung, einen Bericht über die Traumaerfahrung zu schreiben, erscheint für viele Betroffene zunächst eine schwierige Aufgabe, die sie kaum bewältigen zu können glauben. Sie führte in Meißen jedoch bei einigen Lehrern zu einer intensiven Auseinandersetzung mit dem Ereignis und den eigenen Reaktionen. Lehrer suchten häufig im Verlauf der zweijährigen Betreuung der Schule Kontakt zum Autor und bezogen sich auf ihren Bericht vom Ereignis. Der Vorteil der Methode liegt darin, dass die Schreiber gezwungen sind, sich intensiver mit ihren Gedanken und Gefühlen zu beschäftigen, weil das Schreiben langsamer geht als das Erzählen. Besonders geeignet war dieses Vorgehen für die Lehrer, da sie sich gut darin einfügen konnten, »Hausaufgaben« zu erledigen.

Beispielhaft sei der Bericht einer Geschichtslehrerin aufgeführt, die im Nebenraum Unterricht abhielt, als die Tat geschah:

> Der 9.11. – ein geschichtsträchtiges Datum. Eigentlich wollte ich zu Stundenbeginn das Datum anschreiben und die Schüler (Kl. 11) die historischen Ereignisse dazu benennen lassen. Aber es ergab sich wohl anders.
> Ich hatte kurz nach Stundenbeginn gerade die Aufgaben für eine mündliche Leistungskontrolle gestellt, als wir einen Schrei oder besser Geschrei – auch Hilferufe? – hörten. Ich nahm an, es sei eine unbeaufsichtigte, sehr laut tobende (das ist aber die absolute Ausnahme!) Sportklasse auf dem Weg von der Turnhalle zu den Umkleideräumen bzw. umgekehrt, aber irgendwie war es doch zu laut, zu anders. Blicke der Schüler signalisierten mir, dass sie wohl ähnlich dachten. Der Lärm wurde anders, ich weiß nicht mehr, wie anders. Ich öffnete die Tür, sah N.L. und N.C. (Kollegen – Initialen geändert) in Richtung Lehrerzimmer gehen – das sehe ich aber eher statisch vor mir. Herr M. (Schulleiter) blickte in Richtung Mitte des Treppenflures und rief dringend nach einem Notarzt. Es war etwas Schlimmes passiert – war jemand die Treppe heruntergestürzt? – aber Hilfe war da – und danach das Gefühl »im Hinterkopf«: etwas sehr Schlimmes.
> Warum ich die Türe wieder geschlossen habe, wie ich es fertig gebracht habe, die Leistungskontrolle fortzusetzen, mich auf das Gesagte konzentrieren konnte, weiß ich nicht mehr.
> Parallel dazu nahm ich draußen Geräusche wahr, den Notarztwagen oder mehrere. Sie schienen zur Schule zu kommen, aber nicht mehr mit Signal wegzufahren. Also war es doch nicht so schlimm gewesen – Erleichterung !?! Nein, da war noch etwas anderes, was? Ich denke, den Schülern ging es ähnlich, einerseits den Geräuschen draußen »nachhängend«, andererseits aber konzentriert. In das Gespräch mit Schülern vertieft, bemerkten wir das Klingeln nicht – es hatte auch nicht geklingelt. Ich öffnete die Tür, habe ich den Schülern vorab gesagt, dass sie alle im Zimmer bleiben? Alle blieben. Spürten sie etwas? Wohl doch!
> Ich sehe die weiß-roten Absperrbänder, einen Arzt, einen großen Mann. Ich gehe die 5–6 Schritte, nach denen ich dann den gesamten Flur einsehen kann. Da liegt eine umgeklappte blaue Plastikkiste und darüber und davor eine gemusterte Decke – irgendwie wie aus dem Film. Eine zugedeckte Leiche – aber das denke ich nicht. Ich denke an einen Hund (?) – so ein Quatsch, in der Schule war noch nie ein Hund! Es sieht so klein aus – ein Kind? Mit kaum einem Gedanken dachte ich an meine Kinder, S. (14) hatte Unterricht im anderen Gebäude, Q. (17) glaubte ich zuhause. Sie konnten es also nicht sein!
> Zu der Decke (?) führte eine lang gezogene, immer größer werdende Blutlache. Sie fließt auch nicht mehr, sondern ist wohl schon getrocknet, aber sie glänzt noch. Sie scheint auch ein Stück vor der Decke zu Ende – war kein Blut mehr da?
> Fragend gehe ich auf einen fast versteinert wirkenden Herrn M. (Schulleiter) zu. Er fragt, ob ich U.s Telefonnummer habe. »Welcher U?« »U.M.« (der Sohn der ermordeten Lehrerin) – er war bis vor eineinhalb Jahren mein Schüler. Da ist mir klar, dass das »Etwas« – ich habe keinen Begriff dafür – T. (die Getötete) ist, war? Ich wollte zu ihr gehen, aber man ließ mich nicht. Ich habe gehört oder gesehen, dass Herr M. (Schulleiter) nickte, als ich ihn fragte, ob das T. (Kollegin) ist. Begriffen habe ich es nicht – bis heute wohl nicht.
> Weinend hörte ich im Sekretariat auf Herrn M.s Worte, was passiert ist – unfähig zu begreifen. Wie kann ein Mensch das tun, was geht in ihm vor, warum? Hat T. Schmerzen gehabt? War ihr klar, was passieren wird? Sie legte immer großen Wert auf ihr Outfit! Keine 60 Minuten zuvor hatten wir noch die Kombination brauner Sachen zu tiefschwarzen Haaren diskutiert (nach den Herbstferien hatte sie sich die Haare von blond auf schwarz umfärben lassen) und entschieden, welches Geschenk wir einer Kollegin zum Ge-

> burtstag machen. Solche Banalitäten angesichts des Unfassbaren!
> Die nächste Stunde verlangte, Entscheidungen zu treffen. Ich wurde einer ersten Befragung unterzogen, der »Tatort« musste abgeschirmt werden, Stellwände mussten aufgestellt werden, mit Tischdecken verhangen. Zurückgekehrt in meine Klasse – tiefe Stille – musste ich sie von dem Geschehen informieren. Nur unter Tränen und größter Anstrengung konnte ich einen Satz formulieren: »T.M. wurde umgebracht«. Viele, auch 17-jährige Jungen, begannen zu weinen.
> Mit einer Kreislaufschwäche wurde ich ins Krankenhaus gebracht, eine Beruhigungsspritze wirkte und bewirkte eine große Leere – einige Stunden später, nach der Entlassung, musste ich noch mal in die Schule. Der Hausmeister wischte den Gang – eine riesige rosa Fläche!
> Ich habe bis zur Beerdigung nicht mehr geweint, danach dann erst wieder in der Sylvesternacht und später am Nachmittag des 7.2. Seit dem weine ich öfter, auch jetzt.

Aus diesem Bericht wird deutlich, wie intensiv die Auseinandersetzung mit dem Trauma während des Schreibens ist und wie stark die Bilder auch während des Schreibens noch präsent sind. Die Schreiberin wechselt unversehens aus der Vergangenheit in das Präsens: »Zu der Decke (?) **führte** eine lang gezogene, immer größer werdende Blutlache. Sie ***fließt*** auch nicht mehr, sondern ist wohl schon getrocknet, aber sie **glänzt** noch«. Aus diesem Sprachgebrauch wird auch die Wirkung traumatischer Erfahrungen bei vielen Betroffenen deutlich: Das Ereignis ist nicht wirklich abgeschlossen, nicht Vergangenheit, sondern hält an, passiert gefühlsmäßig jetzt. Nachdem am Anfang das Geschehen geordnet, nach dem Ereignisfluss linearisiert und im Hinblick auf die eigene Perspektive kommentiert wird, bricht der Handlungsstrang nach der Erörterung »wir spürten wohl etwas« ab, und es kommen stattdessen aneinandergereihte visuelle Bilder. Wüsste man nicht, was geschehen ist, hätte man als Leser keine Chance, das Geschehen nachzuvollziehen. Es ist also ein deutlicher Kohärenzbruch. Auch durch den Wechsel von einzelnen Handlungen, unvermittelter Gedankenwiedergabe und Bildern entsteht der Eindruck von Fragmentierung. Auffällig ist, dass der Geschehensablauf selbst – also die Frage, was da passiert ist – an keiner Stelle nachgeholt wird. Das Geschehen bleibt gewissermaßen anonym, ein Charakteristikum, das man in vielen Traumaerzählungen findet und als Hinweis auf eine Nichtverarbeitung gewertet werden muss.

Durch derartige schriftliche Berichte ist der Einstieg in eine aktive Auseinandersetzung mit dem Trauma für viele Betroffene vollzogen. Durch das Schreiben wird ihnen klarer, dass es ein Ereignis in der Vergangenheit war, mit einem Anfang, einem schrecklichen Höhepunkt und einem Ende. Sie können es als abgeschlossene Geschichte begreifen, erreichen eine gewisse Distanzierung und haben damit die Chance, die durch das Trauma ausgelösten kognitiven und emotionalen Verwirrungen zu klären.

Expositionsbehandlung

Bei sog. »Trigger-Reizen« werden traumatische Reaktionen von Objekten oder Umständen ausgelöst, die an sich keinen direkten Zusammenhang mit dem traumatisierenden Erlebnis aufweisen. Dies kann beispielsweise ein gewöhnliches geparktes Auto sein, das von dem Traumatisierten während der Tat gesehen worden ist. Später genügt dann das Wahrnehmen eines ähnlichen Autos am Straßenrand, um Erinnerungen an den Vorfall und Unruhe oder Panik hervorzurufen. Solche Trigger-Reize müssen mit Expositionsbehandlungen neutralisiert werden. In der Regel hat bereits ein Vermeidungsverhalten der betroffenen Person eingesetzt, um sich kurzfristige Erleichterungen zu verschaffen, was die Personen jedoch langfristig in ihrer Handlungsfreiheit und ihrem Aktivitätsspielraum erheblich einschränkt.

Beispiel Expositionsbehandlung Lehrer

Eine Lehrerin berichtete, dass sie bei jedem Film, in dem ein Messer als Waffe oder irgendeine Form von Gewalt mit Schreien vorkam, starke körperliche und psychische Belastungssymptome empfand. Durch derartige Szenen fühlte sie sich retraumatisiert und hatte anschließend schlaflose Nächte, die wiederum eine äußerst ungünstige Voraussetzung für den anstrengenden Schultag darstellten. Versuche, solchen Filmen aus dem Weg zu gehen, waren nicht erfolgreich, da sie dennoch mit Szenen konfrontiert wurde, die die beschriebenen Symptome auslösten.

Die Behandlung bestand darin, mit ihr eine ausgesuchte Szene eines Filmes mit Gewaltszenen in wiederholten Durchgängen anzuschauen und dabei ihre psychophysische Belastung zu beobachten. Die anfänglich sehr hohe Belastung wich einer zunehmenden kognitiven Distanzierung (»das ist ja nur ein Film, es erinnert mich an den 9.11.99, aber es ist nur gespielt ...«) und einer Abflachung der negativen Emotionen, bis zu einer deutlichen Habituation, die sie als sehr erleichternd empfand.

Beispiel Expositionsbehandlung Schüler

Ein Schüler, der sich nach seinem traumatischen Erlebnis einem kleinen medizinischen Eingriff unterziehen musste, geriet in Panik, als er dabei einen mit Blut getränkten Tupfer in einer Schale sah. Er sah die Szenen des Unfalltages vor sich und flüchtete aus dem Behandlungszimmer des Arztes. Jedes Mal in der Folgezeit, wenn er mit eigenem oder fremdem Blut konfrontiert wurde, zeigte er die gleichen heftigen Reaktionen einer Retraumatisierung. Er war nicht mehr in der Lage, sich eine Spritze geben zu lassen, obwohl er vor der Konfrontation mit der Mordtat nie eine Spritzenphobie gehabt hatte.

In der Behandlung wurde er mit einer Spritze mit Blut konfrontiert. Beim Anblick der Spritze zeigte er eine so starke körperliche Verspannung bzw. Verkrampfung, dass er kaum noch in der Lage war, zu gehen. Eine langsame Annäherung im Sinne einer systematischen Desensibilisierung ermöglichte es ihm nach 90 Minuten, die Spritze selbst in die Hand zu nehmen. Entscheidend auch bei dieser Behandlung war die kognitive Entkoppelung dieser Situation von der erlebten Traumatisierung.

Beispiel Selbstbeobachtung und Behandlung Schüler

Die Behandlung auf der individuellen Ebene erforderte aus ökonomischen Gründen ein hohes Maß an eigenem Engagement von den einzelnen Schülern. Sie wurden beispielsweise aufgefordert, eigene Verhaltensbeobachtungen durchzuführen und ihre Probleme schriftlich zu formulieren. Als weiteres Beispiel der Behandlung der Schüler auf der individuellen Ebene wird im Folgenden der Brief eines Schülers zum Thema Flashbacks und Vermeidungsverhalten vorgestellt.

> Hallo Herr Pieper,
> wie Sie mir geraten haben, werde ich meine Fragen und Probleme zu Papier bringen und Ihnen per Post zukommen lassen.
> 1. Frau T. (die getötete Lehrerin) hatte einen weinroten VW Golf, sportlich angelegt, wie ihr ganzes Wesen eben war. Dieser VW Golf bereitet mir nun Probleme. Der Golf stand am 9.11.99 direkt vor dem Schuleingang und ich konnte direkt darauf schauen, als wir im Nebenzimmer waren und nun warten mussten, was denn nun eigentlich geschehen war. Man hatte uns ja nichts gesagt. Auch am 10.11.99 kann es zu dieser »Einschleifung« gekommen sein. Das Auto stand ganz einsam und ein wenig in der Ecke auf dem Schulhof. Ich musste an diesem Tag verstärkt, d. h. öfter als sonst, in das andere Gebäude unserer Schule und war allein unterwegs, weil der Rest ja in der Klasse saß und ich mich schon wieder auf das Zusammentrommeln aller Klassensprecher konzentrierte und da denkt man schon mal nach.
> Nach dem 9.11.99 bekomme ich regelmäßig, wenn ich ein Auto diesen Typs und gleicher Farbe sehe, Erinnerungsanflüge (Flashbacks?). Ich werde dann eine ganze Weile wieder den Gefühlen von damals ausgesetzt.
> 2. Nachts, oder anderweitig im Dunkeln, fühle ich mich »verfolgt«. Verfolgt manchmal von dem Täter oder komischerweise von Frau T. sowohl unversehrt, als auch stark verwundet. Ausgelöst werden diese Gedanken in meinem Gehirn meist, wenn ich vorher Messer angeschaut oder benutzt habe. Ich habe dann oft am Abend große Schwierigkeiten mit dem Einschlafen.

Aus den von ihm beschriebenen Auslösern *»roter VW Golf«* und *»Messer«* hatte sich bei ihm ein ausgeprägtes Vermeidungsverhalten entwickelt. Er ging nicht mehr in die Stadt und vermied zuhause die Küche.

In einer Variante der Expositionsbehandlung wurde die Exposition vor einem roten VW Golf ebenfalls aus zeitökonomischen Gründen über SMS angeleitet und überwacht. Seine Aufgabe nach vorheriger ausführlicher Vorbesprechung war es, so lange vor einem roten VW Golf zu stehen, bis seine auf einer Belastungsskala von 0 bis 10 (0 = neutral, 10 = maximale Belastung) deutlich abgesunken sei.

- Schüler: »Stehe seit 10 Minuten vor rotem Golf, bin auf 5, reicht das?«
- Therapeut: »Versuche weiter runterzukommen, bleib noch 10 Minuten!«

Diese Methode kam bei den Jugendlichen sehr gut an und verhalf vielen, ihr Vermeidungsverhalten aufzugeben.

EMDR (»Eye Movement Desensitization and Reprocessing«)

Allen schwer belasteten Schülern und traumatisierten Lehrern wurden EMDR-Behandlungen angeboten und mit vielen von ihnen durchgeführt (► Infobox). Durchweg zeigten sich bei allen Schülern und Lehrern deutliche Verbesserungen der Traumasymptomatik nach ein bis drei Sitzungen, besonders bei den intrusiven Symptomen und bei den Schuldgefühlen. Allerdings muss dabei betont werden, dass die EMDR-Behandlungen nicht die alleinigen therapeutischen Maßnahmen waren, sondern dass sie immer eingebettet waren in die oben beschriebene verhaltenstherapeutische Gesamtstrategie.

Das im EMDR als besonders belastend empfundene Ausgangsbild, welches den schlimmsten Teil der traumatischen Erfahrung darstellt, war typischerweise bei den Schülern: *»Ich sitze in meiner Schulbank und sehe, wie das rote Blut aus der Halsschlagader der Lehrerin an die grüne Tafel spritzt«.*

Diese Bilder waren oft auch diejenigen, die die Schüler in Flashbacks oder Träumen heimsuchten. Durch die EMDR-Behandlung verloren diese Bilder oft an Schärfe und Gefühlsintensität, sie rückten in den Hintergrund oder waren für die Schüler gar nicht mehr fassbar. Als Beispiel sei der Brief einer Schülerin vom 28.6.2000 in der Nachfolge einer EMDR-Behandlung aufgeführt, die gerade in die Ferien fahren wollte.

> Hallo Herr Pieper,
> von Freitag bis heute ist überhaupt nichts Außergewöhnliches passiert. Alles ist wie immer – obwohl ich mich immer noch wundere, wie durch ein bisschen »Augen-hin-und-herbewegen« das schreckliche Bild fast verschwinden konnte.
> Es besteht nur noch aus Schatten und Umrissen und wenn ich nicht wüsste, wie es aussah, ich könnte es mir kaum noch vor dem inneren Auge vorstellen.
> Einen schönen Urlaub!

Bei den Lehrern wurden EMDR-Behandlungen mit Erfolg zur Bearbeitung der Schuldgefühle, nicht oder nicht genügend geholfen zu haben, eingesetzt. Die Behandlung selbst wurde von den Lehrern in der Regel als anstrengend erlebt. Verblüffend für den Therapeuten wie für die Betroffenen war dann jeweils die letztlich schnelle Distanzierung von anfangs als sehr belastend erlebten Gedanken, Bildern und Selbstbewertungen. Der Aufbau alternativer positiver Selbstbewertungen und angenehmerer innerer Erinnerungsbilder im Zusammenhang mit dem traumatischen Ereignis erwiesen sich für die Dauer des Beobachtungszeitraums als stabil.

Infobox

EMDR ist eine von Francine Shapiro Ende der 80er Jahre entwickelte Methode, bei der durch vom Therapeuten induzierte schnelle Augenbewegungen beim Patienten, der sich imaginativ auf das Trauma konzentriert, die Verarbeitung der traumatischen Erfahrung sehr schnell vorangetrieben werden kann. Die Wirksamkeit von EMDR in der Behandlung der PTBS kann inzwischen nach einer Metaanalyse der Studien zur EMDR-Behandlung von Patienten mit posttraumatischen Belastungsstörungen von Sack et al. (2001) als empirisch gut belegt gelten, obwohl die genauen Wirkmechanismen noch nicht eindeutig klar sind. In den Leitlinien der International Society For Traumatic Stress Studies (ISTSS) wird das EMDR-Verfahren als gesichert wirksam in der Behandlung von Patienten mit PTBS bewertet.

Offene Sprechstunde

Durch eine offene Sprechstunde können Menschen erreicht werden, die nicht zu den offensichtlich Betroffenen zählen. Zu den in Meißen angebotenen Terminen kamen öfters Schüler und Lehrer, an die man bei der Konzeption eines Betreuungsprogramms kaum gedacht hätte, mit starken Belastungsreaktionen und Einschränkungen der psychischen Gesundheit bis hin zu Suizidalität, zum Beispiel:

- Eine Schülerin aus einer anderen Klasse, die nicht direkt mit dem Vorfall konfrontiert war, aber durch die Konfrontation mit dem Mord in ihrer unmittelbaren Nähe in eine depressive Identitätskrise mit suizidalen Gedanken geriet.
- Ein Schüler, der ebenfalls nicht direkt konfrontiert war und nach seinem Abitur zur Bundeswehr ging. Dort stellte er fest, dass er bei der Ausbildung an der Waffe und dem Gedanken, dass diese Waffe zum Töten von Menschen konstruiert und gebaut war, erstmals und überfallartig an die Ereignisse seiner Schulzeit in Meißen erinnert wurde. Erst jetzt empfand er seine Erlebnisse und die vielen Medienberichte darüber als traumatisch und er beschäftigte sich zum ersten Mal intensiv mit dem Gedanken, was es eigentlich heißt, wenn ein Mensch getötet wird. Seine Verunsicherung war so fundamental, dass er Befehle der Vorgesetzten nicht ausführen konnte, den Dienst mit der Waffe verweigerte und aus der Bundeswehr ausschied.
- Eine Lehrerin, die als Vorgängerin der ermordeten Lehrerin in der betroffenen Klasse gewesen war. Sie war damals schwanger geworden und deswegen zum Mutterschaftsurlaub ausgeschieden. Sie selber hatte eine positive Beziehung zu dem Schüler, der später zum Mörder wurde und kam mit dem erschrockenen Gedanken: »Was wäre gewesen, wenn ich noch in der Klasse gewesen wäre?« Ihre Angst war jedoch nicht die, dann die Ermordete gewesen zu sein, sondern sie war davon überzeugt, dass es dann niemals zu einem Mord gekommen wäre. Sie fühlte sich schuldig und verantwortlich für die Tat. Zu ihrem Kind hatte sie eine stark ambivalente Beziehung, da sie in ihm die Inkarnation ihrer Schuld sah. »Wenn ich nicht schwanger geworden wäre, würde meine Kollegin noch leben.«

Bei derartigen Problemen, bei denen es oft um irrationale Verbindungen zu der Tat geht, sind offene psychotherapeutische Angebote wichtig.

8.4 Erkenntnisse und Hinweise für zukünftige Traumaaufarbeitungen

In der Gruppe der betroffenen Meißener Schüler und Lehrer wurden umfangreiche statistische Messungen der psychischen Auswirkungen des Amoklaufs vorgenommen, die in einem Konzept zur psychotraumatologischen Versorgung ausführlich dargestellt sind (s. Pieper, 2005).

Die wichtigsten Erkenntnisse lauten:

1. Als Folge eines kognitiv-behavioralen Behandlungsansatzes (siebenstufiges Behandlungskonzept) zeigten Schüler und Lehrer mit Einzeltherapie eine deutlich größere Belastungsreduktion bei allgemeiner psychophysischer Belastung (gemessen mit B-L) sowie bei Intrusionen und Übererregung (gemessen mit IES-R), als Schüler und Lehrer ohne einzeltherapeutische Betreuung.
2. Erst nach erfolgreicher Behandlung der Intrusionen und der Übererregung ist eine kognitiv-behaviorale Behandlung des Vermeidungsverhaltens sinnvoll und Erfolg versprechend.
3. Die Aufklärung über günstiges und ungünstiges Verhalten nach einer Traumatisierung erscheint gerade bei Kindern und Jugendlichen im Rahmen psychoedukativer Maßnahmen besonders wichtig.

Zudem lassen sich weitere Hinweise für die Aufarbeitung zukünftiger Fälle schwerer zielgerichteter Gewalt an Schulen aufzeigen.

8.4.1 Debriefing und psychologische Frühinterventionen

Ende der 90er Jahre herrschte bei vielen Notfall- und Katastrophenpsychologen die Meinung vor, mit der Debriefingform CISD (»Critical Incident Stress Debriefing«) könne man bei einem Großteil der Betroffenen das Entstehen einer PTBS verhindern. Inzwischen ist man in dieser Einschätzung wesentlich vorsichtiger geworden, es gibt keine Belege für eine eindeutige positive Wirkung derartiger psychologischer Frühinterventionen.

Ein Debriefing als alleinige Interventionsmaßnahme ohne irgendeine Form der Nachbetreuung ist jedoch als wenig sinnvoll und für einige Teilnehmer sogar als schädlich einzustufen. Eine Reihe von Schülern wie Lehrern, die aus subjektiver Sicht das Debriefing der Bundeswehrpsychologen durchaus als positiv beschrieben hatten, kamen später in Schwierigkeiten, weil sie glaubten, sie hätten bereits eine »Therapie« gemacht und dürften von daher keine psychischen Probleme mit dem Ereignis mehr haben. Die Metabotschaft aus dem Debriefing war für sie, dass das Ereignis psychologisch bearbeitet ist und dass diese Bearbeitung beendet ist. Besonders verstärkt wurde dieser Eindruck durch die Tatsache, dass die Psychologen nach dem Debriefing mit dem Hubschrauber wieder wegflogen. Einige warteten aus diesem Grunde zu lange, um sich psychologische Unterstützung zu holen. Ihre Symptome verschärften sich in dieser Zeit.

Die unmittelbar nach dem Ereignis in die Schule gerufenen Schulpsychologen waren in keiner Weise auf psychologische Frühinterventionen nach traumatischen Ereignissen vorbereitet. Es muss bedacht werden, dass unsichere und ohne Konzept arbeitende Psychologen von geschockten hilflosen Betroffenen als inkompetent wahrgenommen und oft auch für später folgende Interventionen abgelehnt werden. Hier besteht dringender Schulungsbedarf für Schulpsychologen, um nach traumatischen Ereignissen an Schulen adäquate psychologische Erste Hilfe leisten zu können.

Eine wichtige positive Erfahrung in Meißen war die psychologische Nachbesprechung im Kreis der Entscheidungs- und Verantwortungsträger im Kultusministerium kurz nach dem Ereignis. Offensichtlich wuchs durch diese Maßnahme das Verständnis für die psychologische Traumabewältigung und die Verantwortlichen konnten ihre Entscheidungen frei von eigener ungeklärter Betroffenheit fällen. Möglicherweise war durch diesen Beginn der Grundstein gelegt für eine verständnisvolle kooperative Arbeitshaltung, die über den gesamten Betreuungszeitraum vorherrschte.

8.4.2 Anfangssituation mit Betroffenen

Das erste Zusammentreffen von Psychologen mit Betroffenen und Angehörigen einer Katastrophe steht immer unter einer extremen Anspannung, die Stimmung der Betroffenen schwankt häufig zwischen Unsicherheit, Depression und versteckter oder offener Aggression. Die Betroffenen teilen sich auf in diejenigen, die eher der Meinung sind, man solle das Ganze ruhen lassen, Gras über die Sache wachsen lassen und nicht in alten Wunden rühren, andererseits in Personen, die breite Unterstützung und psychologische Aufarbeitung fordern, und in Personen, die ihr Leiden in den Vordergrund stellen und generell bezweifeln, dass Psychologen ihnen helfen können.

Beim ersten Treffen in Meißen wurde deutlich, dass es sinnvoll ist, eine gute Balance zwischen der Vermittlung von Expertenwissen über Möglichkeiten und Mechanismen der Traumabewältigung einerseits und dem genauen Erfragen der Bedürfnisse der Betroffenen sowie der Ermöglichung diese für sich zu erkennen und zu äußern andererseits zu erreichen. Dieses gelang in Meißen auf einer Anfangsveranstaltung mit den betroffenen Lehrern, Schülern, Eltern und Vertretern der Schulbehörde und dem Kultusministerium. Die anfängliche sehr schwere Stimmung in der Gesamtgruppe wurde entlastet durch einen Vortrag des Psychologen über die Wirkungsweise von Psychotraumata, die Entstehung posttraumatischer Belastungsstörungen und die wichtigsten Möglichkeiten der Traumabewältigung, aufgezeigt an den Erfahrungen mit anderen Katastrophenopfer (Borken, Eschede). Anschließend wurde den Betroffenen in Kleingruppen die Gelegenheit gegeben, ihre Wünsche und Bedürfnisse zu formulieren, die sie zur Überwindung der Folgen des Ereignisses für wichtig hielten. Dabei wurde z. B. von den Schülern gewünscht, die Klasse solle zusammenbleiben, oder von den Lehrern, sie wollen eine gemeinsame Freizeit verbringen – Wünsche, die bei einer Konzeption eines Betreuungsprogramms von Fachleuten leicht übersehen worden wären.

Die mitdiskutierenden Vertreter der Behörden konnten auf Beschränkungen oder Möglichkeiten auf der administrativen Ebene, z. B. Räumlichkeiten, Finanzierungsmöglichkeiten und dergleichen, hinweisen. Aus den gesamten Beiträgen wurde dann die erste Fassung eines Betreuungsprogramms erstellt, in dem sich die fachlichen Anforderungen, als auch die Betroffenen mit ihren Wünschen wiederfanden.

Die Ausrichtung auf die gemeinsame Bewältigung der Folgen des schweren Ereignisses und nicht auf die erlebte Störung war in Meißen Auftakt zu einer von allen getragenen hoffnungsvollen Zusammenarbeit zur Traumabewältigung und erscheint generell als psychologische Frühintervention sinnvoll.

8.4.3 Sinnsuche

Im Vergleich der verfügbaren Literatur findet sich übereinstimmend, dass die Konsequenzen von Katastrophen umso schwieriger zu bewältigen sind, je mehr menschliches Verschulden und je mehr willentliche Verursachung eine Rolle spielt. Es ist für die Betroffenen schwerer, zur Ruhe zu kommen und sich mit der Zerstörung und dem Verlust geliebter Menschen abzufinden, weil es nicht hätte sein müssen, dass das Ereignis passierte. Deswegen suchen die Leidtragenden immer wieder nach Erklärungen, warum ein Mensch eine derartige Gewalttat verübt hat, was ihn dazu veranlasst hat und ob man es eventuell hätte verhindern können. Die Motivation ist dabei die Vorstellung, dass das Wissen um die Hintergründe die Verarbeitung für den einzelnen erleichtern könne.

Für viele Lehrer und Schüler in Meißen war es von Anfang an wichtig, etwas über die Hintergründe zu erfahren, die den 15-jährigen Jugendlichen zu dieser Tat angetrieben hatten. Schon in der Sammlung der anfänglichen Wünsche wurde dieses Anliegen häufig geäußert. Für die Lehrer und Mitschüler des Täters war es natürlich ein Unterschied, ob der Grund für seine Tat in einer psychischen Störung lag, die niemand bemerkt hatte, in einem aufgebauten Hass gegen eine Lehrerin, mit der er nicht zurechtkam, oder in einer Wette, die er mit seinen Klassenkameraden abgeschlossen hatte, um ihnen zu imponieren. Für die betroffene Klasse war es wichtig zu erfahren, ob der Täter durch bestimmte Verhaltensweisen seiner Mitschüler, wie etwa Mobbing, zu der Tat getrieben wurde, oder ob er vorher Anzeichen hatte erkennen lassen, die auf eine kommende zielgerichtete Gewalttat hingewiesen hätte.

Es wurden verschiedene Versuche unternommen, Informationen über die Hintergründe der Tat zu bekommen, um diese Unsicherheiten aufzuklären, die jedoch alle scheiterten. Das Gericht begründete seine Verweigerung einer diesbezüglichen Aufklärung mit der Verpflichtung des Schutzes der Persönlichkeitsrechte des Täters, der kinder- und jugendpsychiatrische Gutachter mit seiner Schweigepflicht, die Eltern des Täters verweigerten jedwede Zusammenarbeit. Bei dem Versuch, mit dem Täter im Gefängnis Kontakt aufzunehmen, intervenierte der Anstaltspsychologe mit dem Hinweis, die Therapie des Gefangenen dürfe nicht gestört werden.

Letztlich blieben dadurch für viele Jugendliche quälende Fragen offen, die zu erheblichen Selbstzweifeln führten. Sie fragten sich, warum sie nicht gemerkt hatten, dass ein Freund, dem sie jahrelang vertraut hatten, zu einer solchen Tat fähig war, und ob ihnen Ähnliches mit anderen Freunden wieder passieren könne.

Bei einigen Lehrern blieb die Unsicherheit, Schüler hinsichtlich ihrer Gewaltbereitschaft nicht adäquat einschätzen zu können. Manche zogen daraus den Schluss, sich bei Forderungen an Schüler und bei Kritik an deren Verhalten deutlich mehr zurückzuhalten, als sie es früher getan hatten.

Hier zeigen sich Probleme und Bedingungen, die einer traumatherapeutischen Bearbeitung des zuletzt genannten Vermeidungsverhaltens eindeutige Grenzen setzt.

8.4.4 Rolle der Medien

Bei allen spektakulären Ereignissen und Katastrophen kämpfen Presse- und Medienvertreter um exklusive Berichterstattung und tun dieses zum Teil mit Mitteln, die für die Betroffenen eine erhebliche Belastung bedeuten.

Unmittelbar nach der Tat waren verschiedene Fernsehsender vor Ort, die Interviews mit unter Schock stehenden Jugendlichen zum Teil gegen höhere Geldbeträge durchführten. Einige Schüler sagten, der Täter habe schon Wochen vor dem Mord seine Tat angekündigt und man habe sogar Wetten abgeschlossen. Das führte später zu einer erheblichen Verschärfung der Schüler-Lehrer-Probleme und endete in einer Anklage gegen die Schüler wegen unterlassener Hilfeleistung.

Das Schulgebäude war wochenlang von Presse- und TV-Vertretern belagert. Schüler wie Lehrer mussten sich jeden Morgen den Weg durch die Journalisten bahnen und wurden immer wieder zu Stellungnahmen genötigt. Einzelne Schüler wurden zu Hause aufgesucht, da die Journalisten herausbekommen hatten, dass sie mit dem Täter befreundet gewesen waren.

Dabei passierten die üblichen Pannen, indem beispielsweise ein Schüler mit Bild in einer großen deutschen Illustrierten abgebildet war mit den Worten: *»Ich wusste schon vorher, dass Andy Frau T. umbringen wollte!«* In Wirklichkeit hatte er nie mit dem Täter über dessen Vorhaben gesprochen – eine schwere Belastung für diesen Schüler.

Die Presse schürte immer wieder das Vorurteil, die Schüler hätten die Tat verhindern können, wenn sie nur die Äußerungen des Täters ernst genommen hätten oder wenn sie während des Mordes eingegriffen hätten. Dazu kamen Berichte über die Situation der Familie des Opfers, die geschieden war und einen erwachsenen Sohn, die blinde Mutter und einen krebskranken Vater zurückließ. Lehrer wurden immer wieder zitiert in ihrer Fassungslosigkeit und ihrem Unverständnis, wie es an dieser Schule zu so einer Entwicklung kommen konnte. Nicht wenige Stimmen sowohl der Lehrer und der Leserbriefe als auch der Zeitungskommentatoren wiesen darauf hin, dass es so etwas in der DDR nicht gegeben habe.

Insgesamt wurde dadurch das Klima emotional sehr aufgeladen. Die Presse brachte immer wieder Berichte über tiefe Gräben zwischen Lehrern und Schülern und trug so dazu bei, das Misstrauen zwischen Lehrern und Schülern zu verstärken.

Besonders kritisch und als durchaus gefährlich ist die Tendenz zu bewerten, dass viele Jugendliche den verlockenden Angeboten von Talkshows und Boulevard-Magazinen erlagen, die damit werben, dass man ins Fernsehen kommt, berühmt wird und die dazu noch einen therapeutischen Impetus formulieren, nach dem Motto: »Es ist für Dich gut, wenn Du Deine Geschichte im Fernsehen erzählst und Du kannst damit vielen anderen Menschen helfen ...«. Nachdem sie sich zunächst vom Glanz der Medien hatten blenden lassen, wurde die Situation für einige Betroffene nach einem solchen Fernsehauftritt so belastend, dass sie damit kaum noch umzugehen wussten und zum Teil sogar suizidale Tendenzen aufwiesen.

Eine sachliche Aufklärung über diese Problematik gehört daher unbedingt zur Psychoedukation bei betroffenen Opfern zielgerichteter Gewalt, wenn diese im Interesse der Öffentlichkeit stehen.

8.4.5 Jahrestag

Zum Jahrestag wurde in einem feierlichen Akt eine von den Meißener Porzellanwerkstätten gefertigte Plakette mit dem Namen der Lehrerin und dem Datum an einer Säule an der Stelle angebracht, an der sie verstorben war. Die Schule blendet dieses Ereignis nicht aus, sondern ruft dazu auf, sich einerseits immer wieder an die getötete Lehrerin zu erinnern und ihr Andenken zu ehren, andererseits nach vorne zu schauen und einen aktiven Schulalltag zu gestalten.

Damit ist ein wichtiger Grundsatz der Traumabewältigung verwirklicht, nämlich das Ereignis zu integrieren und mit der Erinnerung erfolgreich weiterzuleben.

8.4.6 Konsequenzen für die Praxis

Für schnelle und unmittelbare notfallpsychologische Interventionen nach traumatischen Ereignissen an Schulen müssen Schulpsychologen qualifiziert werden. Über die notfallpsychologische Betreuung am Unfalltag hinaus sollen sie befähigt werden, psychologische Frühinterventionen in den ersten Tagen durchzuführen und die Bedürfnisse der Betroffenen für eine langfristige Betreuung erkunden.

In der Konsequenz aus den Erfahrungen mit der Presse sollten Schulpsychologen von Anfang an die Betroffenen auf die Problematik im Umgang mit Presse und Medien hinweisen. Eine Informationsbroschüre zum Umgang mit Medien für Betroffene gleich zu Beginn der notfallpsychologischen Betreuung wäre in diesem Zusammenhang sinnvoll und hilfreich.

Die Ergebnisse der Befragung von Betroffenen zeigen eindeutig die Richtung und die Reihenfolge therapeutischer Interventionen für Katastrophenopfer auf: Zuerst müssen die Intrusionen und die Übererregung positiv beeinflusst werden, erst dann erscheint eine kognitiv-behaviorale Behandlung der übrigen Symptomatik sinnvoll.

Zusammenfassung

Das Fallbeispiel des Meißener Gymnasiums Franziskaneum verdeutlicht neben den Traumata, die Zeugen, Opfer und Angehörige erlitten haben, vor allem, auf welche Weise die Traumaaufarbeitung vorgenommen wurde. Traumatische Stressoren und typische daraus resultierende Reaktionen, sowie die Nutzung von Interventionsarten werden aufgezeigt. Dabei erfolgt eine Differenzierung in kurzfristige, mittelfristige und langfristige Interventionen. Dargestellt werden in diesem Rahmen sowohl die Reaktionen der einzelnen Gruppen, als auch die Leitthemen der Begleitung. Mitteilungen von Schülern und Lehrern illustrieren anschaulich die therapeutische Wirkung. Abschließend werden Erkenntnisse aus den dargestellten Vorgehensweisen und Anhaltspunkte für zukünftige Traumaaufarbeitungen präsentiert. Hier sollte vor allem Wert auf eine schnelle und unmittelbare notfallpsychologische Betreuung gelegt und die Qualifizierung von Schulpsychologen vorangetrieben werden.

Infobox

Kurzglossar zu den im Text verwendeten Fachbegriffen

Arousal – Der Erregungszustand eines Menschen.

Betreuungsrational – Verhaltenstherapeutische Vorgehensweise, um ein traumatisches Ereignis so in das Leben zu integrieren, dass eine Erinnerung daran ohne extremen Gefühls- und Körperreaktionen möglich ist.

Debriefing – Eine Therapieform, in der mit gezielten und strukturierten Gesprächen das potenziell traumatisierende Erlebnis und die dazugehörigen Gefühle geordnet und kontrolliert wiedergegeben und Wissen zum Umgang mit eigenen Traumatisierungen vermittelt wird.

DSM-IV-TR – Die vierte Ausgabe des »Diagnostischen und Statistischen Manuals Psychischer Störungen«. Dieses Klassifikationssystem wird von der Amerikanischen Psychiatrischen Vereinigung herausgegeben.

EMDR (»Eye Movement Desensitization and Reprocessing«) – Behandlungsmethode bei der ein Therapeut den Patienten nach strukturierter Vorbereitung zu bestimmten Augenbewegungen anregt. Auf diese Weise soll es möglich werden, traumatische Inhalte zu verarbeiten.

Expositionsbehandlung – Verhaltenstherapeutisches Verfahren, bei dem ein Patient mit einem angstauslösenden Objekt oder einer angstauslösenden Situation konfrontiert wird (auch: Konfrontationstherapie).

Flashback – Das in der Regel durch Schlüsselreize hervorgerufene Wiedererleben früherer Gefühlszustände.

Habituation – Eine in der Regel unbewusste Art des Lernens, die einsetzt, wenn ein Mensch wiederholt einem unbedeutenden Reiz ausgesetzt ist. Die Reaktion auf diesen Reiz schwächt sich allmählich ab und kann ggf. völlig ausbleiben (Gewöhnung).

Hyperarousal – Symptomkomplex zu dem etwa psychovegetative Übererregung wie starke Angst, Beklemmung und Schreckhaftigkeit zusammen mit körperlichen Symptomen gehört.

Hypervigilanz – Erhöhte Aufmerksamkeit für bestimmte Umweltgegebenheiten – das Gefühl, »immer auf der Hut« sein zu müssen.

ICD-10 – Die zehnte Ausgabe der »Internationalen statistischen Klassifikation der Krankheiten und verwandten Gesundheitsprobleme«. Im Unterschied zum DSM-IV-TR wurde dieses Klassifikationssystem von der Weltgesundheitsorganisation (WHO) erstellt.

Intrusion – Eine seelische Prägung durch traumatische Erfahrungen, die sich in wiederkehrenden und belastenden Gedanken an das traumatische Ereignis äußert.

Komorbide Störungen/Komorbidität – Zusätzlich zu einer Grunderkrankung vorliegendes, diagnostisch abgrenzbares Krankheitsbild, das nicht ursächlich mit der Grunderkrankung zusammenhängen muss.

PTBS – Mögliche Langzeitfolge eines vom Organismus nicht ausreichend verarbeiteten Traumas mit vielschichtigen Ausprägungen.

Psychoedukation – Die Schulung von Menschen mit psychischen Störungen mit dem Ziel, dass diese ihre Krankheit besser verstehen und in der Folge besser mit ihr umgehen können.

Reagibilität – Bezeichnung für die Reaktionsfähigkeit eines Menschen.

Somatische Störungen – Körperliche (organische) Störungen in Abgrenzung von psychischen Krankheiten oder funktionellen Beschwerden.

Substanzabusus – Die missbräuchliche Nutzung von psychotropen Substanzen, wie etwa Alkohol oder Rauschzustände verursachender Drogen.

Weiterführende Literatur

Adams, R.E./ Boscarino, J.A. (2005). »Stress and well being in the aftermath of the World Trade Center attack: the continuing effects of a communitywide disaster«, in: *Journal of Community Psychology, 33*, 175–190

Bengel, J. (2003). »Notfallpsychologische Interventionen bei akuter Belastungsstörung«, in: A. Maercker (Hrsg.), *Therapie der posttraumatischen Belastungsstörungen* (2., überarbeitete und ergänzte Auflage, S. 185–203). Berlin, Heidelberg: Springer-Verlag

Bengel, J. (2004). »*Psychologie in Notfallmedizin und Rettungsdienst*«, 2., vollständig neu bearbeitete Auflage, Berlin, Heidelberg: Springer-Verlag

Deppermann, A./ Lucius-Hoene, G. (2005). »Trauma erzählen – kommunikative, sprachliche und stimmliche Verfahren der Darstellung traumatischer Erlebnisse«, in: *Psychotherapie und Sozialwissenschaft, 7*, 35–73

Fischer, G.,/ Riedesser, P. (2003). »Lehrbuch der Psychotraumatologie« (3. Auflage)

Foa, E.B./ Keane, T.M./ Friedman, M.J./ Matthews, J. (2000). »*Effective treatments for PTSD: Practice Guidelines from the International Society for Traumatic Stress*«, New York, NY: Guilford Press

Pieper, G. (2005). »Hilfen für Opfer von Katastrophen und gezielter Gewalt. Ein Konzept zur psychotraumatologischen Versorgung«, www.ub.uni-freiburg.de/kat/diss75.html

Pieper, G. (2006). »Posttraumatische Belastungsstörung bei Kindern und Jugendlichen«, in: Mattejat, F. (Hrsg.)Lehrbuch der Psychotherapie Bd. 4, Verhaltenstherapie mit Kindern, Jugendlichen und ihren Familien. CIP-Medien

Pieper, G./ Bengel, J. (im Druck). »Siebenstufiges kognitiv-behaviorales Behandlungskonzept (SBK). Behandlungsmanual für Patienten nach Typ-I Traumaerfahrung«, Bern: Huber

Sack, M./ Lempa, W./ Lamprecht, F. (2001). »Metaanalyse der Studien zur EMDR-Behandlung von Patienten mit posttraumatischen Belastungsstörungen«, in: *Psychotherapie, Psychosomatik und medizinische Psychologie, 51*, 350–355

Verdeutlichung der Buchinhalte am Fallbeispiel Emsdetten

Ich will, dass sich mein Gesicht in eure Köpfe einbrennt!
(Abschiedbrief von Sebastian B.)

9.1 Tat

Am Morgen des 20.11.2006 befindet sich die nordrhein-westfälische Kleinstadt Emsdetten im Ausnahmezustand. Dunkel gekleidete und schwer bewaffnete Sondereinsatzkräfte der Polizei mit kugelsicheren Westen und Einsatzhelmen bieten einen martialischen Anblick, viele Straßen sind abgesperrt und die Nachrichtensendungen werden den ganzen Tag über vor allem von einem Thema beherrscht: An der Geschwister-Scholl-Schule ist ein ehemaliger Schüler Amok gelaufen und hat dutzende Menschen verletzt, bevor er sich selbst tötete.

In einen schwarzen Mantel gekleidet und mit mehreren Schusswaffen, Molotowcocktails, Rauch- und Rohrbomben ausgestattet, betritt der 18-jährige Sebastian B. die Schule zur Pausenzeit. Schon auf dem Weg zum oberen Schulhof zündet er eine Rohr- und eine Rauchbombe, dann eröffnet er offenbar wahllos das Feuer auf Entgegenkommende. Durch Schüsse verletzt er mehrere Schüler, wirft einer ihm folgenden Lehrerin eine Rauchbombe ins Gesicht und schießt dem Hausmeister der Schule in den Bauch. Im Schulgebäude gibt er einige Schüsse ab und verletzt einen weiteren Schüler sowie zwei 10- und 12-jährige Schülerinnen. Anschließend verschanzt sich Sebastian B. vor den herannahenden Polizisten im zweiten Stock und zündet einen Molotowcocktail, durch den es zu großer Rauchentwicklung kommt. Dann erschießt er sich mit einer Vorderladerpistole selbst.

Durch die Tat wurden neben dem Täter selbst insgesamt 37 Personen verletzt, darunter eine Lehrerin durch die geworfene Rauchgranate, sechs Personen durch Schüsse, vierzehn erlitten einen Schock und sechzehn Polizeibeamte trugen Rauchvergiftungen davon.

Das Geschehen erfüllt alle definitorischen Voraussetzungen, um als School Shooting klassifiziert zu werden: Es handelt sich um Tötungsversuche durch einen Jugendlichen, die mit einem direkten und zielgerichteten Bezug zur Geschwister-Scholl-Schule begangen worden sind. Sebastian B. war ehemaliger Schüler an dieser Schule und hatte versucht, mehrere Personen zu töten.

Wie bei den meisten weltweit aufgetretenen Fällen benutzte auch Sebastian B. Schusswaffen für seine Tat. Alle Schussverletzungen der Opfer von Emsdetten sind mit einem verkürzten Kleinkalibergewehr verursacht worden. Zusätzlich hatte der junge Mann noch ein kleines Arsenal sonstiger Waffen bei sich. Hierzu zählten zwei Vorderlader-Perkussionswaffen, von denen er eine benutzte, um sich das Leben zu nehmen. Darüber hinaus wurden siebzehn Rohrbomben, neun Molotowcocktails und sieben Rauchkörper, zwei Wurfsterne, ein Schlagstock, eine Machete und diverse Behälter mit Munition und Schwarzpulver am Tatort gefunden.

9.2 Täter

Für Sebastian B. spielten diese Waffen eine bedeutende Rolle. Nicht nur war schon die Menge der mitgeführten Waffen weit größer, als es zur Umsetzung einer solchen Tat sinnvoll erscheint, er hat auch lange vor seinem School Shooting mehrfach auf die Bedeutung von Waffen für ihn hingewiesen. So schrieb er etwa ein Jahr vor der Tat in seiner Vorstellung für ein Internetforum über die Wahl seines Lieblingssports: »Ich habe mich vor 3 Jahren nicht für Paintball, sondern für AS (AirSoft) entschieden, weil es beim AS viel mehr Auswahl gibt, was die ‚Waffen' angeht. Ich interessiere mich sehr für Waffen aller Art.« Er gründete und leitete auch selbst eine AirSoft-Mannschaft und ließ sich gerne mit seinen täuschend echten AirSoft-Waffen in martialischer Pose und Tarnkleidung fotografieren (► Infobox).

Vier Monate vor seinem School Shooting hatte er außerdem einen »kleinen Waffenschein« für Reizgaswaffen und dergleichen erworben. Bereits neunzehn Tage später wurde dieser jedoch wieder sichergestellt, als er verbotenerweise eine Schreckschusswaffe zu einem Open-Air-Festival mitbrachte und angeblich zur Schlichtung eines Streits vorzeigte. Die alarmierte Polizei stellte zunächst die Waffe, einen ebenfalls mitgeführten Teleskopschlagstock und seinen »kleinen Waffenschein« sicher und erstattete Strafanzeige. Der Widerruf seines Waffenscheins bzw. ein Waffenbesitzverbot wurde bis zum Abschluss des Strafverfahrens zurückgestellt.

In einer Sitzung des Innenausschusses des nordrhein-westfälischen Landtags am 14. Dezember 2006 berichtete Innenminister Wolf, dass diese

Infobox

Paintball. Mit diesem Begriff wird eine Teamsportart bezeichnet, bei der die Spieler sich mit Luftdruckpistolen beschießen. Die Munition besteht aus Gelatinekugeln, die mit Lebensmittelfarbe gefüllt sind, sodass Treffer an der Kleidung des Gegners gut erkannt werden können. Da durch die Kugeln Verletzungen im Gesicht entstehen können, werden auf dem Spielfeld Schutzmasken mit einem Kunststoffglasvisier getragen.

AirSoft (AS). Das Grundprinzip beim AirSoft-Spiel entspricht dem Paintball. Auch hier werden gegnerische Spieler nach einem Treffer aus dem Spiel genommen, als Munition werden jedoch Plastikkugeln benutzt. Ebenso müssen auch bei diesem Spiel Schutzbrillen getragen werden. Noch mehr als bei Paintball sind die Spielgeräte echten Waffen nachempfunden, wobei oft großer Wert auf die Details, wie Gewicht, Zielvisiere usw. gelegt wird. Aufgrund der starken Ähnlichkeit zu scharfen Schusswaffen fordert die Gewerkschaft der Polizei ihr Verbot.

Sicherstellung seines »kleinen Waffenscheins« und der Schreckschusswaffe durch das ausführende Organ des von Sebastian B. »verhassten Staates« eine Bedeutung für seinen konkreten Tatentschluss gehabt haben könnte. Noch bedeutsamer mag sein, dass für den Tag seines Amoklaufs die gerichtliche Anhörung zu diesem Vorfall vorgesehen war. Das Urteil, seine von ihm so geliebten Waffen nicht mehr nutzen zu dürfen, hätte für ihn offenbar eine subjektiv schwerwiegende persönliche Niederlage bedeutet.

Eine solche schwere Niederlage als möglicher Auslöser der Tatrealisierung entspricht den Erkenntnissen, die im zweiten Kapitel dieses Buches durch die Analyse US-amerikanischer Studien aufgezeigt werden konnten. Es bleibt nun zu prüfen, ob dies auch für die übrigen vier Aspekte gilt: depressive Symptome, Introvertiertheit, frühzeitige Tatplanung und Tatandrohung.

Tatsächlich gibt es bei Sebastian B. wie bei nahezu allen School Shootern keine Anzeichen für schwerwiegende psychische Störungen, jedoch für das Vorliegen depressiver Symptome. So berichtete Innenminister Wolf:

> Der Täter fühlte sich durchweg nicht verstanden und akzeptiert, beklagte eigene Perspektivlosigkeit, für die er sein privates, insbesondere aber sein schulisches Umfeld seit seiner Einschulung verantwortlich machte.

Sebastian B. selbst fand sogar noch klarere Worte. Er schrieb in einem Abschiedsbrief, den er im Internet veröffentlichte:

> Wenn man weiß, dass man in seinem Leben nicht mehr glücklich werden kann, und sich von Tag zu Tag die Gründe dafür häufen, dann bleibt einem nichts anders übrig, als aus diesem Leben zu verschwinden.

Auch wurde von Wolf hervorgehoben: »Er galt als introvertierter Einzelgänger«. Ebenso beschrieben ihn Lehrer als eine Art akzeptierten Sonderling. Dieser Wesenszug ging so weit, dass seiner Familie bereits zu Sebastian B.'s drittem Schuljahr nahegelegt worden war, professionelle psychologische Hilfe zu nutzen.

Die beiden letzten Punkte einer frühzeitigen Tatplanung und der Androhung seiner Tat lassen sich ebenfalls mehrfach belegen. So versandte Sebastian B. beispielsweise unmittelbar vor der Tat eine E-Mail an mehrere Personen, der er gescannte Bilder seines Tagebuchs beifügte. Wiewohl die Authentizität des Textes anzunehmen ist, ist es nicht geklärt, ob die Einträge tatsächlich zum jeweiligen Datum oder erst in einem Zug im Nachhinein geschrieben worden sind (◘ Abb. 9.1). In diesem Tagebuch schreibt er, datiert auf den 19. August 2006:

> Stell Dir vor du stehst in deiner alten Schule, stell dir vor der Trenchcoat verdeckt all deine Werkzeuge der Gerechtigkeit, und dann wirfst du den ersten Molotov-Cocktail, die erste Bombe. Du schickst deinen meist gehassten Ort zur Hölle!

Bevor jemand von euch behauptet ich sei ein Nachahmungs-
täter von Harris oder sonst wem, sollte er einen Moment nachdenken:
Ist ein kleiner Dorfpriester nur ein „Nachahmungstäter" des
Papstes? Nein! Natürlich nicht! Er glaubt an die selbe
Sache wie der Papst, aber er macht ihn nicht nach. Er hat
die gleiche Sicht der Dinge. Er ist, wie der scheiss Papst, Teil
eines ganzen.
Wehe irgend so ein Sackgesicht von Geistlichem reisst sein
Maul auf meiner Beerdigung auf! ES GIBT KEINEN
SCHEISS GOTT
Aber wie ist die Welt entstanden... Ich dachte immer
das sich irgendwann mal 2 Stoffe, oder mehr, vermischt
haben und dann ganz langsam das eine aus dem
anderen entstanden ist. Aber ich hab absolut keinen
Schimmer wo zum Geier diese 2 Stoffe hergekommen
sein sollen!

06.11.2006
Right now I'm holding a 12 Gauge „Alarm Patrone" in
my godly hands! It's filled with circa 30 grain
ass kickin' black powder which I need for my
muzzle loader guns. On November 17, 20 or 21
I will blow up that fucking piece of shit
School! This is a war; The whole World against RX!
My weapons are: - .22 Single Shot rifle (sawed off)
- 12 Gauge muzzleloader Shotgun (sawed off)
- .45 muzzle loader Pistol
- Bootknife
- Machete
- Pepperspray
- Smokegrenades (10)
- Pipebombs (8)
In the following days I will build more pipebombs, mo-
lotov Cocktails and self made smoke grenades;

Abb. 9.1. Tagebucheintrag von Sebastian B.

Datiert auf einen Monat vor seiner Tat ist zu lesen:

> Der Stand der Dinge: Heute 1kg Schwefel gekauft, Schwarzpulverherstellung; In den kommenden Tagen wird eine 12er Flinte und eine .45 Pistole gekauft; Zeitbomben werden nächste Woche gekauft! Geplantes Arsenal: .22, .45, 12er Flinte, 15 Rohrbomben – davon 2 oder 3 Zeitbomben, 10 Molotovcocktails, 10 Rauchgranaten, 1600 ml Pfefferspray, 1 L Ameisensäure 85%, Machete, Messer, Toufac CO2 Pumpgun und genug Mun für die Waffen!

Datiert auf den 6. November 2006 wechselt er plötzlich ins Englische:

> Right now I am holding a 12 gauge ‚Alarm Patrone' in my godly hands! (...) On November 17, 20 or 21 I will blow up that fucking piece of shit school!

Von diesem Punkt an beschäftigen sich die nun durchweg englischsprachigen Einträge mit Vorbereitungen der Tat. Unter anderem malt er sich sehr konkret aus, wie das Bild des Tatorts und die Reaktionen auf die Tat ausfallen werden.

Die Idee für einen Amoklauf findet sich jedoch schon weitaus früher. Bereits am 26. Juni 2004 hatte er seinen Gefühlen auf einer Internetplattform, die Beratung in Form eines Selbsthilfeforums anbietet, deutlich Ausdruck verliehen. Er schilderte, dass er mehrere Male durchgefallen sei, Schwierigkeiten mit dem Altersunterschied zu seinen gegenwärtigen Mitschülern habe und seit der Androhung von Prügeln durch einen Hauptschüler Angst habe. Dann formulierte er:

> Ich fresse die ganze Wut in mich hinein, um sie irgendwann auf einmal rauszulassen, und mich an all den Arschl**hern zu rächen, die mir mein Leben versaut haben. Ich meine diese ‚ganz harten', die meinen sie müssten mit 12 in der Ecke stehen und sich zuqualmen. Das sind die, die immer nur auf die Schwächeren gehen können. Für die, die es noch nicht genau verstanden haben: Ja, es geht hier um Amoklauf! Ich weiß selber nicht woran ich bin, ich weiß nicht mehr weiter, bitte helft mir.

Da es sich bei dem Portal um eine Einrichtung zur Selbsthilfe handelte, wurde vonseiten der Moderatoren nicht darauf eingegangen; die Reaktionen der anderen Leser fielen relativ hilflos aus. Neben dem Rat, eine Beratungsstelle aufzusuchen fanden sich etwa Kommentare wie

> mh... dir da weiterhelfen kann wohl von hier so wirklich keiner... (...) du steckst scheinbar in einer Situation, die dir so viel Druck macht, dass der einzige »Ausweg« für dich halt diese Gedanken sind (...). Nun ist es aber an dir, diese Vorstellungen in »geregelte Bahnen« zu lenken...

9.3 Lebensumfeld

Die Qualität und Ausgestaltung von Sebastian B.'s sozialem Band kann mithilfe von kriminologischen Kontrolltheorien eingegrenzt werden. Hierbei sind zunächst die Variablen emotionaler Bindungen, einem Gefühl der Verpflichtung, einer Einbindung in Tätigkeiten und der Glauben an Werte von Bedeutung.

In Bezug auf **emotionale Anbindungen** von Sebastian B. ist öffentlich nur wenig bekannt geworden. Während die Polizei den Begriff »unauffällige Familienverhältnisse« benutzt, ist zumindest festzustellen, dass seine Familie offenbar nichts von seinen Tatvorbereitungen gewusst hat. Minister Wolf stellt dazu fest »Der Täter war volljährig und hat seinen Wohnbereich stets verschlossen gehalten«. Hieraus auf eine mangelhafte Beziehung zu den Eltern zu schließen, wäre bloße Spekulation. Vor allem, da sich in seinem Tagebuch die Bemerkung findet: »Ich hasse die Menschheit, ausgenommen mich und meine Familie!« Neben dieser Aussage wird auch in seinem Abschiedsbrief deutlich, dass es durchaus Menschen gegeben hat, die ihm wichtig waren. Er schließt mit den Worten:

> Als letztes möchte ich den Menschen, die mir was bedeuten, oder die jemals gut zu mir waren, danken, und mich für all dies entschuldigen! Ich bin weg …

Zu bedenken bleibt aber gleichzeitig seine Charakterisierung als Einzelgänger. Aus einigen seiner im Internet eingestellten Videos und durch Aussagen von Mitschülern ist ersichtlich, dass er zumindest lange Zeit über einen engen Freund verfügte, mit dem er einige seiner Vorlieben und Eigenheiten teilte. Aber auch dieses Band riss offenbar Ende Mai 2005. In einem Forum schrieb er:

> Leider musste ich in den letzten Wochen nicht nur feststellen, dass mein (damals) bester Freund sich an das Mädchen ranmacht, das ich liebe, und auch so ein Arschloch ist, nein! Jetzt durfte ich auch noch erfahren, dass sie ihn liebt! (...) Was habe ich denn jetzt noch zu verlieren ... nichts.

Was auch immer an emotionalen Bindungen im November 2006 vorhanden gewesen sein mag, war letztlich nicht mehr stark genug, um seine Tat zu verhindern.

Die Variablen eines **Verpflichtungsgefühls,** also eines Verständnisses dafür, dass es im Leben Ausdauer und Einsatz kostet, um einen bestimmten Status quo zu erreichen, neutralisierte Sebastian B. selbst. Zwar verstand er die grundlegende Botschaft, doch hatte er offenbar keinerlei Interesse daran, einen konventionellen Status quo überhaupt anzustreben. So formulierte er in seinem Abschiedsbrief:

> Man hat mir gesagt, ich muss zur Schule gehen, um für mein Leben zu lernen, um später ein schönes Leben führen zu können. Aber was bringt einem das dickste Auto, das größte Haus, die schönste Frau, wenn es letztendlich sowieso für 'n Arsch ist.

Und er präzisierte:

> Wenn deine Frau beginnt, dich zu hassen, wenn dein Auto Benzin verbraucht, das du nicht zahlen kannst, und wenn du niemanden hast, der dich in deinem scheiss Haus besuchen kommt!

Fatalistisch fügte er wenig später noch hinzu:

> Warum soll ich mich noch anstrengen irgendwas zu erreichen, wenn (...) ich früher oder später krepiere? Ich kann ein Haus bauen, Kinder bekommen und was weiß ich nicht alles. Aber wozu? Das Haus wird irgendwann abgerissen, und die Kinder sterben auch mal.

Mit dem Fehlen des Zieles, einen Status quo erreichen zu wollen, war die Variable des Verpflichtungsgefühls bei ihm ausgesprochen schwach ausgeprägt und konnte keine gewaltpräventive Wirkung entfalten.

Auch über die Variable der **Einbindung in Verpflichtungen** ist nur wenig bekannt. Er hatte die Schule 2006 mit der Fachhochschulreife abgeschlossen und arbeitete seither als Aushilfskraft in einem Baumarkt. Immerhin war er jedoch mit seinem Hobby AirSoft recht aktiv und verbrachte die restliche Freizeit oft mit Computerspielen und Videofilmen. Ob dies ausreichte, ihn so zu fordern, dass er sein Leben als ausgefüllt empfand und sich nicht langweilte, kann nicht belegt werden. Jedoch steht im Gesamtkontext seiner Aussagen zu vermuten, dass ihm zumindest die Perspektive fehlte, langfristig durch diese Tätigkeiten ausgefüllt zu sein, bzw. dass er resigniert hatte, seine Erfüllung in anderen Tätigkeiten finden zu können.

Über die letzte Variable läßt sich dagegen sehr viel sagen. Die **Akzeptanz eines konventionellen Wertesystems**, das mit anderen Menschen aus Überzeugung geteilt wird, war bei Sebastian B. sicherlich nur schwach ausgeprägt. Zahlreiche Bemerkungen zeugen von einer auffälligen Verachtung für gesellschaftliche Norm- und Kontrollsysteme. In seinem Abschiedsbrief heißt es:

> Kein Politiker hat das Recht, Gesetze zu erlassen, die mir Dinge verbieten. Kein Bulle hat das Recht, mir meine Waffe wegzunehmen, schon gar nicht während er seine am Gürtel trägt.

In seinem Tagebuch vergleicht er die Demokratie in Deutschland mit einer Diktatur, da er glaubt, nicht »frei« leben zu können.

> Eigene Meinung… längst nicht mehr erlaubt. Drecksstaat! Drecksplanet! Drecksleben!

Und an anderer Stelle:

> Ich hasse dieses verdammte Land! Ich will frei sein! ‚Tod oder Freiheit'

Noch direkter formuliert er an anderer Stelle

> Dieses Fascho-Land braucht Revolten und Straßenkämpfe, solange bis die Drecksregierung gestürzt ist.

Dabei spricht Sebastian B. sich nicht nur gegen staatliche Gesetze aus, sondern auch gegen ethische bzw. religiöse Grundvorstellungen. In seinem Abschiedsbrief schreibt er von einem »faschistischen Deckmantel aus Gesetz und Religion«. Ganz explizit wendet er sich auch gegen das unmissverständliche christliche Gebot, nicht zu töten. In seinem Abschiedsbrief schreibt er:

> Gebt jedem eine Waffe und die Probleme unter den Menschen lösen sich ohne jegliche Einmischung Dritter. Wenn jemand stirbt, dann ist er halt tot. Und? Der Tod gehört zum Leben! Kommen die Angehörigen mit dem Verlust nicht klar, können sie ja Selbstmord begehen, niemand hindert sie daran!

Mit einem derart schwach ausgeprägten sozialen Band verfügte der junge Mann nach den Variablen der sozialen Kontrolltheorie über zu wenig Halt, um seinem Drang nach der Verletzung von konventionellen Normen zu widerstehen. Zieht man zudem die Theorie der Kontrollbalance hinzu, dann wird deutlich, warum er so gravierend gegen soziale Grundwerte verstieß. Er fühlte eine derartig schwerwiegende Übermacht fremdbestimmter Kontrolle, sah sich also als so kontrolllos an, dass ein Kontrollgleichgewicht nicht mehr durch geringere Formen von Normbrüchen hergestellt werden konnte. Er glaubte einen demonstrativen Akt der Gewalt gegen jene Quelle nutzen zu müssen, der er die erlebte Unterdrückung zuschrieb.

In einem von ihm im Internet eingestellten Video beschreibt er die Quelle seiner subjektiven Unterdrückung: Er stellt zunächst demonstrativ heraus, dass er alleine für seine Tat verantwortlich ist – und damit auch, dass er selbst es gewesen ist, der das School Shooting kontrolliert hat. Wenig später nennt er mit der Einleitung »there are two main reasons for that massacre« die Schule und die Politik als Hintergründe seiner Tat. Während er auch in diesem Video in dem bereits skizzierten Sinne gegen das politische System wettert, bringt er die Schule vor allem mit persönlichen Verletzungen in Zusammenhang: »They punished me, they spit on me, they knocked me down, they laughed on me«. Während Lehrer vor allem in Bezug auf Bevormundungen genannt werden, berichtet er bezüglich seiner Mitschüler auch von Hänseleien und beschreibt sehr emotional ein Geschehnis, bei dem er einen erhitzten Fahrradschlüssel auf den Arm gedrückt bekam.

Bereits im Mai 2005 hatte er diese Situation in einem Internetforum beschrieben und hinzugefügt: »Von den anderen Dingen wollte niemand was sehen, oder sie hat niemand gesehen.« Zudem bemerkte er, dass ihn immer noch die Frage quäle, warum gerade ihm so mitgespielt worden sei. Für ihn handelte es sich um sehr bewegende Situationen, über die er keinerlei Kontrolle hatte ausüben können.

Vor diesem Hintergrund wird auch eine Passage seines Abschiedsbriefs verständlicher:

> Ihr habt diese Schlacht begonnen, nicht ich.

In seiner eigenen Sicht der Dinge, wollte er die verlorene Kontrolle wiederherstellen.

> Ihr habt Euch über mich lustig gemacht, dasselbe habe ich nun mit euch getan, ich hatte nur einen ganz anderen Humor! (…) Ich will nicht länger davonlaufen! Ich will meinen Teil zur Revolution der Ausgestoßenen beitragen.

9.4 Neue Medien

Wie bei jedem vorangegangenen School Shooting wurde auch im Fall von Emsdetten intensiv über den Einfluss der Neuen Medien diskutiert. Sebastian B. sah für die Zeit nach seiner Tat offenbar vor allem eine Diskussion über seine AirSoft-Waffen und seine Musik aufbranden. So formulierte er in seinem Tagebuch:

> It's not AirSoft or music that makes me killing people, it's you! AirSoft helped me to hit what I'm aiming! Music helped me when I was fuckin' down.

Tatsächlich spielten jedoch weder AirSoft-Waffen noch gewalthaltige Musik eine Rolle in dieser Diskussion.

Auch der Einfluss von gewalthaltigen Filmen wurde kaum thematisiert. Zwar teilte die Polizei mit, der junge Mann habe »Videos mit Gewaltdarstellungen angeschaut und hergestellt« und dass er sich »seit seiner Volljährigkeit in einer Videothek regelmäßig Filme mit gewaltbezogenem Inhalt« ausgeliehen habe, doch griff kaum ein Kommentar auf, dass er beispielsweise an seiner Schule durch die auffällige Kleidung auch »**Matrix**-Mann« genannt wurde und dass in seinen selbst hergestellten Videos klare Anleihen an die Ästhetik dieses Films zu erkennen sind (▶ Infobox).

Infobox

Der Begriff »**Matrix**« ist in diesem Rahmen die Bezeichnung eines dreiteiligen Science-Fiction-Films der Regisseure Andy und Larry Wachowski. Schon der erste Teil konnte 1999 mit spektakulären Aufnahmen verblüffen, in denen Gewalt in Zeitlupenaufnahmen (»Bullet-Time«) ästhetisiert wurde. Neben Schusswaffen trägt der Protagonist dunkle Kleidung, Sonnenbrille und eine Art Trenchcoat. Da diese Gegenstände auch von School Shootern bevorzugt werden, finden sich vereinzelt Versuche, einen direkten Bezug der Taten zum Film herzustellen. Im Fall von Emsdetten sind diese Bezüge weit deutlicher zu finden als bei anderen jugendlichen Amokläufern.

Vielmehr wurde in der Diskussion in erster Linie die Rolle von Computerspielen und von Selbstdarstellungen im Internet aufgegriffen. So berichtet Innenminister Wolf, dass Sebastian B. »zumindest zeitweise gewaltorientierte Computerspiele extensiv gespielt« habe und dass in seiner Wohnung fünf frei verkäufliche »Computerspiele mit gewaltbezogenem Inhalt« aufgefunden worden waren. Auf seinem PC sei lediglich das Spiel Counter-Strike installiert gewesen.

Mittlerweile steht auch fest, dass Sebastian B. tatsächlich seine Schule als Counter-Strike-Szenario nachempfunden hatte (▶ Infobox). Nachdem zunächst einige Verwirrung um die Echtheit der Karte bestand, ist inzwischen belegt, dass er den selbst erstellten Spielplan in einem Forum unter dem Titel »rx_gss.map« eingestellt und dort um die Perfektionierung der Karte gebeten hatte. »Rx« bezieht sich auf sein Pseudonym »ResistantX«, gss auf das Kürzel seiner Schule »Geschwister-Scholl-Schule«. Gemäß ministerialem Abschlussbericht wurde dieses Spielszenario wiederholt im Computernetzwerk der Geschwister-Scholl-Schule gefunden und gelöscht. Noch im Oktober 2006 hatte sich Sebastian B. an einen der zuständigen Lehrer mit der Bitte gewandt, »das Spiel mit diesem Szenario in das Schulnetzwerk einstellen zu dürfen«. Verständlicherweise hatte der Lehrer dies jedoch abgelehnt.

Infobox

Das 1999 erstmals veröffentlichte PC-Spiel »**Counter-Strike**« gehört zur Kategorie der Ego-Shooter (neuerdings auch »Killerspiele«) und hat besonders als Mehrspielersystem bei LAN-Partys eine feste Fangemeinde. Im Spiel treten eine Gruppe von Terroristen gegen eine Antiterroreinheit an. Typische Spielziele sind die Befreiung von Geiseln oder die Detonation einer Bombe in einem bestimmten Spielareal. Seit 2002 bekannt wurde, dass der Täter des School Shootings in Erfurt dieses Spiel nutzte, dient es häufig als Beispiel für gewalthaltige Computerspielen.

Neben dem Einstellen von Filmen und Spielszenarien war Sebastian B. auch anderweitig im Internet recht aktiv. So schrieb er beispielsweise im Zusammenhang mit seiner AirSoft-Gruppe Texte für ein AirSoft Forum und führte bis 2005 ein eigenes Weblog. Für das Thema School Shootings noch relevanter war seine Mitgliedschaft in der Interessengruppe »Columbine« auf einem Internet-Portal und eine von ihm im Juni 2006 veröffentlicht Webseite, die sich mit vergangenen School Shootings befasste. Hier setzte er sich vor allem mit der Tat von Columbine auseinander. Einem der Täter schrieb er Jahre nach dessen Tod sogar Geburtstagsglückwünsche auf die Fanseite »Erics Geburtstags Ecke«. Dabei ist nicht nur die Bemerkung »I hope ur killing Jocks in Hell :D« bedeutsam, sondern auch sein Abschiedsgruß »Cya« (sinngemäß: »Ich treffe Dich demnächst«).

Wie ▶ Kap. 4 gezeigt hat, kann keinem dieser Medien eine einseitige Schuld am School Shooting in Emsdetten zugewiesen werden. Wenngleich zahlreiche Entwicklungen im Bereich der Neuen Medien gesamtgesellschaftlich bedenklich sind und dringend lösungsorientiert diskutiert werden müssen, stellen die Musik, Filme, Spiele und Internetressourcen von Sebastian B. keine direkten und singulären Ursachen für seine Tat dar. Es ist wahrscheinlich, dass sie sein Bild der Wirklichkeit beeinflusst haben, was wegen schwach ausgeprägter sozialer Bezüge nicht von außen relativiert werden konnte. Eine einseitige Fokussierung auf diese Inhalte verhindert jedoch zu erkennen, dass die Entstehung eines School Shootings einen langen Prozess darstellt, der von zahlreichen Faktoren beeinflusst wird.

Zudem muss betont werden, dass die Ausrichtung zwischen medialer Gewalt und gewaltbereiten Jugendlichen nach wie vor wissenschaftlich nicht präzise genug thematisiert wird. So ist anzunehmen, dass zumindest eine bidirektionale Orientierung vorliegt. Dass also Jugendliche nicht nur von gewalthaltigen Medien beeinflusst werden, sondern dass sich bereits gewaltbereite Jugendliche umgekehrt auch intensiver mit dem für sie so wichtigen Thema auseinandersetzen. Statt einen ursächlichen Zusammenhang zu konstruieren, sollte die Wirkung der Medien vielmehr als starke Beeinflussung der Phantasie diskutiert werden.

9.5 Phantasie

Ebenso wie politische Tagesereignisse, Inhalte von Büchern oder Erlebnisse im direkten Umfeld beeinflussen jene Inhalte der skizzierten Medien die Ausgestaltung der Phantasien von Jugendlichen. Haben die medienkonsumierenden Jugendlichen bereits intensive und gewalthaltige Phantasien, können problematische Medieninhalte daher weniger in Bezug auf eine Verursachung oder gar Auslösung der Tat, wohl aber in Bezug auf die Ausgestaltung von Tatphantasien eine destruktive und tatfördernde Wirkung erzielen. Auch im Fall von Emsdetten finden sich zahlreiche Belege, dass Medieninhalte die Gewaltphantasien des jungen Mannes beeinflusst haben.

Nicht nur sind Anleihen an gewalthaltige Filme (Matrix) und Spiele (Counter-Strike) in seiner Tatvorbereitung und -umsetzung erkennbar, er hat sich auch intensiv mit vorangegangenen School Shootings auseinandergesetzt. So ist es wenig verwunderlich, dass Sebastian B. im Juni 2005 in einem Internetforum schrieb, dass »Bang, Bang, Du bist tot« und »Bowling for Columbine« zu den fünf Filmen gehörten, die er zu diesem Zeitpunkt besonders häufig ansah (▶ Infobox).

Infobox

Der Inhalt des Spielfilms **»Bang, Bang, Du bist tot«** aus dem Jahr 2002 ist grob an das School Shooting in Columbine angelehnt und basiert auf einem gleichnamigen Theaterprojekt von William Matrosimone. Der Text des Bühnenstückes ist im Internet kostenlos erhältlich, damit es mit Schulklassen eingeübt werden kann. Am Ende des Films und des Theaterstücks erkennt der Protagonist, dass durch die Umsetzung der Tatplanung nur mehr Gewalt und Hass geschürt würde und evakuiert die Schule, bevor seine Mittäter die gemeinsam geplante Tat umsetzen können.
Auch **»Bowling for Columbine«** setzt sich mit dem School Shooting in Columbine auseinander. Mit der mehrfach prämierten und teilweise satirisch überhöhten Dokumentation implizierte Michael Moore 2002, dass die Menge der Gewaltverbrechen in den USA die Folge einer US-amerikanischen »Kultur der Angst« sei. In diesem Rahmen benutzt er Originalbilder der Überwachungskameras in Columbine und unterlegt diese mit theatralischer Musik.

Während beide Filme die Tat eigentlich problematisieren wollen, nutzte Sebastian B. sie offenbar eher als Anregung bzw. zumindest zur Auseinandersetzung mit seinen eigenen Phantasien. Er fertigte sogar ein Video zur Tat in Columbine an und stellte es ins Internet. Dabei verwendete er analog zu Michael Moore ebenfalls Filmsequenzen der beiden jugendlichen Täter und unterlegte sie derart mit Musik, dass sein Video in erster Linie als Verherrlichung des School Shootings anzusehen ist. Es endet mit der Botschaft »Stop Jocks. Support Anarchy«.

Anhaltspunkte für den Entwicklungsverlauf seiner gewalttätig-intensiven Phantasie finden sich in den Tagebucheinträgen und Medienerzeugnissen von Sebastian B. Obwohl die Entwicklung seiner Phantasie nicht in allen Punkten nachvollzogen werden kann, da einige Videos und Schriftstücke nicht exakt datierbar sind, lässt sich doch ein grober Verlauf skizzieren: Schon sehr früh, etwa vier Jahre vor der Tat, zeigt sich seine Faszination für den Realismus seiner AirSoft-Waffen. Gemeinsam mit der Nutzung von Counter-Strike und seinen militaristisch gekleideten Streifzügen durch die Natur kann dies als Vorbote einer Faszination für die Macht scharfer Schusswaffen gelten.

Bereits im Juni 2004 schrieb Sebastian B. den beschriebenen Hilferuf auf einer Internetplattform. Zu diesem Zeitpunkt scheint ihn der Gedanke zur Umsetzung eines Amoklaufs schon intensiv beschäftigt zu haben. Während im Mai 2005 in einem Internetforum darstellt, wie er immer noch unter den Kränkungen seiner Schulzeit leidet, lassen einige seiner Bemerkungen im Zeitraum Mai und Juni 2005, mehr als ein Jahr vor der Tat, durchaus den Schluss zu, dass er auch Mitte 2005 bereits intensiv über die Umsetzung einer schweren Gewalttat nachgedacht hat. Am 7. Juni schrieb er jedoch:

> Ich habe beschlossen, es zu lassen. Ich weiß nicht, ob es das wirklich wert ist, ich weiß nicht, ob ich im Endeffekt was erreichen würde und verdammt nochmal weiß ich nicht, wo man in DE vernünftige Kniften herbekommt.

Den Begriff »Kniften« benutzte er als Jargonausdruck für Gewehre.

Spätestens im Juni 2006 begann er dann, seine Phantasien noch stärker in die Realität einfließen zu lassen, als er eine Homepage zum School Shooting in Columbine einrichtete. Doch beließ er es nicht bei dieser unspezifischen Adressierung seiner Vorstellungen. Er kaufte kurz vor der Tat auch Sprengstoffmaterialien und Waffen, stellte Sprengstoff selbst her, testete ihn gemeinsam mit Bekannten, und bat sogar im Oktober einen Lehrer, die bereits früher erstellte Counter-Strike-Karte seiner Schule offiziell im Schulnetzwerk installieren zu dürfen. Alle Hinweise blieben unerkannt.

Eine Woche vor seiner Tat schoss er zum ersten Mal mit seinen neu erworbenen Waffen. Sein Tagebuchkommentar spiegelt seine Gefühle beim Zünden der Waffe:

> Today I passed the point of no return. I shot my muzzle loaders the first time and fuck – THAT SHIT WORKS! This sawed off Shotgun kicks ass man …

Seine Phantasien hatten einen weiteren großen Schritt hin zur Umsetzung in der Realität gemacht. An diesem Tag legte er auch das endgültige Datum seiner Tat fest:

> 20.11.2006 will be my big ass ENDING!

Vier Tage vor seinem School Shooting verschenkte er dann seine geliebte AirSoft-Waffe an einen Freund:

> I just gave S!lent my G3 SAS with all it's stuff. He probably thinks I'm an idiot because all that stuff costs new more than 400€! But hey… I don't need my Baby any more!

Am Morgen seines Amoklaufs unternahm er den letzten Schritt der Phantasierealisierung vor der eigentlichen Tat, indem er ausführliche Tagebuch- und Videoaufzeichnungen seiner Pläne im Internet veröffentlichte und an einzelne Adressaten versandte. Sie wurden erst wahrgenommen, als er sein School Shooting bereits umgesetzt hatte.

Wie in ► Kap. 5 anhand der Phantasien von Eric Harris und Dylan Klebold aufgezeigt, fanden sich auch bei Sebastian B. ähnliche Schritte hin zur Realisierung seiner Phantasien:
- persönliche explizite Schriftstücke (Tagebücher),
- öffentliche getarnte Darstellungen (Erstellung einer Counter-Strike-Karte seiner Schule),
- öffentliche explizite Darstellungen (Online-Hilferufe),
- erfolgreiche Bemühungen sich Waffen zu beschaffen,

- explizite Videos über die Herstellung und Detonation von Sprengstoffen sowie
- Vorbereitungen für den Nachlass (Schenkung der AirSoft Waffe und Versand von Aufzeichnungen).

Seine schrittweise präziser werdenden Ankündigungen verhallten auch in diesem Fall ungehört.

9.6 Nachahmungstaten

Selbst wenn in diesem Abschnitt nicht schon zahlreiche Bezüge zur Tat in Columbine hergestellt worden wären, zeigten schon die zahlreichen Parallelen in Tathergang, Bewaffnung und Kleidung einen klaren Bezug zum School Shooting von Eric Harris und Dylan Klebold. Wie intensiv Sebastian B. auch andere vorangegangenen Taten wahrnahm, belegt ein Tagebuchkommentar, der auf den 26. September 2006 datiert ist. Hier identifiziert er sich mit einem der Täter von Columbine, nimmt aber auch direkten Bezug auf andere vorangegangene Täter, die er teilweise mit ihren Internetkürzeln oder Kosenamen nennt:

> ERIC HARRIS IST GOTT! Da gibt es keinen Zweifel. Es ist erschreckend, wie ähnlich Eric mir war. Manchmal kommt es mir vor, als würde ich sein Leben noch mal leben (...) Ich bin keine Kopie von REB, VodKa, Steini, Gill, Kinkel, Weise oder sonst wem! Ich bin die Weiterentwicklung von REB!

Auch die für School Shooter so typische Selbstüberhöhung im direkten Vorfeld ihrer Taten wird hier erneut sichtbar. Drei Wochen später betont er noch einmal:

> Bevor jemand von Euch behauptet ich sei ein Nachahmungstäter von Harris oder sonst wem, sollte er einen Moment nachdenken: Ist ein kleiner Dorfpriester nur ein ‚Nachahmungstäter' des Papstes? Nein! Natürlich nicht! Er glaubt an dieselbe Sache wie der Papst, aber er macht ihn nicht nach. Er hat die gleiche Sicht der Dinge. Er ist, wie der scheiss Papst, Teil eines Ganzen.

Diese Bemerkung ist besonders interessant, weil der junge Mann versucht, nicht »nur« als Nachahmungstäter zu erscheinen. Er überhöht Harris in seiner Analogie, identifiziert sich mit dessen vermeintlichen Zielen und formuliert gleichzeitig eine Essenz in der Motivation jugendlicher School Shooter. Sie wollen »Teil eines Ganzen« sein. Teil einer Legende, die lange nach ihrem Tod recherchierbar sein wird. Sie wollen in einem Atemzug genannt werden, mit den Jugendlichen, die ihnen vorangegangen sind. Sie wollen als falsch verstandene »rächende Helden« die Massenmedien beherrschen, im Internet ikonisiert werden und ihrerseits andere Jugendliche zu ähnlichen Taten inspirieren. So schreibt Sebastian B. schließlich:

> I hope that other outcasts will be treated better after GSS! And I hope that some of 'em will be like Reb, Vod and Me! A FUCKING HERO!

Und dass er ein wichtiger Teil dieser großen Geschichte wird, wollte Sebastian B. sicherstellen. Wie schon im Fall des Jugendlichen Castillo, der im August des selben Jahres ein School Shooting begangen und unmittelbar zuvor Videokassetten an die Presse gesandt hatte, bemühte sich auch Sebastian B. darum, dass seine Ausführungen und Fotos der Öffentlichkeit zugänglich gemacht wurden. Neben den unmittelbar vor der Tatumsetzung per E-Mail verschickten Tagebucheinträgen schrieb er einen langen Abschiedsbrief, den er ebenso wie Videobotschaften auf Internetseiten online stellte. Auf Fotos seiner selbst posierte er zum Teil mit umgekehrt aufgesetzter Basekap, einem schwarzen Mantel und einer Waffe im Anschlag – analog zu Abbildungen der Täter aus Columbine – und stellte auch hochauflösende Bilder ins Internet, auf denen er in der Kleidung seines AirSoft-Teams mit Waffe abgelichtet ist oder in die Kamera schaut.

Die Reaktion von Polizei und Staatsanwaltschaft erfolgte sehr schnell: Die Internetpräsenzen des Jugendlichen wurden binnen kürzester Zeit gesperrt bzw. gelöscht. Unmittelbar danach waren sie jedoch noch indirekt über die »Caches« von Suchmaschinen, eine Art Archivspeicher, abrufbar. Bald waren von Privatpersonen erstellte 1:1-Kopien der Seiten online, sog. »Mirrors«. Der Abschiedsbrief wurde von diversen Nachrichtensendern und Zeitungen im Volltext zitiert, oft inklusive der bereits erwähnten Fotografien. Dabei machte sich kaum ein Sender die Mühe, das Gesicht des Jungen durch eine grobkörnige »Verpixelung« unkenntlich zu machen. Es wurden sogar die ins Internetportal YouTube hochgeladenen Videos gezeigt, als sie bereits offiziell aus dem Internet genommen worden waren.

Tatsächlich ist es Sebastian B. daher gelungen, seinerseits zahlreiche Trittbrettfahrer und Nachahmer zu inspirieren. Es kam in den Wochen nach seiner Tat zu einer selbst im Vergleich zum School Shooting von Erfurt an Intensität und Dichte in Deutschland nicht gekannten Welle von Tatankündigungen an Schulen.

Eine wichtige Rolle für die Menge der Drohungen mag dabei eine öffentliche Warnung in Baden-Württemberg gehabt haben. Während eines Internet-Chats im Rahmen eines Counter-Strike-Spiels, dessen Quelle nicht exakt ausgemacht werden konnte, war mit einem Anschlag am Nikolaustag gedroht worden. Nach Warnung des Innenministeriums wurden daraufhin einige Schulen geschlossen. Es kam zu einem gewaltigen Echo in der Presse, dem dann wiederum deutschlandweit zahlreiche Anschlags- und Amokankündigungen folgten. In Baden-Württemberg hatte beispielsweise ein 19-jähriger eine E-Mail an die Polizei geschickt, dass er am 7.12. einen Anschlag auf eine Berufsschule unternehmen wolle. Nach seiner Verhaftung sagte er aus, er habe nur seiner Freundin imponieren und ihr einen schulfreien Tag verschaffen wollen. Und auch in anderen Bundesländern nahmen sich Jugendliche ein Beispiel: In Schleswig-Holstein wurde eine Schule unter Polizeischutz gestellt, nachdem ein Drohbrief gefunden worden war. In einer Gesamtschule in Köln wurde ein schon vorher auffällig gewordener 16-jähriger Jugendlicher festgenommen, bei dem eine »Amokliste« mit Namen von Lehrerinnen und Mitschülern gefunden worden war. Und im Saarland wurden zwei Schulen geräumt, nachdem ein Unbekannter telefonisch mit einem Anschlag mit einer Maschinenpistole gedroht hatte.

Um bei zukünftig auftretenden schweren Gewalttaten durch Jugendliche nicht denselben Fehler zu machen und in hohem Maße Trittbrettfahrer und Nachahmer zu inspirieren, sollte dringend auf die Einhaltung der fünf Richtlinien zur Presseberichterstattung bei schweren Gewalttaten in den von jugendlichen wahrgenommenen journalistischen Beiträgen geachtet werden (s. folgende Übersicht).

Richtlinien zur Presseberichterstattung

- Keine vereinfachenden Erklärungen für Handlungsmotivationen anbieten.
- Auf die Folgen der Tat fokussieren.
- Keine Romantisierungen verwenden und keine Heldengeschichten erzählen.
- Den Tathergang nicht zu konkret aufzeigen.
- Täterphantasien und emotionales Bildmaterial nicht zu anschaulich darstellen.

9.7 Intervention und Prävention

Im Gegensatz zu einigen vorangegangenen School Shooting verlief die Intervention nach Tatbeginn in Emsdetten sehr effektiv. Während die Polizei beim Amoklauf in Erfurt noch nicht umfassend auf derartige Taten vorbereitet war, konnten in der Zwischenzeit umfangreiche und zielgerichtete Einsatz- und Fortbildungskonzepte eingerichtet und zur Tatzeit erfolgreich angewandt werden.

Das Einsatzkonzept der Polizei in Nordrhein-Westfalen war auf ein schnelles und offensives Eingreifen ausgerichtet, um Menschen in Lebensgefahr rechtzeitig erreichen und schützen zu können. Unter Inkaufnahme eines hohen persönlichen Risikos entschieden sich die Einsatzleiter zum schnellen Vorrücken gegen den Täter. Erste Einsatzkräfte waren bereits vier Minuten nach Eingang des ersten Notrufes vor Ort und drangen sofort in das Schulgebäude ein. Nach Befragung und Veranlassung der Bergung des verletzten Hausmeisters im Bereich des Haupteingangs stießen sie weiter in Richtung des Täters vor, während zeitgleich Räumungs- und Evakuierungsmaßnahmen sowie die Versorgung der Verletzten sehr zügig erfolgen konnte. Möglicherweise veranlasste diese Vorgehensweise Sebastian B., sich frühzeitig zurückzuziehen und die Schüsse auf Lehrer und Schüler einzustellen.

Achtundzwanzig Minuten nach Eingang des ersten Notrufes trafen auch die Spezialeinsatzkommandos der Polizei ein. Sie fanden den leblosen Körper des Täters im zweiten Obergeschoss. In seiner Umgebung lagen seine drei Schusswaffen sowie mehrere Brand- und Sprengsätze, die von Spezialisten entschärft wurden.

Den Opfern halfen vier Notfallseelsorger und der Betreuungsdienst des DRK, während die Polizei sich gemeinsam mit der Feuerwehr und unter Nutzung örtlicher Krankenhäuser um die Betreuung weiterer Betroffener und um die Abschirmung von der Presse kümmerte. Die Handlungsempfehlungen und Hinweise der nordrhein-westfälischen Polizei zum taktischen Vorgehen bei Amoklagen haben sich in diesem Fall offensichtlich bewährt.

Eine effektive Intervention vor Tatbeginn hatte hingegen in Emsdetten nicht stattgefunden, sodass es zur Umsetzung der Tatphantasien von Sebastian B. in der Wirklichkeit kommen konnte. Der junge Mann hatte zuvor den prototypischen Entwicklungsweg eines School Shooters genommen. Ausgehend von einem subjektiv tief empfundenen Missstand, dessen Wirkung von seinem schwachen sozialen Umfeld nicht ausgeglichen werden konnte, und begleitet von dem Fehlen von Möglichkeiten Anerkennung zu erringen, sah er an einem bestimmten Punkt seiner Entwicklung School Shootings als Lösung seiner Krise an. Er spielte diesen Lösungsweg in seiner Phantasie viele Monate lang durch. Auch wenn er im Vorfeld der tatsächlichen Realisierung keine bekannt gewordene direkte Drohung äußerte, so begann er seine Phantasien doch langsam mittels Spielen, Filmen und Äußerungen in die Wirklichkeit zu integrieren. Viele dieser Versuche, seine Phantasie wirklicher werden zu lassen, waren an sich als deutliche Warnsignale zu erkennen, wurden jedoch von allen Beteiligten übersehen oder zumindest nicht richtig eingeordnet.

Schon bei seinem Hilferuf in einem Internetforum zwei Jahre vor der Tat hätte eine Krisenintervention vielversprechend sein können. Auch sein auffälliges Verhalten in der Schule, wo er stellenweise fast vollständig die Kommunikation verweigerte, hätte noch das Potenzial gehabt, Sebastian B. in seiner ganzen Geschichte und Kommunikation genauer zu betrachten. Vielleicht wäre hier nicht nur eine stützende, sondern auch eine repressive Intervention notwendig gewesen, vermutlich hätte die Tat aber auch zu diesem Zeitpunkt noch verhindert werden können. Spätestens jedoch bei den von Bekannten wahrgenommenen Käufen von Waffen und dem Basteln von Bomben oder auch bei seinem Versuch, die selbst erstellte Counter-Strike-Karte seiner Schule im dortigen Netzwerk einzustellen, hätten Bezugspersonen hellhörig werden sollen. Das Herstellen eines Kontaktes und das Hinterfragen seiner Motivationen und Einstellungen wäre ein erster Schritt gewesen zu verstehen, was ihn antrieb. Dies hätte ermöglicht, der Tat repressiv vorzubeugen, aber auch, mit dem jungen Mann seine grundlegenden Probleme zu bearbeiten und das soziale Band zu ihm zu stützen.

Für die Zukunft hat sich das nordrhein-westfälische Innenministerium dazu entschlossen, die bisherige Zusammenarbeit zwischen Schule und Polizei weiter zu verstärken und auf eine frühe Erkennung von Amokläufern hin auszurichten. Ein Erlass an alle Kreispolizeibehörden vom 28. November 2006 fordert hierzu nachdrücklich auf. Es bleibt zu hoffen, dass zudem auch Schulbehörden die Notwendigkeit präventiver Arbeit begreifen, sich mit dem Thema auseinandersetzen und Methoden erlernen, um verzweifelte Jugendliche mit intensiven Gewaltphantasien zu erkennen – sowie ihnen nach dieser Erkenntnis auch effektive Hilfestellungen anzubieten. Einige nützliche Materialien befinden sich im Anhang dieses Buches. Jedoch ist als erster Schritt auch die Gründung eines handlungsfähigen Krisenteams notwendig, das regelmäßig zusammenkommt und in der Lage ist, aus eigener Kraft oder mithilfe vernetzter Einrichtungen konkrete Vorfälle an Schulen einzuschätzen und sinnvolle Interventionsschritte umzusetzen.

Wesentliche Hilfestellungen für die Arbeit dieser Teams bietet die Schulpsychologie. Ebenso erweisen sich die in ► Kap. 7 vorgestellten Notfallordner in Krisensituationen als wertvolle Unterstützung der schulischen Handlungskompetenz. Auch diesbezüglich finden sich im Anhang Kopiervorlagen, die die Zusammenstellung eines Grundstocks für einen neuen Ordner ermöglichen oder bereits bestehende Notfallordner ergänzen können.

Als Königsweg zu einer umfassenden Gewaltprävention an Schulen sind jedoch möglichst weitreichende Schritte zu empfehlen, die sich auf die Stärkung der Jugendlichen und ein prosoziales Verhalten auswirken. Hierzu zählen vor allem die Entwicklung der Qualität von Lehrer-Schüler-Beziehungen, das Ermöglichen von sozialem Lernen und sozialer Identität sowie die Schaffung eines positiven Leistungs- und Selbstkonzeptes.

9.8 Traumabewältigung

Die Rettungsleitstelle des Kreises Steinfurt stellte sicher, dass die rettungsdienstliche Versorgung der Opfer gewährleistet war, als sie neben Notärzten und Rettungswagen aus dem eigenen Bereich und der Stadt Münster auch zwei Löschfahrzeuge, zwei Rettungshubschrauber und vier Notfallseelsorger an den Tatort sandte. Unterstützt wurden diese durch einen Betreuungs- bzw. einen Einsatzdienst des DRK. Auch die Polizei half bei der Betreuung von Opfern und Angehörigen. Dennoch wurden viele Schüler nach Einschätzung der Schulleiterin schwer traumatisiert.

Sieben Wochen nach der Tat war zumindest die Schule wieder instand gesetzt. Dabei waren nicht nur die Schäden durch Rauchbomben des Täters und vom Spezialeinsatzkommando eingeschlagene Scheiben repariert worden. Die Bürgermeisterin betonte, dass zudem auch eine Umgebung geschaffen wurde, »in der möglichst wenig an früher erinnert und in der eine Wohlfühlatmosphäre herrscht.« So wurden die Unterrichtsräume, Flure und Treppenhäuser neu gestaltet, eine indirekte Beleuchtung installiert und die Wände in freundlichen Farben gestrichen. In die zweite Phase, die Gestaltung des Außenbereichs, sollen auch die Schüler einbezogen werden.

Hervorzuheben ist dabei, dass die neue Gestaltung des Gebäudes keine zusätzlichen Sicherheitsvorkehrungen, wie etwa Überwachungskameras, Absperrmaßnahmen, Schleusen oder Metalldetektoren beinhaltet. Die Schulleiterin vertraut stattdessen auf die Pädagogik als Mittel der zukünftigen Gewaltprävention: »Wir haben ein offenes Schulgebäude, und das soll auch so bleiben.«

In einem Festakt mit Gottesdienst und Feierstunde wurde das Gebäude der Öffentlichkeit schließlich wieder zugänglich gemacht. Hunderte bunter Luftballons wurden bei dieser Gelegenheit mit daran befestigten Friedenstauben aus Papier gestartet, auf welche die Schüler ihre Ängste und Hoffnungen niederschreiben konnten. Auf der Webseite der Schule wurde das mit dem Wunsch begründet, »die Ängste sollen fortgetragen, die Wünsche gen Himmel geschickt werden«.

Am ersten Schultag nach der Neueröffnung der Schule kümmerten sich mehrere Psychologen um die Schüler. Jeder bekam die Möglichkeit zunächst mit Psychologen, Freunden oder Eltern in die Schule zu kommen. Die Schulgemeinschaft und der Klassenverband sollten dabei auch zur gegenseitigen Unterstützung beitragen.

Während für den zwischenzeitlich versäumten Unterricht zusätzliche Stunden organisiert werden konnten, dürfte die Bearbeitung der erlittenen Traumata noch eine lange Zeit in Anspruch nehmen. Für eine Beschreibung und Bewertung dieser Prozesse ist es zur Zeit der Drucklegung dieses Buches noch zu früh.

9.9 Abschließende Bemerkungen der Verfasser

Es bleibt zu hoffen, dass der Amoklauf des Jugendlichen in Emsdetten zumindest ein verstärktes Bemühen zur schulischen Gewaltprävention zur Folge hat. Ohne entsprechende Bemühungen wird es auch in Deutschland zu weiteren Vorfällen dieser Art kommen.

Mit jedem School Shooting nimmt die Gefahr für weitere Taten zu. Das vorliegende Buch ist daher ein dringender Appell vor allem an Lehrer, Eltern und nicht zuletzt an die Politik, die Gefahr ernst zu nehmen und rechtzeitig präventive Maßnahmen zu ergreifen. Es war uns ein Anliegen, Ihnen hierbei Orientierung und Hilfestellungen zu bieten – die Umsetzung und Anwendung, und somit der Erfolg unseres Appells, liegt in Ihren Händen.

Anhang

Teil A: Hilfestellungen zur Thematisierung von »School Shootings« im Umgang mit Kindern und Jugendlichen

A 1) Gespräche mit Kindern und Jugendlichen über School Shootings
A 2) Gespräche mit Kindern über School Shootings
A 3) Gespräche mit Jugendlichen über School Shootings
A 4) Wahrnehmung von Drohungen durch Schüler

Teil B: Werkblätter für Lehrer

B 1) Ideensammlung zu Hilfssystemen
B 2) Ideensammlung zu Bullying (Fortgesetztes Hänseln)
B 3) Ideensammlung zur Zeugnisvergabe
B 4) Konsequenzen der Ideensammlungen

Teil C: Übungen für Schulleiter und Krisenteams

C 1) Gründung eines Krisenteams
C 2) Übung zur Bewertung von Drohungen
C 3) Auswertung der Übung zur Bewertung von Drohungen
C 4) Technische Sicherung
C 5) Übung zur technischen Sicherung

Teil D: Unterlagen für Polizeidienststellen

D 1-5) Unterlagen der Schulen für örtlich zuständige Polizeidienststellen

Teil E: Notfallordner für Schulen

E 0) Übersicht zum Grundstock der Inhalte eines Amok-Notfallordners
E 1) Funktion und Inhalt eines Notfallordners
E 2) Verhalten in einer Amoksituation
E 3) Wichtige erste Informationen für die Polizei bei einem Amok-Notruf
E 4) Weitere wichtige Informationen für die Polizei bei einem Amok-Notruf
E 5) Wichtige erste Informationen für Feuerwehr und Ärzte bei einem Amok-Notruf
E 6) Formular für Kerninformationen der Schulen
E 7) Umgang mit Medien in einer Krisensituation
E 8) Umgang mit Drohanrufen und Drohschreiben
E 9) Bewertung von Drohungen
E 10) Sinnvolle Vorgehensweise bei Vorliegen einer Gewaltandrohung
E 11) Wichtige Hinweise zur Sammlung von Fallinformationen bei Gewaltdrohungen
E 12) Sammlung von Fallinformationen bei Gewaltdrohungen
E 13) Konsequenzen und Hilfestellungen

Teil A: Hilfestellungen zur Thematisierung von »School Shootings« im Umgang mit Kindern und Jugendlichen

Blatt A 1)
Gespräche mit Kindern und Jugendlichen über School Shootings

Schon das Wahrnehmen von School Shootings oder schweren Gewalttaten an deutschen Schulen kann bei Kindern unter Umständen zu Irritationen und Angstzuständen führen. Um dies zu vermeiden, sollten Eltern und Lehrer die angstauslösenden Ereignisse mit ihnen besprechen. Im Folgenden finden sich einige hilfreiche Tipps von klinischen Experten und Pädagogen zur Umsetzung solcher Unterhaltungen.

Allgemeine Hinweise für Gespräche mit Kindern und Jugendlichen über schwere Gewalttaten an Schulen:

- Ganz wichtig: Nicht nur reden, sondern vor allem auch zuhören! Kinder und Jugendliche müssen Gelegenheit bekommen, ihre Sorgen und Ängste aussprechen zu können.
- Plötzlich auftauchende physische Anzeichen wie etwa Kopfschmerzen, Bauchschmerzen, Schlafstörungen, Albträume, Reizbarkeit, Konzentrationsmangel, Rückzug oder Weigerungen, zur Schule zu gehen, können ein Zeichen dafür sein, dass Kinder und Jugendliche sich mit einem angstauslösenden Thema auseinandersetzen, bei dem sie Hilfe brauchen. Wurde dieses Thema erkannt, sollte es mehrfach angesprochen werden. Notfalls können Fachkräfte bei der Abklärung helfen (Vertrauenslehrer, Schulpsychologe, Familienarzt o. Ä.).
- Es ist sinnvoll, im Gespräch ehrlich zuzugeben, dass schwere Gewalttaten an Schulen auftreten können. Gleichzeitig sollte den Kindern und Jugendlichen versichert werden, dass es sich um seltene Ereignisse handelt und dass alles Erdenkliche unternommen wird, um die Sicherheit der Kinder und Jugendlichen zu gewährleisten.
- Ängstliche Kinder und Jugendliche sollten daran erinnert werden, wie viel Sicherheit es in ihrem Leben gibt. Gespräche über positive Erlebnisse und mithilfe von Erwachsenen erfolgreich überwundene Probleme erweisen sich zumeist als hilfreich.
- Als sinnvoll erweisen sich zudem psychoedukative Hilfestellungen von Schulpsychologen. Durch die Aufklärung über das Erleben von Angstsymptomen, fühlen sich die Schüler in aller Regel weniger ihren Gefühlen ausgeliefert.

© 2007, Springer Medizin Verlag GmbH. Aus: Robertz, F.J. & Wickenhäuser, R.: Der Riss in der Tafel. www.igak.org/tafel

Blatt A 2)
Gespräche mit Kindern über School Shootings

Hinweise für Gespräche mit Kindern:

- Noch stärker als bei Jugendlichen sollte ein wesentlicher Schwerpunkt des Gesprächs darauf gelegt werden, das Sicherheitsgefühl der Kinder zu stärken. Auch Bemühungen von Polizei, Schule, Schulbehörde und Erwachsenen, im sozialen Umfeld des Kindes für dessen Sicherheit zu sorgen, können dabei hervorgehoben werden.
- Nach Möglichkeit sollte der Konsum von Nachrichtensendungen über schwere Formen von Gewalt an Schulen eingeschränkt werden. Wurden solche Sendungen betrachtet, sollten in den nächsten Tagen mehrfach Gespräche darüber anregt werden.
- Es sollte nicht explizit auf bestimmte Vorgehensweisen eingegangen werden (etwa, was ein Täter genau getan hat), sondern auf seine Motivation und die Seltenheit des Ereignisses. Vermieden werden sollten auch angstauslösende Begriffe (wie etwa Blutbad, Heckenschütze und dergleichen).
- Konkrete Fragen nach dem kindlichen Verständnis eines Vorfalls helfen dabei, unrealistische Ängste aus dem Weg räumen zu können.
- Generell sollten vor allem diejenigen Umstände thematisiert werden, die das Kind tatsächlich belasten. Wenn beispielsweise Szenen vom Abtransport blutender Opfer erschütternd gewirkt haben, dann sollte nicht die Schießerei Hauptinhalt des Gesprächs sein. Stattdessen sollte erklärt werden, wie Ärzte den Opfern helfen können. Ein Vergleich aus dem Lebensbereich des Kindes (etwa der Kinderarzt) kann die Thematik verdeutlichen.
- Auch die eigene Betroffenheit darf zum Ausdruck gebracht werden. Jedoch sollte betont werden, dass das Erfahren von Trauer und Angst nicht das eigene Leben bestimmen darf, sondern dass stets genug Raum für Lebensfreude und Geborgenheit da ist.
- Oft ist es für Kinder hilfreich, Gefühlen von Trauer mit ausgleichenden Aktivitäten zu begegnen. Dies kann etwa mit dem Sammeln von Spenden für die betroffenen Familien oder einer Zeichnung als Ersatz für einen Kondolenzbrief umgesetzt werden. Es sollte verdeutlicht werden, dass Hilfeleistungen negative Erlebnisse erleichtern.
- Den Kindern sollte vermittelt werden, dass sie einen vertrauten Erwachsenen aufsuchen können, wenn sie sich bedroht fühlen.
- Einzelne Kinder können mit Anzeichen einer Glorifizierung auf schwere Gewalttaten an Schulen reagieren. In solchen Fällen sollte klar und unmissverständlich festgestellt werden, dass Gewalt kein akzeptabler Weg zur Problemlösung ist.

© 2007, Springer Medizin Verlag GmbH. Aus: Robertz, F.J. & Wickenhäuser, R.: Der Riss in der Tafel. www.igak.org/tafel

Blatt A 3)
Gespräche mit Jugendlichen über School Shootings

Hinweise für Gespräche mit Jugendlichen:

- Bei Jugendlichen ist, anders als bei Kindern, auch die Thematisierung von Details einer Gewalttat an Schulen angebracht, da diese ohnehin von ihnen über Massenmedien wahrgenommen werden. Dabei sollten dennoch in erster Linie diejenigen Gefühle und Sorgen aufgenommen werden, welche die Jugendlichen selbst einbringen.
- In der Regel verlaufen Gespräche mit Jugendlichen nachhaltiger, wenn der erwachsene Gesprächspartner zuerst seine eigenen Gefühle deutlich macht. Dies erlaubt es Jugendlichen, sich vertrauensvoller zu öffnen.
- Fragen sollten stets direkt und wahrheitsgemäß beantwortet werden, ohne jedoch zusätzliche Ängste auszulösen. Zentraler Inhalt sollte auch bei Jugendlichen die Stärkung des Sicherheitserlebens sein.
- Es sollte der Unterschied zwischen Jugendlichen verdeutlicht werden, die schwere Gewalttaten begehen und solchen, die sich lediglich durch Sprache, Kleidung und Schmuck von der Gesamtgesellschaft abheben wollen.
- Oft ist bei Jugendlichen ein soziales Bewusstsein besonders stark ausgeprägt. Daher kann das Thema School Shootings gut mithilfe von gesellschaftlichen Rahmenbedingungen, Möglichkeiten der Waffenkontrolle oder der Rolle von Gewaltmedien lösungsorientiert besprochen werden.
- Durch die Reflexion der Gefühle jugendlicher Außenseiter kann mehr darüber herausgefunden werden, ob sich der betreffende Jugendliche selbst als Außenseiter betrachtet und wie er andere Außenseiter sieht.
- Jugendlichen sollte sehr deutlich gemacht werden, wie wichtig das Informieren eines Erwachsenen ist, wenn sie selbst bedroht werden oder von jemandem hören, der einen Dritten bedroht.
- Auch unter Jugendlichen kann es zu einer Glorifizierung von School Shootern kommen. Dem sollte bereits im Ansatz klar und unmissverständlich entgegengewirkt werden. Es sollte intensiv verdeutlicht werden, welches Leid aus derartigen Taten für Opfer resultiert und dass die jugendlichen Täter auch ihr eigenes Leben zerstören. Gleichzeitig sollte die Ursache der Glorifizierungsversuche erkundet werden. Oft verbergen sich dahinter ein geringes Selbstbewusstsein und die Suche nach Anerkennung. Beiden Elementen kann mit Unterstützung von Erwachsenen entgegengewirkt werden.

© 2007, Springer Medizin Verlag GmbH. Aus: Robertz, F.J. & Wickenhäuser, R.: Der Riss in der Tafel. www.igak.org/tafel

Blatt A 4)
Wahrnehmung von Drohungen durch Schüler

Schülern sollten direkt an ihren Schulen konkrete Möglichkeiten gegeben werden, über verdächtige Wahrnehmungen bei anderen Menschen (Äußerungen, Vermerke, Zeichnungen usw.) oder über wahrgenommene schriftliche Drohungen mit einer Vertrauensperson reden zu können.

Sie dürfen dabei nicht das Gefühl haben, einen Mitschüler zu »verpetzen«, wenn sie sich Sorgen um eventuelle Gewaltabsichten machen. Daher müssen ihre Hinweise auch möglichst anonym behandelt bzw. überprüft werden.

Einige Tipps zur Verbesserung der Kooperation mit Schülern:

- An Mitverantwortung und Fürsorge für Klassenkameraden appellieren
- Klar und sachlich die möglichen Konsequenzen einer unterlassenen Mitteilung im Gegensatz zu einer substanzlosen Mitteilung aufzeigen
- Streitschlichter und Schülersprecher sensibilisieren
- Schulpsychologen und Vertrauenslehrer einbeziehen
- Projekttage und Fragebogenaktionen helfen beim Ermitteln von »gefühlter« Gewalt
- Eine partnerschaftliche Elternarbeit erleichtert die Zusammenarbeit mit den Schülern

Hilfreiche Regeln:

- Keine Toleranz gegenüber dem Mitführen von Waffen
- Mit Schülern Vertrag für eine gewaltfreie Schule abschließen

Hilfreiche Maßnahme:

Spezielle Hinwendungsorte bzw. »Vertrauensinseln« sollten geschaffen und bekannt gemacht werden. Dort sollen Schüler anonym Hinweise auf Drohungen tätigen können, ohne dass sie negative Konsequenzen befürchten müssen, beispielsweise über einen Schülerbriefkasten oder ein Online-Kontaktformular.

© 2007, Springer Medizin Verlag GmbH. Aus: Robertz, F.J. & Wickenhäuser, R.: Der Riss in der Tafel. www.igak.org/tafel

Teil B:
Werkblätter für Lehrer

Blatt B 1)
Ideensammlung zu Hilfssystemen

Thema: Was kann ich an meiner Schule verbessern, damit Schüler (noch) mehr Unterstützung bei Problemlagen erfahren?

Aufgabe: Reflektieren Sie die folgenden Fragen für mindestens 15 Minuten und diskutieren Sie die Ergebnisse Ihrer Überlegungen im Kollegenkreis.

Einstiegsfragen für ein Brainstorming:

Bereich Hilfssysteme	
1)	An welches Mitglied des Kollegiums oder der Behörde kann sich ein Schüler wenden, wenn er Probleme an der Schule oder in der Familie hat?
2)	Ist das den Schülern selbst hinreichend bekannt? Was kann ich tun, um diese Tatsache noch bekannter zu machen?
3)	Gibt es Schulpsychologen, Schulsozialarbeiter, Vertrauenslehrer? Haben diese einen guten Zugang zu den Schülern? Sind sie in der Regel auch ansprechbar?
4)	Existiert ein Tutoren- bzw. »Buddy«-System, in dem ältere Schüler die jüngeren unterstützen? Ist es funktionsfähig?
5)	Wann habe ich die bestehenden Hilfesysteme zuletzt überprüft und wie kann ich sie gegebenenfalls verbessern?

© 2007, Springer Medizin Verlag GmbH. Aus: Robertz, F.J. & Wickenhäuser, R.: Der Riss in der Tafel. www.igak.org/tafel

Blatt B 2)
Ideensammlung zu Bullying (Fortgesetztes Hänseln)

Thema: Was kann ich an meiner Schule verbessern, damit Schüler (noch) mehr Unterstützung bei Problemlagen erfahren?

Aufgabe: Reflektieren Sie die folgenden Fragen für mindestens 15 Minuten und diskutieren Sie die Ergebnisse Ihrer Überlegungen im Kollegenkreis.

Einstiegsfragen für ein Brainstorming:

Bereich Bullying	
1)	Gibt es an meiner Schule Fälle, in denen Schüler von anderen Schülern unterdrückt oder sogar gequält werden?
2)	Sind Lehrer in der Lage, das zu erkennen?
3)	Wird dagegen aktiv vorgegangen? Wie?
4)	Wer hat Informationen, die in bekannten Bullyingfällen weiterhelfen? Sind Kontakte zu Schulpsychologen vorhanden, welche auf Gewaltvorfälle an Schulen spezialisiert sind?
5)	Bieten Jugendamt, Schulbehörde oder die örtliche Polizei Projekte an, um Bullying zu vermeiden? Welche Projekte kenne ich überhaupt? Wäre es sinnvoll, ein solches Projekt an meiner Schule zu installieren?

© 2007, Springer Medizin Verlag GmbH. Aus: Robertz, F.J. & Wickenhäuser, R.: Der Riss in der Tafel. www.igak.org/tafel

Blatt B 3)
Ideensammlung zur Zeugnisvergabe

Thema: Was kann ich an meiner Schule verbessern, damit Schüler (noch) mehr Unterstützung bei Problemlagen erfahren?

Aufgabe: Reflektieren Sie die folgenden Fragen für mindestens 15 Minuten und diskutieren Sie die Ergebnisse Ihrer Überlegungen im Kollegenkreis.

Einstiegsfragen für ein Brainstorming:

Bereich Zeugnisse	
1)	Welche Unterstützung erhält ein Schüler, wenn er mit einem schlechten Zeugnis konfrontiert wird, wenn er nicht versetzt wird oder wenn er von der Schule verwiesen wird?
2)	Kennen Sie die Namen von Menschen, die ihn auffangen und ihm neue Wege aufzeigen sollen?
3)	Wird das den betroffenen Schülern verständlich vermittelt?
4)	Was passiert, wenn ein Schüler einen angebotenen Weg nicht akzeptieren kann?
5)	Mit *wem* kann der Schüler seine Situation besprechen?

Weitere mögliche Themen für Ideensammlungen:
- Engagement von (Klassen-)Lehrern
- Hilfsfähigkeiten von Eltern/Informationslage der Eltern
- Informationen für Klassen-/Schulsprecher als Multiplikatoren
- Unterstützung der Schulbehörde
- Schnittstellen zu Jugendamt und Polizeibehörde

© 2007, Springer Medizin Verlag GmbH. Aus: Robertz, F.J. & Wickenhäuser, R.: Der Riss in der Tafel. www.igak.org/tafel

Blatt B 4)
Konsequenzen der Ideensammlungen

Welche Mängel oder Probleme sind mir beim Brainstorming aufgefallen (Blätter B 1-3)?
Lassen sich diese beheben?
Welche können leicht behoben werden, welche sind besonders wichtig?
Welche Punkte will ich in den kommenden Monaten verbessern?
Welchen Ansatz wähle ich dazu bzw. wie gehe ich dabei vor?
Bis zu welchem Datum soll die Verbesserung umgesetzt werden?

	Stichwort Problemlage	Stichwort Ansatzpunkt	Zeitrahmen
1)			
2)			
3)			
4)			
5)			
6)			
7)			
8)			
9)			
10)			
11)			
12)			

© 2007, Springer Medizin Verlag GmbH. Aus: Robertz, F.J. & Wickenhäuser, R.: Der Riss in der Tafel. www.igak.org/tafel

Welche drei Punkte sind die wichtigsten?

Drei wichtigste Punkte	
1)	
2)	
3)	

Mit welchem Punkt fange ich an? Wen kontaktiere ich deswegen noch heute?

	Stichwort Problemlage	Kontakt aufnehmen zu
1)		

© 2007, Springer Medizin Verlag GmbH. Aus: Robertz, F.J. & Wickenhäuser, R.: Der Riss in der Tafel. www.igak.org/tafel

Teil C:
Übungen für Schulleiter und Krisenteams

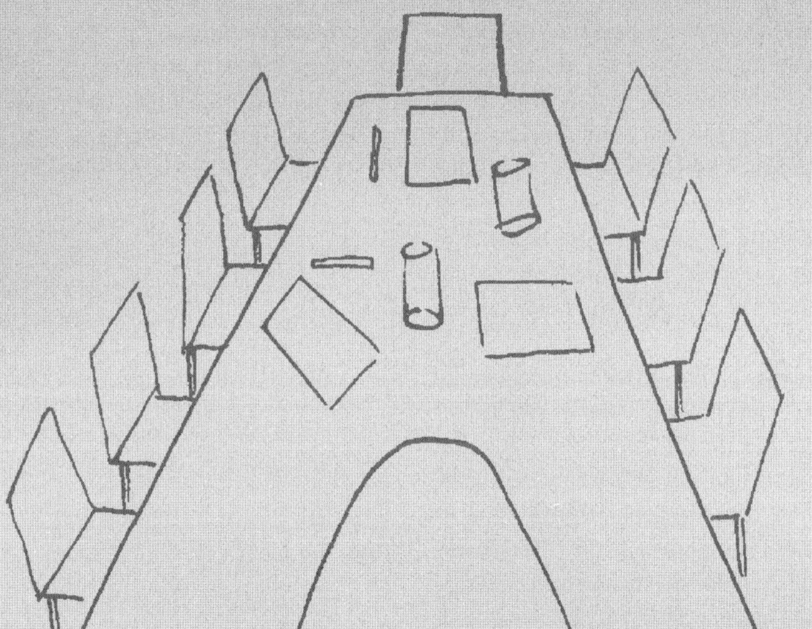

Blatt C 1)
Gründung eines Krisenteams

Zur Verhinderung von schweren Gewalttaten an Schulen, aber auch in Bezug auf die pädagogische Lösung anderer Speziallagen an Schulen empfiehlt sich die Gründung eines schulischen Krisenteams.

Dieses wird sich zumeist aus freiwilligen Mitarbeitern der Schule mit spezifischen Kernkompetenzen zusammensetzen. Falls möglich, sollte die Mitarbeit der Schulaufsicht und Schulpsychologie gewährleistet sein und gegebenenfalls auf die Unterstützung von Experten aus der näheren Umgebung zurückgegriffen werden. Wichtig ist auch die Etablierung einer funktionsfähigen Vernetzung mit Behörden, Institutionen und Personen außerhalb der Schule, um schnell und effektiv Hilfe in Anspruch nehmen zu können. Hierbei kommt beispielsweise der Polizei, Feuerwehr, Jugendämtern, Ärzten, Psychotherapeuten und Beratungsstellen eine besondere Bedeutung zu. Persönliche Kontakte ermöglichen im Ernstfall eine kompetente und zügige Vorgehensweise.

Zum Umgang mit Krisen und Notfällen an Schulen bieten einige Bundesländer hilfreiche Materialordner an. Hierzu zählt etwa der 2002 vom »Thüringer Institut für Lehrerfortbildung, Lehrplanentwicklung und Medien (Thillm)« herausgegebene Materialordner Nr. 75, der Checklisten, Arbeitsmaterialen und Arbeitshilfen von Naturkatastrophen über Unfälle bis hin zu Geiselnahmen enthält.

Ein besonders gut strukturierter Ordner wurde im Oktober 2005 unter dem Titel »Notfallpläne für die Berliner Schulen« von der Senatsverwaltung für Bildung, Jugend und Sport in Berlin entwickelt. Hinweise zum Vorgehen in Notlagen werden hier farbkodiert und übersichtlich angeordnet, um in Notsituationen effektiv darauf zurückgreifen zu können.

Weitere Tipps für Krisenteams:

- Auf Stressresistenz und Weiterbildungsbereitschaft der Teammitglieder achten
- Vertretungsregelungen für Urlaube und Krankheiten festlegen
- Planung und Durchführung von Notfallübungen gewährleisten
- Organigramm des Krisenteams mit individuellen Kompetenzen und Erreichbarkeiten erstellen
- Über die Gesamtkonferenz alle Lehrkräfte über das Krisenteam und seine Aufgaben informieren
- Schnelle Kommunikation für Ernstfälle gewährleisten (Informationskette festlegen und Notfallhandys mitführen)

© 2007, Springer Medizin Verlag GmbH. Aus: Robertz, F.J. & Wickenhäuser, R.: Der Riss in der Tafel. www.igak.org/tafel

Blatt C 2)
Übung zur Bewertung von Drohungen

Bitte beantworten Sie folgende Fragen mit der wahrscheinlichsten Bewertung:
(Auflösung auf Folgeseiten)

1) Ein Lehrer wird von seinem Schüler mit obszönen Bemerkungen beleidigt. Der Schüler rennt daraufhin aus der Klasse. Auf Nachfrage bemerkt er kleinlaut, dass der Lehrer ihm gegenüber in der letzten Klassenarbeit nicht fair gewesen sei.

a) keine Drohung ☐ c) substanzielle Drohung ☐
b) flüchtige Drohung ☐ d) akut gefährliche substanzielle Drohung ☐

2) Ein verärgerter Schüler zischt seinen Klassenkameraden an, dass er ihn töten werde. Als er zur Rede gestellt wird, beteuert er, den Mitschüler keineswegs verletzen zu wollen und dass ihn lediglich kurzzeitig die Wut übermannt hatte. Er will sich entschuldigen.

a) keine Drohung ☐ c) substanzielle Drohung ☐
b) flüchtige Drohung ☐ d) akut gefährliche substanzielle Drohung ☐

3) Bei einem Schüler wird eine Liste mit Namen von Lehrern gefunden, die mit dem Titel »Schweine, die ich killen will« überschrieben ist. Auf Nachfragen verhält er sich schweigsam und zurückgezogen. Es ist in der Gesamtbewertung nicht anzunehmen, dass er nur Beachtung erringen wollte.

a) keine Drohung ☐ c) substanzielle Drohung ☐
b) flüchtige Drohung ☐ d) akut gefährliche substanzielle Drohung ☐

4) Ein Schüler offenbart sich, dass er bedroht worden ist, beim nächsten Toilettenbesuch übel zusammengeschlagen zu werden. Jener einschlägig bekannte Schüler, der die Drohung ausgesprochen haben soll, stellt das als Lüge dar. Es ist nicht klar, wer die Wahrheit sagt.

a) keine Drohung ☐ c) substanzielle Drohung ☐
b) flüchtige Drohung ☐ d) akut gefährliche substanzielle Drohung ☐

5) Von dem Schüler einer christlichen Oberschule wird berichtet, er beabsichtige die Schule und »diese verdammten Pfaffen« bis auf die Grundmauern niederzubrennen. Er verneint das, jedoch hat ein Lehrer ihn dabei beobachtet, wie er eine detaillierte Karte der Schule mit verriegelten Ausgängen gezeichnet hat. Der Lehrer weiß zudem, dass er wegen der Reaktion auf ein früheres Vergehen ausgesprochen verärgert ist.

a) keine Drohung ☐ c) substanzielle Drohung ☐
b) flüchtige Drohung ☐ d) akut gefährliche substanzielle Drohung ☐

© 2007, Springer Medizin Verlag GmbH. Aus: Robertz, F.J. & Wickenhäuser, R.: Der Riss in der Tafel. www.igak.org/tafel

6) Eine Schülerin gibt an, sie wolle ihrer Freundin beide Arme brechen, wenn sie beim nächsten Kunstunterricht wieder die bessere Note bekomme. Bei einer Befragung gibt sie an, dies sei ein Scherz gewesen, über den beide Mädchen gelacht hätten. Dies wird von ihrer Freundin bestätigt.

a) keine Drohung ☐ c) substanzielle Drohung ☐
b) flüchtige Drohung ☐ d) akut gefährliche substanzielle Drohung ☐

7) Einem Schüler wird nachgesagt, er habe eine Website mit Drohungen ins Internet gestellt, auf der er behauptet, dass er etliche Klassenkameraden »in die Luft jagen« wolle. Im Gespräch sagt er, die Website existiere, sei aber nur als Witz gemeint. Er meint verärgert, doch im Internet schreiben zu dürfen, was er will. Seine Klassenkameraden glauben dennoch, dass er ihnen etwas antun wolle und sind höchst beunruhigt.

a) keine Drohung ☐ c) substanzielle Drohung ☐
b) flüchtige Drohung ☐ d) akut gefährliche substanzielle Drohung ☐

8) »Idioten, denen ich es heimzahlen werde« lautet die Überschrift einer Liste, die bei einem Schüler gefunden wird. Auf Nachfrage beschreibt er, wie sehr er sich immer wieder über die Jugendlichen auf seiner Liste ärgert, die ihn ständig auslachen. Er meint, er wolle sie nicht wirklich verletzen, hat aber im Vorfeld bereits mehrfach andere Schüler angegriffen.

a) keine Drohung ☐ c) substanzielle Drohung ☐
b) flüchtige Drohung ☐ d) akut gefährliche substanzielle Drohung ☐

9) Ein Schüler beschreibt in einer Klassenarbeit eine gewalttätige Szene in einer Berliner Diskothek. Auf Nachfragen berichtet er, sein Vater sei Türsteher und habe ihm am Vortag von einer ähnlichen Szene berichtet.

a) keine Drohung ☐ c) substanzielle Drohung ☐
b) flüchtige Drohung ☐ d) akut gefährliche substanzielle Drohung ☐

10) Am Morgen findet sich eine Bombendrohung an der Tür zum Rektorat. Es wird keine Bombe gefunden und der Verursacher ist schnell identifiziert. Er weiß nichts über Bomben und gibt glaubhaft an, dass er nur einen Scherz machen wollte.

a) keine Drohung ☐ c) substanzielle Drohung ☐
b) flüchtige Drohung ☐ d) akut gefährliche substanzielle Drohung ☐

11) Ein Schüler teilt seinen Freunden mit, dass er seine ehemalige Freundin erstechen wolle. Zur Rede gestellt, blafft er nur: »Sie verdient es!«

a) keine Drohung ☐ c) substanzielle Drohung ☐
b) flüchtige Drohung ☐ d) akut gefährliche substanzielle Drohung ☐

© 2007, Springer Medizin Verlag GmbH. Aus: Robertz, F.J. & Wickenhäuser, R.: Der Riss in der Tafel. www.igak.org/tafel

12) Eltern tragen der Schulleitung zu, dass ihr Sohn von einem Klassenkameraden bedroht werde. Dieser zeichne fortwährend Hinrichtungsszenen, auf denen der Name des Sohnes stünde, flüstere dem Sohn im Vorbeigehen zu, er wolle ihn die Treppe herunterstürzen und habe ihm bereits drohend einmal eine Schere vors Gesicht gehalten. Er könne nicht vergessen, dass ihr Sohn ihm die Freundin ausgespannt habe. Der Sohn selbst äußert sich gar nicht, während besagter Klassenkamerad nur grinsend meint, der Sohn habe eben eine lebhafte Phantasie.

a) keine Drohung ☐
b) flüchtige Drohung ☐
c) substanzielle Drohung ☐
d) akut gefährliche substanzielle Drohung ☐

© 2007, Springer Medizin Verlag GmbH. Aus: Robertz, F.J. & Wickenhäuser, R.: Der Riss in der Tafel. www.igak.org/tafel

Blatt C 3)
Auswertung der Übung zur Bewertung von Drohungen (Blätter C2)

Die wahrscheinlichsten Antworten lauten:

Antwort zu Übungsteil 1:
Auch wenn das Verhalten des Schülers erhebliche disziplinäre Fragen aufwirft, handelt es sich nicht um die Äußerung einer Drohung. (a)

Antwort zu Übungsteil 2:
Die Bedrohungssituation wurde gelöst. Der Schüler hat sich erklärt und entschuldigt. Es handelt sich um eine flüchtige Drohung. (b)

Antwort zu Übungsteil 3:
Die Bedrohungssituation konnte nicht aufgelöst werden. Aus Sicherheitsgründen muss dieser Fall daher als substanziell gewertet werden. Da zudem mit schwerer bzw. tödlicher Gewalt gedroht wurde, handelt es sich um eine akut gefährliche substanzielle Drohung. (d)

Antwort zu Übungsteil 4:
Der Hergang ließ sich nicht klären. Im Zweifelsfall muss diese Androhung von Gewalt daher als substanziell behandelt werden. (c)

Antwort zu Übungsteil 5:
Der Schüler ist in der Lage, seine Handlung auszuführen, und es gibt Anzeichen für eine Tatplanung. Da durch das Legen eines Feuers in der Schule die Leben von Schülern auf dem Spiel stehen, wenn er seine Androhung umsetzt, muss von einer akut gefährlichen substanziellen Drohung ausgegangen werden. (d)

Antwort zu Übungsteil 6:
Da die Sichtweise des Mädchens von der scheinbar bedrohten Schülerin glaubhaft bestätigt worden ist, handelt es sich vermutlich um eine flüchtige Drohung. (b)

Antwort zu Übungsteil 7:
Die Bedrohungssituation konnte nicht aufgelöst werden. Aus Sicherheitsgründen muss dieser Fall daher als substanziell gewertet werden. Da zudem mit schwerer bzw. tödlicher Gewalt gedroht wurde, handelt es sich um eine akut gefährliche substanzielle Drohung. (d)

Antwort zu Übungsteil 8:
Die Bedrohungssituation konnte nicht aufgelöst werden. Aus Sicherheitsgründen muss dieser Fall daher als substanziell gewertet werden, da Gewaltanwendung angekündigt wurde. (c)

© 2007, Springer Medizin Verlag GmbH. Aus: Robertz, F.J. & Wickenhäuser, R.: Der Riss in der Tafel. www.igak.org/tafel

Antwort zu Übungsteil 9:
Es wurde keine Gewaltandrohung ausgesprochen. (a)

Antwort zu Übungsteil 10:
Es handelt sich zwar um die Androhung einer gefährlichen Gewaltanwendung, doch die Handlung ist real nicht beabsichtigt und kann nicht umgesetzt werden. Es handelt sich um eine flüchtige Drohung. (b)

Antwort zu Übungsteil 11:
Die Bedrohungssituation konnte nicht aufgelöst werden. Aus Sicherheitsgründen muss dieser Fall daher als substanziell gewertet werden. Da zudem mit schwerer bzw. tödlicher Gewalt gedroht wurde, handelt es sich um eine akut gefährliche substanzielle Drohung. (d)

Antwort zu Übungsteil 12:
Die Bedrohungssituation konnte nicht aufgelöst werden. Aus Sicherheitsgründen muss dieser Fall daher als substanziell gewertet werden. Da zudem mit schwerer bzw. tödlicher Gewalt gedroht wurde, handelt es sich um eine akut gefährliche substanzielle Drohung. (d)

© 2007, Springer Medizin Verlag GmbH. Aus: Robertz, F.J. & Wickenhäuser, R.: Der Riss in der Tafel. www.igak.org/tafel

Blatt C 4)
Technische Sicherung

Die Installation von Verschlusssystemen, die den Zugang zur Schule während der Unterrichtszeit nur beschränkt erlauben, verbessert den Schutz gegen unbefugtes Eindringen. Es sollte in diesem Zusammenhang bei der technischen Ausstattung auf Folgendes geachtet werden:

- Außentüren sollten selbstverriegelnde Schlösser haben (außen Knauf und innen Klinke, damit ein Fluchtweg von innen nach außen gewährleistet ist)
- Ebenso: Türschließer, damit die Türen nach Zutritt sofort wieder schließen
- Eine ausreichende Anzahl von Schlüsseln sollte an spezifischen Orten vorhanden sein
- Eine Dokumentation ist empfehlenswert, damit fehlende Schlüssel schnell bemerkt werden
- Es empfiehlt sich, die gelagerten Schlüssel mit festen Anhängern zu verbinden

Zudem kann die Verbesserung von Einsehbarkeit, Übersichtlichkeit und Helligkeit, das subjektive Sicherheitsgefühl stärken und zur Reduzierung von Tatgelegenheiten beitragen. Hier helfen beispielsweise folgende Hinweise:

- Zugangsbereiche und Verbindungswege zwischen Gebäudeteilen ausreichend beleuchten
- Dunkelräume im Gebäude ausleuchten (etwa mittels Sensorschaltungen)
- Rundspiegel an schlecht einsehbaren Stellen anbringen
- Helle und transparente Bauweisen nutzen
- Sträucher und Büsche zurückschneiden, damit Gebäude und Zugänge gut zu überblicken sind
- Zu- und Ausgänge mit selbstverriegelnden Schlössern sichern (Zugang zum Gebäude wird verhindert und Fluchtwege bleiben dennoch von innen offen)

Als sinnvoll erweist sich auch das Mitführen von Mobiltelefonen durch Lehrkräfte, um in Ernstfällen Hilfe rufen zu können und die Kommunikation zu ermöglichen.

Vermeintliche Sicherheit setzt stets die Wachsamkeit herab. Daher sollte regelmäßig kontrolliert werden, ob bereits bestehende technische Sicherungen funktionsfähig sind.

© 2007, Springer Medizin Verlag GmbH. Aus: Robertz, F.J. & Wickenhäuser, R.: Der Riss in der Tafel. www.igak.org/tafel

Blatt C 5)
Übung zur technischen Sicherung

Aufgabe 1:
Führen Sie mithilfe des Gebäudeplans bzw. Fluchtplans der Schule eine Vor-Ort-Begehung durch und notieren Sie alle Punkte, die den Hinweisen zur technischen Sicherung widersprechen.

Notieren Sie ebenso alle Punkte, die nicht mit dem bestehenden Plan übereinstimmen und bringen Sie diesen auf den neusten Stand.

Aufgabe 2:
Vereinbaren Sie einen Termin mit dem Präventionskommissariat der zuständigen Polizeibehörde und besprechen Sie mit den Beamten Möglichkeiten, die entdeckten Mängel der technischen Sicherung zu verbessern. Sicherlich haben die Beamten auch weitere Hinweise zur Optimierung der Sicherheitslage.

Aufgabe 3:
Legen Sie eine Rangfolge der Mängel nach ihrer Dringlichkeit fest und unternehmen Sie erste Schritte, sie zu beheben:

- Welche Mängel oder Probleme sind bei der Begehung aufgefallen? Lassen sich diese beheben?
- Welche können leicht behoben werden, welche sind besonders wichtig?
- Welche Punkte sollen in den kommenden Monaten verbessert werden?
- Welcher Ansatz wird dazu gewählt bzw. wie wird dabei vorgegangen?
- Bis zu welchem Datum sollen die Verbesserungen umgesetzt werden?

	Stichwort Problemlage	Stichwort Ansatzpunkt	Zeitrahmen
1)			
2)			
3)			
4)			
5)			
6)			
7)			
8)			
9)			
10)			

© 2007, Springer Medizin Verlag GmbH. Aus: Robertz, F.J. & Wickenhäuser, R.: Der Riss in der Tafel. www.igak.org/tafel

Welche drei Punkte sind die wichtigsten?

Drei wichtigste Punkte	
1)	
2)	
3)	

Welcher Punkt wird zuerst verbessert? Wer wird deswegen noch heute kontaktiert?

	Stichwort Problemlage	Kontakt aufnehmen zu
1)		

© 2007, Springer Medizin Verlag GmbH. Aus: Robertz, F.J. & Wickenhäuser, R.: Der Riss in der Tafel. www.igak.org/tafel

Teil D:
Unterlagen für Polizeidienststellen

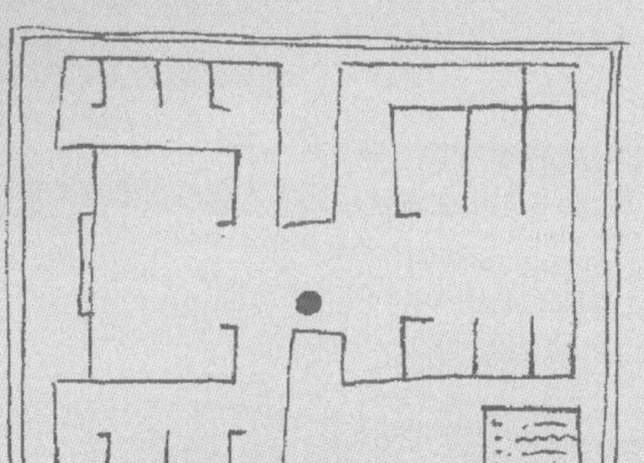

Blatt D 1-5)
Unterlagen der Schulen zur Hilfestellung für örtlich zuständige Polizeidienststellen

Informationen erstellt am:		
Informationen aktualisiert am:	– – –	– – –
Nächste Aktualisierung am:		
Name der Schule: Kontaktadresse der Schule:		
Schulform:		
Telefonnummer Rektorat:	Festnetz: Ansprechpartner:	Handy:
Telefonnummer Sekretariat:	Festnetz: Ansprechpartner:	Handy:
Internet- / E-Mail-Adresse:	Internetadresse: E-Mail 1: E-Mail 2:	

Name & Privatanschrift		
Rektor: Telefonische Erreichbarkeit:	Festnetz:	Handy:
Konrektor: Telefonische Erreichbarkeit:	Festnetz:	Handy:
Hausmeister: Telefonische Erreichbarkeit:	Festnetz:	Handy:
Stellvertreter Hausmeister: Telefonische Erreichbarkeit:	Festnetz:	Handy:
Vorsitzender Elternbeirat: Telefonische Erreichbarkeit:	Festnetz:	Handy:

© 2007, Springer Medizin Verlag GmbH. Aus: Robertz, F.J. & Wickenhäuser, R.: Der Riss in der Tafel. www.igak.org/tafel

Aufbewahrungsort Zentralschlüssel:	

Name & Erreichbarkeit		
Leiter des Krisenteams: Zuständigkeitsbereich: Telefonische Erreichbarkeit:	Festnetz:	Handy:
2. Mitglied des Krisenteams: Zuständigkeitsbereich: Telefonische Erreichbarkeit:	Festnetz:	Handy:
3. Mitglied des Krisenteams: Zuständigkeitsbereich: Telefonische Erreichbarkeit:	Festnetz:	Handy:
4. Mitglied des Krisenteams: Zuständigkeitsbereich: Telefonische Erreichbarkeit:	Festnetz:	Handy:
zuständiger Schulpsychologe: Telefonische Erreichbarkeit:	Festnetz:	Handy:
zuständiger Schulsozialarbeiter: Telefonische Erreichbarkeit::	Festnetz:	Handy:
zuständiger Schulseelsorger: Telefonische Erreichbarkeit:	Festnetz:	Handy:

Anzahl der Klassen in den einzelnen Klassenstufen:				
Klassenstufe 1 Anzahl:	Klassenstufe 2 Anzahl:	Klassenstufe 3 Anzahl:	Klassenstufe 4 Anzahl:	Klassenstufe 5 Anzahl:
Klassenstufe 6 Anzahl:	Klassenstufe 7 Anzahl:	Klassenstufe 8 Anzahl:	Klassenstufe 9 Anzahl:	Klassenstufe 10 Anzahl:
Klassenstufe 11 Anzahl:	Klassenstufe 12 Anzahl:	Klassenstufe 13 Anzahl:	Sonstige Klassen: Anzahl:	

© 2007, Springer Medizin Verlag GmbH. Aus: Robertz, F.J. & Wickenhäuser, R.: Der Riss in der Tafel. www.igak.org/tafel

Gesamtzahl der Schüler aller Stufen:	
Gesamtzahl der Lehrer im Kollegium:	
Gesamtzahl sonstiger Mitarbeiter der Schule:	

Gesamtzahl Ein- und Ausgänge der Schule:	
Gesamtzahl Gebäudeteile der Schule	
Angaben zu baulichen Verbindungen:	
Anzahl der zugänglichen Stockwerke:	

Außerschulisch genutzte Räumlichkeiten (Büros, Bühnen, Schwimmhallen etc.)	
Art der Räumlichkeit 1:	Ort
Art der Räumlichkeit 2:	Ort
Art der Räumlichkeit 3:	Ort
Art der Räumlichkeit 4:	Ort

Diesem Ordner ist beigefügt:	
Gebäudeplan:	☐ ja ☐ nein ☐ existiert nicht
Grundriss mit Raumbezeichnungen:	☐ ja ☐ nein ☐ existiert nicht
Fluchtplan:	☐ ja ☐ nein ☐ existiert nicht
Fotos der Schule:	☐ ja ☐ nein
Falls nicht beigefügt:	Ort der Aufbewahrung:

© 2007, Springer Medizin Verlag GmbH. Aus: Robertz, F.J. & Wickenhäuser, R.: Der Riss in der Tafel. www.igak.org/tafel

In welchem Raum befindet sich die **Raumsprechanlage?**		
Gebäudeteil:	Stockwerk:	Zimmer-Nr.:
Besonderheiten der Raumsprechanlage:		

Sammelstellen für Schüler und Lehrkräfte im Alarmfall:		
Gebäudeteil:	Stockwerk:	Zimmer-Nr.:
Gebäudeteil:	Stockwerk:	Zimmer-Nr.:
Gebäudeteil:	Stockwerk:	Zimmer-Nr.:

Standort öffentlicher Telefone im Gebäude:			
Gebäudeteil:	Stockwerk:	Zimmer-Nr.	Rufnummer:
Gebäudeteil:	Stockwerk:	Zimmer-Nr.	Rufnummer:
Gebäudeteil:	Stockwerk:	Zimmer-Nr.	Rufnummer:

Standorte von Verteiler- und Sicherungskästen:		
Gebäudeteil:	Stockwerk:	Zimmer-Nr.:
Gebäudeteil:	Stockwerk:	Zimmer-Nr.:
Gebäudeteil:	Stockwerk:	Zimmer-Nr.:

© 2007, Springer Medizin Verlag GmbH. Aus: Robertz, F.J. & Wickenhäuser, R.: Der Riss in der Tafel. www.igak.org/tafel

Lage verschiedener spezieller Räumlichkeiten:			
Lehrerzimmer	Gebäudeteil:	Stockwerk	Zimmer-Nr.:
Aufenthaltsraum	Gebäudeteil:	Stockwerk	Zimmer-Nr.:
Mensa	Gebäudeteil:	Stockwerk	Zimmer-Nr.:
Biologieraum	Gebäudeteil:	Stockwerk	Zimmer-Nr.:
Chemieraum	Gebäudeteil:	Stockwerk	Zimmer-Nr.:
Physikraum	Gebäudeteil:	Stockwerk	Zimmer-Nr.:
IT-Raum	Gebäudeteil:	Stockwerk	Zimmer-Nr.:

Lagerung gefährlicher Stoffe:			
Art:	Gebäudeteil:	Stockwerk	Zimmer-Nr.:
Art:	Gebäudeteil:	Stockwerk	Zimmer-Nr.:
Art:	Gebäudeteil:	Stockwerk	Zimmer-Nr.:
Art:	Gebäudeteil:	Stockwerk	Zimmer-Nr.:

Sonstige Anhänge zu diesem Ordner:

Sonstige Anmerkungen:

© 2007, Springer Medizin Verlag GmbH. Aus: Robertz, F.J. & Wickenhäuser, R.: Der Riss in der Tafel. www.igak.org/tafel

Teil E:
Notfallordner für Schulen

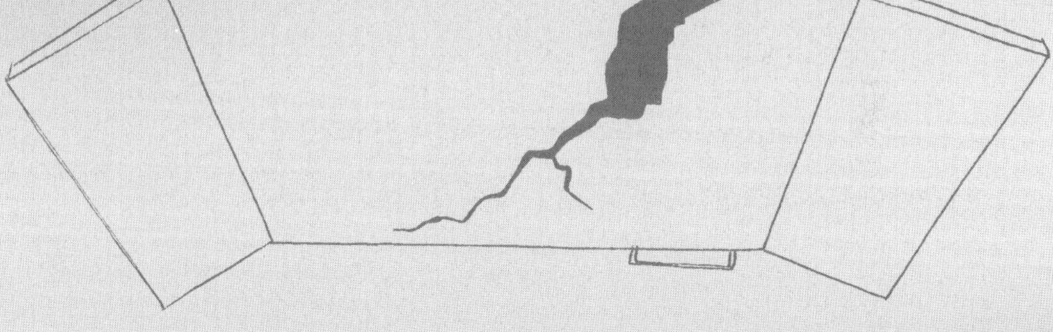

Notfallordner

Letzte Aktualisierung am: ....

Standort: ....

Verantwortlicher: ....

....

....

IGaK

Unter der Adresse **http://www.igak.org/tafel/** stehen Ihnen weitere aktuelle Ergänzungen für diesen Notfallordner sowie Arbeitsblätter zum Thema zur Verfügung. Sie können diese kostenlos von unserer Website herunterladen.

© 2007, Springer Medizin Verlag GmbH. Aus: Robertz, F.J. & Wickenhäuser, R.: Der Riss in der Tafel. www.igak.org/tafel

Blatt E 0)
Übersicht zum Grundstock der Inhalte eines Amok-Notfallordners

Grundstock an Inhalten des Ordners:

I) Vordrucke aus diesem Buch:

Kopie E 1) Funktion und Inhalt eines Notfallordners
Kopie E 2) Verhalten in einer Amoksituation
Kopie E 3) Wichtige erste Informationen für die Polizei bei einem Amok-Notruf
Kopie E 4) Weitere wichtige Informationen für die Polizei bei einem Amok-Notruf
Kopie E 5) Wichtige erste Informationen für Feuerwehr und Ärzte bei einem Amok-Notruf
Kopie E 6) Formular für Kerninformationen der Schulen
Kopie E 7) Umgang mit Medien in einer Krisensituation
Kopie E 8) Umgang mit Drohanrufen und Drohschreiben
Kopie E 9) Bewertung von Drohungen
Kopie E 10) Sinnvolle Vorgehensweise bei Vorliegen einer Gewaltandrohung
Kopie E 11) Wichtige Hinweise zur Sammlung von Fallinformationen bei Gewaltdrohungen
Kopie E 12) Sammlung von Fallinformationen bei Gewaltdrohungen
Kopie E 13) Konsequenzen und Hilfestellungen

II) Zusätzlich mindestens einzufügende Materialien:

- Gebäudeplan
- Grundriss mit Raumbezeichnungen
- Fluchtplan
- Organigramm des Krisenteams

© 2007, Springer Medizin Verlag GmbH. Aus: Robertz, F.J. & Wickenhäuser, R.: Der Riss in der Tafel. www.igak.org/tafel

Blatt E 1)
Funktion und Inhalt des Notfallordners

Der Notfallordner dient als erste Informationsquelle für Ernstfälle.

Er kann als Hilfestellung bei Drohungen zielgerichteter Gewalttaten an Schulen eingesetzt werden. Hierzu zählt neben Amokläufen, beispielsweise auch die Androhung oder Umsetzung von Tötungsdelikten oder schweren Körperverletzungen, Attentaten oder Schusswaffengebrauch.

Im Folgenden findet sich ein Grundstock an Informations- und Ausfüllvorlagen, die kopiert und zu einem Notfallordner zusammengestellt werden sollten. Der Ordner ist zudem nach Bedarf durch weitere schulspezifisch wichtige Infoblätter und Inhalte zu ergänzen.

Wichtige Hinweise zur Pflege und Aufbewahrung des Ordners:

- Der Ordner muss so **übersichtlich und aktuell** wie möglich gehalten werden. Daher sollten keine Zeitungsartikel oder Materialien eingefügt werden, die nicht unmittelbar als Schutzinformation für Ernstfälle relevant sind. Falls bereits ein Notfallordner oder Krisenplanordner benutzt wird, können die Kopiervorlagen dieses Buches natürlich auch ausgefüllt und im bestehenden Ordner thematisch zugeordnet werden.
- Es muss sichergestellt werden, dass neben einem **Ordner im Lehrerzimmer** mindestens ein **weiteres Exemplar** an einen zentralen, gut erreichbaren Ort gestellt wird. Die Ordner sollten stets griffbereit und in unmittelbarer Nähe einer Fernsprecheinrichtung hinterlegt sein. Ebenso empfiehlt sich die Nutzung einer zusätzlichen (für Schüler nicht zugänglichen) digitalisierten Fassung im Intranet der Schule.
- Alle Lehrkräfte sollten über Lagerungsort und Aussehen des Ordners **informiert** werden. Eine auffällige Ordnerfarbe (orange, grün oder rot) ist hilfreich.
- Die Ordner sollten **regelmäßig** durch verantwortliche Person durchgesehen und **aktualisiert** werden (insbesondere bezüglich der Änderung von baulichen Maßnahmen oder dem Wechsel von Ansprechpartnern).

© 2007, Springer Medizin Verlag GmbH. Aus: Robertz, F.J. & Wickenhäuser, R.: Der Riss in der Tafel. www.igak.org/tafel

Blatt E 2)
Verhalten in einer Amoksituation

Unerlässlich:

- **Vermeidung aller Handlungen, die Leben und Gesundheit gefährden könnten!**
- **Notruf 110 tätigen (Polizei)**
- **Notruf 112 tätigen (Feuerwehr/Ambulanz)**

Wichtig:

Schutz suchen
- Deckung/Schutz suchen
- Schüler in Klassen zusammenhalten sowie Türen verschließen bzw. sichern
- Verständigung der Polizei über Notruf 110
- Fenster und Türen meiden
- Provokation des Täters vermeiden
- Ausschließlich der Polizei öffnen

Hilfskräfte unterstützen
- Hilfskräften Zufahrt ermöglichen
- Mögliche Verletzte an sicherer Sammelstelle versorgen
- Ansprechpartner für Polizei benennen und ständige Erreichbarkeit garantieren
- Bereitstellung der Gebäude- und Belegungspläne des Schulobjektes für die Polizei
- Infos für die Polizei sammeln, falls es die Lage zulässt (siehe Blatt E 4)

© 2007, Springer Medizin Verlag GmbH. Aus: Robertz, F.J. & Wickenhäuser, R.: Der Riss in der Tafel. www.igak.org/tafel

Blatt E 3)
Wichtige erste Informationen für die Polizei bei einem Amok-Notruf (110)

Dringend benötigten Ausgangsinformationen:

Was geschieht?

- Worin besteht die Bedrohung?
- Wurde bereits geschossen? Falls ja, wie oft?

Wer handelt?

- Um wie viele Täter handelt es sich?
- Wie sehen der oder die Täter aus (Personenbeschreibung)?
- Wie sind der oder die Täter bekleidet (Bekleidungsbeschreibung)?
- Sind der oder die Täter namentlich bekannt?
- Womit sind der oder die Täter bewaffnet?
- Welche Beziehung haben der oder die Täter zu Schule?

Wann ist etwas passiert?

- Möglichst genaue Angaben zur Feststellungszeit und Tatzeit

Wo hält sich der Täter auf?

- Welcher Gebäudeteil? Welcher Raum?
- Welche Orientierungspunkte gibt es im entsprechenden Gebäude?

© 2007, Springer Medizin Verlag GmbH. Aus: Robertz, F.J. & Wickenhäuser, R.: Der Riss in der Tafel. www.igak.org/tafel

Blatt E 4)
Weitere wichtige Informationen für die Polizei bei einem Amok-Notruf (110)

Weitere wichtige Ausgangsinformationen, falls bekannt:

Erscheinung des Täters
- Geschlecht und Alter?
- Größe und Kleidung?
- Körperlichen Auffälligkeiten?
- Hinweise auf die Nationalität?
- Hinweise auf Waffen oder Gegenstände?
- Gesundheitliche Verfassung?

Beziehungen des Täters
- Hat der Täter Kontaktpersonen in der Schule (etwa Mitschüler oder Lehrer)?
- Welche Beziehung hat der Täter zur Schule?
- Liegen Informationen über den Täter vor (etwa aus früheren Vorfällen)?

Möglichkeiten des Täters
- Hat er Zugriff auf Telefon, Radio oder Fernsehen?
- Kennt er sich mit dem Schulablauf und in den Gebäuden aus?
- Wie gelangte er aufs Schulgelände bzw. ins -gebäude?

Motive des Täters
- Gibt es Erkenntnisse zum Motiv?
- Gibt es Hinweise auf weitere Täterabsichten?

Opfer
- Gibt es verletzte oder getötete Personen? Wenn ja, wie viele?
- Wo halten sich die verletzten Personen auf?
- Wer sind die verletzten oder getöteten Personen?

Organisatorisches
- Ist der Rettungsdienst bzw. Notarzt bereits alarmiert?
- Welche weiteren Maßnahmen wurden durch den Mitteiler bereits eingeleitet?

© 2007, Springer Medizin Verlag GmbH. Aus: Robertz, F.J. & Wickenhäuser, R.: Der Riss in der Tafel. www.igak.org/tafel

Blatt E 5)
Wichtige erste Informationen für Feuerwehr und Ärzte bei einem Amok-Notruf (112)

Dringend benötigten Ausgangsinformationen:

Art und Ort des Vorfalls
- Was geschieht?
- Wo wird Hilfe benötigt?

Folgen des Vorfalls
- Vermutete Anzahl von Toten, Verletzten, Geiseln?
- Art der Verletzungen?

Gefährdung für Rettungskräfte
- Welche spezifischen Gefahren bestehen für die Rettungskräfte?

Erkennbare Speziallagen
- Brände, Sprengsätze?
- Bergungsnotwendigkeiten?
- Schussverletzungen, schwere Blutungen?

© 2007, Springer Medizin Verlag GmbH. Aus: Robertz, F.J. & Wickenhäuser, R.: Der Riss in der Tafel. www.igak.org/tafel

Blatt E 6)
Kerninformationen der Schulen (AUSGEFÜLLT einheften und stets AKTUALISIEREN)

Informationen erstellt am:		
Informationen aktualisiert am:	– – –	– – –
Nächste Aktualisierung am:		

Wichtige Telefonnummern:	
Notrufnummer Polizei:	110
Notrufnummer Feuerwehr:	112
Katastrophenschutz:	
Krankenhaus:	
Schulträger:	
Schulaufsicht:	
Jugendamt:	
Pressestelle der übergeordneten Schulbehörde:	

Name & Privatanschrift		
Rektor:		
Telefonische Erreichbarkeit:	Festnetz:	Handy:
Konrektor:		
Telefonische Erreichbarkeit:	Festnetz:	Handy:
Hausmeister:		
Telefonische Erreichbarkeit:	Festnetz:	Handy:
Stellvertreter Hausmeister:		
Telefonische Erreichbarkeit:	Festnetz:	Handy:
Vorsitzender Elternbeirat:		
Telefonische Erreichbarkeit:	Festnetz:	Handy:

© 2007, Springer Medizin Verlag GmbH. Aus: Robertz, F.J. & Wickenhäuser, R.: Der Riss in der Tafel. www.igak.org/tafel

Aufbewahrungsort Zentralschlüssel:	

Name & Erreichbarkeit		
Leiter des Krisenteams: Zuständigkeitsbereich: Telefonische Erreichbarkeit:	Festnetz:	Handy:
2. Mitglied des Krisenteams: Zuständigkeitsbereich: Telefonische Erreichbarkeit:	Festnetz:	Handy:
3. Mitglied des Krisenteams: Zuständigkeitsbereich: Telefonische Erreichbarkeit:	Festnetz:	Handy:
4. Mitglied des Krisenteams: Zuständigkeitsbereich: Telefonische Erreichbarkeit:	Festnetz:	Handy:
zuständiger Schulpsychologe: Telefonische Erreichbarkeit:	Festnetz:	Handy:
zuständiger Schulsozialarbeiter: Telefonische Erreichbarkeit::	Festnetz:	Handy:
zuständiger Schulseelsorger: Telefonische Erreichbarkeit:	Festnetz:	Handy:

Bekanntes Notlagenpersonal:	
Facharzt für: Name:	Erreichbarkeit
Facharzt für: Name:	Erreichbarkeit
Facharzt für: Name:	Erreichbarkeit

© 2007, Springer Medizin Verlag GmbH. Aus: Robertz, F.J. & Wickenhäuser, R.: Der Riss in der Tafel. www.igak.org/tafel

Psychiater: Name:	Erreichbarkeit
Psychologe: Name:	Erreichbarkeit
Sonstige 1: Name:	Erreichbarkeit
Sonstige 2: Name:	Erreichbarkeit

Diesem Ordner ist beigefügt:	
Kopie der Checkliste »A« aus diesem Buch (Verhalten in einer Amoksituation):	☐ ja ☐ nein
Kopie der Checkliste »B« aus diesem Buch (Wichtige Informationen bei einem Notruf):	☐ ja ☐ nein
Kopie der Checkliste »C« aus diesem Buch (Umgang mit Medien in Krisensituation):	☐ ja ☐ nein
Gebäudeplan:	☐ ja ☐ nein ☐ existiert nicht
Grundriss mit Raumbezeichnungen	☐ ja ☐ nein ☐ existiert nicht
Fluchtplan:	☐ ja ☐ nein ☐ existiert nicht
Organigramm des Krisenteams:	☐ ja ☐ nein ☐ existiert nicht
Falls nicht beigefügt:	Ort der Aufbewahrung:

Sonstige Anhänge zu diesem Ordner:

© 2007, Springer Medizin Verlag GmbH. Aus: Robertz, F.J. & Wickenhäuser, R.: Der Riss in der Tafel. www.igak.org/tafel

Blatt E 7)
Umgang mit Medien in einer Krisensituation

Interviews sollten nach Möglichkeit nur von zuständigen Pressestellen gegeben und Medien der Aufenthalt auf dem Schulgelände untersagt werden. Lassen Sie sich nicht unter Druck setzen. Nehmen Sie stattdessen Kontakt mit der zuständigen Pressestelle auf und verweisen Sie Medienvertreter beispielsweise auf:

- Pressesprecher des Kultusministeriums
- Schulamtsleiter
- Pressestellen der Schulträger
- Verantwortliche des Krisenstabes
- Pressekonferenzen der Polizei

Wenn Interviews gegeben werden müssen und zentrale Pressestellen nicht zur Verfügung stehen, dann sollten folgende Grundsätze beachtet werden:

- Nur abgesicherte sachliche Informationen mitteilen
- Keinerlei Namen, keinerlei persönlichen Daten, keine Fotos der Beteiligten weitergeben
- In kurzen, präzisen Sätzen sprechen
- Bei Mehrfachfragen die angenehmste Frage auswählen
- Keine Frage beantworten, die gar nicht gestellt wurde
- Eigene Betroffenheit mit gut gewählten Worten äußern
- Nicht provozieren lassen

Zur Vermeidung von Nachahmungstaten sollte stets berücksichtigt werden:

- Menge/Intensität des Medienausstoßes gering halten
- Keine vereinfachenden Erklärungen für Handlungsmotivationen anbieten
- Auf die Folgen der Tat fokussieren
- Keine Romantisierungen verwenden und keine Heldengeschichten erzählen
- Den Tathergang nicht zu konkret aufzeigen
- Täterphantasien und emotionales Bildmaterial nicht zu anschaulich darstellen

Weisen Sie auch Ihre Schüler darauf hin, dass sie Reportern keine Auskünfte geben müssen. Die Tatsache, dass für Interviews mit Minderjährigen die Erlaubnis der Eltern vorliegen muss, kann als zusätzliche Rechtfertigungsmöglichkeit dienen. Hilfreich sind für die Schüler zudem folgende einfache Aussagen gegenüber der Presse:

- »Bitte lassen Sie mich alleine.«
- »Ich möchte nicht mit Ihnen sprechen.«
- »Fotografieren Sie mich bitte nicht.«
- »Dazu möchte ich im Moment nichts sagen.«

Als hilfreich erweist sich eine klare Setzung von Grenzen:

- Definition von Pressezonen außerhalb des Schulgeländes
- Zugangsbeschränkungen
- Interviewpläne
- Bitten Sie zur Not die Polizei um Hilfe

© 2007, Springer Medizin Verlag GmbH. Aus: Robertz, F.J. & Wickenhäuser, R.: Der Riss in der Tafel. www.igak.org/tafel

Blatt E 8)
Umgang mit Drohanrufen und Drohschreiben

Umgang mit Drohanrufen

- Eingehende Drohanrufe aufzeichnen
- Andere im Raum befindliche Personen mithören lassen
- Rufnummer, Datum und Uhrzeit notieren
- Gespräch in die Länge ziehen, um mehr über den Anrufer zu erfahren
- Rückfragen stellen (Wie heißen Sie? Wann wollen Sie das machen?)
- Sprache und Dialekt des Anrufers beachten und notieren
- Auf Nebengeräusche beim Telefonieren achten (Straßenbahnquietschen, Glockenschläge usw.)
- Ist keine Aufzeichnung erfolgt, Gesprächsinhalt möglichst sofort wortwörtlich aufschreiben
- Haben andere mitgehört? Gesprächsinhalt möglichst sofort getrennt voneinander wortwörtlich aufschreiben
- Wenn erforderlich, erste Maßnahmen zum Schutz der Schule veranlassen (Schulgebäude abschließen bzw. Schule evakuieren)
- Polizei informieren

Umgang mit Drohschreiben

- Die Zahl derer, die mit dem Drohschreiben in Berührung kommen, so klein wie möglich halten; es trägt möglicherweise analysierbare Spuren des Bedrohers
- Nach Erkennen der Drohung das Schreiben mit Pinzette oder Handschuhen verpacken
- Drohschreiben in einer Klarsichthülle oder einem Karton aufbewahren (Größe der Verpackung beachten) und so der Polizei übergeben
- Wer hat das Drohschreiben überbracht? Name und Uhrzeit notieren
- Das Drohschreiben darf nicht geknickt, gefaltet, gelocht oder eingeheftet werden
- Das Drohschreiben nicht beschriften (Posteingangsstempel) oder anderweitig verändern
- Drohschreiben nicht als Schreibunterlage benutzen
- Besteht das Drohschreiben aus mehreren Teilen (etwa Umschlag und Schreiben) ist jeder Teil getrennt zu verpacken

© 2007, Springer Medizin Verlag GmbH. Aus: Robertz, F.J. & Wickenhäuser, R.: Der Riss in der Tafel. www.igak.org/tafel

Blatt E 9)
Bewertung von Drohungen

Merksatz:
Kann nicht klar ausgeschlossen werden, dass es sich um eine substanzielle Drohung handelt, muss stets so vorgegangen werden, als ob es sich um eine solche handelt.

Indikatoren flüchtiger Drohungen:
- Keine dauerhafte Absicht, jemandem Schaden zuzufügen
- Sind oft Ausdruck eines Spiels oder eines Scherzes
- In der Regel distanziert sich der drohende Schüler klar und glaubhaft von seiner zuvor geäußerten Drohung (z. B. durch eine Entschuldigung)

Indikatoren substanzieller Drohungen:
- Drohung enthält spezifische Details (Beispiel: »Morgen um 12 erschieße ich Lehrer Meier mit meiner Schrotflinte« im Gegensatz zu einer allgemeinen Äußerung wie »man müsste mal zuschlagen«)
- Drohung ist plausibel umsetzbar (Beispiel: Jemanden mit einer real vorhandenen Waffe verletzen wollen im Gegensatz zu dem abwegigen Plan ein Flugzeug auf die eigene Schule stürzen lassen zu wollen)
- Wiederholung einer Drohung bei verschiedenen Gelegenheiten
- Wiederholung einer Drohung gegenüber verschiedenen Personen
- Drohung wird als konkreter Plan dargestellt
- Es werden Mittäter gesucht
- Mitschüler werden aufgefordert, der Umsetzung einer Drohung beizuwohnen
- Konkrete Handlungsvorbereitungen liegen vor (Opferliste, Waffenkauf usw.)

Bei der Einschätzung einer Drohung sollten zudem das Alter, die Glaubwürdigkeit und gegebenenfalls vorliegende Erfahrungen von disziplinären Problemen eines mit Gewaltanwendung drohenden Jugendlichen bedacht werden.

© 2007, Springer Medizin Verlag GmbH. Aus: Robertz, F.J. & Wickenhäuser, R.: Der Riss in der Tafel. www.igak.org/tafel

Blatt E 10)
Sinnvolle Vorgehensweise bei Vorliegen einer Gewaltandrohung

Ausgangssituation:
Der Schulleiter oder der Leiter des Kriseninterventionsteams erfährt von einer Gewaltdrohung eines Schülers oder von der Vermutung des Vorliegens einer schweren Gewaltphantasie.

Schritt 1:
Schnellstmöglich Informationen einholen
- Betreffenden Schüler befragen (mögliche Hilfsmittel siehe Blatt E 12)
- Inhalte des Gesprächs anhand der Aussagen von Opfer und Zeugen überprüfen
- Berücksichtigung der Umstände, unter denen eine Bedrohung ausgesprochen wurde

Schritt 2:
Entscheidung über die Ernsthaftigkeit
- Kriterien für flüchtige und substanzielle Drohungen vergegenwärtigen
- Auf Grundlage der Aussagen, des Alters sowie der Glaubwürdigkeit der Beteiligten und möglichen vorherigen Disziplinproblemen eine Entscheidung treffen:

Möglichkeit A: Die Bedrohung ist offensichtlich nicht ernsthaft
- Schulinterne Konsequenzen treffen (Tadel, Benachrichtigung der Eltern o.ä.)
- Ggf. Aufforderung zu Entschuldigung bzw. Wiedergutmachung oder Inanspruchnahme einer Beratung bzw. Mediation

Möglichkeit B: Die Bedrohung erscheint ernsthaft oder die Ernsthaftigkeit ist nicht völlig geklärt
- Sofortiges Ergreifen von Vorsichtsmaßnahmen, um potenzielle Opfer zu schützen
- Benachrichtigung der Polizei erwägen
- Einholung weiterer Informationen durch spezialisierte Institutionen
- Verständigung der Eltern des Schülers
- Einleitung von Disziplinarmaßnahmen entsprechend der Schwere der Handlung
- Gleichzeitig: Einleitung klar strukturierter Hilfemaßnahmen und Überwachung ihrer Umsetzung

Erscheint die Bedrohung sogar akut hochgefährlich, sollte selbstverständlich sofort die Polizei alarmiert werden.

Schritt 3:
Umsetzung eines Sicherheitsprogramms
- Erstellung einer schriftlichen Sicherheitskonzeption
- Aufrechterhaltung des Kontaktes zum Schüler, der gedroht hatte
- Sicherheitskonzeption fortlaufend individuell anpassen

© 2007, Springer Medizin Verlag GmbH. Aus: Robertz, F.J. & Wickenhäuser, R.: Der Riss in der Tafel. www.igak.org/tafel

Blatt E 11)
Achtung: Wichtige Hinweise zur Sammlung von Fallinformationen bei Gewaltdrohungen

Die folgenden Arbeitsbögen sind **keine allgemeingültige Vorgehensweisen oder gar Checklisten,** zum Nachweis der Gefährlichkeit eines Schülers, bzw. einer Drohung. Dies kann auf dem derzeitigen Stand der Forschung noch nicht gewährleistet werden.

Die Einschätzung und die darauf folgende Einleitung von Maßnahmen sind im Einzelfall stets durch ein Team von Sachverständigen zu entscheiden. Die im Folgenden auf Grundlage der Erkenntnisse von Prof. Dr. Dewey Cornell (University of Virginia) entwickelten und für deutsche Verhältnisse angepassten Bögen helfen lediglich dem Schulleiter bzw. Leiter eines Krisenteams dabei, schnell sachdienliche Informationen zu erheben sowie strukturiert festzuhalten. Es ist dabei immer dringend die enge Zusammenarbeit mit Schulpsychologen, sowie, falls vorhanden, den für Gewaltprävention zuständigen Schulräten anzuraten.

Es obliegt dem Team, diese Informationen im Sinne von Cornell als flüchtige oder substanzielle Drohungen (bzw. Ausprägungen einer Gewaltphantasie) zu bewerten. Die in diesem Buch wiedergegebenen Übungen dienen ebenso lediglich dem Verständnis des Konzeptes.

Auch wenn der Strafverfolgungszwang der Polizei dazu führt, dass regelhaft eine Anzeige erfolgen wird, wenn ein Polizist zur Einschätzung eines Schülers bzw. einer Drohung hinzugezogen wird, **ist bei jeglichem Zweifel an der Flüchtigkeit einer Drohung oder Gewaltphantasie auf schnellstem Wege die Unterstützung der Polizei einzuholen.**

Notfalls können auch ausgewiesene Spezialisten außerhalb der Polizei bei der *Einschätzung von Bedrohungen* helfen. Hierzu zählen die Mitarbeiter des »Instituts Psychologie und Sicherheit« (IPS) in Aschaffenburg, bei dem auch unser Gastautor Dr. Jens Hoffmann tätig ist.

Kontakt:
Institut Psychologie und Sicherheit
Tel.: 06021 - 439 50 66
Web: www.institut-psychologie-sicherheit.de
Mail: info@institut-psychologie-sicherheit.de

Für *Fortbildungen* zu Themen der Schulgewalt und Amokprävention stehen zudem Fachkräfte des »Instituts für Gewaltprävention und angewandte Kriminologie« (IGaK) zur Verfügung.

Kontakt:
Institut für Gewaltprävention und angewandte Kriminologie
Tel.: 030 - 627 34 999 / 030 - 4985 4429
Web: www.igak.org
Mail: post@igak.org

© 2007, Springer Medizin Verlag GmbH. Aus: Robertz, F.J. & Wickenhäuser, R.: Der Riss in der Tafel. www.igak.org/tafel

Blatt E 12)
Sammlung von Fallinformationen bei Gewaltdrohungen

Generelle Daten

Name & Position des Ausfüllenden: ____________________

____

Datum, an dem Bogen ausgefüllt wurde: ____________________

Datum, an dem Drohung bekannt wurde: ____________________

Datum, an dem Drohung auftrat: ____________________

Name und Klasse des drohenden Schülers: ____________________

Wer gab Information der Drohung weiter? ____________________

Wer weiß noch von dieser Information? ____________________

Inhalt der Drohung

Auf welchen Ort bezog sich die Drohung? ____________________

Auf welche Person(en) bezog sich die Drohung? ____________________

Was wurde angedroht? ____________________

Genauer Wortlaut der Drohung
bzw. Ausprägungen der Gewaltphantasien: ____________________

____

____

© 2007, Springer Medizin Verlag GmbH. Aus: Robertz, F.J. & Wickenhäuser, R.: Der Riss in der Tafel. www.igak.org/tafel

Daten zur Drohung und zum drohenden Schüler

Alter: ______________________________

Geschlecht: ______________________________

Nationalität: ______________________________

Schulische Auffälligkeiten: ______________________________

Psychiatrische Auffälligkeiten: ______________________________

____

Spezifika der Drohung oder Gewaltphantasie

Schüler erwähnte Waffe in seiner Drohung	☐ ja ☐ nein ☐ unbekannt
Schüler benutzte Waffe bei seiner Drohung	☐ ja ☐ nein ☐ unbekannt
Wiederholte Drohung zu verschiedenen Zeiten	☐ ja ☐ nein ☐ unbekannt
Schrieb einen Vorgehensplan oder eine Liste	☐ ja ☐ nein ☐ unbekannt
Hatte oder suchte Mittäter	☐ ja ☐ nein ☐ unbekannt
Drohung/Phantasie war relativ spezifisch	☐ ja ☐ nein ☐ unbekannt
Es bestanden bereits vorhergehende Konflikte mit dem Bedrohten	☐ ja ☐ nein ☐ unbekannt

Sonstige Auffälligkeiten in Bezug auf die Drohung oder Gewaltphantasie: ______________________________

____

____

____

© 2007, Springer Medizin Verlag GmbH. Aus: Robertz, F.J. & Wickenhäuser, R.: Der Riss in der Tafel. www.igak.org/tafel

Spezifika zum drohenden Jugendlichen

Bekannte depressive Äußerungen	☐ ja	☐ nein	☐ unbekannt
Bekannte suizidale Äußerungen	☐ ja	☐ nein	☐ unbekannt
Intensive Auseinandersetzung mit dem Tod	☐ ja	☐ nein	☐ unbekannt
Einzelgänger bzw. Rückzugsverhalten	☐ ja	☐ nein	☐ unbekannt
Kürzlich (subjektiv) schweren Verlust erlitten	☐ ja	☐ nein	☐ unbekannt
Sieht kaum eigene Perspektiven	☐ ja	☐ nein	☐ unbekannt
Erhält wenig Anerkennung	☐ ja	☐ nein	☐ unbekannt
Glorifiziert Gewalttaten	☐ ja	☐ nein	☐ unbekannt
Fühlt sich konstant ungerecht behandelt	☐ ja	☐ nein	☐ unbekannt

Sonstige Auffälligkeiten in Bezug auf den drohenden Jugendlichen: ______________________________

____

____

____

© 2007, Springer Medizin Verlag GmbH. Aus: Robertz, F.J. & Wickenhäuser, R.: Der Riss in der Tafel. www.igak.org/tafel

Möglicher *Einstieg* für ein Gespräch zwischen dem Schulleiter/Leiter des Kriseninterventionsteams und einem Schüler, der eine *Gewaltdrohung* ausgestoßen hat:

(individuell durch weitere Fragen auf zusätzlichen Blättern zu ergänzen)

- Weißt du, warum ich mit dir reden möchte? Sag es mir einmal in deinen Worten.
- Was passierte als du (am Ort der Drohung) warst?
- Was hast du genau gesagt? Und was hast du genau getan?
- Wie kam es, dass du das gesagt/getan hast? Was hast du damit beabsichtigt?
- Hattet ihr vorher schon einmal eine Meinungsverschiedenheit?
- Wie denkst du, hat sich (die bedrohte Person) dabei gefühlt?
- Was wirst du nun tun, nachdem du diese Drohung ausgestoßen hast? Willst du deine Drohung immer noch wahr machen?
- usw.

Möglicher *Einstieg* für ein Gespräch zwischen dem Schulleiter/Leiter des Kriseninterventionsteams und einem Schüler, der durch *intensive* Gewaltphantasien aufgefallen ist:

(individuell durch weitere Fragen auf zusätzlichen Blättern zu ergänzen)

- Weißt du, warum ich mit dir reden möchte? Sag es mir einmal in deinen Worten:
- Wie kam es, dass du diese (Zeichnung, Gedicht, Film etc) gemacht hast? Was möchtest du damit ausdrücken?
- Was genau bedeuten die einzelnen Elemente des (Zeichnung, Gedicht, Film etc.) für dich?
- Hast du schon einmal darüber nachgedacht, diese Vorstellungen auch in die Realität umzusetzen? Wie würdest du dich dabei fühlen? Was hätte das für Konsequenzen?
- Kannst du dir vorstellen, dass (die bedrohte Person) sich durch deine (Zeichnung, Gedicht, Film etc.) erschrocken hat? War das deine Absicht?
- Wirst du dich weiterhin mit den Themen deiner (Zeichnung, Gedicht, Film etc.) beschäftigen? Warum ist das so?
- usw.

Die oben wiedergegebenen Themen und weitere im Gespräch erhaltene Informationen sollten zusätzlich aus der Perspektive der Zielperson einer Drohung bzw. gegebenenfalls der Eltern oder/und Freunde des Drohenden durchgesprochen werden. So können eigene Beobachtungen durch eine angemessene Einschätzung derjenigen Personen ergänzt werden, die den drohenden Jugendlichen besonders gut kennen, bzw. die Drohung miterlebt haben.

© 2007, Springer Medizin Verlag GmbH. Aus: Robertz, F.J. & Wickenhäuser, R.: Der Riss in der Tafel. www.igak.org/tafel

Einige *sinnvolle Vertiefungen* für ein Gespräch mit einem Schüler, der eine Gewaltdrohung ausgestoßen hat oder durch intensive Gewaltphantasien aufgefallen ist:
(individuell durch weitere Fragen auf zusätzlichen Blättern zu ergänzen)

Bezug: Stress, Niederlagen und Perspektiven
- Machst du dir über etwas bestimmtes Sorgen?
- Fühlst du dich an der Schule wohl? Oder beunruhigt dich etwas?
- Was ist das Schlimmste, das dir in den letzten Wochen passiert ist?
- Gibt es etwas, das du bereust oder gerne ändern würdest?
- Denkst du, dass du dein Leben im Griff hast? Selbst entscheiden kannst?
- Was willst du nach Abschluss der Schule tun?
- Was sind deine Hobbys, Deine Interessen außerhalb der Schule?

Bezug: depressive Symptome
- Wie hast du dich in den letzten Wochen gefühlt?
- Ging es dir oft schlecht? Wie schlimm war das?
- Hast du dich jemals so schlecht gefühlt, dass du nicht mehr leben wolltest?
- Fühlst du dich oft unter Druck oder nervös?
- Wie gut kannst du deine Wut kontrollieren?
- Hast du oft keinen Appetit, kannst nicht gut schlafen und fühlst dich unkonzentriert?
- Hast du schon einmal Medikamente wegen deiner Stimmungen bekommen?

Bezug: soziales Band
- Wem in deiner Familie fühlst du dich besonders nahe? Wer hat dich lieb?
- Zu wem würdest du gehen, wenn du dich nicht gut fühlst? Wen hast du lieb?
- Gibt es auch jemanden, den du am liebsten nicht in deiner Familie hättest?
- Streiten sich deine Eltern oder Geschwister oft? Wie schlimm ist das?
- Wie gut kennen dich deine Eltern, deine Freunde?
- Was machst du nach der Schule? Wen triffst du dann?
- Hast du besonders gute Freunde? Was magst du an ihnen besonders?
- Wie würden deine Freunde dich beschreiben?
- Wissen deine Freunde von deiner Drohung/Phantasie? Was denken sie darüber?

Bezug: Aggression und Gewalt
- Hast du schon früher einmal jemanden bedroht? Wann und warum war das?
- Hast du dir schon einmal ausgemalt, wie es wäre jemanden schwer zu verletzen?
- Prügelst du dich hin und wieder? Warum?
- Wie gehst du damit um, wenn du wütend bist? Wann kommt das vor?
- Hast du schon einmal eigenen Sachen oder die von anderen mit Absicht beschädigt?
- Magst du Tiere? Hast du schon einmal absichtlich ein Tier verletzt?
- Fühlst du dich oft unfair behandelt? Was tust du dann?

© 2007, Springer Medizin Verlag GmbH. Aus: Robertz, F.J. & Wickenhäuser, R.: Der Riss in der Tafel. www.igak.org/tafel

Blatt E 13)
Konsequenzen und Hilfestelllungen

Bewertung der erhobenen Informationen
Die Drohung wird eingeschätzt als: ☐ flüchtig ☐ substanziell ☐ substanziell und akut gefährlich
Begründung:

Einleitung von Konsequenzen und Sanktionen	
Gespräch mit Eltern:	☐ ja ☐ noch nicht erfolgt ☐ erscheint nicht notwendig
Externe Analyse des drohenden Schülers (Beratung, Evaluation, Therapie):	☐ ja ☐ noch nicht erfolgt ☐ erscheint nicht notwendig
Schulische Sanktion:	☐ ja ☐ noch nicht erfolgt ☐ erscheint nicht notwendig
Zivilrechtliche Sanktion:	☐ ja ☐ noch nicht erfolgt ☐ erscheint nicht notwendig
Schutz bedrohter Personen:	☐ ja ☐ noch nicht erfolgt ☐ erscheint nicht notwendig
Kontakt zur Polizei:	☐ ja ☐ noch nicht erfolgt ☐ erscheint nicht notwendig

© 2007, Springer Medizin Verlag GmbH. Aus: Robertz, F.J. & Wickenhäuser, R.: Der Riss in der Tafel. www.igak.org/tafel

Bereits im ersten Gespräch mit einem Jugendlichen, der eine Drohung ausgestoßen hat oder bei dem Ausprägungen von schweren Gewaltphantasien auffällig geworden sind, sollten neben gegebenenfalls notwendigen Interventionen *immer* auch die zugrunde liegenden Probleme des Jugendlichen erhoben und direkte Hilfestellungen eingeleitet werden.

Einleitung von Hilfestellungen

Wahrgenommene Probleme des Jugendlichen: (Belege anführen)	
Probleme wurden bestätigt durch: (Kontaktmöglichkeit zu diesen Personen)	
Lösungsansätze dieser Probleme:	
Bereits eingeleitete Hilfestellungen:	
Sicherstellung eines Ansprechpartners für den drohenden Schüler: (Kontaktmöglichkeit zu dieser Person)	

© 2007, Springer Medizin Verlag GmbH. Aus: Robertz, F.J. & Wickenhäuser, R.: Der Riss in der Tafel. www.igak.org/tafel

Literatur

Adams, R.E./ Boscarino, J.A. (2005): »Stress and well being in the aftermath of the World Trade Center attack: the continuing effects of a communitywide disaster«, in: *Journal of Community Psychology 33*, 175–190

Adler, L. (2000): »Amok. Eine Studie«, München: Belleville

Anderson, C.A./ Bushman, B.J. (2001): »Effects of violent video games on aggressive behavior, aggressive cognition, aggressive affect, physiological arousal, and prosocial behavior: A meta-analytic review of the scientific literature«, in: Psychological Science 12, 353–359

Anderson, C.A./ Carnagey, N.L./ Eubanks, J. (2003): »Exposure to violent media: The effects of songs with violent lyrics on aggressive thoughts and feelings«, in: Journal of Personality and Social Psychology 84, 960–971

Anderson, C.A./ Dill, K.E. (2000): »Video games and aggessive thoughts, feelings, and behavior in the laboratory and in life«, in: Journal of Personality and Social Psychology 78, 772–790

Bailey, S. (1996): »Adolescents Who Murder«, in: Journal of Adolescence 19, 19-39

Band, St.R./ Harpold, J.A. (1999): »School Violence. Lessons learned«, in: FBI Law Enforcement Bulletin 09/ 1999, 9-16

Baron, R.A./ Richardson, D.R. (2004): »Human Aggression. Second Edition«, Dordrecht: Kluwer Academic Publishers

Barth, J./ Stoffers, J./ Bengel, J. (2003): *»Efficacy of EMDR in patients with PTSD: a metaanalytic review of randomised controlled trials«, in:* VIII European Conference of Traumatic Stress, Berlin, 22.-25. May 2003.

Baumeister, R. F. (1999): »Evil. Inside Human Cruelty and Violence«, New York: Freeman

Baumeister, R. F./ Leary, M. R. (1995): »The Need to Belong: Desire for Interpersonal Attachments as a Fundamental Human Motivation«, in: Psychological Bulletin 117, 3, 497-529

Bender, L. (1959): »Children and Adolescents Who Have Killed«, in: American Journal of Psychiatry 116, 510-513

Bender, L./ Curren, F. J. (1940): »Children and Adolescents Who Kill«, in: Journal of Criminal Psychopathology 1, 4, 297-321

Benedek, E. P./ Cornell, D. G. (1989): »Clinical Presentations of Homicidal Adolescents«, in: Benedek/Cornell (Hrsg.) Juvenile Homicide, Washington (American Psychiatric Press), 37-57

Bengel, J. (2003): »Notfallpsychologische Interventionen bei akuter Belastungsstörung«, in: A. Maercker (Hrsg.) *Therapie der posttraumatischen Belastungsstörungen* (2., überarbeitete und ergänzte Auflage, S. 185–203), Berlin, Heidelberg: Springer-Verlag

Bengel, J. (2004): *»Psychologie in Notfallmedizin und Rettungsdienst«* (2., vollständig neu bearbeitete Auflage), Berlin, Heidelberg: Springer-Verlag

Bergmann, W./ Hüther, G. (2006): »Computersüchtig. Kinder im Sog der modernen Medien«, Düsseldorf: Walter

Berkowitz, L./ Macaulay, J. (1971): »The contagion of criminal violence«, in: Sociometry, 34, 238-260

Berkowitz, L. (1993): »Aggression. Its Causes, Consequences, and Control«, New York: McGraw-Hill

Bilchik, S. (2000): »Challenging the Myth«, Office of Juvenile Justice and Delinquency Preventions Juvenile Justice Bulletin February 2000, US Department of Justice

Bondü, R./ Meixner, S./ Bull, H.D./ Robertz, F.J./ Scheithauer, H. (2007): »Schwere zielgerichtete Gewalt an Schulen/ Amokdrohungen«, in: Scheithauer/Hayer/Niebank (Hrsg.) Problemverhalten und Gewalt im Jugendalter (im Druck), Stuttgart: Kohlhammer

Borum, R./ Fein R./ Vossekuil B./ Berglund, J. (1999): »Threat assessment: defining an approach for evaluating risk of targeted violence«, in: Behavioral Sciences & the Law, 17, 3, 323–337

Bourgoin, S. (1995): »Serienmörder. Pathologie und Soziologie einer Tötungsart«, Reinbek: Rowohlt

Braithwaite, J. (1997): »Charles Tittles Control Balance and Criminological Theory«, in: Theoretical Criminology 1, 77-97

Brewer, W. F. (1996): »Good and Bad Story Endings and Story Completeness«, in: Kreuz/MacNealy (Hrsg.) Empirical Approaches to Literature and Aesthetics, Greenwich: Ablex

Brewin, C.R./ Andrews, B./ Valentine, J.D. (2000): »Meta-Analysis of risk factors for Posttraumatic Stress Disorder in trauma-exposed adults«, in: *Journal of Consulting and Clinical Psychology, 68, 5*, 748–766

Britt, Ch.L./ Gottfredson, M.R. (2003): »Control Theories of Crime and Delinquency. Advances in Criminological Theory Volume 12«, New Brunswick: Transaction

Britton, R. (2001): »Glaube, Phantasie und psychische Realität. Psychoanalytische Erkundungen«, Stuttgart: Klett-Cotta

Brown, B./ Merritt, R. (2002): »No Easy Answers. The Truth behind Death at Columbine«, New York: Lantern Books

Brown, S. E./ Esbensen, F./ Geis, G. (1991): »Criminology. Explaining Crime and its Context«, Cincinnati: Andersen Publishing

Bründel, H./ Hurrelmann, K. (1994): »Gewalt macht Schule. Wie gehen wir mit aggressiven Kindern um?«, München: Droemer Knaur

Burgess, A. W./ Hartman, C.R./ Ressler, R.K./ Douglas, J.E./ McCormack, A. (1986): »Sexual Homicide: A Motivational Model«, in: Journal of Interpersonal Violence 1, 251-272

Busch, K./ Zagar, R./ Hughes, J./ Arbit, J. und Bussell, R. (1990): »Adolescents Who Kill«, in: Journal of Clinical Psychology 46, 472-485

Büttner, C. (1993): »Wut im Bauch. Gewalt im Alltag von Kindern und Jugendlichen«, Weinheim: Beltz

Carlisle, A. (1998): »The Divided Self: Toward an Understanding of the Dark Side of the Serial Killer«, in: Holmes/Holmes (Hrsg.) Contemporary Perspectives on Serial Murder, 85-100

Carlisle, A. (1999): »The Violent Mind«, unveröffentlichtes Workshop-Manuskript

Carlisle, A. (2004): »Die Entstehung der dunklen Seite des Serienmörders«, in: Robertz/Thomas (Hrsg.) Serienmord, München: Belleville, 52-61

Carrigan, T./ Connell, R./ Lee, J. (1996): »Ansätze zu einer neuen Soziologie der Männlichkeit«, in: BauSteineMänner (Hrsg.) Kritische Männerforschung. Neue Ansätze in der Geschlechtertheorie, Berlin: Argument, 38-75

Chesney-Lind, M. (1997): »The Female Offender. Girls, Women, and Crime«, London: Sage

Chesney-Lind, M./ Brown, M. (1999): »Girls and Violence: An Overview«, in: Flannery/Huff (Hrsg.) Youth Violence, Washington D.C.: American Psychiatric Press, 171-199

Coleman, L. (2004): »The copycat effect. How the media and popular culture trigger the mayhem in tomorrows headlines«, New York: Paraview

Colvin, M./ Cullen, F.T./ Vander Ven, T. (2002): »Coercion, Social Support, and Crime: An Emerging Theoretical Consensus«, in: Criminology 40, 1, 19-42

Corder, B. F./ Ball, B. C./ Haizlip, T. M. et al. (1976): »Adolescent Parricide. A Comparison with other Adolescent Murders«, in: American Journal of Psychiatry 133, 8, 957-961

Cormier, B. M./ Markus, B. (1980): »A Longitudinal Study of Adolescent Murderers«, in: Bulletin of the American Academy of Psychiatry 8, 3, 240-260

Cornell, D.G./ Benedek, E. P./ Benedek, D. M. (1987): »Charakteristics of Adolescents Charged with Homicide: Review of 72 Cases«, in: Behavioral Sciences and the Law 5, 1, 11-23

Cornell, D.G./ Sheras, P.L. (2004): »Guidelines for Student Threat Assessment: Field-Test Findings«, in: School Psychology Review, 33, 4, 527-546

Cornell, D. G. (1987): »Juvenile Homicide: Prior Adjustment and a Proposed Typology«, in: American Journal of Orthopsychiatry 57, 383-393

Cornell, D. G. (1989): »Causes of Juvenile Homicide: A Review of the Literature«, in: Benedek/Cornell (Hrsg.) Juvenile Homicide, Washington (American Psychiatric Press), 1-36

Cornell, D. G. (1993): »Juvenile Homicide: A Growing National Problem«, in: Behavioral Sciences and the Law 11, 389-396

Cornell, D. G. (1999): »Child and Adolescent Homicide«, in: Van Hasselt/Hersenn (Hrsg.) Handbook of Psychological Approaches with Violent Offenders, New York (Kluwer/ Plenum), 131-150

Cornell, D. G. (1999): »Psychology of the School Shootings«, Testimony Presented at the House Judiciary Committee, Oversight Hearing to Examine Youth Culture and Violence, Vortrag am 13. Mai 1999

Cornell, D. G. (2001): »School Violence Fear Versus Facts«, Congressional Briefing on Understanding and Preventing Youth Violence, Vortrag am 13. März 2001

Daly, M./ Wilson, M. (1988): »Homicide«, Hawthorne, NY (Aldine de Gruyter)

Dann, H.-D. (1997): »Aggressionsprävention im sozialen Kontext der Schule«, in: Holtappels/Heitmeyer/Melzer/Tillmann (Hrsg.) Forschung über Gewalt an Schulen (3. Aufl. 2004, S. 351-366), Weinheim: Juventa

Deppermann, A./ Lucius-Hoene, G. (2005): »Trauma erzählen – kommunikative, sprachliche und stimmliche Verfahren der Darstellung traumatischer Erlebnisse«, in: *Psychotherapie und Sozialwissenschaft, 7*, 35–73

Dietz, P. E. (1986): »Mass, Serial and Sensational Homicides«, in: Bulletin of the New York Academy of Medicine 62, 5, 477-491

Dilling, H./ Mombour, W./ Schmidt, M.H. (Hrsg.) (1993): »Internationale Klassifikation psychischer Störungen. ICD-10«, Bern: Huber

Duncan, J. W./ Duncan, G. M. (1971): »Murder in the Family: A Study of Some Homicidal Adolescents«, in: American Journal of Psychiatry 127, 11, 1498-1502

Easson, W. M./ Steinhilber, R. M. (1961): »Murderous Aggression by Children and Adolescents«, in: Archives of General Psychiatry 4, 27-35

Egg, R. (Hrsg.) (2002): »Tötungsdelikte. Mediale Wahrnehmung, kriminologische Erkenntnisse, juristische Aufarbeitung«, Wiesbaden: Kriminologische Zentralstelle

Eisenberg, G. (2000): »Amok – Kinder der Kälte. Über die Wurzeln von Wut und Hass«, Reinbek: Rowohlt

Eisenberg, G. (2002): »Gewalt, die aus der Kälte kommt. Amok – Pogrom – Populismus«, Gießen: Psychosozial

Ewing, C. P. (1990): »When Children Kill: The Dynamics of Juvenile Homicide«, Massachusetts/Toronto: Lexington

Ewing, C. P. (1993): »Kids Who Kill. Juvenile Murder in America«, London: Mondo

Faller, K./ Kneip, W.: »Soziales Lernen mit System. Das Buddy Prinzip«, Vodafone Stiftung 2006

Fattah, E. A. (1997): »Criminology: Past, Present, and Future. A Critical Overview« New York: St. Martins Press

Feibel, Th. (2004): »Killerspiele im Kinderzimmer. Was wir über Computer und Gewalt wissen müssen«, Düsseldorf: Walter

Fein, A. H. (2003): »There and Back Again. School Shootings as Experienced by School Leaders«, Lanham/Maryland: Scarecrow Press

Fein, R./ Vossekuil, B./ Pollack, W./ Borum, R./ Modzeleski, W./ Reddy, M. (2002): »Threat assessment in schools: A guide to managing threatening situations and to creating safe school climates«, Washington, DC: U.S. Secret Service and Department of Education.

Fiddes, D. O. (1981): »Scotland in the 70s - Adolescents in Care and Custody. A Survey of Adolescent Murder in Scotland«, in: Journal of Adolescence 4, 47-65

Finkelhor, D./ Ormrod, R. (2001): »Homicides of Children and Youth«, Office of Juvenile Justice and Delinquency Preventions Juvenile Justice Bulletin October 2001, US Department of Justice

Fischer, G.,/ Riedesser, P. (2003): »Lehrbuch der Psychotraumatologie«, UTB: Stuttgart

Foa, E.B./ Keane, T.M./ Friedman, M.J./ Matthews, J. (2000): *»Effective treatments for PTSD: Practice Guidelines from the International Society for Traumatic Stress«,* New York, NY: Guilford Press

Foerster, H. (2000): »Wissen und Gewissen. Versuch einer Brücke«, Frankfurt am Main: Suhrkamp

Foodman, A./ Estrada, C. (1977): »Adolescents who Commit Accidental Homicide«, in: Journal of the American Academy of Child Psychiatry 16, 314-326

Fox, J. A./ Zawitz, M. W. (2003): »Homicide Trends in the United States: 2000 Update«, Bureau of Justice Statistics Crime Data Brief, US Department of Justice

Freud, S. (1900/ 2000): »Traumdeutung«, Band II der Studienausgabe in 11 Bänden, Frankfurt am Main: Fischer

Freud, S. (1908/ 2000): »Der Dichter und das Phantasieren«, Band X der Studienausgabe in 11 Bänden, Frankfurt am Main: Fischer

Freud, S. (1908/ 2000): »Hysterische Phantasien und ihre Beziehung zur Bisexualität« in Band VI der Studienausgabe in 11 Bänden, Frankfurt am Main: Fischer

Freud, S. (1914/ 2000): »Zur Einführung des Narzissmus« in Band III der Studienausgabe in 11 Bänden, Frankfurt am Main: Fischer

Freud, S. (1915/ 2000): »Das Unbewusste« in Band III der Studienausgabe in 11 Bänden, Frankfurt am Main: Fischer

Freud, S. (1915/ 2000): »Die Verdrängung« in Band III der Studienausgabe in 11 Bänden, Frankfurt am Main: Fischer

Freud, S. (1930/ 2000): »Das Unbehagen in der Kultur« in Band IX der Studienausgabe in 11 Bänden, Frankfurt am Main: Fischer

Füllgrabe, U. (2000): »Amok – Eine spezielle Art der Mehrfachtötung«, in: Kriminalistik 04/ 2000, 225-228

Füllgrabe, U. (2003): »Akutes Risiko oder leere Drohung? Gefahreneinschätzung auf wissenschaftlicher Basis, in: reportpsychologie 3/ 2003, Berufsverband Deutscher Psychologinnen und Psychologen e.V.

Funk, J.B. (2002): »Aggression and psychopathology in adolescents with a preference for violent electronic games«, in: Aggressive Behavior 28, 134–144

Funk, J.B. (2003): »Violent video games. Who's at risk?«, in: Ravitch/Viteritti (Hrsg.) Kid stuff. Marketing sex and violence to America's children, Baltimore, 168–192

Furio, J. (1998): »The Serial Killer Letters. A Penetrating Look Inside the Minds of Murderers«, Philadelphia: Charles Press

Geraedts, C.-W. (1998): »Zur Tötungsdelinquenz bei jugendlichen und heranwachsenden Straftätern. Eine Analyse jugendpsychiatrisch-forensischer Gutachten aus dem Zeitraum 1981-1990 in Kiel«, Medizinische Fakultät der Christian-Albrechts-Universität zu Kiel, Dissertation

Gerstader, W. (1935): »Die Phantasie in der neueren psychologischen Literatur. Zusammenfassung und Kritik«, Friedberg-Augsburg: Baur

Gibson, J. W. (1994): »Warrior Dreams. Violence and Manhood in Post-Vietnam America«, New York: Hill and Wang

Glatzel, J. (1987): »Mord und Totschlag«, Heidelberg: Kriminalistik Verlag

Gottfredson, M.R./ Hirschi, T. (1990): »A General Theory of Crime«, Stanford: Stanford University Press

Gottfredson, M. R./ Hirschi, T. (1993): »A Control Theory Interpretation of Psychological Research on Aggression«, in: Felson/Tedeschi (Hrsg.) Aggression and Violence, Washington (American Psychological Association), 47-68

Grimm, J. (1999): »Fernsehgewalt. Zuwendungsattraktivität, Erregungsverläufe, sozialer Effekt. Zur Begründung und praktischen Anwendung eines kognitiv-physiologischen Ansatzes der Medienrezeptionsforschung am Beispiel von Gewaltdarstellungen«, Opladen

Grimm, J. (2002): »Wirkungsforschung II: Differentiale der Mediengewalt – Ansätze zur Überwindung der Individualisierungs- und Globalisierungsfalle innerhalb der Wirkungsforschung«, in: Hausmanninger, Thomas/Bohrmann, Thomas (Hrsg.) Mediale Gewalt. Interdisziplinäre und ethische Perspektiven. München, 160– 176

Grossman, D. (1996): »On Killing. The Psychological Cost of Learning to Kill in War and Society«, Boston Back: Bay Books

Grossman, D./ DeGaetano, G. (1999): »Stop Teaching Our Kids to Kill«, New York: Crown

Grossman, D./ DeGaetano, G. (2002): »Wer hat unseren Kindern das Töten beigebracht? Ein Aufruf gegen Gewalt in Fernsehen, Film und Computerspielen«, Stuttgart: Freies Geistesleben

Hafer, C.L./ Bègue, L. (2005): »Experimental research on just-world theory«, Psychological Bulletin, Bd. 131/ 1

Haller, R. (2002): »Die Seele des Verbrechers. Motive, Impulse, Lebensbilder«, St. Pölten: NP

Harbort, S. (2004): »Die Vorstellungs- und Erlebniswelt sadistischer Serienmörder. Phänomenologische, fallanalytische und ätiologische Bemerkungen zu bewusstseinsdominanten Gewalt- und Tötungsphantasien«, in: Robertz/Thomas (Hrsg.) Serienmord, München (Belleville), 62-78

Hardwick, P. J./ Rowton-Lee, M. (1996): »Adolescent Homicide: Towards Assessment of Risk«, in: Journal of Adolescence 19, 263-276

Hare, R. D. (1999): »Without Conscience. The Disturbing World of the Psychopaths Among us«, New York: Guildford Press)

Hausmanninger, Th./ Bohrmann, Th. (Hg. - 2002): »Mediale Gewalt. Interdisziplinäre und ethische Perspektiven«, München: Fink

Heide, K. M. (1992): »Why Kids Kill Parents«, in: Psychology Today 25, 62-66 und 76-77

Heide, K. M. (1995): »Why Kids Kill Parents: Child Abuse and Adolescent Homicide«, Columbus, OH: Ohio State University Press

Heide, K. M. (1997): »Juvenile Homicide in America: How Can We Stop the Killing ?«, in: Behavioral Sciences and the Law, 15, 203-220

Heide, K. M. (1997): »Killing Words«, in: International Journal of Offender Therapy and Comparative Criminology, 41, 1, 3-8

Heide, K. M. (1999):«Young Killers. The Challenge of Juvenile Homicide«, Thousand Oaks: Sage

Heide, K. M./ Eyles, C.H./ Spencer, E. (1999): »School Shootings in the United States: A Typology of Lethal and Nonlethal Injury«, in: Blackman et al. The Varieties of Homicide and its Research – Proceedings of the 1999 Meeting of the Homicide Research Working Group, Quantico: BSU/FBI Academy

Heubrock, D./ Hayer, T./ Rusch, S./ Scheithauer, H. (2005): »Prävention von schwerer zielgerichteter Gewalt an Schulen - Rechtspsychologische und kriminalpräventive Ansätze«, Polizei und Wissenschaft, 1/ 2005, 43-57.

Heymann, K. (1956): »Phantasie«, Basel: Karger

Hinrichs, G./ Stief, S./ Haase, Ch. (1997): »Tötungs-, Brandstiftungs- und aggressive Sexualdelinquenz bei jungen Straftätern«, in: Warnke et al. (Hrsg.) Forensische Kinder- und Jugendpsychiatrie, Bern: Huber, 281-291

Hirschi, T./ Laub, J.H (2002): »Craft of Criminology: Selected Papers«, New Brunswick: Transaction

Hirschi, T. (1969): »Causes of Delinquency«, Berkeley: University of California Press
Hirschi, T./ Gottfredson, M. R. (1994): »The Generality of Deviance«, New Brunswick: Transaction
Hirschi, T./ Gottfredson, M. R. (1998): »The Punishment of Children from the Perspective of Control Theory« - von den Autoren 1994 erstellte Fassung eines Aufsatz, der für die Publikation in Straus/Donnelly (Hrsg.) Corporal Punishment in Theoretical Perspective (Yale University Press 1998) vorgesehen war
Hodgskiss, B./ Pistorius, M./ Welman, M. (2004): »Aspekte einer psychodynamischen Erklärung von Serienmord«, in: Robertz/Thomas (Hrsg.) Serienmord, München: Belleville, 79-91
Hoffmann, J. (2003): »Amok - ein neuer Blick auf ein altes Phänomen«. In Lorei, C. (Hrsg.) Polizei & Psychologie. Kongressband der Tagung »Polizei & Psychologie« am 18. und 19. März 2003 in Frankfurt am Main (S. 397-414): Frankfurt: Verlag für Polizeiwissenschaft.
Holinger, P. C./ Offer, D./ Barter, J./ Bell, C. (1994): »Suicide and Homicide Among Adolescents«, New York: Guilford Press
Holmes, J. (2001): »Narcissism«, Cambridge: Icon
Holtappels, H. G./ Heitmeyer, W./ Melzer, W. (Hrsg.) (1999): »Forschung über Gewalt an Schulen. Erscheinungsformen und Ursachen, Konzepte und Prävention«, Weinheim: Juventa
Höynck, Th./ Pfeiffer, Ch. (2006): »Verbot von Killerspielen? Thesen und Vorschläge zur Verbesserung des Jugendmedienschutzes«, Kriminologisches Forschungsinstitut Niedersachsen e.V. (nicht in Journalen oder Büchern publizierte Stellungnahme)
Hughes, J. M. (1990): »Reshaping the Psychoanalytic Domain. The Work of Melanie Klein, W.R.D. Fairbairn, and D.W. Winnicott«, Berkeley: University of California Press
Huisken, F. (2002): »Z.B. Erfurt. Was das bürgerliche Bildungs- und Einbildungswesen so alles anrichtet«, Hamburg: VSA
Hurrelmann, K./ Albert, M. (2006): »Jugend 2006. 15. Shell Jugendstudie« Frankfurt: Fischer
Isaacs, S. (1948): »The Nature and Function of Phantasy«, International Journal of Psycho-Analysis 29, 73-97
Jähnig, H.-U. (1993): »Die Tötungssituation - Modell für sexuell motivierte Tötungsdelikte?«, in: Leygraf et al. (Hrsg.) Die Sprache des Verbrechens. Wege zu einer klinischen Kriminologie«, Stuttgart: Kohlhammer, 27-31
Jamison, K.R. (2002): »Wenn es dunkel wird. Zum Verständnis des Selbstmordes«, Berlin: BTV
Jenkins, P. (1994): »Using Murder. The Social Construction of Serial Homicide«, New York: Aldine de Gruyter
Johnson, B. R./ Becker, J. V. (1997): »Natural Born Killers? The Development of the Sexually Sadistic Serial Killer«, in: Journal of the American Academy of Psychiatry and the Law 25, 3, 335-348
Jones, G. (2005): »Kinder brauchen Monster. Vom Umgang mit Gewaltphantasien«, Berlin: Ullstein
Kahlert, T. (1978): »Zur sozialen und persönlichen Entwicklung jugendlicher und heranwachsender Tötungsdelinquenten«, Universität Tübingen, Dissertation
Kahlert, T./ Lamparter, U. (1979): »Tötungsdelikte bei Jugendlichen und Heranwachsenden«, in: Monatsschrift für Kriminologie und Strafrechtsreform 62, 206-217
Katz, J. (1988): »Seductions of Crime. Moral and Sensual Attractions in Doing Evil«, New York: Basic Books
Kearney, R. (2001): »The Wake of Imagination«, London: Routledge
Kelleher, M. D. (1998): »When Good Kids Kill«, New York: Dell
Keppel, R. D./ Birnes, W. J. (1997): »Signature Killers. Interpreting the Calling Cards of the Serial Murderer«, New York: Pocket Books
Kernberg, O.F. (1983): »Borderline-Störungen und pathologischer Narzissmus«, Frankfurt am Main: Suhrkamp
Kersten, J. (1995): »Junge Männer und Gewalt«, in: Neue Kriminalpolitik 7, 22-27
Kersten, J. (1996): »Risiken und Nebenwirkungen: Die Bewältigung von Männlichkeit und Weiblichkeit bei Jugendlichen der underclass«, in: Scheiwe (Hrsg.) Mit jungen Menschen auf dem Weg in die Zukunft, Konstanz: Hartung-Gorre, 44-56
Kersten, J. (1998): »Sichtbarkeit und städtischer Raum. Jugendliche Selbstinszenierung, Männlichkeit und Kriminalität«, in: Breyvogel (Hrsg.) Stadt, Jugendkulturen und Kriminalität, Bonn: Dietz, 112-128
Kidd, S. T./ Meyer, C. L. (2005): »Similarities of school shootings in rural and small town communities«, in: Journal of Rural Community Psychology, E5 (1)
King, C. H. (1975): »The Ego and the Integration of Violence in Homicidal Youth«, in: American Journal of Orthopsychiatry 45, 1, 134-145
Kirsh, St. (2006): »Children, adolescents, and media violence: A critical look at the research«, Thousand Oaks: Sage
Klein, M. (1979): »Die Psychoanalyse des Kindes«, 2. Auflage bei Kindler (erste Publikation 1932 in Wien - Internationaler Psychoanalytischer Verlag), München: Kindler
Klein, M. (1991): »Das Seelenleben des Kleinkindes und andere Beiträge zur Psychoanalyse«, Stuttgart: Klett-Cotta
Kohut, H. (1972): »Thoughts on Narcissism and Narcissistic Rage«, in: The Psychoanalytic Study of the Child 27, 360-399
Koslowski, R. (1999): »Die Kriminologie der Tötungsdelikte«, Frankfurt am Main: Europäischer Verlag der Wissenschaften
Kostinsky, S./ Bixler, E.O./ Kettl, P.A. (2001): »Threats of School Violence in Pennsylvania After Media Coverage of the Columbine High School Massacre. Examining the Role of Imitation«, in: Archives of Pediatrics and Adolescent Medicine 155, 994-1001
Kreuzer, A. (2002): »Kriminologische Aspekte der Tötungskriminalität«, in Egg (Hrsg.) Tötungsdelikte, Wiesbaden: Kriminologische Zentralstelle, 45-69
Kunczik, M./ Zipfel, A. (2002): »Medien und Gewalt – zum Forschungsstand«, in: BPJS Aktuell – Amtliches Mitteilungsblatt der Bundesprüfstelle für jugendgefährdende Schriften, Ausgabe 04/ 2002, 3-13
Kunczik, M./ Zipfel, A. (2006): »Gewalt und Medien. Ein Studienhandbuch«, Köln: Böhlau
Labelle, A./ Bradford, J./ Bourget, D. et al. (1991): »Adolescent Murderers«, in: Canadian Journal of Psychiatry 36, 583-587

LaFree, G. (1999): »A Summary and Review of Cross-National Comparative Studies of Homicide«, in Smith/Zahn (Hrsg.) Homicide, Thousand Oaks: Sage

Lamparter, U. (1978): »Zur Psychodynamik von Tötungsdelikten Jugendlicher und Heranwachsender«, Universität Tübingen, Dissertation

Laplanche, J./ Pontalis, J.-B. (1992): »Urphantasie. Phantasien über den Ursprung, Ursprünge der Phantasie«, Frankfurt am Main (Fischer)

Leary, M. R./ Kowalski, R. M./ Smith, L./ Philips, S. (2003): »Teasing, rejection, and violence. Case studies of the school shootings«, in: Aggressive Behavior, 29, 202-214.

Lempp, R. (1977): »Jugendliche Mörder. Eine Darstellung an 80 vollendeten und versuchten Tötungsdelikten von Jugendlichen und Heranwachsenden«, Bern: Huber

Lempp, R. (1990): »Zur Psychopathologie scheinbar unverständlicher Tötungsdelikte von Jugendlichen und Heranwachsenden«, in: Kerner/Kaiser (Hrsg.) Kriminalität. Persönlichkeit, Lebensgeschichte und Verhalten, Berlin (Springer), 265-273

Lempp, R. (1992): »Vom Verlust der Fähigkeit, sich selbst zu betrachten. Eine entwicklungspsychologische Erklärung der Schizophrenie und des Autismus«, Bern: Huber

Lempp, R. (2002): »Die Bedeutung der Nebenrealität – insbesondere in der Kriminologie«, zur Veröffentlichung vorgesehenes Manuskript eines Vortrags auf der Hamburger Kontaktstudienwoche Erfurt und die Folgen am 02.12.2002

Lempp, R. (2003): »Das Kind im Menschen. Über Nebenrealitäten und Regression – oder: Warum wir nie erwachsen werden«, Stuttgart: Klett-Cotta

Lempp, R. (2003): »Jugendliche Mörder«, in: Haessler et al. (Hrsg.) Forensische Kinder-, Jugend- und Erwachsenenpsychiatrie«, Stuttgart: Schattauer, 50-60

Lerner, M.J. (1980): »The Belief in a Just World. A Fundamental Delusion«, New York: Springer

Lewis, D. O. (1998): »Guilty by Reason of Insanity. A Psychiatrist Explores the Minds of Killers«, New York: Fawcett-Columbine

Lewis, D. O./ Lovely, R./ Yeager, C. et al. (1988): »Intrinsic and Environmental Characteristics of Juvenile Murderers«, in: Journal of the American Academy of Child and Adolescent Psychiatry 27, 582-587

Lewis, D. O./ Moy, E./ Jackson, L. et al. (1985): »Biopsychosocial Charakteristics of Children who Later Murder: A Prospective Study«, in: American Journal of Psychiatry 142, 1161-1167

Lewis, D. O./ Pincus, J./ Bard, B. et al. (1988): »Neuropsychiatric, Psychoeducational and Family Characteristics of 14 Juveniles Condemned to Death in the United States«, in: American Journal of Psychiatry 146, 584-589

Leyton, E. (2000): »Current Issues in the Study of Serial Murder«, in: Leyton (Hrsg.) Serial Murder. Modern Scientific Perspectives, Aldershot: Ashgate, XV-XXVII

Lilly, J. R.t/ Cullen, F. T./ Ball, R. A. (1995): »Criminological Theory. Context and Consequences«, 2nd edition, Thousand Oaks: Sage

Linedecker, C. L. (1999): »Babyface Killers. Horrifying True Stories of Americas Youngest Murderers«, New York: St. Martins Paperbacks

Littmann, E./ Potschulat, B./ Szewczyk, H. (1993): »Ergebnisse forensisch-psychologisch-psychiatrischer Begutachtungen von 63 jugendlichen Tötungsdelinquenten (aus der ehemaligen DDR)«, in: Monatsschrift für Kriminologie und Strafrechtsreform 76, 1, 17-32

Loper, A. B./ Cornell, D. G. (1996): »Homicide by Adolescent Girls«, in: Journal of Child and Family Studies 5, 323-336

Lösel, F./ Bliesener, T. (2003): »Aggression und Delinquenz unter Jugendlichen. Untersuchungen von kognitiven und sozialen Bedingungen«, München: Luchterhand

Lotke, E. (1997): »Youth Homicide. Keeping Perspective on How Many Children Kill«, in: Valparaiso Law Review 31, 2, (Symposium Issue on Youth Violence) und http:/ / www.igc.apc.org/ncia/casey.html

Maercker, A./ Schützwohl, M. (1998): »Erfassung von psychischen Belastungsfolgen: Die Impact of Event Skala – revidierte Version (IES-R)«, in: *Diagnostica, 44(3)*, 130–141

Maes, M./ Mylle, J./ Delmeire, L./ Altamura, C. (2000): »Psychiatric morbidity and comorbidity following accidental man-made traumatic events: Incidence and risk factors«, in: *European Archives of Psychiatry and Clinical Neuroscience, 250*, 156–162

Malmquist, C. P. (1971): »Premonitory Signs of Homicidal Aggression in Juveniles«, in: American Journal of Psychiatry 128, 4, 93-97

Malmquist, C. P. (1996): »Homicide. A Psychiatric Perspective«, Washington: American Psychiatric Press

Marten, G. W. (1957): »Adolescent Murderers«, in: Southern Medical Journal 58,1217-1219

McCarthy, J.B. (1978): »Narcissism and the Self in Homicidal Adolescents«, in: American Journal of Psychoanalysis 38, 19-29

McCarthy, P. (1974): »Youth who Murder«, in: DeWit/Hartup (Hrsg.) Determinants and Origins of Aggressive Behavior, The Netherlands: Mouton, 589-594

McDonald, J. M. (1986): »The Murderer and his Victim. Second Edition«, Springfield/Illinois: Charles C. Thomas

McGee, J. P./ DeBernardo, C. R. (1999): »The Classroom Avenger. A Behavioral Profile of School Based Shootings«, in: The Forensic Examiner 8, 5, 16-18

McGee, J. P./ DeBernardo, C. R. (2001): »The Classroom Avenger«, unveröffentlichte Aktualisierung eines Artikels aus dem Jahre 1999: Verbreitung über Sheppard Pratt Health Systems, Baltimore/MD

McNally, R. B. (1995): »Homicidal Youth in England and Wales 1982-1992: Profile and Policy«, in: Psychology, Crime and Law 1, 4, 319-331

Meierding, G. (1993): »Psychokiller. Massenmedien, Massenmörder und alltägliche Gewalt«, Reinbek (Rowohlt)

Meloff, W./ Silverman, R. A. (1992): »Canadian Kids Who Kill«, in: Canadian Journal of Criminology 34, 1, 15-34

Meloy, J. R./ Hempel, A.G./ Mohandie, K./ Shiva, A.A./ Gray, B.T. (2001): »Offender and Offense Characteristics of a Nonrandom Sample of Adolescent Mass Murderers«, in: Journal of the American Academy of Child and Adolescent Psychiatry 40, 6, 719-728

Melzer, W./ Schubarth, W./ Ehninger, F. (2004): »Gewaltprävention und Schulentwicklung. Analysen und Handlungskonzepte«, Bad Heilbrunn: Klinkhardt

Middendorf, W. (1984): »Kriminologie der Tötungsdelikte«, Stuttgart: Boorberg

Mikos, L. (2003): »Amok in der Mediengesellschaft«, in: Archiv der Jugendkulturen (Hrsg.) Der Amoklauf von Erfurt, Berlin: Tilsner, 46-74

Mohandie, K. (2000): »School Violence Threat Management«, San Diego: Specialized Training Services

Moore, M. H./ Petrie, C./ Braga, A./ McLaughlin, B. (Hrsg.) (2003): »Deadly Lessons. Understanding Lethal School Violence«, Washington, DC: National Academies Press

Müller-Freienfels, R. (1925): »Grundzüge einer Lebenspsychologie. Band II: Das Denken und die Phantasie«, 2. völlig umbearbeitete Auflage, Leipzig: J.A.Barth

Müller-Luckmann, E. (2002): »Weibliche Tötungskriminalität«, in: Egg (Hrsg.) Tötungsdelikte, Wiesbaden: Kriminologische Zentralstelle, 129-138

Muncie, J. (2004): »Youth and Crime. A Critical Introduction«, Zweite Auflage, London: Sage

Myers, W. C. (1994): »Case Study: Sexual Homicide by Adolescents«, in: Journal of the American Academy of Child and Adolescent Psychiatry 33, 7, 962-969

Myers, W. C./ Kemph, J. P. (1990): »DSM-III-R Classification of Murderous Youth: Help or Hindrance?«, in: Journal of Clinical Psychiatry 51, 6, 239-242

Myers, W. C./ Scott, K. (1998): »Psychotic and Conduct Disorder Symptoms in Juvenile Murderers«, in: Homicide Studies 2, 2, 160-175

Myers, W. C./ Scott, K./ Burgess, A. W. et al. (1995): »Psychopathology, Biopsychosocial Factors, Crime Characteristics and Classification of 25 Homicidal Youth«, in: Journal of the American Academy of Child and Adolescent Psychiatry 34, 11, 1483-1489

Newman, K.S./ Fox C./ Harding, D.J./ Mehta, J./ Roth, W. (2004): »Rampage. The social roots of school shootings«, New York: Basic Books

Nolting, H.-P. (2005): »Lernfall Aggression. Wie sie entsteht – wie sie zu vermindern ist«, Reinbek bei Hamburg: Rowohlt

Norris, J. (1990): »Serial Killers. A Controversial Look at a Horrifying Trend«, London: Arrow Books

Oerter, R., Montada, L. (2002): »Entwicklungspsychologie. Ein Lehrbuch«, Weinheim: Psychologie Verlag, 5. Auflage

OJJDP (1996): »Juvenile Offenders and Victims: A National Report«, Washington DC: Office of Juvenile Justice and Delinquency Prevention

Orvin, G.H. (1996): »Understanding the Adolescent«, Washington DC: American Psychiatric Publishing

OToole, M.E. (1999): »The School Shooter: A Threat Assessment Perspective«,Quantico: FBI Academy

Otto, G. (1990): »Über Phantasietätigkeit in Kinderzeichnungen, im Alltag, in der Schule und in der Kunst«, in: Dunker et al. (Hrsg.) Kindliche Phantasie und ästhetische Erfahrung, Langenau: Vaas

Patterson, R. M. (1943): »Psychiatric Studies of Juveniles Involved in Homicide«, in: American Journal of Orthopsychiatry 13, 125-130

Phillips, D.P. (1974): »The Influence of Suggestion on Suicide: Substantive and Theoretical Implications of the Werther Effect«, in: American Sociological Review 39, 3, 340 – 354

Pieper, G. (2005): »Hilfen für Opfer von Katastrophen und gezielter Gewalt. Ein Konzept zur psychotraumatologischen Versorgung«, www.ub.uni-freiburg.de/kat/diss75.html

Pieper, G. (2006): »Posttraumatische Belastungsstörung bei Kindern und Jugendlichen«, in: Mattejat, F. (Hrsg.) Lehrbuch der Psychotherapie Bd. 4, Verhaltenstherapie mit Kindern, Jugendlichen und ihren Familien. CIP-Medien

Pieper, G./ Bengel, J. (im Druck): »Siebenstufiges kognitiv-behaviorales Behandlungskonzept (SBK). Behandlungsmanual für Patienten nach Typ-I Traumaerfahrung«, Bern: Huber

Pincus, J. H. (2001): »Base Instincts. What Makes Killers Kill?«, New York: Norton & Company

Piquero, A. R./ Hickman, M. (1999): »An Empirical Test of Tittles Control Balance Theory«, in: Criminology 37, 2, 319-341

Pleck, J. H. (1996): »Die männliche Geschlechtsrolle. Definitionen, Probleme und Quellen der Veränderung«, in: BauSteineMänner (Hrsg.) Kritische Männerforschung. Neue Ansätze in der Geschlechtertheorie, Berlin: Argument, 27-37

Pratt, T. C./ Cullen, F. T. (2000): »The Empirical Status of Gottfredson and Hirschis General Theory of Crime: A Meta-Analysis«, in: Criminology 38, 3, 931-964

Pridemore, W. A. (2001): »Using Newly Available Homicide Data to Debunk Two Myth About Violence in an International Context: A Research Note«, in: Homicide Studies 5, 3, 267-275

Ränsch-Trill, B. (1996): Phantasie. Welterkenntnis und Welterschaffung. Zur philosophischen Theorie der Einbildungskraft. Bonn: Bouvier

Raskin, R./ Novacek, J. (1991): »Narcissism and the Use of Fantasy«, in: Journal of Clinical Psychology 47, 490-499

Reddick, B./ Beresin, E. (2002): »Rebellious rhapsody. Metal, rap, community, and individuation«, in: Academic Psychiatry 26, 51-59

Reddy, M./ Borum, R./ Berglund, J./ Vossekuil, B./ Fein, R./ Modzeleski, W. (2001): »Evaluating risk for targeted violence in schools. Comparing risk assessment, threat assessment, and other approaches«, in: Psychology in the Schools, 38, 157-172.

Regener, S. (2003): »Masken des Bösen: Der Erfurter Amokläufer in den Medien«, in: Kümmel/Schüttpelz (Hrsg.) Signale der Störung, München: Fink, 199-207

Remschmidt, H./ Martin, M./ Niebergall, G./ Walter, R. (2002): »Jugendliche Gewalt- und Tötungsdelinquenten«, in: Egg (Hrsg.) Tötungsdelikte, Wiesbaden (Kriminologische Zentralstelle), 139-153

Ressler, R. K./ Burgess, A. W./ Douglas, J. E. (1996): »Sexual Homicide. Patterns and Motives«, New York: The Free Press

Restifo, N. P./ Lewis, D. O. (1985): »Three Case Reports of a Single Homicidal Adolescent«, in: American Journal of Psychiatry 142, 388

Robertz, F.J. (1999): »Wenn Jugendliche morden. Forschungsstand, Erklärungsmodell und präventive Möglichkeiten«, Hamburg: Rogun

Robertz, F.J. (2004): »School Shootings. Amokläufe durch Jugendliche an Schulen«, in: Deutsche Polizei 53, 7, 2004, 12-15

Robertz, F.J. (2004): »School Shootings. Über die Relevanz der Phantasie für die Begehung von Mehrfachtötungen durch Jugendliche«, Frankfurt: Verlag für Polizeiwissenschaft

Robertz, F.J. (2004): »Serienmord als Gegenstand der Kriminologie. Grundlagen einer Spurensuche auf den Wegen mörderischer Phantasien«, in: Robertz/Thomas (Hrsg.) Serienmord. München: Belleville, 15-51

Robertz, F.J. (2005): »Bei uns gibt es keinen Amoklauf ... oder? Hilfestellungen zur Vermeidung von Amokläufen«, in: Schulleitung und Schulentwicklung, 52, 6.8, 2005, 1-18

Robertz, F.J. (2006): »Pressearbeit zur Vermeidung von Nachahmungstaten«, in: Deutsche Polizei 56, 2, 2007, 10-11

Robertz, F.J. (2007): »Todbringende Phantasien. Amokläufer auf der Suche nach dem Guten und Bösen«, in: Gehirn und Geist (im Druck)

Robrecht, J. (1995): »Konflikt und Lebensalter«, in: Kruse/ Schmitz-Scherzer (Hrsg.) Psychologie der Lebensalter, Darmstadt: Steinkopff, 159-170

Rowley, J. C./ Ewing, C.P./ Singer, S.I. (1987): »Juvenile Homicide: The Need for an Inderdisciplinary Approach«, in: Behavioral Sciences and the Law 5, 1, 1-10

Russel, D. H. (1979): »Ingredients of Juvenile Murder«, in: International Journal of Offender Therapy and Comparative Criminology 23, 65-72

Russel, D. H. (1984): »A Study of Juvenile Murderers of Family Members«, in: International Journal of Offender Therapy and Comparative Criminology 28, 3, 177-192

Russel, D. H. (1986): »Girls Who Kill«, in: International Journal of Offender Therapy and Comparative Criminology 30, 171-176

Sack, M./ Lempa, W./ Lamprecht, F. (2001): »Metaanalyse der Studien zur EMDR-Behandlung von Patienten mit posttraumatischen Belastungsstörungen«, in: *Psychotherapie, Psychosomatik und medizinische Psychologie, 51*, 350–355

Sadoff, R. L. (1971): »Clinical Observations on Parricide«, in: Psychiatric Quarterly 45,1, 65-69

Sandler, J./ Nagera, H. (1963): »Aspects of the Metapsychology of Fantasy«, in: The Psychoanalytic Study of the Child 18, 159-194

Santtila, P./ Haapasalo, J. (1997): »Neurological and Psychological Risk Factors Among Young Homicidal, Violent, and Nonviolent Offenders in Finland«, in: Homicide Studies 1, 3, 234-253

Saß, H., Wittchen, H.-U./ Zaudig, M. (1998): *»Diagnostisches und statistisches Manual psychischer Störungen, DSM-IV«* (2., verbesserte Auflage), Göttingen: Verlag für Psychologie Dr. C.J. Hogrefe

Scherl, D. J./ Mack, J. E. (1966): »A Study of Adolescent Matricide«, in: Journal of the American Academy of Child Psychiatry 5, 2, 569-593

Schmidt, R. (1994): »Was tun gegen Gewalt unter Kindern und Jugendlichen ?«, Essen: Wingen

Schmidtke, A./ Schaller, S./ Müller, I./ Lester, D./ Stack, S. (2002): »Imitation von Amok und Amok-Suizid.«, in: Suizidprophylaxe 29, 97-106

Schöch, H. (2002): »Strafrechtliche Aspekte der Tötungskriminalität«, in Egg (Hrsg.) Tötungsdelikte, Wiesbaden: Kriminologische Zentralstelle, 71-90

Schröder, S./ Lempp, R. (1988): »Borderline-Strukturen in der Pubertät und Nachpubertät als psychopathologischer Hintergrund bei kriminellen Einzeltaten Jugendlicher und Heranwachsender«, in: Monatsschrift für Kriminologie und Strafrechtsreform 71, 2, 106-116

Schubarth, W. (2000): »Gewaltprävention in Schule und Jugendhilfe«, Neuwied: Luchterhand

Schubert, B./ Lorenz A./ Steininger, W./ Winter A. und das Team der Berliner Schulpsychologen für Gewaltprävention und Krisenintervention (2005): »Notfallpläne für die Berliner Schulen«, Berlin: Senatsverwaltung für Bildung, Jugend und Sport

Schubert, B./ Seiring, W. (2000): »Waffen in der Schule – Berliner Erfahrungen und Ansätze«, in: Praxis der Kinderpsychologie und Kinderpsychiatrie, 49, 53-69.

Schuster, B./ Kuhn H.-P./ Uhlendorff, H. (Hrsg.) (2005): »Entwicklung in sozialen Beziehungen. Heranwachsende in ihrer Auseinandersetzung mit Familie, Freunden und Gesellschaft«, Stuttgart: Lucius

Schütze, G./ Hinrichs, G. (1991): »Differentialdiagnostische Aspekte bei Jugendlichen und Heranwachsenden mit Tötungsdelikten«, in: Schütz et al. (Hrsg.) Medizinrecht – Psychopathologie – Rechtsmedizin, Berlin: Springer, 301-308

Schwind, H.-D./ Roitsch, K./ Ahlborn, W./ Gielen, B. (1997): »Gewalt in der Schule am Beispiel Bochum« Mainz: Weisser Ring

Seaton, J. (2005): »Carnage and the media. The making and breaking of news about violence«, London: Allen Lane

Segal, H. (1974): »Melanie Klein. Eine Einführung in ihr Werk«, München: Kindler

Segal, H. (1996): »Traum, Phantasie und Kunst«, Stuttgart: Klett-Cotta

Segal, J. (2000): »Phantasy«, Cambridge: Icon

Seifried, K./ Lorenz, A./ Uhle, R. (2004).: »Gewaltprävention und Krisenintervention im Schulpsychologischen Dienst Berlins«. In: Konflikte und Krisen als Belastung und Chance, Sonderausgabe der Zeitschrift SchulVerwaltung spezial, Nr.1/ 2004

Senatsverwaltung für Bildung, Wissenschaft und Forschung Berlin: Rundschreiben I Nr.41/ 2003 »Hinsehen und Handeln« vom 16.04.2003 und Schul-Rundschreiben Nr.50/ 2006 vom 14.08.2006

Sendi, I. B./ Blomgren, P. G. (1975): »A Comparative Study of Predictive Criteria in the Predisposition of Homicidal Adolescents«, in: American Journal of Psychiatry 132, 423-427

Sewell, K.W./ Mendelsohn, M. (2000): »Profiling potentially violent youth: Statistical and methodological problems. Childrens Services: Social Policy, Research, and Practice 3, 147-169

Shapiro, F. (1989): »Efficacy of eye movement desensitization procedure in the treatment of traumatic memories«, in: *Journal of Traumatic Stress, 2*, 199–223

Shapiro, F. (1989): »Eye movement desensitization: A new treatment for posttraumatic stress disorder«, in: *Journal of Behavior Therapy and Experimental Psychiatry, 20*, 211–217

Sherry, J.L. (2001): »The effects of violent video games on aggression. A meta-analysis«, in: Human Communication Research 27, 409–431

Shoemaker, D. J. (1996): »Theories of Delinquency. An Examination of Explanations of Delinquent Behavior. Third edition«, New York/Oxford: Oxford University Press

Siegel, L. J. (1995): »Criminology. Fifth Edition«, Minneapolis: West Publishing

Silverman, I. J./ Vega, M./Danner, T. A. (1993): »The Female Murderer«, in: Wilson (Hrsg.) Homicide. The Victim/Offender Connection, Cincinnati: Anderson, 175-190

Simons, D. (1988): »Tötungsdelikte als Folge misslungener Problemlösungen«, Stuttgart: Verlag für Angewandte Psychologie

Skrapec, C. A. (2001): »Phenomenology and Serial Murder: Asking Different Questions«, in: Homicide Studies 5, 1, 46-63

Slater, M.D. (2003): »Alienation, aggression, and sensation seeking as predictors of adolescent use of violent film, computer, and website content«, in: Journal of Communication 53, 105–121

Slater, M.D. (2003): »Violent media content and aggressiveness in adolescents. A downward spiral model«, in: Communication Research 30, 713–736

Smith, S. (1965): »The Adolescent Murderer«, in: Archive of General Psychiatry, 13, 310-319

Sorrells, J. M. (1977): »Kids Who Kill«, in: Crime and Delinquency 23, 312-320

Stearns, A. W. (1957): »Murder by Adolescents with Obscure Motivation«, in: American Journal of Psychiatry 114, 303-305

Stephens, R.D. (2002): »The National School Safety Centers Report on School Associated Violent Deaths«, Westlake Village: National School Safety Center

Strehlow, U./ Piesiur-Strehlow, B./ Müller-Küppers, M. (1988): »Tötungsdelikte Jugendlicher und Heranwachsender aus der Sicht des jugendpsychiatrischen Gutachters«, in: Zeitschrift für Kinder- und Jugendpsychiatrie 16, 80-86

Stutte, H./ Walter, R. (1976): »Katamnesen jugendlicher Gewaltdelinquenten«, in: Monatsschrift für Kriminologie und Strafrechtsreform, 59, 6, 309-320

Surette, R.: »Self-Reported Copycat Crime Among a Population of Serious and Violent Juvenile Offenders«, in: Crime & Delinquency 48, 46-69

Surette, R. (2002): »Self-Reported Copycat Crime Among a Population of Serious and Violent Juvenile Offenders«, in: Crime & Delinquency 48, 46-69

Tanay, E. (1973): »Adolescents Who Kill Parents - Reactive Parricide«, in: Australian and New Zealand Journal of Psychiatry 7, 263-277

Tanay, E. (1976): »Reactive Parricide«, in: Journal of Forensic Sciences 21, 1, 76-82

Tarde, G. de (2003): »Die Gesetze der Nachahmung«, Frankfurt a.M.: Suhrkamp

Thomas, J./ Stelly, W./ Kerner, H.-J./ Weitekamp, E.G. (1998): »Familie und Delinquenz. Empirische Untersuchungen zur Brauchbarkeit einer entwicklungsdynamisch orientierten sozialen Kontrolltheorie«, in: Kölner Zeitschrift für Soziologie und Sozialpsychologie 50, 310-326

Thompson, S./ Kyle, K. (2005): »Understanding mass school shootings. Links between personhood and power in the competitive school environment«, in: Journal of Primary Prevention, 26, 419-438

Tillmann, K.-J./ Holler-Nowitzki, B./ Holtappels, H.G./ Meier, U./ Popp, U. (2000): »Schülergewalt als Schulproblem: Verursachende Bedingungen, Erscheinungsformen und pädagogische Handlungsperspektiven« (2. Aufl.), Weinheim: Juventa.

Tittle, C. R. (1995): »Control Balance: Toward a General Theory of Deviance«, Boulder (Westview Press)

Tittle, C. R. (1997): »Thoughts Stimulated by Braithwaites Analysis of Control Balance Theory«, in: Theoretical Criminology 1, 99-110

Tooley, K. (1975): »The Small Assassins: Clinical Notes on a Subgroup of Murderous Children«, in: Journal of the American Academy of Child Psychiatry 14, 306-318

Toupin, J. (1993): »Adolescent Murderers: Validation of a Typology and Study of Their Recidivism«, in: Wilson (Hrsg.) Homicide. The Victim/Offender Connection, Cincinnati (Andersen Publishing), 135-156

Toupin, J./ Morissette, L. (1990): »Juvenile Homicide: A Case Control Study«, in: Medicine and Law 9, 3, 986-994

Twemlow, S. W./ Fonagy, P./ Sacco, F.C./ OToole, M.E./ Vernberg, E. (2002): »Premediated Mass Shootings in Schools: Threat Assessment«, in: Journal of American Academy of Child and Adolescent Psychiatry 41, 4, 475-477

Twenge, J.M./ Campbell, W.K. (2003): »Isnt it Fun to Get the Respect That Were Going to Deserve? Narcissism, Social Rejection, and Aggression«, in: Personality and Social Psychology Bulletin 29, 2, 261-272

Verlinden, S./ Hersen, M./ Thomas, J. (2000): »Risk factors in school shootings«, in: Clinical Psychology Review, 20, 3-56

Vossekuil, B./ Fein/ Reddy/ Borum/ Modzeleski (2002): »The Final Report and Findings of the Safe School Initiative: Implications for the Prevention of School Attacks in the United States«, US Secret Service und US Dept. of Education, Washington D.C.

Vossekuil, B./ Reddy, M./ Fein, R. (2000): »Safe School Initiative. An Interim Report on the Prevention of Targeted Violence in Schools«, US Secret Service, Washington D.C.

Walshe-Brennan, K.S. (1974): »Psychopathology of Homicidal Children«, in: Royal Society of Health Journal 94, 274-277

Walshe-Brennan, K.S. (1977): »A Socio-Psychological Investigation of Young Murderers«, in: British Journal of Criminology 17, 1, 58-63

Walter, M. (2001): »Jugendkriminalität«, Stuttgart (Boorberg), 2. neu bearb. u. erw. Auflage

Walter, R. (1979): »Katamnesen jugendlicher Gewaltdelinquenten«, in: Müller-Küppers/Specht (Hrsg.) Recht-Behörde-Kind, Bern: Hans Huber, 194-198

Walter, R./ Remschmidt, H. (1984): »Katamnesen kindlicher und jugendlicher Tötungsdelinquenten«, in: Göppinger/Vossen (Hrsg.) Humangenetik und Kriminologie – Kinderdelinquenz und Frühkriminalität, Stuttgart: Enke, 145-156

Watzlawick, P. (Hrsg.) (1985): »Die erfundene Wirklichkeit. Wie wissen wir, was wir zu wissen glauben? Beiträge zum Konstruktivismus«, München: Pieper

Weaver, C.K./ Carter, C. (2006): »Critical Readings: Violence and the Media«, Columbus: McGraw-Hill

Webber, J.A. (2003): »Failure to Hold. The Politics of School Violence«, Lanham: Rowman & Littlefield

Weider, I. (1984): »Tötungsdelikte Jugendlicher und Heranwachsender«, Medizinische Fakultät der Universität Düsseldorf, Dissertation

Weiher, R. (1989): »Vollendete Tötungsdelikte. Eine interdisziplinäre Studie unter besonderer Berücksichtigung soziologischer, viktimologischer und kriminalpädagogischer Aspekte«, Bochum: Brockmeyer

Weiler, J. (1999): »An Overview of Research on Girls and Violence«, Institute for Urban and Minority Education, Columbia University, NY

Weinert, T. (1976): »Aggression und Depression. Eine mehrdimensionale Untersuchung an kindlichen und jugendlichen Tötungsdelinquenten«, Göttingen: Vandenhoek & Ruprecht

Widom, C. S. (1989): »Does Violence Beget Violence? A Critical Examination of the Literature«, in: Psychological Bulletin 106, 1, 3-28

Wilke, J. (2000): »Grundzüge der Medien- und Kommunikationsgeschichte. Von den Anfängen bis ins 20. Jahrhundert«, Köln: Böhlau

Williams, D./ Skoric, M. (2005): »Internet Fantasy Violence: A Test of Aggression in an Online Game«, Communication Monographs 22, 2, 217-233

Wilmanns, K. (1940): »Über Morde im Prodromalstadium der Schizophrenie«, Zeitschrift für die gesamte Neurologie und Psychiatrie 170, 583-662

Wilmers, N./ Enzmann, D./ Schaefer, D./ Herbers, K./ Greve, W./ Wetzels, P. (2002): »Jugendliche in Deutschland zur Jahrtausendwende: Gefährlich oder gefährdet? Ergebnisse wiederholter Dunkelfelduntersuchungen zu Gewalt und Kriminalität im Leben junger Menschen 1998-2000« Baden-Baden: Nomos

Wolfgang, M. E./ Zahn, M. A. (1990): »Homicide: Behavioral Aspects«, in: Weiner et al. (Hrsg.) Violence San Diego, 50-55

Wyn, J./ White, R. (1997): »Rethinking Youth«, London: Sage

Zagar, R./ Arbit, J./ Sylvies, R. et al. (1990): »Homicidal Adolescents: A Replication«, in: Psychological Reports 67, 1235-1242

Zeltwanger, W. (1989): »Die Motive bei Tötungsdelikten Jugendlicher und Heranwachsender. Eine auslesefreie Untersuchung aus jugendpsychiatrisch-forensischer Sicht«, Universität Tübingen, Dissertation

Zerssen, D. v., Koeller, D. M. (1976): »Die Beschwerden-Liste« [Testmappe mit Manual und je 20 Fragebögen der Formen B-L, B-L und B-L0. Klinische Selbstbeurteilungs-Skalen (KSB-S) aus dem Münchener Psychiatrischen Informations-System (PSYCHIS München)]. Weinheim: Beltz

Stichwortverzeichnis

A

B

C

D

N

O

P

R

S

T

U

V

W

Y

Druck: Krips bv, Meppel
Verarbeitung: Stürtz, Würzburg